# sub judice

2007 · Julho-Setembro
ISSN 0872-2137
15€ (iva incluído)

**JUSTIÇA E SOCIEDADE**
Revista Trimestral · Publicação: Setembro 2007

## DIREITO DA CONCORRÊNCIA

**ABEL MATEUS**
*Economia, Direito da Concorrência e Regulação*

**MARIA JOSÉ COSTEIRA**
*As buscas e apreensões nos processos de natureza contra-ordenacional*

**MIGUEL MOURA E SILVA**
*Os cartéis e a sua proibição no Tratado de Roma: aspectos substantivos e prova*

**MARIA DE FÁTIMA REIS**
*O direito à não auto-incriminação*

**TERESA MOREIRA**
*O novo Instituto da Clemência: a dispensa e a atenuação especial na concorrência*

**A. LEONES DANTAS**
*Procedimentos de natureza sancionatória no direito da concorrência*

**CHRISTOPHER BROWN E COLLETTE RAWNSLEY**
*Problems related to the standard of proof*

**NUNO RUIZ**
*Comentário à sentença do proc. N.º 766/06, 4TYLSB*

**MARIA JOSÉ COSTEIRA**
*Legislação em matéria do Direito da Concorrência*

**MARIA DE FÁTIMA REIS SILVA**
*Jurisprudência comunitária em matéria de concorrência*

**SENTENÇA DO 2.º JUÍZO DO TRIBUNAL DE COMÉRCIO LISBOA**
*A confidencialidade nos processos de contra-ordenação*

**SENTENÇA DO 3.º JUÍZO DO TRIBUNAL DE COMÉRCIO LISBOA**
*A relevância jus-concorrencial da existência de tabelas de preços*

**SENTENÇA DO 2.º JUÍZO DO TRIBUNAL DE COMÉRCIO LISBOA**
*Cartel: o seu controlo jurisdicional*

ALMEDINA

# DIREITO DA CONCORRÊNCIA

n.° 40
2007
Julho/Setembro
ISSN 0872-2137

**Director:**
Nuno Miguel P. R. Coelho

**Subdirector:**
Renato Barroso

**Secretariado Redactorial:**
Airisa Caldinho
António Alberto Ribeiro
António de Araújo
António João Casebre Latas
Carlos Lopes do Rego
Diogo Alarcão Ravara
Fernando Vaz Ventura
José António Teles Pereira
João Ramos de Sousa
João Luís Moraes Rocha
Joel Timóteo Pereira
José Albino Caetano Duarte
José António Mouraz Lopes
José Manuel Barata
José Manuel Igreja Matos
Luís Eloy Azevedo
Luís Filipe C. B. do Espírito Santo
Marcia Portela
Maria José Costeira
Mário António Serrano
Miguel Nogueira de Brito
Paulo Duarte Teixeira
Pedro Caetano Nunes
Raul Eduardo Nunes Esteves

**Conselho Editorial:**
Afonso de Melo – STJ
Álvaro Reis Figueira – STJ
A. Bravo Serra – TC
A. Monteiro Dinis – TC
A. Pais de Sousa – STJ
Armando Leandro – STJ
Armindo Ribeiro Mendes – TC
F. Chichorro Rodrigues – STJ
Guilherme da Fonseca – TC
J. Cardona Ferreira – STJ
J. Cardoso da Costa – TC
J. Gonçalves da Costa – STJ
J. Matos Fernandes – STJ
José Rodrigues dos Santos – STJ
J. Sousa e Brito – TC
J. Tavares da Costa – TC
Vítor Nunes de Almeida – TC
L. Noronha do Nascimento – STJ
M. Duarte Soares – STJ
M. Lopes Rocha – STJ
Manuel Maduro – TContas
Messias Bento – TC
M. Sá Ferreira – STJ
M. Fernanda Palma – TC
Octávio Castelo Paulo – STJ
Pedro Sousa Macedo – STJ
V. Soreto de Barros – STJ

**Sede da redacção:**
Rua Professor Mira Fernandes
Lote 1544 – 5.° esq.
1900-383 Lisboa

**Proprietária**
DocJuris – Centro de Documentação e
Informação Jurídica CRL.
Número contribuinte: 502611251

*5* **Editorial**
*Nuno Coelho*

*7* **Introdução**
*Maria José Costeira*

## Ideias

*11* **Economia e Direito da Concorrência e Regulação**
*Abel Mateus*

*27* **As buscas e apreensões nos processos de natureza contra-ordenacional**
*Maria José Costeira*

*39* **Os cartéis e a sua proibição pelo art. 81.° do Tratado de Roma: algumas notas sobre aspectos substantivos e prova**
*Miguel Moura e Silva*

*59* **O direito à não auto-incriminação**
*Maria de Fátima Reis Silva*

*77* **O Novo Instituto da Clemência: a dispensa e a atenuação especial da coima aplicável a práticas restritivas da concorrência**
*Teresa Moreira*

*99* **Procedimentos de Natureza Sancionatória no Direito da Concorrência**
*A. Leones Dantas*

*111* **Problems related to the standard of proof and the extent of judicial evaluation**
*Christopher Brown e Collette Rawnsley*

## index

*125* **Comentário à sentença do 2.° Juízo do Tribunal de Comércio (processo 766/06.4TYLSB)**
*Nuno Ruiz*

*135* **Legislação nacional e comunitária relevante em matéria de Direito da Concorrência**
*Maria José Costeira*

*137* **Jurisprudência comunitária relevante em matéria de Direito da Concorrência**
*Maria de Fátima Reis Silva*

## causas

*143* **A Confidencialidade nos Processos de Contra-Ordenação**
*Sentença do 2.° Juízo do Tribunal de Comércio de Lisboa de 15 de Fevereiro de 2007, Proc. 766/06.4TYLSB*

*183* **A relevância jus-concorrencial da existência de tabelas de preços**
*Sentença do 3.° Juízo do Tribunal de Comércio de Lisboa de 12 de Janeiro de 2006, Proc.1302/05.5TYLSB*

# DIREITO DA CONCORRÊNCIA

**213**  **Cartel: Acordo entre empresas que tem por objecto restringir ou falsear a concorrência**
*Sentença do 2.º Juízo do Tribunal de Comércio de Lisboa de 2 de Maio de 2007, Proc.965/06.9TYLSB*

# Editorial

**Nuno Coelho**
Juiz de Direito
nunomrcoelho@netcabo.pt

As questões económicas, o funcionamento do mercado, a actividade das empresas e o seu relacionamento com a sociedade, todos estes são assuntos centrais para a vida social e, dessa forma, necessariamente imprescindíveis para a vida jurídica e para a prática dos tribunais.

Não é de estranhar, por isso, que a matéria da concorrência tenha vindo a assumir um papel muito importante no campo jurídico e judicial, como se afere pelo fenómeno da especialização da justiça empresarial (tribunais do comércio), que se depreende como a mais habilitada para o tratamento dos litígios e das causas em que se discute a matéria da concorrência. E, aqui, as dificuldades de apuramento das matérias substantivas e adjectivas levantadas não deixam de ser notáveis. Pela densidade, vastidão e heterogeneidade dos problemas suscitados e também pelas várias instâncias normativas convocadas – direito constitucional, direito europeu, direito internacional, direito privado, direito penal, direito económico –, numa transversalidade que parte da própria essência concorrencial da economia de mercado globalizada. Em que a simples imersão de um processo contra-ordenacional na pesada estatística da litigância judicial esconde um árduo e espinhoso encargo dos juízes dos tribunais de comércio.

Mas o divisado carácter transversal da matéria da concorrência não consente, por outro lado, o seu confinamento aos corredores da justiça do comércio, pois esta matéria é pressuposto da análise e da aplicação em múltiplos foros jurídicos e económicos e do conteúdo primacial da própria regulação da vida económica e empresarial nesta economia de mercado que se universaliza. A concorrência é, por esta via, objecto de uma atenção redobrada de múltiplos decisores políticos, legislativos, judiciais, administrativos e policiais.

Com este novo número, organizado pela juíza Maria José Costeira, a quem se deve a qualidade do acervo aqui publicado, tem a *Sub Judice* a certeza que se encontra, mais uma vez, a enriquecer a oferta editorial em domínios do jurídico que impõem uma maior divulgação, informação e debate.

# Introdução

**Maria José Costeira**
Juíza de Direito

A Lei 18/2003, de 11 de Junho, que consagra o actual Regime Jurídico da Concorrência, pretende dar concretização ao disposto no art. 81.º, al. f), da CRP que determina que incumbe prioritariamente ao Estado, no âmbito económico e social, *Assegurar o funcionamento eficiente dos mercados, de modo a garantir a equilibrada concorrência entre as empresas, a contrariar as formas de organização monopolistas e a reprimir os abusos de posição dominante e outras práticas lesivas do interesse geral.*

Esta consagração constitucional deve-se ao facto de a defesa e promoção da Concorrência serem fundamentais para assegurar o saudável funcionamento do mercado. Qualquer agente económico, pelo mero exercício do seu direito de liberdade contratual, corolário do princípio da autonomia privada, pode interferir com o regular funcionamento do mercado, impedindo ou dificultando a entrada/permanência de empresas concorrentes no mercado e influenciando a formação da oferta e da procura, ou seja, impedindo a livre circulação de mercadorias e de prestação de serviços. Na realidade em que vivemos a concorrência perfeita não existe, sendo ela indispensável para um actuar eficiente da actividade económica. Preservando sempre um certo grau de concorrência (i.e., uma dinâmica competitiva saudável), disciplinando a actividade dos vários agentes económicos, garantindo os direitos dos consumidores, e, em última ratio promovendo a convergência dos esforços na busca da melhor realização do interesse geral.

O direito da Concorrência, não sendo propriamente um ramo novo do direito, está ainda a dar os seus primeiros passos em Portugal, impulsionado agora com o Regulamento (CE) n.º 1/2003 do Conselho de 16 de Dezembro de 2002, que visa a aplicação eficaz e uniforme dos arts. 81.º e 82.º do Tratado de Roma no espaço comunitário.

A abrir o conjunto de textos desta revista, Abel Mateus dá-nos a sua visão sobre a importância da defesa e promoção da concorrência, o objectivo da criação de um conjunto de regras do jogo da concorrência e a articulação entre o direito da concorrência e o direito da regulação na economia moderna, actuando o primeiro *ex post* e o segundo *ex ante*.

Maria José Costeira aborda a problemática associada às buscas e apreensões nos processos de natureza contra-ordenacional, com particular incidência sobre a definição de buscas domiciliárias e de correspondência.

Miguel Moura e Silva apresenta uma definição de cartel como categoria jurídico-económica, fazendo o seu enquadramento à luz do art. 81.º do Tratado de Roma, debruçando-se de seguida sobre a problemática da prova desta infracção.

Maria de Fátima Reis Silva estuda a questão do direito à não auto-incriminação como contraponto do dever das empresas de prestarem informações à Autoridade da Concorrência.

Teresa Moreira defende a importância do instituto da clemência, que entende ser um dos mais eficazes instrumentos de identificação e perseguição dos cartéis, fazendo um estudo do direito comparado e do recém criado regime jurídico português.

A. Leones Dantas analisa os Procedimentos de Natureza Sancionatória no Direito da Concorrência, caracterizando a diferente natureza das várias infracções previstas na Lei 18/2003, os poderes conferidos à Autoridade da Concorrência pela Lei da Concorrência e algumas especialidades na tramitação dos processos de contra-ordenação.

Christopher Brown e Colette Rawnsley, advogados, analisam a questão da "standard of proof" à luz da prática dos Tribunais Comunitários, tecendo uma análise comparativa com o direito anglo-saxónico, ilustrada com vários casos concretos.

Na epígrafe "Index", Nuno Ruiz faz uma apreciação crítica da sentença proferida no recurso de impugnação que correu termos no 2.º Juízo do Tribunal de Comércio de Lisboa sob o n.º 766/06.4TYLSB, sendo aqui também inseridas referências legislativas e jurisprudenciais no domínio do direito da Concorrência.

Por último, na rubrica "Causas" publicam-se três decisões do Tribunal de Comércio de Lisboa, tomadas como relevantes no domínio da confidencialidade nos processos contra-ordenacionais, da relevância da existência das tabelas de preços e do controlo jurisdicional dos cartéis, enquanto acordos empresariais contrários à concorrência.

# ideias

**7** **Economia, Direito da Concorrência e Regulação**
Neste artigo, Abel Mateus dá-nos a sua visão sobre a importância da defesa e promoção da concorrência, o objectivo da criação de um conjunto de regras do jogo da concorrência e a articulação entre o direito da concorrência e o direito da regulação na economia moderna – *Abel Mateus*

**27** **As buscas e apreensões nos processos de natureza contra-ordenacional**
Maria José Costeira aborda, neste outro artigo, a problemática associada às buscas e apreensões nos processos de natureza contra-ordenacional, com particular incidência sobre a definição de buscas domiciliárias e de correspondência – *Maria José Costeira*

**39** **Os cartéis e a sua proibição pelo art. 81.º do Tratado de Roma: algumas notas sobre aspectos substantivos e prova**
Neste texto, Miguel Moura e Silva apresenta uma definição de cartel como categoria jurídico-económica, fazendo o seu enquadramento à luz do art. 81.º do Tratado de Roma, debruçando-se de seguida sobre a problemática da prova desta infracção – *Miguel Moura e Silva*

**59** **O direito à não auto-incriminação**
Com este artigo a autora estuda a questão do direito à não auto-incriminação como contraponto do dever das empresas de prestarem informações à Autoridade da Concorrência – *Maria de Fátima Reis Silva*

**77** **O Novo Instituto da Clemência: a dispensa e a atenuação especial da coima aplicável a práticas restritivas da concorrência**
Defende-se, neste artigo, a importância do instituto da clemência, que entende ser um dos mais eficazes instrumentos de identificação e perseguição dos cartéis, fazendo-se, para tal, um estudo do direito comparado e do recém criado regime jurídico português – *Teresa Moreira*

**99** **Procedimentos de Natureza Sancionatória no Direito da Concorrência**
A. Leones Dantas analisa, neste outro texto, os procedimentos de natureza sancionatória no direito da Concorrência, caracterizando a dife-

n.º 40
2007
Julho/Setembro
Trimestral

**sub judice**
justiça e sociedade

# DIREITO DA CONCORRÊNCIA

rente natureza das várias infracções previstas na Lei 18/2003, os poderes conferidos à Autoridade da Concorrência pela Lei da Concorrência e algumas especialidades na tramitação dos processos de contra-ordenação – *A. Leones Dantas*

*111*

**Problems related to the standard of proof and the extent of judicial evaluation** Os autores, neste artigo, analisam a questão da "standard of proof" à luz da prática dos Tribunais Comunitários, tecendo uma análise comparativa com o direito anglo-saxónico, ilustrada com vários casos concretos – *Christopher Brown e Collette Rawnsley*

# Economia e Direito da Concorrência e Regulação[1]

**Abel M. Mateus**
Presidente à data da Autoridade
da Concorrência
Professor Economia da Universidade
Nova de Lisboa

**"Neste artigo de abertura Abel Mateus dá-nos a sua visão sobre a importância da defesa e promoção da concorrência, o objectivo da criação de um conjunto de regras do jogo da concorrência e a articulação entre o direito da concorrência e o direito da regulação na economia moderna".**

## 1. Introdução

A concorrência é um bem constitucional. A Constituição da República Portuguesa estabelece como incumbência prioritária do Estado, no plano económico, "assegurar o funcionamento eficiente dos mercados, de modo a garantir a equilibrada concorrência entre empresas, a contrariar as formas de organização monopolista e a reprimir os abusos de posição dominante e outras práticas lesivas do interesse geral", nos termos do disposto na alínea e) do artigo 81.º.

A regulação/defesa (melhor ainda a promoção) da concorrência promove o bem-estar dos consumidores, corrigindo as falhas de mercado decorrentes dos cartéis e outros acordos restritivos, bem como dos abusos de posição dominante e de dependência económica. Assim, a regulação da concorrência beneficia a sociedade no seu todo, em particular os consumidores. Porém, frequentemente esses benefícios estão tão disseminados que não surgem incentivos suficientes para que os lesados reajam a essas infracções. São assim aplicáveis aos institutos da concorrência as mesmas considerações que motivam, do ponto de vista processual, a consagração das acções colectivas em matéria ambiental e de direito do consumo. Do mesmo modo que a democracia ou outros bens institucionais, a concorrência assume características de um bem público: em especial, o facto de todos ganharem com ela.[2]

A concorrência é o mecanismo de informação e descentralização do mercado, que rege o comportamento das empresas na sua decisão autónoma de preços, produção, investimento e marketing, central ao funcionamento de uma economia de mercado. É através da rivalidade entre as empresas que estas procuram minimizar os custos, maximizar os lucros e desta maneira maximizam a eficiência e o bem-estar dos consumidores, bem como contribuem através da "corrida pela inovação" para o progresso técnico numa sociedade.

A defesa/promoção da concorrência estabelece um conjunto de regras do jogo da concorrência de forma a que se preserve o funcionamento eficiente do mercado e os incentivos daí decorrentes para o comportamento dos agentes económicos, nomeadamente das empresas.

A regulação compreende mecanismos de intervenção pública que se destinam a contrariar os efeitos negativos sobre o bem-estar social resultantes de falhas do mercado (monopólio natural, assimetria e imperfeição de informção, incerteza e externalidades negativas). Também, num sentido mais lato, a defesa da concorrência pode ser encarada como uma forma de regulação – neste caso a regulação do poder de mercado. Diz-se que há poder de mercado quando uma empresa, ou conjunto de empresas, num dado mercado relevante, tem capacidade de manipular as variáveis de mercado (preço, quantidade, capacidade instalada, investimentos) independentemente da actuação das outras empresas.

**Há poder de mercado quando uma empresa, ou conjunto de empresas, num dado mercado relevante, tem capacidade de manipular as variáveis de mercado independentementeda actuação das outras empresas.**

A concorrência actua, em regra[3], *ex post* e sanciona comportamentos quando existe violação da lei da concorrência. A regulação actua *ex ante* e define regras ou preços que a entidade supervisora tem de acompanhar continuamente.

Não existe nenhum caso teórico em que se possa dizer que existe contradição entre a política da concorrência e a política industrial de um governo. Daí que se afirme que a melhor política industrial é a política da concorrência, num quadro em que o objectivo de política pública ("policy") é a de incrementar o bem-estar geral.[4]

---

[1] Agradeço os comentários dos Drs. Emil Paulis, Miguel Mendes Pereira e Miguel Moura e Silva.

[2] Pelo facto desses benefícios se disseminarem pela comunidade faz com que a sua "produção" seja insuficiente: um consumidor lesado por um cartel que aumenta o preço do pão em 1 cêntimo dificilmente irá incorrer nos custos associados à perseguição de um hipotético cartel de padeiros. Mas quando consideramos os custos dessa restrição para a sociedade no seu conjunto, facilmente identificamos prejuízos na ordem dos muitos milhões de euros.

[3] Com excepção do controlo prévio de concentrações.

[4] É frequente ouvirmos argumentos no sentido de uma política de concorrência laxista em relação a grandes empresas em função da composição nacional das suas estruturas accionistas. A prioridade deveria então ser a de

# DIREITO DA CONCORRÊNCIA

Depois de elaborarmos estas ideias, do ponto de vista económico, no ponto 2, vamos dedicar-nos à caracterização da lei da concorrência e à sua aplicação universal do ponto de vista do mercado no ponto 3. Em 4 procuraremos caracterizar sumariamente o direito da regulação. Em 5. e 6. vamos estudar a jurisprudência comunitária e norte-americana sobre a relação entre direito da concorrência e direito da regulação. Aqui colocam-se duas grandes questões: quando se aplica a regulação então está excluída a aplicação do direito da concorrência? Mas quando a regulação é inadequada e leva a comportamentos abusivos por parte dos agentes económicos que prejudicam outras empresas concorrentes ou os consumidores não devem estar sujeitas ao sancionamento pela lei da concorrência? Assim, os mesmos factos poderiam estar sujeitos mesmo a dois tipos de sancionamento. Não se levanta aqui a questão da dupla condenação?

Finalmente estas questões serão referenciadas ao caso português e concluimos.

## 2. A concorrência e o papel da regulação na economia moderna

É hoje demonstrado em qualquer curso de microeconomia que os monopólios reduzem o bem-estar social, vendendo uma menor quantidade a um preço maior. Porém, esse resultado não exige o domínio do mercado por um único produtor; basta a existência de algum poder de mercado, seja de uma só empresa ou por um conjunto de empresas, para que se dê a redução do bem-estar dos consumidores.[5] Daí que a política da concorrência permita aumentar o bem-estar social, e ao prevenir a constituição de agrupamentos de empresas ou grandes empresas que possam abusar do seu poder económico por práticas predatórias ou cartelização, também contribui para a democracia económica. Por estas razões a primeira regulação que existiu foi a política *antitrust* nos EUA, em 1890 (Sherman Act), e que hoje se espalhou por mais de uma centena e meia de países.[6] A regulação sectorial pode dizer-se que surgiu, a nível federal, no sector finnaceiro (Federal Reserve Act de 1913) que criou o sistema de bancos centrais estaduais para controle da política monetária e supervisão bancária, seguindo-se o Public Utilities Holding Company Act de 1935 e o Natural Gas Act de 1938 para controlar as restrições verticais, horizontais e geográficas e assegurar que as *utilities* não fugiam à regulação estatal já existente. De facto, enquanto que em reacção à Grande Depressão a Europa caminha no sentido da estatização da actividade económica, os EUA acentuam a regulação. Mas a moderna teoria da regulação económica só surgiu nos anos 1970 também nos EUA com Alfred Khan.

> **Os organismos reguladores são hoje parte essencial das democracias modernas e existem para corrigir as falhas de mercado.**

Os organismos reguladores são hoje parte essencial das democracias modernas, e que têm subido de relevância à medida que o Estado tem diminuído a sua intervenção directa no mercado através do movimento de privatizações. Estes organismos existem para corrigir as falhas de mercado. Existem falhas do mercado no caso da existência de externalidades positivas ou negativas, na assimetria de informação e em mercados afectados pela incerteza. Esta é a génese da criação dos organismos reguladores.

Hoje ninguém contesta que é necessário regular os monopólios naturais (privados) como condição para a sobrevivência da própria economia de mercado. É o caso dos sistemas

---

proteger os "campeões nacionais" que benevolamente aplicariam os lucros supranormais obtidos no mercado nacional na sua expansão em mercados internacionais. Ora além de assim se permitir uma verdadeira tributação, à custa dos consumidores nacionais, na óptica dominante na moderna ciência económica, a melhor forma de assegurar a competitividade internacional das empresas de um determinado país consiste em submetê-las ao estímulo da concorrência no seu mercado interno. Como refere Michael Porter, "Few roles of government are more important to the upgrading of an economy than ensuring vigorous domestic rivalry. Rivalry at home is not only uniquely important to fostering innovation, but benefits the national industry and cluster in many other ways (...) *In fact, creating a dominant domestic competitor rarely results in international competitive advantage.* Firms that do not have to compete at home rarely succeed abroad. Economies of scale are best gained through selling globally, not through dominating the home market" (o itálico é nosso). Ver Michael E. PORTER, *The Competitive Advantage of Nations*, Free Press, Nova Iorque, 1990, p. 662.

[5] Em casos especiais este efeito pode ser positivo em termos de bem-estar social se a eficiência compensar o efeito de monopolização.

[6] Mesmo a China tem em fase de preparação uma lei da concorrência.

# ECONOMIA E DIREITO DA CONCORRÊNCIA E REGULAÇÃO

de transporte e distribuição de energias, gás e água, sectores em que existem redes tal como nas telecomunicações e transportes. É necessária regulação para o ambiente.[7] É necessária regulação para a comunicação social, não só para assegurar diversidade política, social e cultural,[8] como também para assegurar a liberdade de expressão e para preservar a reputação e os valores culturais de uma sociedade[9].

Outra regulação fundamental é a do sector financeiro, onde a assimetria de informação, a selecção adversa e o *moral hazard* típico da relação creditícia levam à necessidade de um dos mais apertados sistemas de regulação: bancos, seguros e mercados de capitais.

Quais devem ser as características institucionais óptimas de um regulador? Se tomarmos o paradigma do banco central que é um dos reguladores com maiores pergaminhos históricos, sobretudo como executor da política monetária, deve ser independente, ter uma missão específica (inflação efectiva nula) e ser avaliado de acordo com a realização desse objectivo. Também em muitos países o banco central regula o sector bancário, tendo como objectivo assegurar a estabilidade financeira do sistema.

> **Características institucionais óptimas de um regulador: deve ser independente, ter uma missão específica e ser avaliado de acordo com a realização desse objectivos.**

Assim, um regulador deve ser uma instituição com objectivos claros definidos na lei, com autonomia para poder executar a sua missão, e reger-se por critérios estritamente técnicos, independentemente dos ciclos eleitorais. A sua independência perante o poder político está normalmente assegurada pela nomeação dos seus dirigentes por um período fixo e com limite de cargo, e com direito de inamovibilidade. Em contrapartida, deve estar sujeito ao escrutínio público, nomeadamente do Parlamento e Tribunais.

Alguns autores usam a palavra regulação num contexto bastante lato, envolvendo o que consideramos a regulação no sentido estrito, usado neste trabalho, como a regulação técnica, ou como por vezes é conhecida mais geralmente, a regulamentação. Assim, a miríada de diplomas nacionais e comunitários que definem os requisitos técnicos de segurança de um prédio, até aos requisitos de segurança dum automóvel ou dos aspectos a que deve obedecer o licenciamento de um hospital, seriam também regulação. Para nós regulação é restrita à *regulação económica*, ou seja, *aquela que ao intervir para resolver uma falha do mercado, estabelece condições fundamentais para o funcionamento do mercado relevante*. Embora também possa fazer regulação técnica, do nosso ponto de vista, só é regulador o organismo que faça regulação económica.

> **Regulação económica: aquela que ao intervir para resolver uma falha do mrecado, estabelece condições fundamentais para o funcionamento do mercado relevante.**

Vejamos então quais os requisitos para a definição de um regulador.[10] São *entidades administrativas*: (i) *cujo objecto é a regulação económica* com incidência no(s) mercado(s) relevantes de um dado sector, e (ii) *com autonomia funcional e orgânica* que lhes dá capacidade de definição da sua estratégia de actuação de forma adequada à sua missão de regulação. O Dec.-Lei 10/2003 que cria a Autoridade da Concorrência enumera o que na altura eram considerados os reguladores sectoriais com os quais aquela Autoridade teria que coordenar as suas actuações: Banco de Portugal, Comissão dos Mercado dos Valores Mobiliários, Instituto de Seguros de Portugal, Autoridade Nacional das Comunicações, Entidade Reguladora dos Serviços Energéticos, Instituto Regulador de Águas e Resíduos, Instituto Nacional dos Transportes Ferroviários, Instituto dos Mercados de Obras Públicas e Particulares e do Imobiliário e Instituto Nacional de Aviação Civil.

Uma das partes importantes da regulação económica, quando há monopólios naturais é o da regulação do preço. Se existirem mercados a jusante, que utilizem como *input* os serviços do monopólio, e em que este também concorre nesses mercados também se põe o problema do acesso (e do preço de interconexão).[11] Os métodos mais utilizados são os que se baseiam na taxa de rentabilidade ou nos preços máximos (*price caps*).

---

[7] Deixamos de fora a regulamentação que deve existir para preservar a saúde pública, para o licenciamento industrial com vista a assegurar a segurança dos trabalhadores, etc..

[8] Assegurar um acesso (*voice*) equilibrado de todos os grupos, e a verdade dos factos reportados.

[9] Vejam-se, a este propósito, o art. 39.º da Constituição que determina a forma de regulação da comunicação social.

[10] Para o estudo legal das entidades reguladoras veja-se V. Moreira e F. Maças. Autoridades Reguladoras Independentes. Coimbra Editora, 2003.

[11] Existem inúmeros tratados sobre este tema interessante como J. Laffont e J. Tirole. A Theory of Incentives in Procurement and Regulation. MIT Press, 1993.

# DIREITO DA CONCORRÊNCIA

**Dificuldades na regulação:**
**– assimetria de informação entre o regulador e o regulado;**
**– captura do regulador pelo regulado.**

São reconhecidas pelos teóricos várias dificuldades na regulação. Primeiro porque existe uma *assimetria de informação entre o regulador e o regulado*. Este conhece melhor a sua curva de custos e tem sempre graus de liberdade na actuação da empresa. O método de regulação pode não ser o mais eficiente nem elicitar um comportamento que leve à maximização do bem-estar. Outro problema sério é o da *captura do regulador* pelo regulado, o que perverte a própria regulação.

Por todas estas dificuldades, muitos economistas defendem uma aplicação mais estrita da regulação, e preferem que se deixe actuar o mercado logo que haja um mínimo de condições concorrenciais.[12] Nesta perspectiva, a regulação deve sempre ser entendida como fenómeno transitório, enquanto não existe uma concorrência efectiva. Como veremos mais abaixo, existem sectores que eram até há pouco sujeitos a uma actuação comando-e-controle (por exemplo, monopólio estatal), ou altamente regulados e que hoje estão sujeitos apenas à regulação em certos segmentos.

O caso das telecomunicações é, a este propósito, paradigmático. Assim, a Directiva-Quadro para as comunicações electrónicas reconhece expressamente o papel crucial desempenhado pela regulação na fase inicial de liberalização dos mercados de telecomunicações:

"O quadro regulamentar em vigor para as telecomunicações permitiu criar com êxito as condições para uma concorrência efectiva no sector das telecomunicações durante a transição de uma situação de monopólio para uma situação de plena concorrência."[13]

Tratando-se, porém, do segundo "pacote legislativo" comunitário neste sector, atente-se na perspectiva adoptada pela mesma Directiva no que toca ao futuro, ao traçar uma clara orientação no sentido de uma progressiva substituição das obrigações regulamentares *ex ante* pela simples aplicação das regras da concorrência à medida que as condições concorrenciais nos mercados relevantes se vão aperfeiçoando.[14]

### 3. O carácter transversal do direito da concorrência

**O direito da regulação é também parte do direito público pois destina--se a preservar um bem público – o funcionamento eficiente de um mercado – em beneficio dos utentes ou consumidores desse produto ou serviço.**

O direito da concorrência, sendo mais vasto que o direito da regulação, pois tem uma aplicação transversal à economia,[15] na sua aplicação carece de se articular com aquele. O direito da regulação é também parte do direito público pois destina-se a preservar um bem público – o funcionamento eficiente de um mercado – em beneficio dos utentes ou consumidores desse produto ou serviço. Por exemplo, no caso do monopólio natural, que abandonado a si próprio levaria a uma solução ineficiente, o regulador procura aproximar o equilíbrio do custo marginal de longo prazo, sujeito à restrição de cobertura financeira dos custos fixos (ou outra regra semelhante). Porque é que, <u>quando exis-</u>

---

[12] Mesmo quando existem monopólios naturais é possível introduzir concorrência para o mercado em vez de concorrência dentro do mercado (*competition for the market versus competition in the market*), através do mecanismo de leilões em que a entidade adjudicante coloca as empresas num jogo antecipado de concorrência e atribui a concessão à empresa que oferecer o preço mais elevado pela licença. Assim, o Estado pode extrair à cabeça, em benefício dos contribuintes, a renda de monopólio. Infelizmente entre nós este método ainda é pouco aplicado, ou quando o é, é aplicado de forma deficiente.

[13] Directiva 2002/21/CE do Parlamento Europeu e do Conselho de 7 de Março de 2002, relativa a um quadro regulamentar comum para as redes e serviços de comunicações electrónicas, JOCE L 108/33, considerando 1.

[14] "É essencial que só sejam impostas obrigações regulamentares *ex ante* nos casos em que não exista concorrência efectiva, ou seja, em mercados em que exista uma ou mais empresas com um poder de mercado significativo, e em que as soluções ao abrigo do direito nacional e comunitário em matéria de concorrência não sejam suficientes para fazer face ao problema. É, pois, necessário que a Comissão defina linhas de orientação a nível comunitário de acordo com os princípios do direito da concorrência, as quais deverão ser seguidas pelas autoridades reguladoras nacionais ao avaliarem da existência de uma concorrência efectiva num dado mercado e de um poder de mercado significativo. As autoridades reguladoras nacionais deverão analisar se o mercado de um dado produto ou serviço é efectivamente concorrencial numa determinada área geográfica, que pode ser a totalidade ou parte do território do Estado-Membro em causa, ou partes limítrofes do território de Estados-Membros diferentes consideradas em conjunto. Ao analisar a concorrência efectiva dever-se-á analisar nomeadamente se o mercado é prospectivamente concorrencial e, portanto, se qualquer falta de concorrência efectiva será duradoura ou transitória. Estas linhas de orientação abordarão também a questão dos novos mercados, onde na realidade o líder do mercado terá, muito provavelmente, uma parte substancial do mercado, mas não deve ser sujeito a obrigações inadequadas." Ibidem, considerando 27.

# ECONOMIA E DIREITO DA CONCORRÊNCIA E REGULAÇÃO

tem condições estruturais concorrencias, é preferível a concorrência à regulação? Devido a assimetrias de informação entre o regulador e o regulado, às dificuldades técnicas inerentes à regulação, ao problema da compatibilidade de incentivos ou ao problema da captura do regulador pelo regulado.

A existência de regras de concorrência e a criação de autoridades independentes incumbidas da missão de perseguir as práticas restritivas visa estabelecer um conjunto de regras para o "jogo da concorrência" e um árbitro que assegure o "level playing field". Como ficou demonstrado acima, a concorrência é não só o mecanismo fundamental de funcionamento da economia de mercado, como a sua preservação exige a intervenção do Estado.

Mas não é só em termos de direito objectivo que as leis da concorrência são parte do direito público. Tal também se verifica no aspecto subjectivo, ao integrarem um conjunto de normas sancionatórias que são aplicadas por entidades com autoridade pública.

Mais ainda, como também sabemos, a nível comunitário, a política da concorrência é instrumental para construir o mercado comum. E este objectivo comunitário, que é prosseguido na prática pela Comissão Europeia e Tribunais Comunitários, o que é fundamentalmente um objectivo de natureza pública, realiza-se na esfera privada quando os actos têm como destinatários as empresas e, na esfera pública, quando os actos têm como destinatários os próprios Estados Membros. A Comissão intervém na esfera das diferentes empresas para assegurar a realização daquele objectivo.

> **A nível comunitário a política da concorrência é instrumental para construir o mercado comum.**

É que, sendo a concorrência um bem público e integrando-se as regras que a protegem na esfera da ordem pública económica, também os institutos do direito privado são chamados a assegurar a sua salvaguarda.

Numa ordem caracterizada pelo respeito do princípio do Estado de Direito, é essencial que aqueles que atentaram contra o normal funcionamento do mercado sejam chamados a responder pelos danos causados. À tutela sancionatória que compete à AdC, sob o controlo dos tribunais, acresce a tutela compensatória, esta última competência dos tribunais comuns. Insere-se nessa linha a referência do Regulamento n.º 1/2003 ao papel dos tribunais nacionais, sublinhando a sua complementaridade face às atribuições das autoridades nacionais de concorrência.[16]

Considero particularmente felizes e claras as afirmações da mais alta instância judicial comunitária num caso em que, a pedido de um tribunal nacional, foi tratada a questão da responsabilidade civil por danos causados na sequência de uma violação das regras comunitárias da concorrência:

*26. A plena eficácia do artigo [81.º] do Tratado e, em particular, o efeito útil da proibição enunciada no seu n.º 1 seriam postos em causa se não fosse possível a qualquer pessoa reclamar reparação do prejuízo que lhe houvesse sido causado por um contrato ou um comportamento susceptível de restringir ou falsear o jogo da concorrência.*
*27. Com efeito, um direito deste tipo reforça o carácter operacional das regras comunitárias da concorrência e é de natureza a desencorajar acordos ou práticas, frequentemente disfarçados, capazes de*

---

[15] É interessante que a Nova Zelândia tentou recentemente substituir a regulação sectorial pelo controle do mercado. Porém, nunca aboliu a regulação da concorrência. Por outro lado, à medida que um sector é privatizado e se estabelece um nível aceitável de concorrência, este deixa de estar sujeito a regulação sectorial e passa a estar apenas sujeito às leis da concorrência. Contraste-se o mercado da geração de energia, onde pode existir um número suficiente (o modelo de Cournot estabelece um mínimo de 4 a 5) de empresas a concorrer com o mercado do transporte e distribuição de electricidade em alta tensão que é um monopólio natural e assim terá de continuar sujeito a regulação. O que a Comissão Europeia tem feito nos diferentes sectores é procurar separar o sector em segmentos em que possa existir concorrência de outros em que exista regulação de forma a que aquela avance o mais possível tornando os mercados mais eficientes.

[16] Considerando 7 do Regulamento n.º 1/2003: "Os tribunais nacionais desempenham uma função essencial na aplicação das regras comunitárias de concorrência. Ao deliberarem sobre os litígios entre particulares, salvaguardam os direitos subjectivos decorrentes do direito comunitário, nomeadamente através da concessão de indemnizações às vítimas das infracções." Ver ainda o artigo 15.º do mesmo diploma, bem como a Comunicação da Comissão sobre a cooperação com os tribunais nacionais, J.O. C 101, de 27.4.2004, p. 54.

**sub judice / ideias — 40**

2007

# DIREITO DA CONCORRÊNCIA

*restringir ou falsear o jogo da concorrência. Nesta perspectiva, as acções de indemnização por perdas e danos junto dos órgãos jurisdicionais nacionais são susceptíveis de contribuir substancialmente para a manutenção de uma concorrência efectiva na Comunidade.*[17]

Iguais consequências devem resultar quanto às práticas que infrinjam os artigos 4.º, 6.º ou 7.º da Lei n.º 18/2003, como há muito reconhecem dois dos mais prestigiados civilistas portugueses.[18]

Em Dezembro de 2005, a Comissão Europeia submeteu a discussão pública um Livro Verde sobre Acções de indemnização devido à violação das regras comunitárias no domínio *antitrust*, onde são indicadas várias opções que permitirão aumentar a protecção dos interesses das vítimas das práticas anticoncorrenciais, em particular os consumidores, principais prejudicados pelas práticas de cartel que têm sido vigorosamente reprimidas a nível internacional e, mais recentemente, em Portugal.[19] Não se trata aqui de criar incentivos perversos e fomentadores de uma litigiosidade excessiva mas antes de garantir uma justiça efectiva, reparação dos danos e, questão mais controversa em que será fundamental ouvir a opinião dos meios judiciários, a introdução de uma função sancionatória autónoma, a meio caminho do sistema norte-americano de *treble damages*.

Estou certo que, do ponto de vista substantivo, o sistema judicial português já está em condições de assegurar esta tutela, pelo menos na medida em que dela se pretenda exclusivamente a compensação dos lesados; tal não prejudica a importância de uma reflexão em torno de alguns problemas processuais, caso das acções colectivas em defesa dos consumidores ou do efeito probatório das decisões da Comissão Europeia e das autoridades nacionais da concorrência. A Autoridade da Concorrência irá oportunamente procurar propiciar essa discussão em Portugal.

> **Os valores tutelados pelas regras de concorrência não possam ser postergados por um qualquer acordo entre litigantes privados.**

Atenta a importância de que hoje se revestem as regras de concorrência para uma economia competitiva e uma sociedade justa, facilmente se compreende que os valores por elas tutelados não possam ser postergados por um qualquer acordo entre litigantes privados, o qual, de resto, poderá infringir, ele próprio, essas mesmas regras.[20] É esse o sentido de outro importante aresto do Tribunal do Luxemburgo, segundo o qual,

*41. [u]m órgão jurisdicional nacional chamado a conhecer de um pedido de anulação de uma decisão arbitral deve deferir tal pedido quando entenda que essa decisão é efectivamente contrária ao artigo [81.º] do Tratado, desde que deva, segundo as suas normas processuais internas, deferir um pedido de anulação baseado na violação de normas nacionais de ordem pública.*[21]

Daqui resulta que, por maioria de razão, o interesse público que subjaz à intervenção da Autoridade da Concorrência não é susceptível de arbitragem, a par com qualquer interesse privado, dada a imperatividade da Lei n.º 18/2003. Por outras palavras, a intervenção sancionatória da Autoridade da Concorrência, fundada na defesa da legalidade e da ordem pública económica, deve sim ser controlada pelos tribunais pelas vias de recurso adequadas e previstas naquela lei.

## 4. Especificidade do direito da regulação. As entidades reguladoras.

> **A regulação cria um espaço que, por definição, está sujeito a regras específicas de funcionamento, o que constitui uma excepção ao funcionamento do mercado.**

A regulação cria um espaço que, por definição, está sujeito a regras específicas de funcionamento, o que constitui uma excepção ao funcionamento do mercado. Por isso, pode decorrer daí uma diminuição do campo de aplicação da lei da concorrência, na medida

---

[17] Acórdão do Tribunal de Justiça de 20.9.2001, *Courage c. Crehan*, Proc. C-453/99, Colect. 2001, p. I-6297.

[18] Ver Pires de LIMA e Antunes VARELA, *Código Civil Anotado*, vol. I, 4.ª ed., Coimbra: Coimbra Editora, 1987, p. 472, defendendo que as normas de defesa da concorrência se incluem entre aquelas que, "tutelando certos interesses públicos, visam ao mesmo tempo proteger determinados interesses particulares".

[19] Disponível em versão electrónica em: http://europa.eu.int/comm/competition/antitrust/others/actions_for_damages/gp_pt.pdf. A consulta pública decorreu até 21.4.2006.

[20] O que acarretará a nulidade do acordo, nos termos do n.º 2 do artigo 4.º da Lei n.º 18/2003.

[21] Acórdão do Tribunal de Justiça de 1.6.1999, *Eco Swiss c. Benetton*, Proc. C-126/97, Colect. 1999, p. I-3055.

## ECONOMIA E DIREITO DA CONCORRÊNCIA E REGULAÇÃO

em que a regulação suprima a liberdade de comportamento que se pressupõe para que exista restrição (voluntária) da concorrência.

Mesmo nos domínios onde a intervenção reguladora do Estado tende a substituir-se aos mecanismos do mercado, é imprescindível verificar se não subsiste um campo de aplicação das regras de concorrência. É esse o princípio enunciado pelo Tribunal de Justiça no caso *Suiker Unie*, de 1975.[22] Um conjunto de empresas acusadas de participar num cartel e de abuso de posição dominante no mercado do açúcar alegavam que, devido à existência de uma organização comum de mercado, a concorrência efectiva estaria impedida por razões legais. Com efeito, os parâmetros essenciais da concorrência estavam fortemente regulados por um regime comunitário que, entre outros aspectos, fixava preços mínimos de compra de matéria-prima, estabelecia preços limiar, indicativos e de intervenção e aplicava um regime de quotas de produção.

> **Mesmo nos domínios onde a intervenção reguladora dos Estado tende a substituir-se aos mecanismos do mercado, é imprescindível verificar se não subsiste um campo de aplicação das regras de concorrência.**

O Tribunal não se deixou convencer por esta tese: se alguns elementos do regime comunitário atenuavam o vigor da concorrência, outros existiam que iam no sentido do desenvolvimento das trocas intra-comunitárias e, por essa via, do reforço da concorrência efectiva. Existindo alguma liberdade mesmo em matéria de determinação dos preços, o Tribunal considerou que continuava a existir um "domínio residual, mas efectivo, dependente das regras da concorrência" (cons. 24).

Temos aqui um caso clássico de conflito entre uma regulação que se substitui ao mercado, condicionando o livre jogo da oferta e da procura, em nome de um interesse público assumido pelo legislador (neste caso comunitário).

O movimento europeu de criação de autoridades reguladoras está indissoluvelmente ligado ao binómio privatização-liberalização, a que se junta então a regulação sectorial. Cessados os privilégios legais dos tradicionais monopólios do sector público e, com mais ou menos hesitações, privatizados esses operadores dominantes, a criação de reguladores visa essencialmente dois objectivos: acautelar o interesse público na regulação de falhas de mercado sectoriais e criar condições de "level-playing field" que favoreçam o desenvolvimento da concorrência nos segmentos onde esta é possível.

> **A criação de reguladores visa essencialmente dois objectivos: acautelar o interesse público na regulação de falhas de mercado sectoriais e criar condições de "level-playing field" que favoreçam o desenvolvimento da concorrência nos segmentos onde esta é possível.**

Os instrumentos comunitários para criar este enquadramento favorável à concorrência (ou a emular os seus resultados) são bem conhecidos: os regulamentos comunitários que, sendo obrigatórios em todos os seus elementos e directamente aplicáveis nos ordenamentos nacionais, representam o mecanismo mais eficaz de promover a comunitarização das regras sectoriais aplicáveis; e as directivas, estas contendo meras obrigações de resultado (se bem que por vezes extremamente densas e pormenorizadas), impondo aos legisladores nacionais a obrigação de transporem para as respectivas ordens jurídicas as soluções acordadas na Comunidade.

Vimos já no ponto 2 quais devem ser as características das autoridades reguladoras. Quanto à sua vocação essencial, ela difere dos fins das autoridades da concorrência. É que enquanto estas actuam geralmente *ex post* (excepção feita ao controlo de concentrações), os reguladores têm no estabelecimento *ex ante* de um conjunto de regras detalhadas o seu principal instrumento: imposição de regimes de acesso a redes e infra-estruturas; definição de regras aplicáveis aos preços de acesso a essas redes; etc.

O direito da concorrência impõe um conjunto de deveres às empresas, cabendo depois às Autoridades da Concorrência apurar se esses deveres foram ou não cumpridos. As metodologias de trabalho diferem então num ponto essencial: os reguladores aplicam regras de âmbito sectorial normalmente muito detalhadas e das quais resultam deveres precisos de conduta (e.g., processar os pedidos de acesso por um concorrente no prazo máximo de 24 horas). Ora as regras de concorrência estão formuladas com um nível de abstracção que não permite este tipo de detalhe numa definição apriorística dos comportamentos proibidos; daí socorrerem-se de conceitos mais gerais, como posição dominante e abuso dessa posição, orientando-se para o objecto ou efeito desses comportamentos e não para a sua forma.

---

[22] Acórdão de 16.12.1975, *Suiker Unie*, Processos Apensos 40/73 e o., Colect. 1975, p. 563.

# DIREITO DA CONCORRÊNCIA

**Uma Autoridade da Concorrência não deve impor condições em nome das leis contra a restrição da concorrência, que colidam com um regime legal de regulação sectorial.**

## 5. Deve o direito da concorrência suprir a inadequação da regulação? Casuística europeia.

A experiência portuguesa na relação entre o direito da regulação e concorrência é claramente insuficiente para construir uma teoria, pelo que temos que nos servir da jurisprudência comunitária sobre estes temas. Em primeiro lugar, uma Autoridade da Concorrência não deve impor condições em nome das leis contra a restrição da concorrência, que colidam com um regime legal de regulação sectorial. É fundamental aqui a existência anterior da regra regulatória. Este princípio resulta da decisão do Tribunal de Primeira Instância Comunitário no caso *European Night Services* de 1994.[23] De facto, se a regulação existe para suprir uma falência do mercado, seria contraditório que aquela fosse anulada por princípios que regem o funcionamento do mercado.

Mas o que acontece no caso de uma intervenção pública que poderá vir a ocorrer no futuro? O Tribunal de Justiça Europeu disse no caso *Tetra-Laval* (para. 75 de *TetraLaval* C-12/03P), que ao analisar uma concentração, não era necessário que a Comissão considerasse a situação em que os incentivos para prosseguir práticas anti-concorrenciais seriam reduzidos, ou mesmo eliminados, devido a: (i) ilegalidade da conduta em questão, (ii) probabilidade de detecção, (iii) acções tomadas pelas autoridades competentes, tanto a nível nacional como comunitário, e (iv) as penalizações financeiras ou outras que poderia sofrer. Contudo, esta posição foi recentemente qualificada pelo TPI no caso *GE/Honeywell*, ao interpretar o acórdão *Tetra-Laval*, afirmando que embora a Comissão não tenha de determinar com absoluto grau de certeza se a situação potencial futura levará a um comportamento ilegal (pode fazer uma análise sumária, mesmo no caso de um abuso de uma posição dominante), tem também que tomar em conta o potencial efeito dissuasivo da actuação das autoridades.[24]

**As empresas não podem invocar o facto de o seu comportamento estar sujeito à supervisão regulatória e a possíveis remédios regulatórios futuros para pedir a justificação da aprovação de uma concentração, nem para justificar qualquer prática restritiva da concorrência.**

Esta posição do Tribunal em relação a um caso de concentrações pode ser, sem dúvida, extendido à aplicação das outras regras do Tratado, e à transposição para as regras nacionais da concorrência. Note-se que acções tomadas pelas autoridades competentes podem ser entidades regulatórias. Daí decorrem duas importantes aplicações. Primeiro, e no caso concreto, as empresas não podem pedir a justificação da aprovação de uma concentração invocando o facto de que o seu comportamento estar sujeito à supervisão regulatória e a possíveis remédios regulatórios futuros.[25] Segundo, também não podem invocar estes argumentos para justificar qualquer prática restritiva da concorrência.

Foi nesta linha que o *Bundeskartellamt* rejeitou uma concentração de hospitais, que teria reforçado significativamente a posição dominante num mercado local, de um grupo privado que já tinha um volume de negócios superior a mil milhões de euros. A concentração teria diminuído significativamente as escolhas dos consumidores. As partes arguiam que como os serviços hospitalares são regulados, os critérios usuais sobre concentrações não se aplicavam. O *Bundeskartellamt* discordou desta posição, afirmando que as regras da concentração assegurariam no longo prazo escolhas de maior qualidade de serviço no interesse dos pacientes.[26]

Esta mesma aproximação foi seguida pela Comissão Europeia no caso da *Deutsche Telekom* (Decisão Comunitária de 21 de Maio 2003, O.J. [2003] L 263/9, recurso pendente Caso T-271/03) em que a Comissão condenou a *Deutsche Telekom* por abuso de posição dominante ao aplicar um estreitamento de margens (*margin squeeze*) entre as tarifas grossistas

---

[23] Acórdão do TPI de 15.9.1998, Processos Apensos T-374/94, T-375/94, T-384/94, T-388/94 [1998] Colect. II-3141, para. 221

[24] É uma posição semelhante ao que os economistas chamam expectativas racionais. Neste tipo de comportamento, os agentes económicos tomam em conta as regras pré-estabelecidas pelo agente regulatório e incorporando-as no seu modelo de comportamento, optimizam a sua actuação. Evidentemente que neste caso é não só necessário tomar em conta a probabilidade e gravidade de cometer uma dada infracção, como da probabilidade de ser detectada e a sanção correspondente.

[25] Esta é a orientação que a Autoridade tem tomado em casos como o *Arriva/Barraqueiro* e a *Brisa/AEO*, que está assim devidamente fundamentada na jurisprudência comunitária.

[26] Caso *Rhön-Klinikum AG/Hospitals Bad Neustadt, Mellrichstadt*, no. B10-123/04 de 10 de Março de 2005. Texto disponível em http://bundeskartellamt.de/wDeutsch/download/pdf/Fusion/Fusion05/B10-123-04.pdf.

de acesso ao lacete local desagregado e as tarifas retalhistas no mesmo acesso, embora tanto as tarifas grossistas como retalhistas tenham sido fixadas pelo Regulador Nacional de Telecomunicações e Correios alemão (RegT).

Uma análise mais fina confirma que de facto não existe contradição entre a aplicação das leis da concorrência e a regulação. De facto, a supervisão destas tarifas pelo regulador tem outros objectivos que não a prevenção do esmagamento de margens. O controlo de preços das tarifas de retalho da *Deutsche Telekom* tinha como finalidade garantir preços razoáveis aos utilizadores finais, enquanto o controlo dos preços por grosso tinha como objectivo assegurar a "orientação para os custos" como a Directiva Comunitária respectiva previa. A supervisão do Regulador não excluía o esmagamento de margens. Contudo, a *Deutsche Telekom* argumenta que as suas tarifas foram revistas pelo Regulador, pelo que não podia ser condenada por abuso de preços à luz do artigo 82.º do Tratado. A Comissão rejeitou este argumento afirmando que as decisões regulatórias deixavam uma margem de manobra suficiente à *Deutsche Telekom* para que esta tomasse decisões com vista a evitar o esmagamento de margens. A Comissão seguiu a mesma linha de argumento num caso posterior sobre esmagamento de margens sobre o aluguer de linhas e as tarifas de retalho de DSL (IP/04/281 de 1 de Março 2004), que tinham também sido estabelecidas pelo Regulador Sectorial.[27]

É evidente que se o esmagamento de margens tivesse resultado directamente dos preços fixados pelo Regulador, então o operador não poderia ser responsabilizado. Neste caso, o caminho que a Comissão teria que seguir seria abrir um processo por violação do Artigo 86(1) combinado com o 82 contra o Estado Alemão.

Mas a jurisprudência comunitária não acaba aqui, pois as leis da concorrência sobrepõe-se não só às normas regulatórias nos termos acima definidos como a qualquer intervenção do Estado que possa possa estar em contradição com as normas de concorrência do Tratado. A primazia do direito comunitário e o papel das autoridades nacionais na aplicação das regras de concorrência do Tratado no âmbito do Regulamento n.º 1/2003 ganha importância reforçada face ao princípio enunciado pelo Tribunal de Justiça no acórdão CIF.[28] Neste acórdão concluiu-se que:

> As leis da concorrência sobrepõe-se não só às normas regulatórias como a qualquer intervenção do Estado que possa estar em contradição com as normas de concorrência do Tratado.

— *"perante comportamentos de empresas contrários ao artigo 81.º, n.º 1, CE, que sejam impostos ou favorecidos por uma legislação nacional que legitima ou reforça os seus efeitos, mais especialmente no que respeita à fixação dos preços e à repartição do mercado, uma autoridade nacional da concorrência que tem por missão, designadamente, assegurar o respeito do artigo 81.º CE:*
— *tem a obrigação de não deixar aplicar essa legislação nacional;*
— *não pode aplicar sanções às empresas em causa por comportamentos passados, quando estes lhes tenham sido impostos por essa legislação nacional;*
— *pode aplicar sanções às empresas em causa por comportamentos posteriores à decisão de deixar de aplicar essa legislação nacional, uma vez que esta decisão se tenha tornado definitiva a seu respeito;*
— *pode aplicar sanções às empresas em causa por comportamentos passados quando estes tenham sido apenas facilitados ou encorajados por essa legislação nacional, sem deixar de ter em devida conta as especificidades do quadro normativo em que as empresas actuaram."*

Este é um instrumento poderoso ao serviço da política da concorrência.

## 6. A liberalização dos mercados de bens não transaccionáveis: o papel da Comissão Europeia e o uso do artigo 86.º do Tratado.

Após a Grande Depressão e sobretudo da II Grande Guerra os governos na Europa nacionalizaram muitos sectores e mantiveram nas mãos do Estado monopólios naturais e os chamados "sectores sociais". Nos finais dos anos 1970 no Reino Unido e depois em

---

[27] Este mesmo princípio de graus de liberdade que a empresa ainda detém em relação à regulação sectorial foi seguido na concentração *Arriva/Barraqueiro*, e *Brisa/AEO,* que estão em recurso.

[28] Acórdão do Tribunal de Justiça de 9.9.2003, *Consozio Industrier Fiammiferi (CIF) c. Autorità Garante Della Concorrenza e del Mercato*, Proc. C-198/01, Colect. 2003, p. I-8055.

# DIREITO DA CONCORRÊNCIA

**Foi sobretudo a partir de 1996 que a Comissão Europeia, fazendo uso do art. 86.º do Tratado, começou a emitir uma série de Directivas para obrigar os Estados-Membros a liberalizar e introoduzir concorrência nalguns sectores: telecomunicações, electricidade, profissões liberais.**

**A concorrência é sempre um mecanismo de afectação dos recursos mais eficaz do que a regulação.**

todo o mundo começou a dar-se um movimento de liberalização e privatização de muitas empresas como também daqueles sectores que tradicionalmente eram considerados no perímetro do sector público. Mas foi sobretudo a partir de 1996, que a Comissão Europeia, fazendo uso do artigo 86 do Tratado, começou a emitir uma série de Directivas para obrigar os Estados Membros a liberalizar e introduzir concorrência nalguns daqueles sectores: telecomunicações, electricidade, profissões liberais. O artigo 86[29] do Tratado tem-se revelado como um instrumento poderoso, especialmente depois de ter sido várias vezes confirmada pelo Tribunal Europeu de Justiça (TEJ) a sua utilização para forçar os Estados Membros a liberalizar um sector, onde as práticas e abusos contra os artigos 81.º e 82.º teriam levado a longos processos legais. A sua aplicação remonta ao caso da *British Telecom*, em que o TEJ confirmou que as regras comunitárias da concorrência se aplicavam a monopólios legais ou estatais.[30] No seu seguimento a Comissão emitiu uma directiva a liberalizar o mercado de equipamentos de telecomunicações, mas os mercados dos serviços só começaram a ser liberalizados com a Directiva 90/388/EEC de 28 de Junho de 1990. Dado a sua novidade em termos legais esta foi contestada por vários Estados, tendo sido confirmada pelo TEJ no caso *Espanha v. Comissão*, C-271/90, C-281/90, e C-289/90, 1992 ECR I-5833 (C.J.). Em termos muito gerais o acórdão do TEJ diz que a Comissão tem o poder de exigir que um Estado Membro retire os direitos especiais e exclusivos num dado sector e especificar as condições "menos restritivas" em que os objectivos dos serviços de interesse económico geral podem ser satisfeitos. Este novo instrumento é hoje geralmente usado em conjugação com o artigo 17.º do Regulamento 1/2003 que autoriza a Comissão a abrir uma Investigação Sectorial (Sector Inquiry). No caso de a Comissão identificar problemas estruturais ou comportamentais anti-concorrenciais deve actuar em consequência.[31]

O princípio básico económico é que era necessário separar as componentes de um dado sector que eram monopólio natural e sujeitá-las a regulação, das componentes em que a ausência de economias de escala ou de gama significativas implicava a privatização e sujeição à concorrência. Os Estados deveriam procurar ir tão longe quanto possível na introdução da concorrência, que é sempre um mecanismo de afectação dos recursos mais eficaz do que a regulação.

Assim, na electricidade deveriam separar-se a produção de electricidade (sub-sector em concorrência, com múltiplas unidades e empresas em diferentes tipos de energia), de uma rede de transporte em alta tensão (monopólio natural) e das redes de distribuição local (monopólios naturais locais). Esta lógica foi seguida, grosso modo, desde cedo em Portugal, com a constituição da REN e dos sistemas municipais de electricidade. O problema é a dominação da EDP na produção e nas concessões municipais e não ter havido "concorrência para o mercado" na contestabilidade das concessões.

Nas telecomunicações deveria haver por um lado concorrência entre redes, como por exemplo entre cobre e cabo.[32] Dentro de cada rede, deve ser decomposta a rede de dis-

---

[29] É importante recordar este artigo:

"1. No que respeita às empresas públicas e às empresas a que concedam direitos especiais ou exclusivos, os Estados-Membros não tomarão nem manterão qualquer medida contrária ao disposto no presente Tratado, designadamente ao disposto nos artigos 12.º e 81.º a 89.º, inclusive.

2. As empresas encarregadas da gestão de serviços de interesse económico geral ou que tenham a natureza de monopólio fiscal ficam submetidas ao disposto no presente Tratado, designadamente às regras de concorrência, na medida em que a aplicação destas regras não constitua obstáculo ao cumprimento, de direito ou de facto, da missão particular que lhes foi confiada. O desenvolvimento das trocas comerciais não deve ser afectado de maneira que contrarie os interesses da Comunidade.

3. A Comissão velará pela aplicação do disposto no presente artigo e dirigirá aos Estados-Membros, quando necessário, as directivas ou decisões adequadas."

[30] OJ L 360/36 (1983), recurso da *Italia v. Comissão*, Caso 41/83 1985 ECR 873 (C.J.).

[31] Para um pequeno resumo histórico veja-se H. Ungerer. Use of EC Competition Rules in the Liberalisation of the European Union Telecommunications Sector. Competition Policy Newsletter, Junho 2001.

[32] Em 20 dos 25 países existe separação de propriedade nestas redes para haver concorrência a nível do consumidor final, que entrando-lhe dois fios em casa pode optar pelo serviço de triple-play prestado através de qualquer dos dois fios – há concorrência. Portugal é o país em que não só a mesma empresa detém as duas redes como domina todos os mercados que as utilizam, tendo dificultado ao longo dos anos a sua utilização por terceiros.

tribuição do sinal entre os lacetes locais e as casa dos utentes, que é um monopólio natural (dificuldade de replicar a rede em termos rentáveis) e os restantes circuitos de média ou longa distância, em que as novas tecnologias permitem a existência de concorrência entre diversas empresas. Daí que a Comissão, depois de vários anos de actuação através da persuasão tenha finalmente emitido uma série de directivas impondo a desagregação do lacete local.[33] Nestas "centrais de zona urbana" o incumbente deve dar acesso aos operadores de telecomunicações que pretendam oferecer serviços de *triple-play* (televisão por cabo, telefone fixo e *internet*), mediante o pagamento de uma taxa de interligação. Este acesso deve ser não discriminatório, no sentido que o incumbente deve tratar os outros operadores da mesma forma que a sua própria empresa retalhista.[34]

A Figura seguinte mostra como os dois vectores da concorrência e regulação se aplicam em diferentes sectores de bens não transaccionáveis, e cuja evolução depende da tecnologia e da própria política industrial.

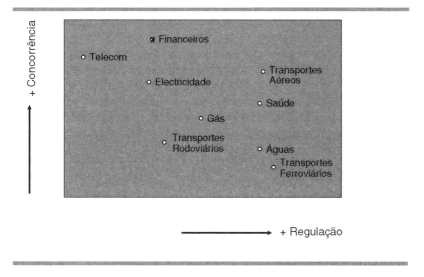

## 7. A regulação como regime transitório a caminho da concorrência: o caso das telecomunicações

Mas o sector das telecomunicações é bastante mais complexo: a Comissão nas suas directivas identifica 18 mercados. Para o objecto deste trabalho é o paradigma da intervenção conjugada do Direito da Concorrência e Direito da Regulação no sentido de aumentar a eficiência em benefício do bem-estar dos consumidores. Esta intervenção foi estabelecida pelo conhecido Pacote 99 que integra a Directiva 2002/21/EC e outras, que têm vindo a ser transpostas e aplicadas, pela Autoridade Nacionais de Regulação,[35] nos últimos 3 anos pelos diversos Estados Membros.

A perspectiva do Novo Esquema Regulatório (NER) é que a falha de mercado mais importante é o poder de mercado, e que este se consubtancia nas barreiras à entrada. Quando existem elevadas barreiras à entrada e a estrutura da procura e oferta é tal que apenas suporta um número limitado de empresas, a(s) empresa(s) incumbente(s) podem ter um pode de mercado significativo (PMS). Este conceito é em tudo semelhante ao de dominância nas leis da concorrência. Assim, o objectivo do NER é formatar a regulação

> **A falha de mercado mais importante é o poder de mercado que se consubtancia nas barreiras à entrada.**

---

[33] Seguindo na esteira da FCC americana e da Lei das Telecomunicações de 1996 dos EUA.
[34] Este processo de desagregação dos lacetes locais já foi levado bastante longe em países como a França onde já afectou mais de 30% das linhas, enquanto que em Portugal se fica pelos 3 a 4%.
[35] Os Reguladores Sectoriais e as Autoridades da Concorrência, embora os primeiros tenham assumido a liderança do processo. O papel de cada uma e da cooperação entre ambas varia de Estado para Estado. Mas o controle final cabe à Comissão Europeia.

## DIREITO DA CONCORRÊNCIA

das comunicações electrónicas de forma a que se verifique uma concorrência sustentável, interoperabilidade dos serviços e daí resultem benefícios para os consumidores.[36]

Este exercício envolve três fases. A primeira, consiste na Definição de Mercados baseada nos critérios de (i) barreiras à entrada elevadas e não transitórias, (ii) estado dinâmico da competitividade atrás das barreiras à entrada, e (iii) suficiência da lei da concorrência. Segunda, Análise de Mercado para determinar o grau de concorrência em cada um e a necessidade de impor obrigações aos intervenientes se estes tiverem uma posição dominante. Terceira, a imposição de Remédios ex-ante, quando a análise revelar a exitência de PMS. Este processo permite re-focalizar a aplicação de regulação económica ou técnica nas áreas em que ela é efectivamente necessária, deixando à concorrência o seu papel fundamental nos restantes mercados.

**Problemas típicos de concorrência: – restrições verticais, restrições horizontais, dominância num único mercado e terminação.**

Os problemas típicos de concorrência até agora identificados neste processo são quatro:

- Restrições verticais (vertical leveraging), que ocorre quando uma empresa procura estender o seu poder originado num mercado grossista a outro mercado grossista ou retalhista, dentro da cadeia de produção,
- Restrição horizontal (horizontal leveraging), quando um operador com PMS usa o seu poder de mercado noutro que não está verticalmente ligado,
- Dominância num único mercado, tal como bloqueamento da entrada de outros operadores, práticas de preços predatórios ou excessivos, ineficiências produtivas,
- Terminação, que se relaciona com a fixação de preços nos mercados de terminação e nos mercados de retalho relacionados (de originação) que até podem ser concorrenciais.

As obrigações a nível grossista que têm sido aplicadas como Remédios estão referidas na Directiva do Acesso e obrigam a: (i) transparência, (ii) não discriminação, (iii) separação contabilística, (iv) acesso, e (vi) controlo de preços e contabilidade de custos. Aqui são vários os métodos económicos para a fixação de preços, sendo os LRICs os mais comumente utilizados.[37]

**Princípios que devem reger a imposição de remédios.**

Os Remédios a nível retalhista englobam a proibição de preços excessivos ou predatórios, discriminação de preços e *bundling* não justificados. Nos casos em que se justifique podem ser aplicados controles individuais de preços ou *price caps* (preços máximos). Quatro princípios devem reger a imposição de remédios: (i) devem resolver o problema de concorrência identificado, ser proporcionais e justificados em termos dos objectivos de benefício dos consumidores e construção do mercado único, (ii) quando não for possível a concorrência entre redes devido a economias de escala ou de escopo, deve-se assegurar que existe acesso aos *inputs* a nível grossista,[38] (iii) quando for possível duplicar a infraestrutura de forma a produzir o mesmo serviço, os remédios devem promover a transição para um mercado mais concorrencial nessas bases, (iv) os remédios devem ser desenhados de forma a que haja incentivo para os cumprir, e evidentemente custos mais elevados se não forem seguidos.

### 8. Deve o direito da concorrência suprir a inadequação da regulação? Casuística norte-americana post-Trinko.

Vamos agora ver sumariamente alguns aspectos da prática judicial nos EUA. Tipicamente, a questão de uma queixa antitrust contra uma empresa sujeita a regulação poder ser conhecida pelos tribunias competentes depende se o sistema regulatório considera a conduta expressamente ou indirectamente imune do escrutíneo antitrust.[39]

---

[36] ERG, Revised Draft ERG Common Position, Novembro de 2005.

[37] LRIC é a abreviatura de Long-Run Incremental Cost.

[38] Preservando os incentivos para o investimento e melhoria da rede.

[39] Existe uma longa lista de casos neste domínio desde o U.S. Navigation Co., Inc. v. Cunard S.S. Co., Ltd., 284 U.S. 474 (1932) nos transportes marítimos, U.S. v. Philadelphia National Bank, 374 U.S. 321 (1963 na banca, ao National Railroad Corp. v. National Association of Railroad Passangers, 414 U.S. 453 (1974) relativa aos transportes ferroviários, até ao mais recente Hartford Fire Insurance Co. V. California, 509 U.S. 764 (1993) nos seguros.

## ECONOMIA E DIREITO DA CONCORRÊNCIA E REGULAÇÃO

Três doutrinas têm sido seguidas para isentar uma empresa regulada da aplicação do antitrust. A primeira é a "teoria das tarifas fixadas" e fixas, adoptada no caso *Square D Co. V. Niagara Frontier Tariff Bureau, Inc. 476 U.S. 409 (1986)* que proíbe queixas antitrust que pretendam obter remédios incompatíveis com o processo de fixação de tarifas ou preços pela agência regulatória. A segunda é a doutrina da "primeira jurisdição" que obriga o tribunal de primeira instância (district court) a suspender um caso que "requeira resolução de questões que são da competência de uma autoridade administrativa, segundo o sistema regulatório" *(Ver U.S. v. Western Pacific R. Co., 352 U.S. 59, 64 (1956))*. Finalmente, limitações de conhecimento pelos tribunais (court of appeal) de queixas *antitrust* contra empresas reguladas podem resultar de alterações aos mercados relevante e acessórios devido à regulação.

Esta última é a que tem levantado mais polémica, sobretudo em relação ao conhecido caso Trinko. Mas vejamos outro caso anterior na mesma linha: o *Town of Concord, Ma. V. Boston Edison Co., 915F.2d 17 (1st Circ., 1990), cert. denied, 499 U.S. 931 (1991)*, em que o queixoso, a *Town of Concord*, um distribuidor de electricidade municipal apresentou uma queixa contra um produtor de electricidade verticalmente integrado, alegando "esmagamento de margens", estratégia através da qual a empresa integrada baixa os preços de retalho (output) aos seus clientes e sobe os preços por grosso (input) às empresas concorrentes que lhe compram energia, o que acaba por os eliminar do mercado. O Tribunal do Primeiro Circuito em opinião expressa pelo Juiz Breyer decidiu que apesar da regulação activa dos preços pela Comissão Reguladora Federal da Energia, não se podia inferir imunidade das leis antitrust.

A Lei das Telecomunicações de 1996 impunha às empresas de telecomunicações locais a obrigação de darem acesso às redes aos seus concorrentes, nomeadamente através da desagregação dos "lacetes locais". A Verizon, o incumbente de Nova Iorque assinou acordos com a ATT para prestar estes serviços de interconexão, aprovados pelo regulador estatal e federal (Federal Communications Commission). Quando os concorrentes se queixaram aos reguladores que a Verizon estava a violar os acordos firmados, estes intervieram abrindo investigações paralelas que levaram à imposição de coimas, medidas remediais e obrigação de reportes adicionais pela empresa. Foi então que o escritório de advogados de Curtis Trinko apresntou uma queixa de *class action* contra a Verizon, alegando que esta tinha discriminado contra os clientes das suas rivais, o que violaria o §2 do Sherman Act. O District Court rejeitou a queixa, o Tribunal do Second Circuit aceitou-a, e finalmente o Supremo rejeitou-a. (*Verizon Communications Inc. v. Law Offices of Curtis V. Trinko, LLP, certiorari to the US Court of Appeals for the Second Circuit, 02-682 (2004)*. Este caso tem feito correr rios de tinta, e é bastante complexo, não nos sendo possível fazer justiça neste pequeno espaço. Em primeiro lugar, do ponto de vista económico é um caso semelhante ao do acima citado de "esmagamento de margens".[40] Segundo, alguns autores referem que na medida em que o Telecommunications Act de 1996 envolve um esquema regulatório que introduz concorrência num segmento de um mercado de outra forma regulado, a decisão do Juiz Scalia não deveria ser a tomada.[41] Contudo, repare-se que as agências regulatórias já tinham sancionado a Verizon, pelo que aceitar uma *class action* representaria como que um "free ride" sobre aquela actuação.

Os princípios enunciados no acórdão Trinko têm sido aplicados de forma cautelosa pelos tribunais federais de segunda instância.[42] Por exemplo, o Court of Appeal do 11.°

---

[40] Veja-se, por exemplo, N. Economides. Vertical Leverage and the Sacrifice Principle: Why the Supreme Court got Trinko Wrong. NET Institute, Stern School, NYU, 2005.

[41] Esta é, por exemplo, a posição tomada por J. Rubin. Regulation-based Antitrust Quasi-Immunity. American Antitrust Institute, Washington DC, comunicação à ABA Section of Antitrust Law, 2005. Este Instituto também apresentou um *amicus curiae* neste caso.

[42] O pêndulo da intervenção judicial em antitrust parece estar numa fase mais liberal. As suas implicações podem dividir-se em três áreas: (i) Trinko passou a dar imunidade antitrust a muitas recusas de negócio a um monopolista que não tenha dado acesso "voluntário" a rivais, e apenas o tenha feito por obrigação regulatória, a não ser que já a tenha dado no passado e tenha deixado de a dar por razão exclusionária, (ii) o tratamento discriminatório de rivais, no que respeita a recusas, pode só por si constituir conduta condenável, e (iii) apertou os critérios das "infra-estruturas essenciais", sobretudo a doutrina do "leveraging" que leva a utilizar o poder de mercado num mercado para assumir posições hipotéticas anti-concorrenciais noutros mercados adjacentes ou ligados. Veja-se sobre estas matérias James A. Keyte, The Ripple Effects of Trinko: How it is Affecting Section 2 Analysis, Antitrust, ABA, Fall 2005, volume 20, number 1.

---

**Doutrinas seguidas para isentar uma empresa regulada da aplicação do antitrust.**

# DIREITO DA CONCORRÊNCIA

Circuito federal considerou que a jurisprudência Trinko não prejudica a alegação de monopolização quanto a comportamentos de esmagamento de margens por uma empresa sujeita a regulação no sector das telecomunicações.[43] Aquele tribunal entendeu que a existência de um acordo de interconexão imposto pelo regulador não precludia uma alegação de esmagamento de margens por um operador dominante sobre um fornecedor concorrente de ADSL, relembrando que no acórdão Trinko o Supremo Tribunal apenas concluiu que o regime regulatório para as telecomunicações dispensava a incorporação no Sherman Act de novos critérios de proibição, ficando claro que não prejudicava a aplicação dos standards tradicionais (o que inclui a proibição do esmagamento de margens).

## 9. Breves observações dentro do ordenamento legal e institucional português

**A questão da articulação entre defesa da concorrência e regulamentação só recebeu entre nós um primeiro tratamento sistematizado com a Lei n.º 18/2003.**

A questão da articulação entre defesa da concorrência e regulação só recebeu entre nós um primeiro tratamento sistematizado com a Lei n.º 18/2003. Não quer isto dizer que se desconhecesse o problema, sobretudo ao nível da articulação com alguns dos reguladores/supervisores mais antigos. Já no Decreto-Lei n. 371/93 (artigos 23.º, n.ºs 3 e 4 e 26.º, n.ºs 3 e 4) se previa a audição prévia do Banco de Portugal, do Instituto de Seguros de Portugal ou da CMVM em processos por práticas restritivas caso fossem arguidas empresas sujeitas à supervisão daquelas entidades. No âmbito do controlo de concentrações, a Alta Autoridade para a Comunicação Social emitia parecer prévio vinculativo sobre os aspectos ligados ao pluralismo, nas concentrações horizontais no sector dos media. Mas o regime então previsto era claramente enfraquecido pela existência de limites à aplicação das regras de concorrência: exclusão da banca e dos seguros do âmbito do controlo de concentrações; previsão expressa de derrogações resultantes de lei especial; e, quanto a serviços públicos, a exclusão das empresas concessionadas pelo Estado "no âmbito e na vigência do respectivo contrato de concessão".

Apesar de não existir qualquer norma sobre a articulação com os reguladores sectoriais que foram sendo criados ao longo da década de 90, o ex-Conselho da Concorrência mostrava especial deferência às posições assumidas por aquelas instituições, de certo modo escudando-se na natureza técnica de alguns argumentos invocados pelas arguidas.[44]

**Autoridade da Concorrência e reguladores sectoriais podem-se pronunciar sobre os mesmos factos, cada uma sob a perspectiva das respectivas atribuições.**

Quanto à aplicação do direito da concorrência aos sectores regulados, a Lei n.º 18/2003 parece-nos inequívoca: a Autoridade da Concorrência deve garantir o respeito pelas regras de concorrência, "nos limites das atribuições e competências que lhe são legalmente atribuídas (artigo 14.º); por outro lado, a Autoridade deve colaborar com as Autoridades Reguladoras Sectoriais na aplicação daquelas regras (artigo 15.º). Sem prejuízo de ser matéria que obrigaria a maiores desenvolvimentos, no que toca às práticas restritivas da concorrência, a simples exigência de consulta recíproca mostra bem que Autoridade da Concorrência e reguladores sectoriais se podem pronunciar sobre os mesmos factos, cada uma sob a perspectiva das respectivas atribuições. Claro está que, se a intervenção do regulador satisfizer igualmente as preocupações inerentes à defesa da concorrência, a Autoridade pode então sobrestar na abertura de inquérito ou continuação da investigação; mas note-se que esta será uma faculdade da Autoridade e não um efeito automático da decisão do regulador (artigo 29.º).

Nos casos em que há lugar à abertura de instrução, a Lei n.º 18/2003 obriga a solicitar um parecer prévio do regulador, caso a decisão vá no sentido de condenar, aplicar injunções ou autorizar um acordo. No entanto, tal parecer não vincula a Autoridade, constituindo mais um elemento do processo a ponderar na decisão final a proferir.

No fundo, o que se pretende é estimular uma coordenação entre diferentes perspectivas do interesse público, o que levou a Autoridade da Concorrência a assumir a seguinte

---

[43] *Covad v. Bellsouth*, 374 F.3d 1044 (11th. Cir. 2004).

[44] Veja-se o caso *PT/Maxitel*, onde estavam em causa alegados atrasos na disponibilização de circuitos alugados, e no qual o ex-Conselho da Concorrência sublinha o facto de o regulador sectorial ter considerado não existir uma discriminação entre as empresas do grupo PT e os restantes operadores. Relatório de Actividades, 2001, D.R. II.ª Série, n.º 189, 17.8.2002, p. 13 965.

posição na sua Estratégia de Desenvolvimento 2003-2005: "O princípio fundamental da divisão de trabalho nas relações entre as diferentes agências reguladoras é o de que a Autoridade se responsabiliza pela avaliação da concorrência, estrutura e comportamento dos mercados, enquanto a agência sectorial se responsabiliza pelos aspectos técnicos do sector".

É no regime do controlo das concentrações que encontramos a melhor consagração desta ideia. Embora exista a obrigatoriedade de consultar os reguladores sectoriais (na medida em que esteja em causa um sector regulado por uma das entidades definidas como tal no Decreto-Lei n.º 10/2003 ou por uma entidade à qual deva ser reconhecido idêntico estatuto face aos critérios acima apontados), essa consulta não vincula a Autoridade quanto ao sentido da decisão final, com excepção da actual Entidade Reguladora da Comunicação Social no que toca a concentrações horizontais nalguns meios de comunicação social (mas aqui por se reconhecer primazia aos valores por esta tutelados – o pluralismo e a liberdade de expressão – e não por uma transferência para esta de um juízo concorrencial).

Esta será, sem dúvida, matéria que merecerá no futuro melhor clarificação pelos tribunais. Mas antes de concluir, é importante considerar as lições que nos pode fornecer a experiência passada.

Já depois da criação da Autoridade da Concorrência, mas antes da entrada em vigor da Lei n.º 18/2003, encontramos um caso interessante de uma decisão de um regulador sectorial sobre factos passíveis de enquadramento como abuso de posição dominante. Aquando do lançamento de uma nova oferta grossista de ADSL, a Portugal Telecom (PT) terá praticado duas contra-ordenações por violação do Regulamento de Exploração de Redes Públicas de Telecomunicações. Em causa estava, em primeiro lugar, o facto de a nova oferta ter sido anunciada aos operadores concorrentes a jusante sem respeito pelo prazo de pré-aviso (30 dias): a oferta entraria em vigor no dia seguinte ao anúncio; este primeiro comportamento viria a ser corrigido após a intervenção do regulador. O segundo aspecto do caso era o facto de uma empresa do grupo, concorrendo a jusante com uma oferta retalhista, ter tido conhecimento da nova oferta grossista antes do anúncio público, tendo utilizado essa "vantagem competitiva assinalável" (na terminologia da Relação de Lisboa) para proceder a ensaios junto de clientes finais. O regulador aplicou uma coima única de quase 70 mil euros, sendo reduzida para 50 mil pelo Tribunal de Pequena Instância Criminal e para 15 mil pela Relação de Lisboa, isto apesar da confirmação da condenação nas duas infracções.[45]

Pese embora o rigor jurídico das decisões proferidas neste caso, é de assinalar que a coima aplicada em concurso às duas contra-ordenações não reflecte a gravidade que tais factos poderiam ter assumido se considerados na óptica do direito da concorrência.[46] Perante a sanção aplicada, cabe perguntar se os bens jurídicos tutelados pelas regras da concorrência foram realmente tidos em consideração e protegidos naquelas decisões. Julgo que um futuro debate sobre a questão do concurso de infracções entre regras sectoriais e regras da concorrência deve ter bem presente que o diferente juízo de censurabilidade feito pelo legislador parece atribuir clara primazia aos valores tutelados pela Lei n.º 18/2003.

**O princípio fundamental da divisão de trabalho nas relações entre as diferentes agências reguladoras é o de que a Autoridade se responsabiliza pela avaliação da concorrência, estrutura e comportamento dos mercados, enquanto a agência sectorial se responsabiliza pelos aspectos técnicos do sector.**

## 10. Conclusões

As matérias aqui tratadas constituem um dos campos mais recentes e activos do Direito Comunitário da Concorrência e mesmo do Direito Antitrust americano, que irão com certeza ser largamente debatidas também entre nós, com os casos que se perspectivam na jurisprudência portuguesa. As grandes conclusões que podemos retirar são quatro.

---

[45] Acórdão da Relação de Lisboa, Proc. 1918/2004-3, de 19.5.2004 (disponível na base de dados: <www.dgsi.pt>)

[46] Basta confrontar as próprias coimas aplicáveis às infracções sectoriais em causa (entre 5 e 45 mil euros) com as que então se encontravam previstas no Decreto-Lei n.º 371/93 e que iam de 500 a um milhão de euros).

# DIREITO DA CONCORRÊNCIA

Primeiro, numa economia de mercado a concorrência é, por definição, o mecanismo mais eficientes de afectação de recursos, excepto nos casos específicos em que há falência do mercado. Desta adequação genética do direito da concorrência à economia do mercado decorre uma certa supremacia do direito da concorrência, sempre que esteja em causa actuação na óptica do mercado, e a sua transversalidade na aplicação à economia. Segundo, quando existe uma falha de mercado, como um monopólio natural, tem que existir regulação de forma a criar as condições necessárias ao surgimento de concorrência. Reconhecida essa necessidade, é evidente que as áreas objecto de regulação ficam em si mesmas subtraídas à aplicação dos mecanismos de concorrência (que não poderiam operar de qualquer maneira) e às leis da concorrência até ao momento em que o jogo do mercado logre impor-se. Terceiro, se existirem falhas da regulação, ou inexistir regulação, ou as regras da regulação forem distorcidas para celebrar acordos ou abusar de posições dominantes proibidos pela lei, é evidente que os agentes económicos deverão ser punidos. Quarto, o sector das telecomunicações demonstra também claramente como o direito da concorrência se pode aliar ao direito da regulação para conseguir melhorar o bem-estar social.

# As buscas e apreensões nos processos de natureza contra-ordenacional

**Maria José Costeira**
Juíza de Direito

"Maria José Costeira aborda, neste outro artigo, a problemática associada às buscas e apreensões nos processos de natureza contra-ordenacional, com particular incidência sobre a definição de buscas domiciliárias e de correspondência".

## A – *Da natureza das buscas e da autoridade judiciária competente para as ordenar*

A Lei 18/2003 de 11 de Junho[1] equipara a Autoridade da Concorrência (AdC) aos órgãos de polícia criminal, conferindo-lhe designadamente competência para proceder a buscas nas instalações das empresas [art. 17.º, n.º 1, al. c)], precisando o n.º 2 do art. 17.º que a realização das buscas depende de despacho da autoridade judiciária que autorize a sua realização.

Para além do citado art. 17.º a Lei 18/2003 não contém qualquer outra norma relativa a buscas, ou seja, no que toca à determinação do momento em que se podem fazer buscas, de como é que as buscas são feitas, dos seus pressupostos objectivos e das suas formalidades, a Lei 18/2003 é omissa. Logo, verificando-se que falta na lei a previsão de um caso que deve ser regulado juridicamente, há que recorrer às disposições subsidiárias: em primeira linha as disposições constantes do Regime Geral das Contra-Ordenações e Coimas (RGCOC), por força do disposto no art. 22.º, n.º 1, e, em segunda linha, as disposições do Cod. Proc. Penal, por força do disposto no art. 44.º do RGCOC.

Resulta do art. 174.º, n.º 2, do Cod. Proc. Penal, que, sempre que haja indícios da prática de uma infracção criminal e de que num determinado local, reservado ou não livremente acessível ao público, se encontram quaisquer objectos relacionados com o crime ou que possam servir de prova, pode ter lugar uma busca, precedida do necessário despacho da autoridade judiciária competente (despacho que pode ser, num primeiro momento e em determinadas situações dispensado, casos que não vão ser objecto de análise por não relevarem para a presente questão), despacho esse que, por força das alterações introduzidas ao Cod. Proc. Penal pela Lei 49/2007 de 29 de Agosto, tem o prazo de validade de 30 dias, sob pena de nulidade.

Como regra, as buscas têm lugar no decurso do inquérito, fase processual destinada à prática dos actos de investigação reputados de necessários com vista à decisão sobre a acusação (art. 262.º do Cod. Proc. Penal). Sendo este o objectivo do inquérito, nele estão compreendidas todas as diligências destinadas a investigar a existência de um crime, a identificar os seus agentes e respectiva responsabilidade e a descobrir e recolher a prova necessária.

O titular da acção penal é o Ministério Público, a ele cabendo a direcção do inquérito (art. 263.º, n.º 1, do Cod. Proc. Penal), ou seja, é ao Ministério Público que cabe seleccionar e recolher a prova, assistido pelos órgãos de polícia criminal. Por conseguinte, quando o art. 174.º, n.º 2, faz depender as buscas de prévio despacho da autoridade judiciária competente, está-se a referir ao Ministério Público: é o Ministério Público a autoridade judiciária competente para autorizar buscas e para emitir os respectivos mandados (cfr. art. 267.º e, quanto à definição de autoridade judiciária, art. 1.º, al. b), ambos do Cod. Proc. Penal).

Há porém determinados actos que, quando praticados na fase de inquérito, dependem de autorização do juiz de instrução. Trata-se daqueles actos que em razão da sua natureza e gravidade contendem directamente com direitos fundamentais (art. 268.º do Cod. Proc. Penal). Dentro do núcleo de actos da competência do juiz (de instrução) na fase de inquérito incluem-se as autorizações para realização de buscas domiciliárias: *A busca em casa habitada ou numa sua dependência fechada só pode ser ordenada ou autorizada pelo juiz e efectuada entre as sete e as vinte e uma horas, sob pena de nulidade* (art. 177.º, n.º 1, do Cod. Proc. Penal).

Essencial para a questão que aqui nos ocupa é definir o que se entende por **busca domiciliária**, atendendo a que o art. 34.º da Const. Rep. Portuguesa consagra como direito fundamental a inviolabilidade do domicílio e da correspondência.

---

[1] Diploma a que se referem todas as disposições *infra* citadas sem qualquer outra indicação.

# DIREITO DA CONCORRÊNCIA

Dispõe o citado preceito constitucional, que:

*1 – O domicílio e o sigilo de correspondência e os outros meios de comunicação privada são invioláveis.*

*2 – A entrada no domicílio dos cidadãos contra a sua vontade só pode ser ordenada pela autoridade judicial competente, nos casos e segundo as formas previstas na lei.*

Sobre o conteúdo deste direito Gomes Canotilho e Vital Moreira ensinam: "A Constituição continua a regular no mesmo preceito, desde a redacção originária, o direito à inviolabilidade de domicílio e o direito à inviolabilidade de correspondência (e outros meios de comunicação privada). A proclamação destes direitos como «invioláveis» e a sua associação para efeitos de positivação normativo-constitucional justifica-se por haver, em ambos os direitos, a protecção de bens jurídicos fundamentais comuns (dignidade da pessoa, desenvolvimento da personalidade, e sobretudo garantia da liberdade individual, autodeterminação existencial, garantia da privacidade nos termos do art. 26.°)" (*in* Constituição da República Portuguesa Anotada, 4ª ed., Vol. I, p. 539).

Os mesmos autores, reconhecendo as dificuldades na definição do objecto da inviolabilidade, acrescentam: "Tendo em conta o sentido constitucional deste direito, tem de entender-se por domicílio, desde logo, o local onde se habita – a habitação –, seja permanente, seja eventual; seja principal ou secundária. Por isso, ele não pode equivaler ao sentido civilístico, que restringe o domicílio à residência habitual (mas, certamente incluindo também as habitações precárias, como tendas, «roulottes», embarcações), abrangendo também a residência ocasional (como o quarto de hotel) ou, ainda, os locais de trabalho (escritórios, etc.). Dada a sua função constitucional, esta garantia deve estender-se quer ao domicílio voluntário geral, quer ao domicilio profissional (Ccivil, arts. 82° e 83°). A protecção do domicílio é também extensível, na medida do que seja equiparável, aos locais de trabalho (escritórios, etc.)." (op. cit., p. 540).

**A protecção do domicílio radica na personalidade humana e na necessidade de garantir o direito à reserva da intimidade da vida privada e familiar.**

O domicílio é, pois, visto como a projecção espacial da pessoa, pretendendo-se com a consagração da sua inviolabilidade, assegurar a protecção da dignidade humana, ou seja, a protecção do domicílio radica na personalidade humana e na necessidade de garantir o direito à reserva da intimidade da vida privada e familiar. Em suma, está em causa o direito à liberdade da pessoa.

O Tribunal Constitucional tem definido o domicílio a que se alude neste artigo como "a habitação humana, aquele espaço fechado e vedado a estranhos, onde recatada e livremente, se desenvolve uma série de condutas e procedimentos característicos da vida privada e familiar" (Ac. TC 452/89, publicado no DR, I série, de 22 de Julho de 1989, citado em abundância por outros arestos daquele tribunal).

Aqui chegados importa agora analisar em que medida este direito é extensível às pessoas colectivas através da equiparação de domicílio à sede social.

A nossa Lei Fundamental adoptou uma concepção de direitos fundamentais não centrada exclusivamente sobre os indivíduos, consagrando no art. 12.°, n.° 2, que *As pessoas colectivas gozam dos direitos e estão sujeitas aos deveres compatíveis com a sua natureza.* As pessoas colectivas são, pois, também elas, titulares de Direitos Fundamentais.

**As pessoas colectivas são titulares dos Direitos Fundamentais que sejam compatíveis com a sua natureza.**

Mas desta atribuição de direitos fundamentais às pessoas colectivas não decorre directa e necessariamente que lhes seja aplicável a garantia da inviolabilidade do domicílio. A propósito do art. 12.°, n.° 2, dizem Gomes Canotilho e Vital Moreira que "As pessoas colectivas não podem ser titulares de todos os direitos e deveres fundamentais; mas, sim, apenas daqueles que sejam compatíveis com a sua natureza (n.° 2, *in fine*). Saber quais são eles, eis um problema que só pode resolver-se casuisticamente. Assim, não serão aplicáveis, por exemplo, o direito à vida e à integridade pessoal, o direito de constituir família; já serão aplicáveis o direito de associação, a inviolabilidade de domicílio (pelo menos em certa medida) (ver nota art. 34°), o segredo de correspondência, o direito de propriedade. (…) É claro que o ser ou não ser compatível com a natureza das pessoas colectivas depende naturalmente *da própria natureza de cada um dos direitos fundamentais*, sendo incompatíveis aqueles direitos que não são concebíveis a não ser em conexão com as pessoas físicas, com os indivíduos…" (op. cit., p. 330-331).

# AS BUSCAS E APREENSÕES NOS PROCESSOS DE NATUREZA CONTRA-ORDENACIONAL

Continuando a citar os mesmos constitucionalistas "Já é muito duvidoso que a protecção da sede das pessoas colectivas (Ccivil, art. 159.º) ainda se enquadre no âmbito normativo constitucional da protecção do domicílio, porque, em princípio, não está aqui em causa a esfera da intimidade privada e familiar em que se baseia a inviolabilidade do domicílio. (…) Já quanto às pessoas colectivas, a protecção que é devida às respectivas instalações (designadamente quanto à respectiva sede) contra devassas externas não decorre directamente da protecção do domicílio, de cuja justificação não compartilha, como se viu acima, mas sim do âmbito de protecção do direito de propriedade e de outros direitos que podem ser afectados, como a liberdade de empresa (…)".

"Os titulares do direito à inviolabilidade de domicílio são as pessoas físicas que habitam uma residência, independentemente das relações jurídicas subjacentes (ex: propriedade, arrendamento, posse) e da respectiva nacionalidade. Esta titularidade estende-se a todos os membros da família e a pessoas com estatuto especial (ex: detidos, internados), devendo as eventuais restrições resultar da lei e serem justificadas pelas razões constantes deste preceito constitucional (matéria de processo criminal)." (op. cit., p. 540 e 541).

Tendo em mente a natureza do direito assegurado pela garantia da inviolabilidade do domicílio, teremos de concluir que o mesmo não é compatível com a natureza das pessoas colectivas. Estando em causa no art. 34.º o domicílio visto como a projecção espacial da pessoa e pretendendo-se com a proibição consagrada assegurar a protecção da dignidade humana e garantir o direito à reserva da intimidade da vida privada e familiar (ideia que sai ainda mais reforçada se atentarmos no n.º 3 do art. 34.º), não pode aceitar-se que a sede de uma pessoa colectiva esteja aqui incluída.

> **O direito assegurado pela garantia da inviolabilidade do domínio não é compatível com a natureza das pessoas colectivas.**

Neste sentido se pronunciou Martins da Fonseca que, depois de aludir à referência que o n.º 2 do art. 34.º faz ao "domicílio dos cidadãos", e concluir que do mesmo estão forçosamente excluídas as pessoas colectivas, e à referência que o n.º 3 do mesmo artigo faz à "noite", e concluir que do mesmo resulta que se quis proteger a intimidade do cidadão e a sua liberdade individual e familiar, é peremptório ao afirmar que "as sedes das pessoas colectivas não são abrangidas pela garantia prevista na disposição em apreço. De anotar, em relação às pessoas colectivas, que aí nunca se pretende acautelar a privacidade do cidadão. Trata-se de direito de que uma pessoa colectiva não pode em caso algum ser titular." ("Conceito de Domicílio face ao art.34.º da Constituição da República", *in* Revista do Ministério Público, n.º 45, p. 62-63).

Também a Procuradoria-Geral da República, em parecer emitido a propósito do enquadramento jurídico das buscas a efectuar no domínio do direito da concorrência, adopta este entendimento patente no seguinte trecho: "As buscas e apreensões não domiciliárias, nomeadamente nas instalações de empresas ou das associações de empresas envolvidas…" (Parecer n.º 127/2004, p. 52). De igual modo, no parecer da mesma Procuradoria n.º 86/1991 se assume estarem as buscas na sede das pessoas colectivas arredadas da definição de buscas domiciliárias dado que estas são aí identificadas como as buscas "em casa habitada ou numa sua dependência fechada" (ponto 7.4 do parecer).

<u>Por todo o *supra* exposto há que concluir que, face ao direito nacional, as buscas efectuadas na sede das pessoas colectivas não são buscas domiciliárias.</u>

> **As buscas efectuadas na sede das pessoas colectivas não são buscas domiciliárias.**

Ora se as buscas realizadas nas sedes/instalações das pessoas colectivas não são buscas domiciliárias, então a entidade competente para as autorizar e emitir os competentes mandados é o Ministério Público nos termos do citado art. 267.º (dado que a intervenção do juiz de instrução nesta sede se restringe às buscas domiciliárias).

Contra esta interpretação tem havido quem, invocando o art. 8.º da Convenção Europeia dos Direitos do Homem (CEDH), defenda que a sede da pessoa colectiva é equiparada ao domicílio e que as buscas na sede da pessoa colectiva são buscas domiciliárias, citando a propósito o Ac. de 16 de Abril de 2002 (Ac. Colas) do Tribunal Europeu dos Direitos do Homem (TEDH).

O art. 8.º da CEDH dispõe que:

1 – *Qualquer pessoa tem direito ao respeito da sua vida privada e familiar, do seu domicílio e da sua correspondência.*

# DIREITO DA CONCORRÊNCIA

*2 – Não pode haver ingerência da autoridade pública no exercício deste direito senão quando esta ingerência estiver prevista na lei e constituir uma providência que, numa sociedade democrática, seja necessária para a segurança nacional, para a segurança pública, para o bem-estar económico do país, a defesa da ordem e a prevenção das infracções penais, a protecção da saúde ou da moral, ou a protecção dos direitos e das liberdades de terceiros.*

**Ac. Hoescht de 21 de Outubro de 1989.**

Os tribunais comunitários mantêm uma jurisprudência constante nesta matéria, sempre ancorada no Ac. Hoescht de 21 de Outubro de 1989, amiúde citado em jurisprudência mais recente (inclusive nacional, Ac. RL de 16-01-07, Proc. 5807/06), de que se passa a transcrever o seguinte trecho:

"17 – Tendo a recorrente invocado também as exigências decorrentes do direito fundamental à inviolabilidade do domicílio, deve referir-se que, se é verdade que o reconhecimento desse direito quanto ao domicílio privado das pessoas singulares se impõe na ordem jurídica comunitária como princípio comum aos direitos dos Estados-membros, o mesmo não sucede quanto às empresas, uma vez que os sistemas jurídicos dos Estados-membros apresentam divergências não desprezíveis no que se refere à natureza e grau de protecção das instalações comerciais face às intervenções das autoridades públicas.
18 – Conclusão diversa não pode, aliás, ser retirada do artigo 8.º da Convenção Europeia dos Direitos do Homem, cujo n.º 1 estabelece que "qualquer pessoa tem direito ao respeito da sua vida privada e familiar, do seu domicílio e da sua correspondência". O objecto de protecção deste artigo é o desenvolvimento da liberdade pessoal do homem, não podendo, por isso, ser alargada às instalações comerciais. (…)
19 – Não é menos verdade, porém, que em todos os sistemas jurídicos dos Estados-membros as intervenções do poder público na esfera da actividade privada de qualquer pessoa, seja singular ou colectiva, devem ter fundamento legal e justificar-se por razões previstas na lei, e que esses sistemas estabelecem, em consequência, embora de formas diferentes, uma protecção contra as intervenções arbitrárias ou desproporcionadas. A exigência dessa protecção deve, assim, ser reconhecida como princípio geral do direito comunitário".

Esta doutrina tem vindo a ser desenvolvida, designadamente no Ac. Colas *supra* citado, nos termos do qual a protecção do domicílio visada pelo art. 8.º da CEDH pode ser estendida, em determinadas circunstâncias, a essas instalações.

Sucede que este acórdão (Colas) não é de todo contraditório com o Ac. Hoescht, não sendo a hipótese nele configurada idêntica à que estava em causa no Ac. Hoescht nem tão pouco à realidade portuguesa.

**Ac. Colas de 16 de Abril de 2002.**

Com efeito, no Ac. Colas, estavam em causa buscas realizadas na sede de uma pessoa colectiva, em França, no âmbito de uma legislação nacional que previa a sua realização sem necessidade de qualquer autorização judicial, ou seja, as buscas podiam ser determinadas pelos inspectores que instruíam o processo de contra-ordenação, sendo estes quem definia a sua extensão, empresas e locais abrangidos, sem qualquer restrição ou supervisão (cfr. ponto 22 do Acórdão).

Em tal situação afigura-se-me claro que o art. 8.º da CEDH deverá ser objecto de uma interpretação mais lata de modo a que, por via dele, se garanta minimamente a defesa dos direitos das pessoas colectivas, designadamente à protecção dos seus bens. Isto mesmo resulta do acórdão quando refere que a legislação e a prática nacional deveriam ter acautelado garantias adequadas e efectivas contra abusos (cfr. ponto 48 do Acórdão), e que por tais garantias inexistirem na legislação nacional havia uma violação ao art. 8.º em apreciação.

Podemos, pois, concluir que o Ac. Colas do TEDH mais não fez do que consagrar a tese de que deve ser reconhecido como princípio geral do direito comunitário a protecção das pessoas colectivas contra intervenções arbitrárias ou desproporcionadas.

Ora o nosso regime processual impõe que as buscas sejam sempre autorizadas por uma autoridade judiciária, ou seja, a lei nacional acautela a salvaguarda dos direitos das empresas, garantindo a necessária protecção contra as intervenções arbitrárias ou desproporcionadas. O Ministério Público é uma autoridade judiciária cuja actividade é pautada pela conformidade com a Constituição, por critérios de legalidade e objectividade e não por razões de oportunidade ou conveniência. Consequentemente, o facto de as buscas dependerem de despacho do Ministério Público garante integralmente os direitos que se podem considerar aplicáveis às empresas por via do art. 8.º da CEDH: o da protecção das pessoas colectivas contra intervenções arbitrárias ou desproporcionadas.

Se assim é no domínio do processo penal, por maioria de razão também o é no domínio do processo contra-ordenacional, processo que abrange condutas tipificadas como ilícitas e, por conseguinte, proibidas, mas a que por natureza corresponde uma neutralidade ética: têm uma carga valorativa negativa que não vai além do desvalor que lhe é atribuído perlo simples facto de violarem deveres prescritos pelo estado (neste sentido Eduardo Correia e Figueiredo Dias, respectivamente *in* "Direito Penal e Direito de Mera Ordenação Social, Boletim da FDUC, vol. XLIX, p. 257-281; "O Movimento de Descriminalização e o Ilícito de Mera Ordenação Social", Jornadas de Direito Criminal, CEJ, p. 3217 e segs).

Acresce que, no domínio concreto das contra-ordenações da concorrência, a AdC quando solicita a necessária autorização para realizar buscas, fá-lo através de requerimento fundamentado (art. 17.º, n.º 2), o que permite ao Ministério Público aferir da necessidade e proporcionalidade da diligência solicitada, sendo certo que se não ficar convicto de que há indícios da prática de um ilícito e de que num dado local poderá haver elementos de prova relevantes, não autorizará a diligência.

Por conseguinte, a conclusão de que as buscas às sedes/instalações das pessoas colectivas não são equiparadas a buscas domiciliárias e, por conseguinte, a sua realização não depende de autorização do juiz mas sim do Ministério Público, não contraria o art. 8.º da CEDH nem a interpretação que dele foi feita no Ac. Colas.

### B – *Do objecto das buscas – noção de correspondência e de comunicação electrónica*

A este propósito três questões se têm colocado na prática judiciária: qual o âmbito das buscas permitidas no domínio do direito contra-ordenacional, qual a noção de correspondência relevante e qual a abrangência da definição de comunicações electrónicas. As normas a considerar relativas ao objecto das buscas no âmbito das contra-ordenações da concorrência são as seguintes:

- Art. 17.º, n.º 1, al. c), da Lei 18/2003: … *a Autoridade, através dos seus órgãos ou funcionários, goza dos mesmos direitos e faculdades e está submetida aos mesmos deveres dos órgãos de polícia criminal, podendo, designadamente…*
- *Proceder, nas instalações das empresas…, à busca, exame, recolha e apreensão de cópias ou extractos da escrita e demais documentação, quer se encontre ou não em lugar reservado ou não livremente acessível ao público, sempre que tais diligências se mostrem necessárias à obtenção de prova.*
- Art. 42.º do RGCOC: *Não é permitida … a intromissão na correspondência ou nos meios de telecomunicação nem a utilização de provas que impliquem a violação do segredo profissional.*
- Art. 32.º, n.º 8, da Const. Rep. Portuguesa: *São nulas todas as provas obtidas mediante tortura, coacção, ofensa da integridade física ou moral da pessoa, abusiva intromissão na vida privada, no domicílio, na correspondência ou nas telecomunicações.*
- Art. 34.º, n.º 1, da Const. Rep. Portuguesa: *O domicílio e o sigilo da correspondência e dos outros meios de comunicação privada são invioláveis.*
- Art. 34.º, n.º 4, da Const. Rep. Portuguesa: *É proibida toda a ingerência das autoridades públicas na correspondência, nas telecomunicações e nos demais meios de comunicação, salvos os casos previstos na lei em matéria de processo criminal.*

A primeira ideia a reter é a de que a proibição ínsita no art. 42.º do RGCOC (de *intromissão na correspondência ou nos meios de telecomunicação*) é aplicável às contra-ordenações da concorrência: por um lado a regra geral nele estatuída não foi expressamente afastada pela Lei 18/2003 e, por outro lado, do art. 17.º, n.º 1, al. c) não resulta que o legislador tenha ali pretendido regular de modo exaustivo a matéria nele contida, pelo contrário.

Assim, não incluindo o art. 17.º, n.º 1, al. c), que confere à AdC poderes para realizar buscas, a possibilidade de as buscas incidirem sobre correspondência ou de serem realizadas

**Art. 8.º da CEDH: garante a protecção das pessoas colectivas contra intervenções arbitrárias ou desproporcionadas.**

**Nas contra-ordenações da concorrência, não é possível a apreensão de correspondência nem a realização de escutas telefónicas.**

# DIREITO DA CONCORRÊNCIA

escutas telefónicas, e proibindo expressamente o art. 42.º do RGCOC (em consonância com o art. 34.º, n.º 4, da Const. Rep. Portuguesa), essas diligências, a única conclusão possível é a de que, no domínio das contra-ordenações da concorrência, não só não é possível proceder à apreensão de correspondência e à realização de escutas telefónicas, como as provas obtidas por tais meios não podem ser utilizadas.

**O objectivo das buscas não se restringe aos documentos de natureza contabilística.**

A segunda ideia a reter é a de que podem ser objecto de apreensão outros documentos para além dos contabilísticos. De facto, não só tal não é proibido nem pelo art. 34.º da Const. Rep. Portuguesa nem pelo art. 42.º do RGCOC, como é expressamente autorizado pelo art. 17.º, n.º 1, al.c), que permite a *recolha e apreensão de cópias ou extractos da escrita e demais documentação*, não restringindo, pois, o objecto das buscas aos documentos de natureza contabilística.

Antes de determinar o que se entende por correspondência para efeitos da proibição consagrada no art. 34.º da Const. Rep. Portuguesa há que definir o conceito de <u>correio electrónico</u> e o respectivo âmbito de protecção legal dado que o art. 190.º do Cod. Proc. Penal determina que o regime das escutas telefónicas é aplicável ao correio electrónico. Assim, torna-se necessário delimitar até quando é que o correio electrónico é protegido pelo regime das escutas e a partir de quando é que é protegido pelo regime da correspondência.

Não existe uma definição penal de correio electrónico sendo que este conceito remete para outros dois conceitos: comunicação electrónica e serviço de comunicação electrónica.

O único conceito legal de comunicação electrónica é o constante da Lei 41/2004 de 18 de Agosto relativa ao tratamento de dados pessoais e à protecção da privacidade no sector das comunicações electrónicas que a define, para efeitos da referida lei, como "qualquer informação trocada ou enviada entre um número finito de partes mediante a utilização de um serviço de comunicações electrónicas acessível ao público" [art. 2.º, n.º 1, al. a)].

Por sua vez, a definição de "serviço de comunicações electrónicas" é dada na Lei das Comunicações Electrónicas" (Lei 5/2004 de 10 de Fevereiro) nos seguintes termos: "serviço oferecido em geral mediante remuneração, que consiste total ou principalmente no envio de sinais através de redes de comunicações electrónicas, incluindo os serviços de telecomunicações e os serviços de transmissão em redes utilizadas para a radiodifusão" [art. 3.º, al. cc)]. Este mesmo diploma define "redes de comunicações electrónicas como "sistemas de transmissão ... que permitem o envio de sinais por cabo, meios radioeléctricos, meios ópticos ou por outros meios electromagnéticos, incluindo as redes de satélites, as redes terrestres fixas ... e móveis, os sistemas de cabos de electricidade, na medida em que sejam utilizados para a transmissão de sinais, as redes utilizadas para a radiodifusão sonora e televisiva e as redes de televisão por cabo, independentemente do tipo de informação transmitida" [art. 3.º, al. x)].

**Comunicação electrónica "algo incorpóreo, que ocorre num lapso de tempo localizado e cessa, começando e acabando quando entra e sai de uma rede de comunicações".**

Sendo estas as únicas noções legais existentes, e pese embora as mesmas não se possam considerar noções para efeitos de direito penal, julga-se que delas se pode extrair o seguinte entendimento: quando o legislador penal pensou no conceito de comunicação electrónica, estava-se a referir "a algo incorpóreo, que ocorre num lapso de tempo localizado e cessa, começando e acabando quando entra e sai de uma rede de comunicações" (Pedro Verdelho, "Apreensão de Correio Electrónico em Processo Penal, *in* Revista do Ministério Público n.º 100, p. 153 e segs.).

Sendo assim, a mensagem enviada por correio electrónico é considerada comunicação electrónica enquanto percorre as redes de comunicação electrónicas e, por conseguinte, se for interceptada, em tempo real, nesse percurso, a sua apreensão rege-se pelas regras das escutas telefónicas (por força do citado art. 190.º do Cod. Proc. Penal).

A partir do momento em que a mensagem é recebida no destinatário e fica de qualquer modo alojada no respectivo computador, a comunicação cessou e, por conseguinte, a partir deste momento, a sua apreensão rege-se pelas regras da correspondência. "Neste momento, na sua essência, uma mensagem de correio electrónico em nada se distingue de uma carta remetida por correio físico, dito tradicional, que após ser recebida pode igualmente ser guardada ou destruída. Portanto, neste estádio, as mensagens de correio electrónico deixam de ser uma *comunicação*, passando a ter uma natureza similar à da correspondência, embora sob a forma digital. (…) Disto resultará que o correio electrónico poderá ser apreendido nos mesmos moldes em que pode ser apreendido o correio tradicional." (Pedro Verdelho, op. cit., p. 157-158).

Este entendimento foi já acolhido pela Relação de Lisboa que a propósito da admissibilidade de apreensão de um computador no âmbito de umas buscas domiciliárias, entendeu que, não só tal apreensão é possível, podendo a OPC tomar conhecimento do conteúdo do respectivo disco rígido, como que "Só assim não será quanto ao correio electrónico que nele se encontre armazenado uma vez que, quanto a ele, deve ser aplicado o regime estabelecido para a apreensão de correspondência". No referido acórdão consta ainda a seguinte passagem: "Diga-se apenas que se se tratasse efectivamente de correio electrónico o regime jurídico aplicável não seria, ao contrário do que sustentam os recorrentes, o que o Código de Processo Penal reserva para a intercepção de comunicações, uma vez que este se destina apenas à intercepção de conversas ou comunicações em curso, mas sim o que estabelece para a apreensão de correspondência (artigos 179.º e 252.º do Código de Processo Penal)." (Ac. da RL de 13-10-2004, Proc. 5150/2005-3; no mesmo sentido Ac. RC de 29-03-06, Proc. 607/06 e parecer da PGR n.º 127/2004).

Passemos então à definição do conceito de correspondência (tendo sempre em mente que só esta não pode ser apreendida em processos de contra-ordenação).

A propósito do art. 34.º da Const. Rep. Portuguesa, Gomes Canotilho e Vital Moreira caracterizam o direito ao sigilo da correspondência do seguinte modo: "abrange toda a espécie de correspondência de pessoa a pessoa (cartas, postais, impressos), cobrindo mesmo as hipóteses de encomendas que não contêm qualquer comunicação escrita … No âmbito normativo do art. 34.º cabe o chamado correio electrónico, porque o segredo da correspondência abrange seguramente as correspondências mantidas por via das telecomunicações.". Este direito "tem como objecto de protecção a comunicação individual, isto é, a comunicação que se destina a um receptor individual ou a um círculo de destinatários (ex: correspondência telefónica) previamente determinado… A Constituição não apenas garante o sigilo da correspondência e outros meios de comunicação privados (n.º 1), mas também proíbe toda a ingerência (n.º 4), o que é mais vasto, envolvendo nomeadamente a liberdade de envio e de recepção de correspondência, a proibição de retenção ou de apreensão, bem como de interferência (telefónica etc.)." (*in op. cit.*, p. 544-555).

O cerne da questão reside em determinar se a correspondência, depois de aberta, ainda deve ser considerada correspondência e, por conseguinte, ainda está abrangida pela proibição da intromissão consagrada no art. 34.º da Const. Rep. Portuguesa, ou se, a partir desse momento, deve ser considerada como um mero documento.

Pedro Verdelho, a propósito das mensagens de correio electrónico, defende que só a correspondência fechada goza da protecção absoluta da inviolabilidade, com a seguinte argumentação:

"A este propósito, anote-se liminarmente que, tal como acontece com o correio tradicional, no âmbito da recolha de prova em processo penal, deverá ser dado um tratamento diferenciado a mensagens recebidas mas ainda não abertas, por um lado, e a mensagens recebidas e já abertas, por outro.

Quanto às primeiras, se se lhe aplicar o regime processual do correio tradicional, têm que ser consideradas correspondência não aberta. Portanto, a sua apreensão apenas poderá ocorrer nos casos previstos no Artigo 179.º do Código de Processo Penal e esta apreensão está sujeita às respectivas condições e formalidades.

No que respeita às segundas, se já foram abertas, porventura lidas e mantidas no computador a que se destinavam, não deverão ter mais protecção que as cartas em papel que são recebidas, abertas e porventura guardadas numa gaveta, numa pasta ou num arquivo.

> **Uma mensagem de correio electónico depois de recebida em nada se distingue de uma carta remetida por correio físico, dito tradicional.**

> **A correspondência, depois de aberta, já não está abrangida pela proibição da intromissão consagrada no art. 34.º da Const. Rep. Portuguesa, passando a ser considerada como um mero documento.**

# DIREITO DA CONCORRÊNCIA

Portanto, não merecem a mesma protecção das outras no momento da sua apreensão. Especificamente quanto às mensagens de correio electrónico que tenham sido abertas e impressas em papel, não parece haver qualquer motivo para deixar de dar-lhes, analogicamente, o mesmo tratamento do correio tradicional. Ou seja, serão meros documentos escritos que podem sem qualquer reserva ser apreendidos no decurso de uma busca. O mesmo pode avançar-se quanto a mensagens de correio electrónico que já tenham sido abertas pelo seu destinatário e foram deixadas gravadas no computador. Na sua essência são documentos sob forma digital, armazenados num computador, com um estatuto idêntico ao de uma carta em papel que tenha sido recebida pelo correio, aberta e guardada num arquivo pessoal. Ou ainda com a mesmo natureza de um texto escrito em programa de processamento de texto e guardado em suporte informático. Sendo meros documentos escritos, estas mensagens não gozam da aplicação do regime de protecção da reserva da correspondência e das comunicações." (in op. cit., p. 158-159).

É este também o entendimento da Procuradoria-geral da República no já citado Parecer 127/2004 que refere: "relativamente à correspondência já aberta, lida e arquivada, em suporte papel ou digital, relativa à actividade normal da pessoa colectiva, já não goza da protecção constitucional como correspondência, devendo ser entendida com a natureza e o regime legal que lhe for próprio, em regra documentos, gozando, se for o caso, dos privilégios de segredo que ao caso couber.

Deste modo se afigura compatibilizado o direito fundamental da inviolabilidade da correspondência com a realização do princípio da concorrência, também este constitucionalmente consagrado e que constitui uma das traves mestras da constituição económica comunitária a que Portugal se encontra vinculado.".

Concordando inteiramente com as considerações tecidas por Pedro Verdelho e pela Procuradoria Geral da República, conclui-se que há efectivamente uma diferença entre correspondência aberta e correspondência fechada, e que só esta está abrangida pela proibição constitucional consagrada no art. 34.º (o que leva a concluir que só há necessidade de ser ordenada por juiz a apreensão de correspondência fechada [neste sentido Ac. RC de 29-3-06 já citado e Ac. RL de 18-05-06, Proc. 54/2006-9) –.

### C – *Das formalidades das buscas*

A questão que aqui importa tratar prende-se com a obrigatoriedade de constituição formal de arguido em processos de contra-ordenação.

A lei da concorrência é totalmente omissa no que toca à questão da constituição de arguido, omissão que não releva dado que a referida lei não regula o regime geral aplicável ao processo de contra-ordenação, limitando-se a estabelecer algumas especificidades, remetendo genericamente para o RGCOC (art. 22.º, n.º 1).

O RGCOC, ao contrário do Cod. Proc. Penal (arts. 58.º e segs.) não contém quaisquer regras relativas à constituição de arguido o que nos coloca a questão de saber se essa ausência de regulamentação é intencional, isto é, se o objectivo do legislador foi deliberadamente não impor nestes processos a obrigatoriedade de constituição de arguido, ou se, pelo contrário, se trata de uma lacuna, caso em que teremos de recorrer à aplicação subsidiária dos arts. 58.º e segs. do Cod. Proc. Penal, *ex vi* art. 44.º do RGCOC.

O direito contra-ordenacional surgiu na sequência do movimento mais lato de descriminalização do direito penal e autonomizou-se deste sempre partindo da ideia da não relevância ética das condutas que o integram. Esta autonomização assenta, pois, na neutralidade ética do ilícito: o ilícito não é axiologicamente neutro, e por isso se trata de um direito sancionatório, mas a conduta em si mesmo considerada, divorciada da proibição legal, é-o.

> **Não há uma estreita equiparação entre o ilícito contra-ordenacional e o ilícito criminal, razão pela qual as regras processuais penais não têm aplicação in totum no direito contra-ordenacional.**

Daqui resulta, como tem sido aliás reconhecido abundantemente pelo Tribunal Constitucional, que não há uma estreita equiparação entre o ilícito contra-ordenacional e o ilícito criminal, não obstante a "necessidade de serem observados determinados princípios comuns que o legislador contra-ordenacional será chamado a concretizar dentro de um poder de conformação mais aberto do que aquele que lhe caberá em matérias de processo penal." (Ac. Tribunal Constitucional n.° 469/97; no mesmo sentido se pronunciaram inúmeros arestos do Tribunal Constitucional, indicando-se, a título de exemplo, os Ac. 158/92; 344/93; 473/01; 581/04; 325/05 e 637/06).

Pode assim afirmar-se que as regras processuais penais não têm aplicação *in totum* no direito contra-ordenacional, como não poderia deixar de ser sob pena de, na prática, não haver qualquer diferenciação entre os dois tipos de ilícito.

Tendo presente a diferença de natureza do ilícito (penal/contra-ordenacional) e, consequentemente, de regime aplicável, entende-se que nos processos de contra-ordenação não existe a obrigatoriedade de constituição formal de arguido, ou seja, a não inclusão no RGCOC de uma norma prevendo a constituição de arguido foi intencional, não se tratando de uma lacuna.

**Nos processos de contra-ordenação não existe a obrigatoriedade de constituição formal de arguido.**

Aliás, deve dizer-se que os objectivos que no processo penal presidem à constituição formal de arguido, não se fazem sentir no direito de mera ordenação social. Com efeito, no âmbito do direito penal é a partir da constituição formal como arguido que o suspeito da prática de um ilícito criminal passa a ser titular dos direitos respectivos, pretendendo-se salvaguardar os direitos de quem, por ser suspeito da prática de um crime, pode ver os seus direitos fundamentais fortemente comprimidos, podendo, no limite, ficar privado da sua liberdade. A constituição de arguido tem ainda, no domínio penal, outros pontos de grande importância: só a partir desse momento é possível a aplicação de medidas de coação, designadamente o TIR, e só é possível efectuar o julgamento na ausência do arguido se o TIR tiver sido prestado (cfr. arts. 192.°, 333.°, n.° 1 e 196.°, n.° 3, al. d), todos do Cod. Proc. Penal).

Ora no domínio das contra-ordenações, o núcleo dos direitos que assistem ao arguido não dependem da sua constituição formal como tal. Os direitos de ser ouvido e de requerer diligências de prova resultam directamente do art. 50.° do RGCOC que dispõe não ser permitida a aplicação de uma coima sem se ter conferido ao arguido a possibilidade de se pronunciar sobre a contra-ordenação que lhe é imputada. Esta norma não faria sentido se o regime dos arts. 57.° e segs. do Cod. Proc. Penal fosse aplicável: se o suspeito tivesse que ser constituído arguido assistir-lhe-ia, desde logo, o direito a ser ouvido (cfr. art. 61.°, n.° 1, al. b), do Cod. Proc. Penal), pelo que a consagração desse direito no art. 50.° estaria esvaziada de conteúdo.

**Os direitos de ser ouvido e de requerer diligências de prova resultam directamente do art. 50.° do RGCOC.**

Quanto ao direito do arguido de recorrer judicialmente de qualquer decisão que lhe seja desfavorável, nas contra-ordenações resulta directamente do art. 55.° do RGCOC.

Por último o direito de constituir mandatário ou de lhe ser nomeado defensor resulta directamente do art. 53.° do RGCOC.

Em suma, o arguido tem desde o início do processo e independentemente da prática de qualquer acto formal, todos os direitos de defesa que o legislador contra-ordenacional entendeu que lhe assistem, direitos esses que não são absolutamente equiparáveis aos do arguido em processo penal precisamente porque aqui não há nem pode haver a constrição dos direitos fundamentais que pode haver no domínio penal.

Acresce que não há lugar, no domínio das contra-ordenações, à aplicação de medidas de coacção, designadamente do TIR (art. 42.° do RGCOC), nem a realização do julgamento na ausência do arguido depende da sua constituição formal como tal, sendo certo que a sua comparência não é obrigatória, salvo se o juiz a considerar necessária e pode ser dispensada, o que aliás sucede em grande parte dos casos, em que, mesmo não sendo dispensada, se o arguido faltar o julgamento só não se realizará se o tribunal considerar necessária a sua presença (arts. 67.° e 68.° do RGCOC).

E poderá de qualquer modo defender-se que essa constituição é necessária para efeitos de dar a conhecer ao arguido os seus direitos? A resposta não pode deixar de ser negativa. Como se disse *supra* os ilícitos de mera ordenação social não são ilícitos penais, a sua

# DIREITO DA CONCORRÊNCIA

**Ao nível dos ilícitos contra-ordenacionais as garantias de defesa do arguido ficam salvaguardas com a necessidade de o mesmo ser ouvido antes de lhe ser aplicada uma coima, não impondo a sua constituição formal como arguido.**

relevância ético-jurídica não é a relevância destes, e, consequentemente, não tem que se aplicar neste domínio o regime global de garantias e direitos subjacentes àqueles ilícitos.

Ao nível dos ilícitos contra-ordenacionais o legislador entendeu que as garantias de defesa do arguido ficavam inteiramente salvaguardas com esta necessidade de o mesmo ser ouvido antes de lhe ser aplicada uma coima, não impondo a sua constituição formal como arguido (neste sentido Ac. RC de 28-04-99, in CJ 1999, T. III, p. 55 e Borges de Pinho, in Das Contra-Ordenações, Almedina, 2004, p. 47).

Pode, pois, concluir-se que a constituição formal como arguido no domínio do direito contra-ordenacional não é exigida do ponto de vista da garantia dos direitos de defesa, direitos de defesa esses que não são coincidentes com os do arguido em processo penal, estando consagrados no RGCOC.

Mesmo que assim não se entendesse, o certo é que nunca se poderia defender que, antes de serem realizadas as buscas, teria que haver a constituição formal de arguido.

"A articulação das garantias de defesa com a constituição de arguido não significa a obrigatoriedade da constituição de arguido sempre que seja levantado um auto de notícia que dá uma pessoa como agente de um crime e aquele lhe for comunicado ... Esta interpretação literal estará em desconformidade com a Constituição e afectará mesmo a constitucionalidade da norma processual em causa se ela for entendida como obrigatoriedade de constituição do arguido «sem indiciação suficiente» com base apenas em denúncia ou participação, independentemente de qualquer actividade judicial de investigação prévia da verosimilhança, atendibilidade e fundamento destas denúncias ou participações." (Gomes Canotilho e Vital Moreira, op. cit., p. 517-518).

É precisamente por esse motivo que o art. 174.º não restringe a possibilidade de serem realizadas buscas no local onde o arguido se encontre, admitindo expressamente a possibilidade de elas serem realizadas no local onde "outra pessoa que deva ser detida" se encontre. Esta conclusão sai ainda mais reforçada se atentarmos às formalidades da busca consagradas no art. 176.º do Cod. Proc. Penal. De facto, se fosse requisito da realização da busca a prévia constituição de arguido, não faria qualquer sentido estabelecer que no despacho que ordena a busca é feita menção de que o visado pode *assistir à diligência*. É que o direito de assistir a qualquer acto que lhe diga respeito é um direito do arguido, que lhe assiste desde que como tal é constituído (art. 61.º, n.º 1, al. a), do Cod. Proc. Penal), ou seja, o direito já lhe estava atribuído pelo art. 61.º, não havendo, por conseguinte, necessidade de o voltar a consagrar a propósito da busca. Em suma, não é pressuposto da realização das buscas a prévia constituição de arguido.

Ora se nem no processo-crime a busca depende da prévia constituição de arguido, muito menos dependerá no processo de contra-ordenação onde aliás, como já se viu, tal constituição formal não é sequer obrigatória.

**As buscas têm como principal objectivo a recolha de prova relativa à prática de uma contra-ordenação que está a ser objecto de investigação e não dependem da prévia constituição de arguido.**

As buscas têm como principal objectivo a recolha de prova relativa, no caso, à prática de uma contra-ordenação que está a ser objecto de investigação. No momento em que é solicitada autorização para realização das buscas e em que estas são efectivadas, pode ainda não haver indícios seguros designadamente sobre os autores da prática ilícita, destinando-se as buscas precisamente a apurar a sua identificação. Significa isto que, neste momento, há indícios da prática de um ilícito e há suspeitos mas, não havendo ainda indícios fortes de que tais suspeitos são os seus autores, nunca podem os mesmos ser desde logo constituídos arguidos.

Existindo um preceito legal específico para as formalidades da busca, por um lado, e tendo em consideração o princípio geral de que o legislador sabe exprimir o seu pensamento em termos adequados (art. 9.º, n.º 3, do Cod. Civil), por outro, somos forçados a concluir que as únicas advertências que têm que ser feitas aquando da realização das buscas são as que constam do já citado art. 176.º.

Este preceito apenas impõe que seja entregue uma cópia do despacho que ordena a busca, no qual se tem de mencionar que a pessoa visada pode assistir à diligência ou

# AS BUSCAS E APREENSÕES NOS PROCESSOS DE NATUREZA CONTRA-ORDENACIONAL

fazer-se acompanhar ou substituir por pessoa da sua confiança. Logo, é manifesto que este é o único direito de que o visado tem que ser advertido. Neste momento está apenas em causa a recolha de elementos probatórios, tendo o visado a possibilidade de, no decurso do processo e designadamente quando notificado da nota de ilicitude, se pronunciar sobre o conteúdo dos elementos apreendidos na sequência da busca e do respectivo valor probatório. Está, pois, deste modo, salvaguardado o direito de audiência e defesa que assiste ao arguido no processo contra-ordenacional.

## D – *Vícios que podem inquinar as buscas*

Em primeiro lugar há que esclarecer qual o regime de arguição de nulidades. A AdC goza dos mesmos direitos, faculdades e deveres dos órgãos de polícia criminal e, no exercício dos seus poderes sancionatórios, tem competência para instruir processos de contra-ordenação por violação das regras da concorrência e aplicar as respectivas coimas e sanções acessórias (arts. 17.º, 22.º a 28.º da Lei 18/2003 e 7.º, n.º 2, al. a), dos seus Estatutos, aprovados pelo Dec.lei 10/2003 de 18 de Janeiro).

Quando no exercício destas suas funções a Autoridade pratica actos que afectam ou são susceptíveis de afectar direitos, como é que o arguido pode reagir? A regra geral em qualquer ramo do direito é a de que só os despachos (que não de mero expediente) e as sentenças podem ser objecto de recurso. Tal faz todo o sentido uma vez que só estes configuram actos decisórios e, por conseguinte, só estes podem afectar direitos das partes.

Querendo um arguido questionar a validade de actos praticados pela Autoridade, terá que começar por o fazer perante a própria Autoridade, i.e., a Autoridade é a primeira entidade que vai conhecer dos vícios suscitados. E tal faz todo o sentido dado que a autora do acto é quem está mais bem posicionada para apreciar, num primeiro momento, da sua validade, podendo considerar assistir razão à parte e, consequentemente, diligenciar de imediato pela sanação do vício que estiver em causa. Assim se procedendo, não só a reposição da legalidade do acto é mais eficaz e célere, como se evita o recurso desnecessário a Tribunal.

> **A regra geral em matéria de nulidades é a de que elas são sempre suscitadas perante a entidade que as cometeu e por esta conhecidas e reparadas, se reconhecida a sua existência.**

Neste sentido se pronunciou o Ac. RL de 16-01-07 nos seguintes termos: "Acrescentar-se-á que a regra geral em matéria de nulidades, incluindo em processo penal, é a de que elas são sempre suscitadas perante a entidade que as cometeu e por esta conhecidas e reparadas, se reconhecida a sua existência. Só da decisão que as não reconhece é que o interessado pode recorrer para outra entidade ou tribunal, pois até aí não há decisão recorrível sobre essa matéria. Só as nulidades da sentença é que deverão ser arguidas em recurso, nos termos do art. 379.º, n.º 2, do CCP." (Proc. 5807/2006-5). Note-se que o próprio Assento 1/2003 o referia expressamente no parágrafo IV do ponto 13 da respectiva fundamentação.

Temos, pois, um requerimento dirigido à Autoridade e um despacho desta a conhecer o ou os vícios que tiverem sido suscitados. Se o despacho da Autoridade julgar improcedentes os vícios invocados, caberá então, e só então, recorrer judicialmente desta decisão, ao abrigo do disposto no art. 55.º do RGCOC. No caso das contra-ordenações da concorrência, a possibilidade de recurso deste despacho está prevista no art. 50.º, n.º 2, da Lei 18/2003, que atribui competência para conhecer do mesmo ao Tribunal de Comércio de Lisboa.

> **Só da decisão que não reconhece as nulidades é que o interessado pode recorrer para outra entidade ou tribunal, pois até aí não há decisão recorrível sobre essa matéria.**

De seguida há que classificar os vícios que podem ocorrer nesta sede.

O Cod. Proc. Penal tipifica dois tipos de vício: a nulidade, sanável ou insanável, e a irregularidade. Existe ainda, porém, um terceiro vício que, não se encontrando plasmado na lei, é hoje aceite unanimemente: a inexistência jurídica Trata-se do vício mais grave que pode inquinar um acto e delimita-se em função das nulidades, i.e., os vícios que geram a inexistência não hão-de estar previstos como nulidade e, simultaneamente, hão-de ser mais graves, não podendo, por isso, ser incluídos na categoria das irregularidades.

A este propósito Germano Marques da Silva refere que "A função da categoria da inexistência é precisamente a de ultrapassar a barreira da tipicidade das nulidades e da sua

**sub judice / ideias — 40**

2007

# DIREITO DA CONCORRÊNCIA

**Um acto só é nulo quando a nulidade for expressamente cominada na lei e a nulidade só é insanável se a lei a cominar como tal.**

sanação pelo caso julgado: a inexistência é insanável. (…) mais do que vícios do acto, por lhes faltar algum requisito, é o próprio acto que falta por carecer de elementos essenciais à sua consideração como acto do processo." (in Curso de Processo Penal II, 3ª ed., p. 92-93).

No que concerne às nulidades temos como ponto de partida o princípio básico de que a violação ou inobservância das disposições da lei de processo *só determina a nulidade do acto quando esta for expressamente cominada na lei*, sendo certo que *Nos casos em que a lei não cominar a nulidade, o acto ilegal é irregular* (art. 118.°, n.° 1 e 2 e 119.° do Cod. Proc. Penal). Vigora, pois, entre nós o princípio da tipicidade, princípio esse que tem duas vertentes: um acto só é nulo quando a nulidade for expressamente cominada na lei (art. 118.°, n.° 1 do Cod. Proc. Penal) e a nulidade só é insanável se a lei a cominar como tal (art. 119.° do Cod. Proc. Penal).

No caso das buscas, a AdC apresenta um requerimento ao Ministério Público territorialmente competente e este profere um despacho sobre o requerimento que lhe é dirigido. Caso defira a diligência requerida, são emitidos os respectivos mandados (nos quais se determina à AdC a prática das buscas).

O art. 176.°, n.° 1, do Cod. Proc. Penal prevê, expressamente, que, antes de a busca ter início, é entregue cópia do despacho que a determinou. O que este preceito impõe que seja entregue é, pois, a cópia do despacho e não o duplicado do mandado, o que bem se compreende uma vez que é naquele que é dado a conhecer o objecto da investigação e os ilícitos em causa, i.e., as razões e os fundamentos que justificam a diligência, sendo indiscutível que só na posse destes elementos a pessoa objecto da busca tem efectiva possibilidade de reacção.

Se a Autoridade não cumprir a formalidade consagrada no art. 176.°, n.° 1, do Cod. Proc. Penal e 17.°, n.° 3, al. b) da Lei 18/2003, isto é, não entregar a cópia do despacho que autoriza a busca, qual o vício consequente?

Atendendo ao princípio da tipicidade supra explanado tal omissão integra a figura da irregularidade, dado que não é tipificada pela lei como uma nulidade, sanável ou insanável (neste sentido Ac. STJ de 15-7-92, proc. 42974/3; Ac. RP de 05-08-98, proc. 9740854 e Ac RL de 18-05-06, já citado), a arguir nos termos do art. 123.° do Cod. Proc. Penal.

Dispõe o art. 123.° que a irregularidade *só determina a invalidade do acto a que se refere e dos termos subsequentes que possa afectar quando tiver sido arguida pelos interessados no próprio acto ou, se a este não tiverem assistido, nos três dias seguintes a contar daquele em que tiverem sido notificados para qualquer termo do processo ou intervindo em algum acto nele praticado.*

O objectivo desta norma é a reacção imediata do interessado a qualquer irregularidade a que assista, sendo certo que estando em causa uma reacção jurídica ela só pode ter lugar se estiver presente alguém com os necessários conhecimentos técnico-jurídicos, isto é, o advogado (neste sentido Ac. da RL de 18-05-06, Proc. 54/2006-9).

Daqui resulta que, se no momento das buscas não se encontrarem presentes os advogados do visado, o mesmo não é obrigado a arguir de imediato quaisquer irregularidades, beneficiando do prazo de 3 dias previsto no citado art. 123.°, n.° 1.

E o que sucede se a AdC, nas sequência das buscas, apreender correspondência?

Face à proibição legal de apreensão de correspondência em processo de contra-ordenação, o resultado dessa apreensão será o da nulidade das provas dado terem sido obtidas na sequência de buscas ilegais (art. 126.°, n.° 3, do Cod. Proc. Penal), nulidade essa que é sanável (dado não estar incluída no elenco das nulidades insanáveis).

# Os cartéis e sua proibição pelo artigo 81.º do Tratado de Roma: algumas notas sobre aspectos substantivos e prova

**MIGUEL MOURA E SILVA**
Mestre em Direito, Assistente da Faculdade de Direito da Universidade de Lisboa, Director do Departamento de Práticas Restritivas da Autoridade da Concorrência

**"Neste texto, Miguel Moura e Silva apresenta uma definição de cartel como categoria jurídico-económica, fazendo o seu enquadramento à luz do art. 81.º do Tratado de Roma, debruçando-se de seguida sobre a problemática da prova desta infracção".**

---

*"People of the same trade seldom meet together, even for merriment and diversion, but the conversation ends in a conspiracy against the publick, or in some contrivance to raise the prices. It is impossible indeed to prevent such meetings, by any law which could be executed, or would be consistent with liberty and justice. But though the law cannot hinder people of the same trade from sometimes assembling together, it ought to do nothing to facilitate such assemblies; much less render them necessary" Adam Smith – Wealth of Nations, Oxford : Oxford Univ. Press, 1993 (I.x), p. 129.*

## 1. Introdução

O pai da ciência económica moderna advertiu para a inevitabilidade de práticas restritivas resultantes de encontros entre concorrentes. Com ou sem o apoio da lei, as empresas concorrentes rapidamente podem identificar os benefícios de um entendimento quanto a uma acção comum no mercado face às áleas da concorrência. Apesar de se fazerem ouvir nos nossos dias algumas vozes críticas quanto à viabilidade e estabilidade desses entendimentos colusórios, a verdade é que os últimos anos foram férteis em notícias de cartéis de tremendo impacto, alguns até de âmbito mundial como foi o caso do cartel das Vitaminas. A suposta irracionalidade desse comportamento parece, pois, verificar-se apenas em condições laboratoriais, subjacentes a alguns modelos económicos e é infirmada pela experiência quotidiana.

## 2. A noção de cartel como categoria jurídico-económica

Não existe actualmente uma definição legal de cartel no ordenamento comunitário. Compreende-se que assim seja, pois os autores do Tratado quiseram, tal como sucede nos Estados Unidos com o artigo 1.º do *Sherman Act*, impedir formas colusórias de restrição da concorrência, independentemente da natureza formal do acordo: ficam sujeitas à proibição tanto práticas restritivas de tipo horizontal, i.e., entre concorrentes (dois ou mais produtores de um mesmo bem), como vertical, ou seja, no âmbito das relações entre empresas situadas em diferentes patamares do processo económico (e.g., produtor e distribuidor).[2] Tal como os artigos 4.º e 5.º da Lei n.º 18/2003, de 11 de Junho, o artigo 81.º do Tratado de Roma tem por objecto a restrição da concorrência mediante determinados comportamentos que envolvem duas ou mais empresas. Num mercado concorrencial, cada agente económico deve determinar livremente e de forma autónoma o respectivo comportamento no mercado. Assim, a finalidade desta disposição consiste em impedir que as empresas restrinjam a concorrência entre si ou relativamente a terceiros mediante a coordenação da respectiva conduta concorrencial.

A OCDE avançou, na sua recomendação de 1998 sobre cartéis injustificáveis (*hard core cartels*) com uma definição centrada no elenco de meios empregues pelos cartéis para prosseguirem os seus fins anticoncorrenciais.[3] Assim, constituirá um "cartel injustificável", um acordo, prática concertada ou "arranjo" entre concorrentes anti-concorrencial, "para fixação de preços, apresentação de propostas combinadas (conluio em concursos públicos), estabelecer restrições à produção ou quotas, ou partilhar ou dividir mercados pela atribuição de clientes, fornecedores, territórios ou áreas de actividade".[4] O Reino

---

[1] As opiniões expressas neste texto são puramente pessoais

[2] Como concluiu o Acórdão do Tribunal de Justiça (adiante TJ) de 13.7.1966, Procs. Apensos 56 e 58/64, *Consten e Grundig c. Comissão das Comunidades Europeias*, Colect. 1965-68, p. 423. "O artigo [81.º], ao referir-se de forma geral a todos os acordos que falseiem a concorrência no interior do mercado comum, não procede a qualquer distinção entre esses acordos conforme sejam celebrados entre operadores concorrentes na mesma fase da produção ou entre operadores não concorrentes situados em fases diferentes. Em princípio, não deve distinguir-se onde o Tratado não distinga".

[3] Recomendação do Conselho da OCDE sobre uma acção efectiva contra os cartéis injustificáveis (1998).

[4] Na mesma linha, definindo cartel como um acordo (em sentido amplo) entre concorrentes que prossegue a finalidade de "regular preços e condições de venda, limitar a produção ou reduzir as capacidades de produção, partilhar mercados e esferas de influência, ver Maurice GUERRIN; Georgios KYRIAZIS, "Cartels: Proof and Procedural Issues", *Fordham Corp. L. Inst.*, vol. 1992 (B. Hawk, org., 1993), p. 773. Como estes autores sublinham, os cartéis assumem um papel de auto-regulação do mercado pelos concorrentes no seu interesse próprio através da substituição da livre concorrência por uma disciplina comum: "com efeito, os cartéis têm

# DIREITO DA CONCORRÊNCIA

Unido, que recentemente optou por criminalizar as práticas de cartel, acolheu no artigo 188.° do *Enterprise Act* de 2002 os elementos constitutivos da noção de cartéis injustificáveis.[5]

## 3. A subsunção dos cartéis às noções de acordos, práticas concertadas e decisões de associações de empresas

### a) *Problematização*

**Qualquer operador económico deve determinar de maneira autónoma a política que pretende seguir no mercado comum, incluíndo a escolha dos destinatários das suas ofertas e das suas vendas.**

Como já foi referido, à proibição formulada pelo n.° 1 do artigo 81.° subjaz, no entender do Tribunal de Justiça, a "concepção inerente às disposições do Tratado relativas à concorrência e segundo a qual qualquer operador económico deve determinar de maneira autónoma a política que pretende seguir no mercado comum, incluindo a escolha dos destinatários das suas ofertas e das suas vendas".[6] É à luz deste propósito que devem ser interpretadas as noções empregues por aquela disposição para qualificar determinadas práticas como abrangidas pela proibição de restrição da concorrência: "acordo entre empresas", "prática concertada entre empresas" e "decisão de associação de empresas".

Até que ponto serão estas noções aptas à proibição de comportamentos complexos como são geralmente os cartéis? Iremos de seguida dar conta da definição que tem sido dada na prática comunitária a cada uma destas noções, para depois analisar da sua eventual adequação à proibição dos cartéis.

### b) *A noção de acordo*

Um contrato celebrado entre empresas, seja ele verbal ou reduzido a escrito, constitui, sem margem para dúvidas, um "acordo" para efeito do n.° 1 do artigo 81.°. Na redacção daquela disposição, os autores do Tratado optaram por evitar o recurso a noções que pudessem limitar o efeito útil da proibição nela contida. Daí que se fale de "empresa" e não de "sociedade" ou "pessoa singular ou colectiva", ou outras noções jurídicas de conteúdo variável consoante a ordem jurídica nacional em causa. A jurisprudência comunitária cedo se pronunciou no sentido de que a noção de acordo não pressupõe uma convenção juridicamente vinculativa para as partes.[7] A mesma prevalência da substância sobre a forma pode ser encontrada na noção de "acordo", como é demonstrado pelo seguinte trecho de uma importante decisão da Comissão:

**Para que uma restrição constitua um "acordo", na acepção do artigo 81.°, não é necessário que as partes o considerem juridicamente vinculante.**

Não é necessário, para que uma restrição constitua um "acordo", na acepção do artigo [81.°], que as partes o considerem juridicamente vinculante. Com efeito, num cartel secreto em que as partes estão claramente cientes da ilegalidade do seu comportamento, estas não podem obviamente pretender que os seus acordos colusórios as vinculem contratualmente. Na acepção do artigo [81.°], pode existir um "acordo" nos casos em que as partes chegam a um consenso sobre um plano que limita ou é susceptível de limitar a sua liberdade comercial através da determinação das linhas de acção mútuas ou de abstenção de acção no mercado, não sendo exigidos procedimentos de execução compulsória eventualmente previsíveis num contrato de direito civil, nem sendo necessário que tal acordo tenha forma escrita.[8]

---

como alvo principal a regulação privada do mercado através da organização e, necessariamente, da limitação da concorrência" (*id.*, p. 779).

[5] Ver Christopher HARDING; Julian M. JOSHUA, *Regulating Cartels in Europe – A Study of Legal Control of Corporate Delinqueney*. Oxford: Oxford University Press, 2003. p. 261.

[6] Acórdão do TJ de 16.2.1975, Procs. Apensos 40 a 48/73, 50/73, 54 a 56/73, 111/73, 113 e 114/73, *Suiker Unie c. Comissão das Comunidades Europeias*, Colect. 1975, p. 563., considerando 173.

[7] José Manuel Caseiro ALVES, *Lições De Direito Comunitário Da Concorrência* (Coimbra: Coimbra Editora, 1989). P. 35. Este autor considera que a noção de acordo pressupõe a criação de obrigações, ainda que as mesmas possam não ser objecto de tutela jurídica, sendo o seu incumprimento objecto de sanções de índole moral, económica ou outra. Mas por aqui se vê a importância de que se revestem os mecanismos informais de auto-tutela dos compromissos assumidos entre concorrentes: a sanção do mercado pode ser muito mais eficaz na orientação do comportamento dos participantes do que a ameaça hipotética de uma sanção jurídica.

[8] Decisão da Comissão Europeia, de 27.7.1994, IV/31.865, *PVC*, J.O. L 239, de 14.9.1994, p. 14, parágrafo 30.

Esta noção ampla encontra apoio na jurisprudência constante do Tribunal de Justiça que tem qualificado entendimentos ou arranjos entre concorrentes, sem qualquer pretensão a uma vinculatividade formal das partes, como "acordos", bastando para o efeito que seja traduzida "a expressão fiel da vontade comum dos membros do acordo sobre o seu comportamento no mercado comum".[9] Em bom rigor, nenhum acordo sujeito ao princípio de proibição do artigo 81.° será susceptível de merecer tutela jurídica em caso de incumprimento por uma das partes.

> **Acordo: expressão fiel da vontade comum dos membros do acordo sobre o seu comportamento no mercado comum.**

O facto de um acordo já não se encontrar em vigor também não impede a sua qualificação como uma infracção ao n.° 1 do artigo 81.°, isto desde que os seus efeitos se continuem a produzir para lá da data de cessação formal, sendo que "o regime de concorrência instaurado pelos artigos [81.°] e seguintes do Tratado se preocupa mais com os resultados económicos das *ententes*, ou de qualquer forma comparável de concertação ou de concertação, do que com a sua forma jurídica".[10]

Um argumento por vezes invocado para contestar a punibilidade da participação de uma ou outra empresa é a alegação de que a mesma se funda na reacção ao comportamento de outros agentes económicos ou à evolução da conjuntura económica. A este respeito, constitui um princípio bem assente na interpretação do n.° 1 do artigo 81.° que "as empresas não podem justificar uma infracção às regras da concorrência a pretexto de a isso terem sido obrigadas pelo comportamento de outros operadores económicos".[11] Existe assim responsabilidade pela infracção, mesmo no caso de a participação de uma empresa num acordo resultar da pressão de outros concorrentes. Para o Tribunal de Primeira Instância (adiante TPI), essa empresa "poderia ter denunciado as pressões de que era objecto às autoridades competentes e apresentado à Comissão uma denúncia [...], em vez de participar nas referidas reuniões".[12]

> **As empresas não podem justificar uma infracção às regras da concorrência a pretexto de a isso terem sido obrigadas pelo comportamento de outros operadores económicos.**

Um outro meio de defesa que por vezes é invocado prende-se com a existência de um comportamento das autoridades públicas que induz ou facilita o funcionamento do cartel. A jurisprudência comunitária apenas exclui a responsabilidade das empresas caso a legislação nacional em causa imponha um comportamento contrário à concorrência ou crie um quadro jurídico que elimine qualquer possibilidade de adoptar uma conduta conforme às regras de concorrência. Já se poderá admitir essa responsabilidade da empresa caso a legislação nacional deixe "subsistir a possibilidade de existência de concorrência susceptível de ser entravada, limitada ou falseada por comportamentos autónomos das empresas".[13]

> **A responsabilidade das empresas pode ficar excluída em algumas circunstâncias face à legislação nacional.**

---

[9] Acórdão do TJ de 15.7.1970, no Proc. 41/69, ACF Chemiefarma N.V. c. Comissão, Colect. 1970, p. 447, considerandos 110-114 e 163 a 169. No caso o "acordo de cavalheiros" continha ainda uma cláusula que qualificava o seu incumprimento como uma violação de um acordo entre as mesmas empresas quanto às exportações para fora dos países que integravam a então CEE.

[10] Acórdão do TJ de 3.7.1985, no Proc. 243/83, SA Binon e Cie. C. AMP, Recueil 1985, p. 2015, considerando 17. No acórdão de 15.6.1976, no Proc. 51/75, EMI c. CBS, Recueil 1976, p. 811, considerando 31, o Tribunal de Justiça entendeu que "Não se considera que uma *entente* prosseguiu os seus efeitos senão caso o comportamento dos interessados deixe implicitamente antever a existência de elementos de concertação e de coordenação característicos da *entente* e alcança o mesmo resultado visado pela *entente*".

[11] Ver acórdãos do TJ de 12.7.62, no Proc. 16/61, Acciaierie Ferriere e Fonderie di Modena c. Alta Autoridade, Colect. 1962-1964, p. 127 e de 7.6.83, nos Procs. Apensos n.°s 100 a 103/80, Musique Diffusion française e o. c. Comissão, Recueil 1983, p. 1825, considerandos 90 e 100; e ainda o acórdão do TPI de 15.3.2000, nos Procs. Apensos T-25/95 e o., Cimenteries CBR e o. c. Comissão, Colect. 2000, p. II-491, considerando 2557. Sublinhe-se, contudo, que já será uma circunstância agravante o facto de uma empresa ser instigadora do cartel e/ou ter usado de coacção sobre outros participantes, levando em regra à inelegibilidade para beneficiar de programas de clemência.

[12] Acórdão do TPI (Primeira Secção), de 6.4.1995, Tréfileurope c. Comissão, Proc. T-141/89, Colect. 1995, p. II-791, considerando 58.

[13] Ver Acórdão do TJ de 11.11.1997, Comissão e França c. Ladbroke Racing, Procs. Apensos C-359 e 379/95 P, Colect. 1995, p. I-6265, considerandos 33 e 34.

# DIREITO DA CONCORRÊNCIA

**Acordos e práticas concertadas entre empresas: dois conceitos distintos que têm por objecto "formas de concluio que partilham a mesma natureza e que só se distinguem pela sua intensidade e pelas formas como se manifestam".**

### c) Noção de prática concertada

A par dos "acordos entre empresas", a proibição do n.º 1 do artigo 81.º abrange igualmente as "práticas concertadas entre empresas".[14] Apesar do recurso a dois conceitos distintos, o Tribunal de Justiça entende que ambos têm por objecto "formas de conluio que partilham a mesma natureza e que só se distinguem pela sua intensidade e pelas formas como se manifestam".[15] A crescente aproximação entre os dois conceitos não conduziu, todavia, a uma uniformização dos elementos constitutivos de cada tipo: resulta claramente da jurisprudência comunitária que tais elementos são distintos, ainda que não sejam "reciprocamente incompatíveis", na expressão do Tribunal de Justiça. No acórdão *Corantes*, o conceito de prática concertada foi definido como a instituição consciente de cooperação prática, em substituição da incerteza inerente à livre concorrência.

64. Embora o artigo [81.º] faça a distinção entre "prática concertada" e "acordos entre empresas" ou "decisões de associações de empresas", é com a preocupação de apreender, nas proibições deste artigo, uma forma de coordenação entre empresas que, sem se ter desenvolvido até à celebração de uma convenção propriamente dita, substitui cientemente uma cooperação prática entre elas aos riscos da concorrência.

65. Pela sua própria natureza, a prática concertada não reúne assim todos os elementos de um acordo, podendo todavia resultar, nomeadamente, de uma coordenação que se manifesta pelo comportamento dos participantes.

Mas é também neste acórdão que é introduzida a defesa com base nas condições estruturais do mercado. Um dos argumentos esgrimidos pelas empresas visadas era o de que os aumentos de preços homogéneos e quase-simultâneos teriam resultado não de uma concertação prévia mas antes de uma adaptação inteligente às condições de mercado.

O argumento da interdependência oligopolística é geralmente invocado no âmbito das práticas concertadas para infirmar a prova de concertação fundada no paralelismo de comportamentos. Se o paralelismo encontra uma explicação mais razoável na própria estrutura e dinâmica do mercado em causa, torna-se mais difícil admitir que essa conduta tenha como causa uma concertação prévia. Apesar de esta questão estar sobretudo ligada à prova da prática concertada, ela não deixa de assumir particular relevância na definição deste tipo de infracção. É que aqui reside o elemento que distingue entre formas de conluio abrangidas pela proibição do n.º 1 do artigo 81.º e comportamentos unilaterais que escapam ao seu alcance. Neste ponto, o Tribunal de Justiça admite que um comportamento que não resulte de coordenação entre concorrentes não infringe aquela norma do Tratado de Roma. Estas considerações já não terão qualquer pertinência nesta sede caso exista prova suficiente da concertação: se a formação da política comercial da empresa em questão for influenciada por um elemento de concertação com um ou mais concorrentes, então poderemos estar perante uma prática concertada.

118. Embora seja permitido a cada produtor modificar livremente os seus preços e ter em consideração, para este efeito, o comportamento, actual ou previsível, dos seus concorrentes, é em contrapartida contrário às regras da concorrência do Tratado que um produtor coopere com os seus concorrentes, seja de que forma for, para determinar uma linha de acção coordenada relativa a um aumento de preços e para assegurar o seu êxito mediante a eliminação prévia de qualquer dúvida quanto ao comportamento recíproco relativo aos elementos essenciais desta acção, tais como nível, objecto, data e local dos aumentos.

**Ac. *Suiker Unie*: qualquer contacto entre concorrentes, em especial quando seja seguido de um comportamento paralelo ou que reflicta a concertação, pode levar à aplicação do art. 81.º.**

No acórdão *Suiker Unie*, o Tribunal desenvolveu o conceito de prática concertada, acentuando o elemento de concertação e deixando antever que qualquer contacto entre con-

---

[14] A noção de "práticas concertadas" encontra a sua origem no direito *antitrust* norte-americano, onde os conceitos de *concerted action* e *concerted practices* foram desenvolvidos a propósito do interpretação da *conspiracy in restraint fo trade*.

[15] Acórdão do TJ (Sexta Secção), de 8.7.1999, Comissão c. Anic, Proc. C-49/92 P, Colect. 1999, p. I-4125, considerando 131.

correntes, em especial quando seja seguido de um comportamento paralelo ou que reflicta essa concertação, pode levar à aplicação do artigo 81.º a essa forma de cooperação.

173. Os critérios de coordenação e de cooperação estabelecidos pela jurisprudência do Tribunal, longe de exigir a elaboração de um verdadeiro "plano", devem ser entendidos à luz da concepção inerente às disposições do Tratado relativas à concorrência e segundo a qual qualquer operador económico deve determinar de maneira autónoma a política que pretende seguir no mercado comum, incluindo a escolha dos destinatários das suas ofertas e das suas vendas.

174. Se é exacto que esta exigência de autonomia não exclui o direito dos operadores económicos de se adaptarem inteligentemente ao comportamento conhecido ou previsto dos seus concorrentes, opõe-se todavia rigorosamente a qualquer estabelecimento de contactos directo ou indirecto entre tais operadores que tenha por objectivo ou efeito quer influenciar o comportamento no mercado de um concorrente actual ou potencial, quer revelar a tal concorrente o comportamento que se decidiu ou se pretende seguir por si próprio no mercado.

175. Resulta dos documentos citados que existem contactos entre as recorrentes e que estas tiveram precisamente como objectivo eliminar antecipadamente a incerteza relativa ao comportamento futuro dos seus concorrentes.

Como resulta da jurisprudência analisada, a noção de prática concertada pressupõe, assim, um elemento subjectivo: a concertação entre duas ou mais empresas. Para estarmos perante uma prática concertada é necessário, antes de mais, que a mesma constitua uma forma de coordenação entre empresas que, não tendo a intensidade necessária para configurar um acordo na acepção do n.º 1 do artigo 81.º, substitua conscientemente os riscos da concorrência – inerentes à determinação autónoma do comportamento concorrencial pelos agentes económicos – por uma cooperação prática com objecto ou efeito anticoncorrencial. Para tal não é necessário, como vimos, demonstrar a existência de um "plano comum".

> *Elemento subjectivo*: **a concertação – a prática constitui uma forma de coordenação entre empresas que constitui conscientemente os riscos da concorrência por uma cooperação prática com objecto ou efeito anticoncorrencial.**

Poderá então existir concertação quando apenas uma empresa comunica activamente, remetendo-se os seus concorrentes a uma função passiva de destinatários da informação comercialmente sensível? O Advogado-Geral Marco Darmon defendeu nas conclusões apresentadas no acórdão *Pasta de Papel II* que a reciprocidade de comunicação é essencial para evitar abranger comportamentos unilaterais, manifestamente excluídos do âmbito do artigo 81.º.[16] No entanto, os concorrentes que participam voluntária e reiteradamente nessas reuniões estão a eliminar a incerteza quanto ao comportamento concorrencial futuro daquele concorrente e, mesmo que não comuniquem expressamente o seu alinhamento, não podem deixar de ter em conta as informações assim obtidas para determinar o seu próprio comportamento no mercado.

Os produtores de pasta de papel anunciavam trimestralmente os seus preços aos utilizadores, fazendo-o de modo quase simultâneo e apresentando preços idênticos. A este respeito, o Tribunal de Justiça considerou que:

64. No caso em apreço, as comunicações resultam dos anúncios de preços feitos aos utilizadores. Elas constituem em si mesmas um comportamento no mercado que não reduz a incerteza de cada empresa quanto à atitude futura das suas concorrentes. Na altura em que cada empresa adopta tal comportamento, ela não pode ter qualquer certeza quanto à conduta futura das outras.

Este passo do acórdão *Pasta de Papel II* é criticado pelo Advogado-Geral Cosmas nas conclusões apresentadas no caso *Anic*, na medida em que um comportamento de uma

---

[16] Acórdão do TJ de 31.3.1993 nos Procs. Apensos C-89, 104, 114, 116, 117, e 125 a 129/85, Ahlström (Pasta de Papel II), Colect. 1993, p. I-1307, Conclusões do Advogado-Geral Darmo, parágrafos 170-1. Ver também René JOLIET, "La notion de pratique concertée et l'arrêt I.C.I. dans une perspective comparative", C.D.E., 1974, p. 251, p. 269.

## DIREITO DA CONCORRÊNCIA

**Um comportamento de uma empresa pode reduzir a sua incerteza quanto às atitudes futuras dos seus concorrentes sem que a isso corresponda uma "certeza" quanto às actividades destes concorrentes.**

**A ausência de reciprocidade na comunicação de dados não será determinante.**

*Elemento objectivo*: **o comportamento no mercado – utilizado para procurar superar a dificuldade em provar o momento e detalhes de uma eventual concertação.**

empresa pode reduzir a sua incerteza quanto às atitudes futuras dos seus concorrentes sem que a isso corresponda uma "certeza" quanto às actividades destes concorrentes.[17]

Atendendo aos factos do caso, o Advogado-Geral Cosmas propõe uma leitura que se nos afigura a mais correcta. Durante a fase administrativa, a Comissão tinha recolhido prova incriminatória, pelo menos quanto a alguns participantes, que demonstrava a existência de contactos e de troca de informações sobre preços. No entanto, o Tribunal considerou essa prova inadmissível por violação dos direitos de defesa das arguidas. Amputada daqueles elementos de prova, a tese da Comissão ficou dependente da análise económica do comportamento e da alegada insusceptibilidade de justificação do paralelismo verificado. Ora a Comissão pretendia que o próprio sistema de anúncios trimestrais aos utilizadores constituía uma forma de redução da incerteza subsumível ao conceito de prática concertada. Deve atentar-se no facto de estes contactos diferirem daqueles que tinham sido identificados no caso do açúcar num ponto fundamental: o contacto entre os produtores que resultava dos anúncios trimestrais era indirecto, advinha da obtenção de informação que se destinava primeiramente aos clientes e não aos concorrentes. Esta consideração explica a posição do Tribunal de Justiça neste caso. Mas, como refere o Advogado-Geral Cosmas, aquela *ratio decidendi* não pode ser transposta para os casos "em que se examina a existência de uma prática concertada e em que se verifica um contacto directo e, *a fortiori*, secreto entre operadores comerciais". Nestes termos, "o elemento decisivo consiste em verificar sempre a existência de contactos entre concorrentes tendo por objectivo ou efeito reduzir a incerteza quanto às actuações futuras no mercado." A ausência de reciprocidade na comunicação de dados não será determinante.

Esta posição parece encontrar acolhimento no acórdão do TPI no caso *British Sugar*.[18]. No âmbito de um processo por abuso de posição dominante por prática de preços predatórios (relativo à diferença entre a margem dos grossistas e o preço praticado directamente a retalho), a British Sugar reuniu com a sua principal concorrente, a Tate & Lyle, e com os dois maiores grossistas britânicos que também importavam açúcar proveniente de outros Estados-membros, tendo-os informado do fim da guerra de preços que aquela levava a cabo desde 1984. Esta reunião foi seguida de outras (num total de 40 entre 1986 e 1990) nas quais a British Sugar comunicava aos restantes participantes os preços que tencionava praticar e as tabelas com indicação dos preços em função do volume de compras. A Comissão condenou as empresas envolvidas nas reuniões por violação do n.º 1 do artigo 81.º, imputando-lhes a participação num acordo e/ou prática concertada.[19] Em recurso, o TPI confirmou a decisão da Comissão, entendendo que "o facto de apenas um dos participantes nas reuniões controvertidas ter revelado as suas intenções não é suficiente para excluir a existência de um acordo ou de uma prática concertada" (considerando 54).

Os primeiros casos relativos à noção de prática concertada procuravam subsumir a essa noção comportamentos já ocorridos no mercado: observado um determinado comportamento paralelo, a questão que se colocava era a de saber se ele exprimia uma concertação prévia ou se representava um comportamento não coordenado ainda que homogéneo ou semelhante. O <u>elemento objectivo</u> – o <u>comportamento no mercado</u> – é então utilizado para procurar superar a dificuldade em provar o momento e detalhes de uma eventual concertação. Os limites desta abordagem foram evidenciados por último no caso *Pasta de Papel II*, a que adiante aludiremos. Mas pode igualmente suceder que se obtenha prova do elemento subjectivo – a concertação – e já não da actuação concertada no mercado. Existirá então uma prática concertada?

O primeiro termo da expressão "prática concertada" levou alguns autores a sustentar a impossibilidade de categorizar como tal um comportamento onde apenas estivesse presente o elemento subjectivo, sem que este tivesse sido seguido de um comportamento

---

[17] Acórdão Anic, cit, Conclusões do Advogado-Geral, parágrafos 31 a 35.

[18] Acórdão do TPI (Quarta Secção), de 12.7.2001, Tate & Lyle plc, British Sugar e Napier Brown c. Comissão, Procs. Apensos 202, 204 e 297/98, Colect. 2001, p. II-2035

[19] Decisão de 14.10.98, 1999/210/CE, Processos IV/F-3/33.708 a 711, J.O. L 76, 22.3.99, p. 1.

no mercado.[20] Por outras palavras, sem "prática" a "concertação" não seria suficiente para verificar uma infracção ao n.º 1 do artigo 81.º. No entanto, tal corresponde a diminuir o alcance desta proibição, na medida em que as práticas concertadas que tenham apenas por objecto (e não por efeito) a restrição da concorrência seriam excluídas daquela norma, o mesmo não sucedendo aos acordos, relativamente aos quais desde há muito se admitia aplicar o teor literal da expressão "objecto ou efeito".

Após uma análise exaustiva da jurisprudência e da doutrina, o actual Presidente do TPI, actuando como Advogado-Geral no caso Polipropileno, defendeu que a noção de prática concertada exige um elemento objectivo, um comportamento no mercado.[21] Assim, "o momento, no decurso dos factos, a partir do qual se pode dizer que a infracção qualificada de *prática concertada com um objectivo ilícito* se verifica é posterior ao momento correspondente no que se refere aos *acordos que têm um objectivo ilícito*."[22] No entanto, o Juiz Vesterdorf admite a possibilidade de a concertação dar lugar quase automaticamente a esse comportamento. A valorização do elemento de concertação nos acórdãos *Suiker Unie* e *Züchner* é explicada porque "tais empresas actuarão seguidamente no mercado, necessariamente e, regra geral, inevitavelmente, tendo em conta aquilo de que tiveram conhecimento e a discussão que teve lugar no âmbito da concertação".

Quando empresas concorrentes trocam informações sensíveis, como os preços actuais ou previstos, existe "uma única condição implícita entre as empresas de que todas são supostas reagir racionalmente em relação à sua própria situação e à situação das outras participantes (…), as empresas colocam-se igualmente em condições de apreciar com maior certeza a situação do mercado e de agir em consequência. Em qualquer caso, dado que tudo o resto é igual, a troca de informações dá origem ao risco importante de as condições de mercado serem diferentes das que existiriam se ela não existisse. É natural que, de forma geral, não seja possível em tal caso demonstrar um nexo de causalidade concreta entre as condutas (prática) e a concertação (troca de informações com objecto ilícito)."

A concertação tem assim inerente o perigo de verificação do elemento objectivo. Para o Juiz Vesterdorf, constituindo os acordos abrangidos pela proibição do artigo 81.º uma infracção de perigo abstracto, não existe qualquer razão para tratar de forma diferente as práticas concertadas. Assim, "no caso da prática concertada, é necessário que exista, e existirá, para além da concertação, um comportamento de facto subsequente, que apresente um nexo com a concertação. Nada disso é exigido no caso do acordo. Mas o que é essencial no que se refere às duas infracções é que os operadores já não determinam então de forma independente a política que vão adoptar e que daí resulta um risco importante de se criarem condições de concorrência que não correspondem às condições normais do mercado em questão".[23]

> **Os acordos e práticas concertadas abrangidos pela proibição do artigo 81.º constituem infracções de perigo abstracto.**

Inverte-se aqui o fenómeno identificado no preenchimento do critério subjectivo:

- quando a investigação parte do mercado, *i.e.*, do comportamento suspeito nele observado, é possível inferir a concertação a partir de um comportamento paralelo a que acrescem elementos circunstanciais precisos e concordantes;
- quando a investigação parte da concertação, "bastará geralmente fazer prova da concertação e do facto de os comportamentos subsequentes no mercado terem sido determinados em função dos conhecimentos que resultam da mesma. Assim, a Comissão não necessita de provar concretamente comportamentos precisos que seriam consequência da concertação. No que se refere às empresas, resulta do que foi dito que, na realidade, é a elas que incumbe o ónus da prova ou, em qualquer caso, uma obrigação muito ampla de fornecer informações" para que se conclua que as informações trocadas não foram usadas na determinação da respectiva política.

---

[20] Ver conclusões Advogado-Geral Henri Mayras, I.C.I., p. 238, onde se refere a necessidade de existência de um elemento objectivo que consiste num "comportamento *de facto* comum às empresas participantes" e ainda a p. 253.

[21] Acórdão do TPI de 24.10.1991 no processo T-1/89, Rhône-Poulenc c. Comissão, Colect. 1991, p. II-867, Conclusões do Juiz Vesterdorf, designado como Advogado-Geral, II-877 e ss..

[22] Id., p. II-939.

[23] Id. II-942.

# DIREITO DA CONCORRÊNCIA

Nos acórdãos proferidos no caso *Polipropileno*, o TPI parece afastar-se da posição do Juiz Vesterdorf, adoptando o que parece ser uma presunção de que a concertação deste tipo é necessariamente seguida de um comportamento no mercado.

No Tribunal de Justiça, a exigência de um elemento objectivo foi rejeitada pelos Advogados-Gerais Darmon e Cosmas, respectivamente, nas conclusões apresentadas nos casos *Pasta de Papel II* e *Anic*. Para este último:

> **O espírito subjacente às disposições relativas à concorrência está falseado a partir do momento em que há, entre os concorrentes, um *contacto* com o objectivo de revelar a política que cada um conta seguir no mercado.**

"… o espírito subjacente às disposições relativas à concorrência está falseado a partir do momento em que há, entre os concorrentes, um *contacto* com o objectivo de revelar a política que cada um conta seguir no mercado. A partir dessa altura, assiste-se ao desmoronamento do modelo ideal da livre concorrência pretendido pelas disposições comunitárias, modelo esse que vai no sentido de cada operador elaborar individualmente a política que entende seguir no mercado, depois de ter apreciado pessoalmente os dados a este respeitantes".[24]

A tese do Juiz Vesterdorf acabaria por vir a ser aceite pelo Tribunal de Justiça no acórdão *Anic*:

118. Segue-se que, como resulta dos próprios termos do artigo 81.º, n.º 1, CE, a noção de prática concertada implica, para além da concertação entre empresas, um comportamento no mercado que seja consequência dessa concertação e um nexo de causalidade entre esses dois elementos.

> **As práticas concertadas podem também ser contrárias ao artigo 81.º devido ao seu objecto.**

Neste acórdão, o TPI é censurado por ter considerado que a concertação tinha tido necessariamente consequências ao nível do comportamento das empresas participantes. O Tribunal de Justiça prefere formular uma presunção judicial ilidível, deixando claro que as práticas concertadas podem também ser contrárias ao artigo 81.º devido ao seu objecto:

121. Ora, por um lado, há que presumir, sem prejuízo da prova em contrário que aos operadores interessados cabe fazer, que as empresas que participam na concertação e que continuam activas no mercado levam em linha de conta as informações que trocaram com os seus concorrentes para determinar o seu comportamento nesse mercado. Isto é tanto mais certo quanto a concertação ocorra regularmente durante um longo período, como ocorria no caso em apreço, de acordo com o que a Comissão apurou.

122. Por outro lado, uma prática concertada como a supra referida cabe no âmbito do artigo 81.º, n.º 1, CE, mesmo que não se verifiquem efeitos anticoncorrenciais no mercado.

123. Antes do mais, do próprio texto da decisão decorre que, como no caso dos acordos entre empresas e das decisões de associações de empresas, as práticas concertadas são proibidas, independentemente dos efeitos, se tiverem um objecto anticoncorrencial.

124. Em seguida, embora a própria noção de prática concertada pressuponha, da parte das empresas participantes, um comportamento no mercado, não implica necessariamente que esse comportamento produza o efeito concreto de restringir, impedir ou falsear a concorrência.

125. Por último, a interpretação acolhida não é incompatível com a natureza restritiva da proibição constante do artigo 81.º, n.º 1, CE (v. acórdão de 29 de Fevereiro de 1968, Parke Davis, 24/67, Colect. 1965-1968, p. 759, 762), porquanto, longe de alargar o seu âmbito, corresponde ao sentido literal dos termos utilizados na referida disposição.

### d) *Noção de decisão de associação de empresas*

Tal como sugerido por Adam Smith, os contactos entre concorrentes podem ocorrer no âmbito de actividades associativas. Através da formação de associações empresariais, seja

---

[24] Conclusões apresentadas no caso Anic, cit., parágrafo 25, p. I-4138.

por razões puramente anticoncorrenciais, seja devido a finalidades legítimas como a concertação social ou a normalização técnica ou até em resultado de uma delegação de poderes públicos (como sucede, por exemplo, com as ordens profissionais), existe a possibilidade de coordenação do comportamento das empresas associadas através de actos formalmente unilaterais porque imputáveis à vontade da associação, mas que partilham da natureza dos acordos e práticas concertadas.[25]

> Os contactos entre concorrentes podem ocorrer no âmbito de actividades associativas.

A exemplo do que sucede com os restantes elementos do artigo 81.º, também aqui a jurisprudência constante dos tribunais comunitários tem privilegiado uma interpretação com base na finalidade da proibição, seja ao nível da qualificação de "associação de empresas",[26] seja quanto à própria noção de "decisão".[27]

Desta forma se reforça o rigor da proibição, fechando a porta a um instrumento óbvio que permitiria privar de qualquer sentido útil a interdição de acordos e práticas concertadas restritivos da concorrência.

Note-se ainda que a jurisprudência comunitária acolhe igualmente a possibilidade de uma co-responsabilidade de uma associação e dos seus membros por participação conjunta na mesma infracção, desde que seja demonstrado que a associação "teve um comportamento distinto do dos seus membros".[28]

## 4. O tratamento das infracções complexas

### a) *Aspectos gerais*

A organização e o desenvolvimento da actividade de um cartel envolvem muitas vezes uma teia complexa de relações entre os seus participantes. Mesmo quando os cartéis podem ser reconduzidos a um princípio operativo simples (e.g., princípio de respeito dos mercados nacionais[29]), os diferentes elementos da infracção conhecem uma variedade de actores (e.g., nem todas as empresas infractoras participam em todas as reuniões) ou enfrentam vicissitudes que envolvem mais directamente algumas das empresas em causa (e.g., num cartel de âmbito europeu pode surgir um conflito entre os produtores do Estado A e do Estado B, devido ao desrespeito por estes últimos de um princípio de não exportação, levando a acções concretas que se centram no mercado problemático).

> A organização e o desenvolvimento da actividade de um cartel envolvem muitas vezes uma teia complexa de relações entre os seus participantes.

A noção de acordo (bem como as de prática concertada e decisão de associação de empresas) deve reflectir este aspecto dinâmico para que as proibições mantenham o seu efeito útil, evitando o formalismo excessivo de qualificar cada elemento da infracção como acordo ou como prática concertada.

Por outro lado, quando os diversos actos de execução são unidos por um mesmo objecto ou efeito restritivos da concorrência, seria artificial, na óptica comunitária onde não

---

[25] Para CORDEIRO, "As coligações de empresas e os direitos português e comunitário da concorrência". P. 104: "A utilidade prática da distinção entre esta forma de coligação e os acordos entre empresas radica no facto que o acordo resulta de um concurso de vontades individuais enquanto que as decisões de associações de empresas são actos da vontade colectiva organizados pela própria associação não pressupondo, portanto, uma vontade unânime".

[26] Assim, têm sido consideradas associações entidades tão diversas como as cooperativas de agricultores, ordens profissionais e mesmo associações sem fins lucrativos. Ver Christopher BELLAMY; Graham CHILD; P.M. ROTH, *European Community Law of Competition*, 5.ª ed., Londres: Sweet & Maxwell, 2001. p. 59. Como é evidente, não se exige que as associações profissionais em causa exerçam elas próprias uma actividade económica para que lhes seja aplicável o artigo 81.º. Ver Acórdão do TJ de 15.5.1975, Proc. 71/74, *Frubo c. Comissão*, Recueil 1975, p. 563, considerandos 28 a 32.

[27] BELLAMY; CHILD; ROTH, *European Community Law of Competition*. p. 60: "O conceito de 'decisão' inclui os estatutos da associação em causa, decisões vinculativas para os seus membros e recomendações, e, na verdade, tudo o que reflicta com precisão o desejo da associação de coordenar o comportamento dos seus membros de acordo com os respectivos estatutos" (citações da prática da Comissão e da jurisprudência comunitária omitidas).

[28] Acórdão do TPI (Quarta Secção Alargada) de 15.3.2000, Proc. T-25/95 e o., *Cimenteries CBR e o. c. Comissão*, Colect. 2000, p. II 491. considerando 1325.

[29] Decisão da Comissão de 30.11.94, 94/815/CE, Cimento, J.O. L 343/1 (Acordo ou Princípio Cembureau).

# DIREITO DA CONCORRÊNCIA

existe um regime aplicável ao concurso de infracções, configurar cada acto como uma infracção. A prática da Comissão, confirmada pela jurisprudência do TPI e do Tribunal de Justiça, reflecte esta preocupação.

### b) *Qualificação de comportamentos como "acordo e/ou prática concertada"*

**Face a uma infracção complexa, não é necessário distinguir consoante o comportamento em causa preenche momentaneamente os requisitos de um acordo ou de uma prática concertada.**

Na decisão proferida no caso *Polipropileno*, a Comissão adoptou a tese segundo a qual, face a uma infracção complexa, não seria necessário distinguir consoante o comportamento em causa preenche momentaneamente os requisitos de um acordo ou de uma prática concertada.[30] Na situação em análise nesse processo, os produtores de polipropileno mantiveram contactos e encontraram-se de forma regular no âmbito de reuniões secretas, nas quais analisavam e discutiam a respectiva política comercial; fixaram periodicamente preços de objectivo para a venda em cada Estado-membro; acordaram diversas medidas para facilitar a execução dos objectivos de preços; aumentaram preços em simultâneo; e repartiram o mercado mediante a atribuição de quotas. A infracção ao artigo 81.º, n.º 1 poderia assim ser qualificada como um "acordo e/ou prática concertada".[31] O TPI confirmou a posição da Comissão nesta matéria.[32] Como se pode ler numa síntese dos princípios enunciados por aquela instância judicial comunitária:

"Em diferentes acórdãos, o TPI demonstrou claramente que não era necessário, nomeadamente no caso de uma infracção complexa de longa duração, que a Comissão a considere exclusivamente como acordo ou prática concertada ou que a divida em infracções distintas. Com efeito, pode mesmo não ser possível nem realista proceder a uma tal divisão, na medida em que a infracção pode incluir simultaneamente elementos destes dois tipos de comportamento proibido, ainda que, considerados isoladamente, algumas destas manifestações possam ser consideradas mais como um acordo ou prática concertada. Seria nomeadamente artificial subdividir um comportamento contínuo, caracterizado por uma única finalidade, considerando várias infracções distintas. Nos seus acórdãos, o TPI consagrou, por conseguinte, a dupla qualificação, pela Comissão, de uma infracção única enquanto acordo e prática concertada, e declarou que devia ser entendida não como uma qualificação que exige simultânea e cumulativamente a prova de que cada um destes elementos de facto apresentam os elementos constitutivos de um acordo e de uma prática concertada, mas sim como designando um conjunto complexo que inclui elementos de facto dos quais alguns isoladamente foram considerados como acordo e outros como prática concertada."[33]

A qualificação de infracções complexas como "acordo e/ou prática concertada" viria a ser acolhida pelo próprio Tribunal de Justiça no acórdão *Anic*. Assim, após retirar da comparação entre os dois tipos de conduta restritiva que "de um ponto de vista subjectivo, ambos abrangem formas de conluio que partilham a mesma natureza e só se distinguem pela sua intensidade e pelas formas como se manifestam", aquela instância conclui que:

**Embora os conceitos de acordo e de prática concertada incluam elementos constitutivos parcialmente distintos, não são reciprocamente incompatíveis.**

132. Segue-se que, embora os conceitos de acordo e de prática concertada incluam elementos constitutivos parcialmente distintos, não são reciprocamente incompatíveis. Assim, contrariamente ao que a Anic alega, o Tribunal de Primeira Instância não tinha de exigir que a Comissão qualificasse como acordo ou como prática concertada cada um dos comportamentos observados, antes podendo com razão considerar que fora correctamente que a Comissão qualificara alguns desses comportamentos, a título principal, como "acordos" e outros, a título subsidiário, como "práticas concertadas".

Tal não significa, todavia, a criação de um novo tipo de infracção:

133. [...] cabe sublinhar que esta interpretação não é incompatível com a natureza restritiva da proibição constante do artigo 81.º, n.º 1, CE [...]. Com efeito, longe de criar

---

[30] Decisão da Comissão de 23.4.86, 86/398/CEE, processo IV/31.149 – Polipropileno, J.O. L 230/1, 18.8.86.

[31] Ver Luís Miguel Pais ANTUNES, "Agreements and Concerted Practices under EEC Competition Law: Is The Distinction Relevant", Yearbook of European Law, vol. 11, 1999, p. 57.

[32] Ver, por exemplo, o acórdão do TPI de 24.10.1991 no processo T-1/89, Rhône-Poulenc c. Comissão, Colect. 1991, p. II-867, considerandos 125 a 127.

[33] Decisão da Comissão de 14.10.1999, British Sugar, processos IV/F-3/33.709 a 710, J.O. L 76, de 22.3.1999, p. 1, parágrafo 70.

uma nova forma de infracção, limita-se a admitir que, no caso de uma infracção que comporte formas de conduta diferentes, estas possam corresponder a definições diferentes, embora sejam todas abrangidas pela mesma disposição e todas igualmente proibidas.

Ou que daí decorra uma diminuição dos direitos de defesa ou um aligeiramento dos requisitos probatórios:

134. Em sexto lugar, importa observar que, contrariamente ao que a Anic alegou, esta interpretação não conduz a consequências inaceitáveis em matéria de prova e não viola os direitos da defesa das empresas em causa.

135. Por um lado, a Comissão continua a ter de provar que cada comportamento observado fica abrangido pela proibição do artigo 81.º, n.º 1, CE, a título de acordo, prática concertada ou decisão de associação de empresas.

136. Por outro lado, as empresas que são acusadas de ter participado na infracção têm a possibilidade de contestar, relativamente a cada um desses comportamentos, a qualificação ou as qualificações acolhidas pelas Comissão, alegando que esta não fez prova dos elementos constitutivos das diferentes formas de infracções alegadas.

### c) A participação numa " infracção única"

No caso *Polipropileno* as práticas imputadas às arguidas foram qualificadas pela Comissão como uma infracção única, apesar de nem todas as empresas em causa terem participado em todos os elementos constitutivos. Tendo provado a existência de uma forma ilícita de colusão que envolve uma determinada empresa, seria seguramente oneroso para a Comissão ter de demonstrar a participação daquela em cada elemento da infracção, levando a que acontecimentos fortuitos (a não comparência a uma reunião dos membros do cartel, por exemplo) invalidassem a condenação.

Nas conclusões apresentadas no caso do *Polipropileno*, o Juiz Vesterdorf sublinhou as dificuldades em provar de modo pormenorizado o papel desempenhado por cada empresa: não havendo confissão e perante as limitações de um processo administrativo que recorre essencialmente a prova documental, não é possível averiguar esse nível de detalhes da infracção: "Evidentemente, existem também limites ao nível do pormenor a que é necessário descer nos processos deste tipo. Assim, pode ser correcto, por razões de técnica jurídica, que, eventualmente, se considere satisfatória, em certa medida, uma descrição mais ampla da participação de cada um. O facto de não ser possível provar, no caso do fabrico de moeda falsa, por exemplo, quem encheu o dispositivo da tinta e quem fez funcionar a máquina de imprimir não constituirá indubitavelmente, na ordem jurídica dos Estados-membros, um obstáculo determinante à decisão de condenação, quando é de admitir que todos estiveram no local e participaram."[34]

> Dificuldades na prova do papel desempenhado por cada empresa resultantes da inexistência de confissão e das limitações de um processo administrativo que recorre essencialmente a prova documental.

Mesmo com os amplos poderes de busca de que dispõem as autoridades de concorrência, a vida e documentação das empresas não é organizada em função do objectivo de gerar elementos de prova claros e inequívocos de infracção das regras de concorrência de modo a facilitar a tarefa daquelas autoridades.[35]

São estas considerações que levam o Tribunal de Justiça a discordar da posição do TPI no acórdão *Anic*, considerando que a Comissão fez prova bastante da participação da Anic em vários aspectos da infracção global que respeitavam ao comportamento de outras co-arguidas, com os seguintes fundamentos:

206. Relativamente, por um lado, à participação nos referidos elementos da infracção após meados de 1982, a circunstância [...] de a Anic ter participado, em Outubro de 1982, em negociações com vista à fixação de quotas, tendo assim pretendido contribuir para a realização da infracção no seu conjunto, é susceptível de implicar a sua responsa-

---

[34] Loc. cit., pp. II-951-2.
[35] Como referem GUERRIN e KYRIAZIS, op. cit, p. 809:

# DIREITO DA CONCORRÊNCIA

bilidade pelos comportamentos tidos em vista ou postos em prática por outras empresas e que integram esses elementos da infracção. Com efeito, a Anic conhecia perfeitamente todos esses elementos devido à sua participação nas reuniões periódicas de produtores de polipropileno ao longo de vários anos e tinha a obrigação de, necessariamente, presumir que continuavam em vigor após meados de 1982.

207. No que respeita, por outro lado, às medidas destinadas a facilitar a aplicação das iniciativas de preços, basta observar que as diferentes formas de comportamento [objecto da decisão recorrida] possuem todas um carácter subordinado relativamente às iniciativas de preços, na medida em que visam criar condições favoráveis à realização dos objectivos de preços fixados pelos produtores de polipropileno. Há que considerar que a Anic, ao participar durante vários anos nas referidas iniciativas de preços, podia razoavelmente prever que as empresas participantes iriam tentar favorecer o sucesso dessas iniciativas através de diferentes mecanismos e estava pronta a aceitar essa eventualidade. *Assim, embora não se tenha provado que a Anic participou materialmente na adopção ou na aplicação dessas medidas, não deixa de ser responsável pelos comportamentos materiais postos em prática, nesse contexto, por outras empresas no quadro da infracção única em que participou e para a qual contribuiu.* (Itálico nosso).

O princípio reconhecido pelo acórdão *Anic* vem assim reforçar a eficácia da aplicação da proibição de cartéis, na linha, de resto, da orientação geralmente seguida ao nível do direito penal nacional.[36]

> **O facto de uma empresa não ter participado activamente nas reuniões de um cartel não a isenta de responsabilidade.**

Por fim, importa ainda referir que o facto de uma empresa não ter participado activamente nas reuniões de um cartel não a isenta de responsabilidade. A simples participação em reuniões com um objectivo manifestamente anticoncorrencial, sem se distanciar publicamente do respectivo conteúdo, faz com que a empresa incorra na prática de uma infracção ao artigo 81.º, na medida em que tal facto é apto a levar "os outros participantes a pensar que subscrevia o resultado das reuniões e que se conformava com eles."[37]

## 5. A prova das infracções

### a) *A dificuldade de prova de cartéis*

Nos primeiros anos de aplicação das regras comunitárias da concorrência, sucedeu por vezes a Comissão receber notificações de acordos que configuravam verdadeiros cartéis. Já no início da década de 70, era visível o impacto desses primeiros casos e da maior consciência adquirida pelas empresas quanto ao risco de dar forma escrita a acordos que configurassem restrições grosseiras da concorrência, como sucedia com os cartéis. O elevado nível de visibilidade alcançado pelos mais recentes casos internacionais veio aumentar os incentivos para que os participantes em cartéis usem todos os meios à sua disposição para eliminar quaisquer indícios das suas actividades.

> **A obtenção de prova directa de um cartel afigura-se geralmente difícil.**

Independentemente do alcance dos poderes de investigação e das perspectivas abertas pela adopção de programas de clemência, matérias de que não nos iremos aqui ocupar, a obtenção de prova directa de um cartel afigura-se geralmente difícil: os acordos são muitas vezes verbais e mantidos em segredo, existindo apenas prova fragmentária da sua conclusão (e.g., notas de participantes nas reuniões, relatórios dos participantes a superiores hierárquicos ou até descrições do cartel fornecidas a terceiros, por vezes com o fito de os aliciar a aderir ou para tranquilizar descontentes); o comportamento das empresas envolvidas pode ocorrer num contexto que sirva para ocultar o seu propósito (e.g., as empresas reúnem-se a pretexto de uma feira industrial ou até por iniciativa de poderes

---

[36] Ver, por exemplo, Acórdão do STJ de 27.9.1995, Proc. 48 293, Col. de Jur., 1995, 3, p. 197: "São requisitos essenciais para que ocorra compartipação criminosa sob a forma de co-autoria, a existência de decisão e execução conjuntas. O acordo pode ser tácito, bastando-se com a consciência/vontade de colaboração dos vários agentes na realização de determinado crime. No que respeita à execução, não é indispensável que cada um dos agentes intervenha em todos os actos ou tarefas tendentes a atingir o resultado final; o que importa é que actuação de cada um embora parcial se integre no todo e conduza à produção do objectivo em vista".

[37] Acórdão Tréfileurope, cons. 85; no mesmo sentido ver Acórdão do TJ (Quinta Secção) de 16.11.2000, Sarrió c. Comissão, Proc. C-291/98 P, Colect. 2000, p. I-9991, cons. 50.

públicos); existe geralmente um *pacto de silêncio* entre os participantes; e os actuais meios tecnológicos permitem o estabelecimento de contactos por meios electrónicos que podem ser rapidamente destruídos (*e-mail, chat*).

Daqui resulta que os principais elementos probatórios que fundam a convicção de existência de uma infracção e respectiva imputação assumem a natureza de prova indirecta dos factos (ou prova circunstancial, na expressão norte-americana). Como afirmava o Advogado-Geral Sir Gordon Slynn nas suas conclusões no acórdão *Musique Diffusion*, "é evidente que uma prática concertada pode ser estabelecida não apenas mediante prova directa, mas também por prova circunstancial. Uma prova directa pode ser improvável, por uma série de razões evidentes. É manifestamente possível fundar-se em presunções e deduções de factos brutos, o que pode representar numa grande medida a parte crucial da análise da questão de saber se ocorreu uma prática concertada."[38]

> Os principais elementos probatórios que fundam a convicção de existência de uma infracção e respectiva imputação assumem a natureza de prova indirecta dos factos.

O recurso a prova circunstancial e a regras de experiência num quadro de livre apreciação da prova é comum na ordem jurídica dos Estados-membros, mesmo em casos penais, onde está em jogo a aplicação de penas privativas da liberdade.[39]

### b) *Os princípios aplicáveis à prova*

No exercício dos seus poderes em matéria de aplicação das regras de concorrência do Tratado de Roma, a Comissão Europeia e as Autoridades Nacionais de Concorrência actuam no interesse público comunitário e não em representação de um interesse próprio. Daí que, como refere Joshua, não seja inteiramente correcto empregar aqui o conceito de ónus da prova, pelo menos na acepção que dele conhecemos no âmbito do direito civil: "enquanto julgador dos factos, [a Comissão] deve considerar-se satisfeita quanto à prova da infracção antes de concluir em sentido desfavorável à empresa".[40]

> Enquanto julgador dos factos, [a Comissão] deve considerar-se satisfeita quanto à prova da infracção antes de concluir em sentido desfavorável à empresa.

O Regulamento n.º 1/2003 veio consagrar expressamente uma regra geral sobre o ónus da prova em processos relativos aos artigos 81.º e 82.º, no sentido de incumbir à parte ou à autoridade que alega a infracção a sua prova (artigo 3.º). A escolha do conceito de ónus da prova parece fundar-se essencialmente na finalidade da modernização das regras processuais: permitir a descentralização da sua aplicação, em especial ao nível dos tribunais nacionais e das acções cíveis.

---

[38] Acórdão do TJ de 7.6.1983, Procs. Apensos 100 a 103/80, *Musique Diffusion*, Recueil 1983, p. 1825. p. 1930. Ver também as conclusões do Advogado-Geral Mayras no acórdão Suiker Unie, cit., p. 2061.

[39] O Código de Processo Penal português dispõe, no seu artigo 127.º, que, "salvo quando a lei dispuser diferentemente, a prova é apreciada segundo as regras de experiência e a livre convicção da entidade competente". O recurso a prova "circunstancial" está bem estabelecido na jurisprudência do STJ. Ver Acórdão do STJ de 8.11.1995, Processo n.º 48 149, BMJ 452, 81, p. 90. O STJ afirma que "um juízo de acertamento da matéria de facto pertinente para a decisão releva de um conjunto de meios de prova, que pode inclusivamente ser indiciária, contanto que os indícios sejam graves, precisos e concordantes". O caso respeitava a um crime de tráfico de estupefaciente na forma continuada, em que ao arguido fora apreendida uma pequena quantidade de heroína, o tribunal de instância condenou o arguido a uma pena de prisão de 4 anos e 6 meses, após considerar provado que a droga em questão se destinava à comercialização e que a vendia normalmente, com base na quantidade apreendida (aparentemente superior ao consumo diário do arguido), no facto de a mesma se encontrar dividida em panfletos e na apreensão em casa do arguido de um "plástico próprio para embalar droga". O STJ considerou que "seria contrário às 'regras da experiência' [...] que o arguido, se apenas detivesse a substância estupefaciente para seu consumo pessoal, se desse ao trabalho minucioso de a dividir por panfletos e com eles andasse na rua, como ficou provado, para mais existindo na sua residência um plástico próprio para embalar droga, como também ficou provado". Assume particular relevância para os problemas colocados pela prova em casos de cartéis o passo do aresto, em que o STJ considerou que o tribunal não tinha que "considerar provada uma qualquer transacção em concreto ou em que vantagem patrimonial se traduziu a venda, a menos que se remetesse a meras conjecturas. Baseando-se nas provas produzidas e examinadas, o tribunal foi até onde lhe era possível, no que demonstrou manifesta prudência. Aliás, é da experiência comum a grande dificuldade, para não dizer a impossibilidade de averiguar, em concreto, quantas vendas se realizaram e que quantidade em dinheiro foram obtidas por cada uma ou pela totalidade: *o tipo de agente e as modalidades de actuação não se compadecem com registos de transacções ou com uns sistemas de contabilidade, reveladores desses elementos, pois tudo se passa, normalmente, no maior sigilo e a ocultas. De sorte que a convicção dos julgadores tem forçosamente de resultar de provas ou indícios graves, precisos e concordantes*" (itálico aditado).

[40] Julian M. JOSHUA, "Proof in Contested EEC Competition Cases – A Comparison with the Rules of Evidence in Common Law", *European Law Review*, vol. 12, 1987, p. 315, a p. 320.

# DIREITO DA CONCORRÊNCIA

**O controlo que o TPI e o TJ exercem sobre os actos das instituições comunitárias incide sobre a legalidade da decisão.**

Ao ponderarmos as exigências probatórias que recaem sobre a Comissão, deve ter-se em conta a natureza do procedimento sancionatório comunitário e os poderes de controlo judicial atribuídos ao TPI e ao Tribunal de Justiça. Com efeito, o controlo que aquelas instâncias exercem sobre os actos das instituições comunitárias incide sobre a legalidade da decisão: a decisão deve ser confirmada, a menos que a recorrente demonstre que a mesma deve ser anulada em virtude de um dos fundamentos taxativamente enunciados no artigo 230.° do Tratado de Roma: incompetência, violação de formalidade essencial, violação do Tratado ou outra norma comunitária e desvio de poder. No que respeita aos eventuais vícios processuais, a teoria do vício essencial exige a demonstração de que o resultado do processo perante a Comissão teria sido diferente caso tal vício não se tivesse verificado.[41]

Retirando os necessários corolários da natureza do controlo da legalidade das decisões da Comissão, o Advogado-Geral Sir Gordon Slynn delineou nas suas conclusões no acórdão *Musique Diffusion*, alguns princípios gerais. Assim, em primeiro lugar, após a constatação de uma infracção (*in casu*, uma prática concertada entre empresas) por decisão da Comissão, incumbe à recorrente fazer prova de que o acto recorrido deve ser anulado, manifestando-se aqui o princípio geral de direito segundo o qual parte que faz uma asserção deve fazer a prova dos factos essenciais em apoio da mesma.

Tal não implica, todavia, a imposição à recorrente de um ónus de provar a sua inocência: as alegações de facto em que a decisão da Comissão se fundamenta para chegar a determinadas conclusões devem realmente sustentar a tese daquela instituição; caso essa conclusão não esteja suficientemente suportada pelos elementos de prova, então a decisão deve ser anulada, mesmo que a requerente não apresente qualquer prova. Para conseguir a anulação da decisão, a recorrente não necessita de provar que a mesma é errada: "Pode ser suficiente demonstrar que ela é incerta ou insuficientemente fundamentada. Devem existir elementos materiais nos quais a Comissão possa razoavelmente fundamentar-se para afirmar que ocorreu uma prática concertada. É à Comissão que incumbe reunir esses indícios."[42]

**Para obter a anulação da decisão pode ser suficiente demonstrar que ela é incerta ou insuficientemente fundamentada.**

No acórdão *Vidro Plano Italiano*, o TPI evidencia seguir esta orientação ao considerar, por exemplo, que "as provas documentais invocadas pela Comissão não são suficientes para demonstrar, de modo explícito ou implícito" uma determinada infracção ou que "a Comissão não fez prova suficiente" da concertação entre as empresas em causa.[43]

A mais desenvolvida e estruturada análise da questão da prova de cartéis em direito comunitário deve-se ao Juiz Vesterdorf, nas conclusões que apresentou no caso Polipropileno, e a que já fizemos ampla referência. Aquele juiz pronunciou-se então no sentido de que a actividade das instâncias judiciais da Comunidade "é regida pelo princípio da livre apreciação das provas, sem estar sujeita às diversas regras instituídas no quadro de sistemas jurídicos nacionais (…) o único critério para apreciar as provas produzidas reside na sua credibilidade".[44]

É importante relembrar aqui mais demoradamente as conclusões do Juiz Vesterdorf pois delas resulta uma sistematização de algumas regras ou princípios de apreciação da prova que se mantêm válidos.

Evitando pronunciar-se sobre a adopção explícita de um critério de "ponderação de probabilidades" ou de "prova para além de uma dúvida razoável", o Juiz Vesterdorf afirma, seguindo Sir Gordon Slynn, que as conclusões extraídas da prova devem "dispor de uma base suficiente", não podendo em caso algum "redundar em especulações sem funda-

---

[41] Ver Ibid. considerando 30. Ver ainda o acórdão do TJ (Quinta Secção) de 7.1.2004, Procs. Apensos C-204, 205, 211, 213, 217 e 219/2000 P, Aalborg, Colect. 2004, p. I-123, cons. 131 e 132 e as conclusões do Advogado-Geral Léger no Acórdão do TJ (Sexta Secção) de 6.4.1995, Proc. C-310/93 P, *BPB*, Colect. 1995, p. I-865, a p. I-887.

[42] Acórdão *Musique Diffusion (Pioneer)*, a pp. 1930-1.

[43] Acórdão do TPI (Primeira Secção) de 10.3.1992, Procs. Apensos T-68, T-77 e T-78/89, *Vidro Plano Italiano*, Colect. 1992, p. II 1403. considerandos 223 e 275.

[44] Id., p. II-954.

mento". Acresce que "uma dúvida razoável deve aproveitar às recorrentes, segundo o princípio *in dubio pro reo*." O elevado grau de exigência que se extrai desta afirmação é no entanto temperado por um conjunto de regras metodológicas que orientam a actividade do aplicador do artigo 81.º.

Em primeiro lugar, a força probatória de cada elemento de prova deve ser aferida à luz da globalidade da prova produzida:

"Nestes processos é de grande importância considerar as provas na sua totalidade. É evidente que, *mesmo quando é possível dar uma explicação alternativa razoável de um documento determinado* e talvez mesmo de vários documentos considerados isoladamente, *a referida explicação corre o risco de não resistir a um exame mais preciso no âmbito de uma apreciação global de toda uma série de provas*. Da mesma forma, à semelhança da Comissão, devem poder deduzir-se de períodos em que as provas são relativamente abundantes conclusões respeitantes a outros períodos em que a distância entre cada prova pode ser mais importante. Assim, será necessária uma explicação realmente sólida para convencer um órgão jurisdicional que, durante uma certa fase de uma série de reuniões ocorreram coisas totalmente diferentes daquelas que ocorreram no decurso de reuniões anteriores e posteriores, quando é certo que essas reuniões tinham o mesmo círculo de participantes, tiveram lugar no quadro de circunstâncias externas homogéneas e tinham incontestavelmente o mesmo objectivo primordial, a saber, debater problemas internos do sector industrial em causa."

Por outras palavras, a dúvida razoável só pode existir após o julgador ter exercido sobre a prova produzida um juízo crítico e global.

No âmbito do processo sancionatório perante a Comissão, esta não dispõe da possibilidade de inquirir testemunhas ajuramentadas, sendo esse, na opinião do Juiz Vesterdorf, um dos motivos que explica porque as decisões da Comissão se fundam essencialmente em prova documental. Tal não impede contudo que sejam retiradas inferências negativas quando as empresas em causa, confrontadas com documentos incriminatórios como notas de reuniões com concorrentes, não solicitam que sejam ouvidas as pessoas capazes de explicar o sentido desses elementos. Daqui se pode extrair outra regra de experiência construída pela prática comunitária: "O facto de as recorrentes, que manifestamente têm problemas para se explicarem, não requererem que sejam ouvidas testemunhas susceptíveis de fornecer a explicação, não abona em seu favor".[45]

Quanto à prova documental, o Juiz Vesterdorf propõe também uma regra metodológica:

"Para apreciar o valor probatório de um documento, é necessário, antes de mais, verificar a verosimilhança da informação que nele está contida. Deve-se então ter em conta, nomeadamente, a origem do documento, as circunstâncias da sua elaboração, do seu destinatário e perguntar-se se, segundo o seu conteúdo, se afigura razoável e fidedigno.

De maneira muito geral, não é de forma alguma inverosímil que, como a Comissão afirma, representantes das empresas se encontrem para celebrar acordos ou concertar a sua prática. Como se sabe, a Comissão tem invocado com êxito perante o Tribunal de Justiça que é o que frequentemente tem ocorrido."

De certo modo, tal corresponde a incorporar a máxima de Adam Smith como regra de experiência. É a esta luz que devem ser vistos alguns documentos internos, normalmente mais esclarecedores dos comportamentos adoptados pelas empresas, sobretudo quando contemporâneos dos factos em causa. Para o Juiz Vesterdorf, os relatórios internos para superiores hierárquicos merecem uma especial valoração:

"Segundo as regras gerais em matéria de prova, deve-se atribuir uma grande importância ao facto dos documentos serem elaborados em ligação imediata com as reuniões e manifestamente sem que se pense que poderiam ser levados ao conhecimento de terceiros estranhos ao assunto".

---

[45] Id., p. II-955.

> **Uma dúvida razoável deve aproveitar às recorrentes, segundo o princípio *in dubio pro reo*.**

> **A dúvida razoável só pode existir após o julgador ter exercido sobre a prova produzida um juízo crítico e global.**

> **Para apreciar o valor probatório de um documento, é necessário, antes de mais, verificar a verosimilhaça da informação que nele está contida.**

# DIREITO DA CONCORRÊNCIA

Na análise crítica destes elementos probatórios devem ser ponderados aspectos como a clareza e lógica dos documentos e a inexistência de elementos que indiciem a possibilidade de serem cometidos erros graves de compreensão ou de intepretação dos eventos relatados. Um argumento frequentemente aduzido pela defesa das arguidas procura desvalorizar as afirmações produzidas nesses relatórios como constituindo "interpretações pessoais", quando não se vai ao ponto de questionar a sanidade dos seus autores. Das conclusões apresentadas no caso Polipropileno podemos retirar outra regra de experiência que certeiramente conclui ser "pouco verosímil que grandes empresas industriais enviem para reuniões que certamente consideraram como importantes, colaboradores que não estejam em condições de expor de forma razoável e fidedigna aquilo que se passou".

No caso *Polipropileno*, o elemento de prova fundamental da Comissão quanto à alegação relativa a um sistema de preços mínimos consistia em apontamentos do director de marketing de um produtor, a Hercules, tomados no decurso de uma conferência telefónica com um interlocutor não identificado. Nessas anotações era referido um acordo concluído entre os produtores mais importantes, Monte, Hoechst, Shell e ICI. Confrontada com a prova, a Monte defendeu-se reconhecendo terem existido contactos entre produtores, provavelmente por telefone, mas sustentou que os mesmos visavam a indicação de preços que permitiriam ao sector ultrapassar as dificuldades que então se lhe colocavam. A esta defesa o Juiz Vesterdorf responde em termos inequívocos: "Pode-se sempre dar às coisas um nome diferente daquele que normalmente lhes compete e o facto de 'indicar' preços em comum é, em qualquer caso, normalmente na realidade a expressão de uma concertação de empresas sobre uma política de preços".

**O âmbito da prova a produzir não exige a comprovação de todos os detalhes do ilícito.**

Por fim, deve referir-se que o âmbito da prova a produzir não exige a comprovação de todos os detalhes do ilícito. A natureza económica dos cartéis é compatível com eventuais falhas ou lacunas na concretização dos seus objectivos (e.g., os preços efectivos não atingem os níveis definidos em conluio como a meta a atingir) pelo que tais aparentes contradições não são geralmente suficientes para infirmar a existência de um acordo restritivo, desde que esta esteja suficientemente provada.[46]

### c) *Prova directa*

Como referem Guerrin e Kyriazis, constitui prova directa um elemento probatório que "permite à Comissão estabelecer que determinadas empresas designadas com exactidão (ou pessoas responsáveis nessas empresas) concluíram um acordo com a intenção de restringir a concorrência", dando o exemplo de prova documental como um memorando ou protocolo de acordo, uma troca de cartas entre os participantes, ou actas das reuniões.

**Admissibilidade e força probatória de elementos obtidos junto de terceiros, incluindo co-arguidos.**

O apuramento das técnicas de dissimulação que tendia a tornar menos provável a obtenção deste tipo de prova tem vindo a ser contrariado por recurso ao instrumento da clemência. Seguindo mais uma vez princípios comuns aos Estados-membros em matéria de prova, o Tribunal de Justiça já há muito tinha consagrado a admissibilidade e força probatória de elementos obtidos junto de terceiros, incluindo co-arguidos, desde que o conteúdo desses documentos seja fidedigno na comprovação do comportamento ilícito.[47]

No caso PVC II, duas empresas contestaram a possibilidade de a Comissão fundar a prova exclusivamente nas declarações do acusado e nas declarações de outras empresas incriminadas, reputando estas últimas de suspeitas, pelo que apenas seriam válidas contra o seu autor. O TPI rejeitou categoricamente esta argumentação, considerando que:

512. Em primeiro lugar, nenhuma disposição nem princípio geral de direito comunitário proíbe a Comissão de invocar informações e documentos tais como os referidos pelas

---

[46] Id., p. II 959.

[47] Acórdão Suiker Unie, cit., cons. 166: "Nestas circunstâncias, tem que se admitir que tais documentos constituem um conjunto de indícios concordantes e que o seu conteúdo corresponde, pelo menos no essencial, à realidade". Ver ainda Guerrin e Kyriazis, *op. cit.*, pp.802-3: "Documentos relativos a terceiros e que os incriminem directa ou indirectamente como participantes num cartel podem constituir prova directa contra essas empresas, desde que suficientemente claros e coerentes, ou corroborar e explicar outros elementos de prova directa que sustentam primariamente a incriminação".

recorrentes. Em segundo lugar, se se der vencimento à tese das recorrentes, o ónus da prova dos comportamentos contrários aos artigos 81.º e 82.º do Tratado, que incumbe à Comissão seria insustentável e incompatível com a missão de velar pela boa aplicação dessas disposições que lhe é atribuída pelo Tratado.[48]

Também aqui a prática comunitária encontra um paralelo no processo penal português, onde a jurisprudência do Supremo Tribunal de Justiça admite que "as declarações do co-arguido são meio admissível de prova e, como tal, podem ser valoradas pelo tribunal para fundar a sua convicção acerca dos factos que dá como provados".[49]

### d) Prova indirecta ou circunstancial

A admissibilidade (quando não a essencialidade) da prova indirecta foi já amplamente tratada a propósito da dificuldade de prova dos cartéis [5.a)]. Por isso, iremos limitar-nos neste ponto a relembrar alguns princípios comunitários quanto a um determinado tipo de prova circunstancial: o paralelismo de comportamento.

> **Prova circunstancial: o paralelismo de comportamento.**

Como vimos, um comportamento paralelo não constitui, por si só, uma prática restritiva. Mas é possível a partir dessa uniformidade de conduta inferir, à luz das regras de experiência aplicáveis, a existência de concertação?

Curiosamente, no primeiro caso em que o Tribunal de Justiça teve ocasião de se pronunciar sobre a questão, o paralelismo de comportamento foi considerado como o elemento central de prova, apesar de a Comissão dispor igualmente de prova documental que corroborava as deduções resultantes da uniformidade de conduta.

No caso dos Corantes, tinham ocorrido três aumentos gerais e uniformes de preços entre Janeiro de 1964 e Outubro de 1967. Os aumentos de preços eram percentualmente idênticos, ocorreram simultaneamente ou em datas muito próximas e respeitavam às mesmas categorias de produtos. No mercado italiano, um produtor local optou por não aumentar o preço na sequência de um dos aumentos gerais, pelo que os restantes concorrentes não mantiveram o aumento nesse mercado. Além destes factores, os aumentos foram anunciados por vezes com diferenças de horas e as circulares aos clientes continham as mesmas expressões e justificações. O último aumento fora anunciado por uma das empresas no quadro de uma reunião de produtores (ainda que a mesma tivesse um objectivo formal legítimo).

Perante tão rigoroso paralelismo de comportamento, poder-se-ia concluir pela existência de uma prática concertada? Num passo que ainda hoje permanece válido nos seus aspectos essenciais, o Tribunal de Justiça respondeu em termos claros:

66. Embora um paralelismo de comportamento não possa, por si só, identificar uma prática concertada, é contudo susceptível de constituir um indício sério da mesma quando alcança condições de concorrência que não correspondem às condições normais do mercado, tendo em consideração a natureza dos produtos, a importância e o número de empresas e o volume do referido mercado.

> **Um paralelismo de comportamento é susceptível de constituir um indício sério da prática concertada quando alcança condições de concorrência que não correspondem às condições normais do mercado.**

67. Tal é nomeadamente o caso quando o comportamento paralelo é susceptível de permitir aos interessados a procura de um equilíbrio dos preços a um nível diferente daquele que teria resultado da concorrência, e ainda a cristalização de situações adquiridas em detrimento da efectiva liberdade de circulação dos produtos no mercado comum e da livre escolha pelos consumidores dos seus fornecedores.

68. A questão de saber se existe concertação neste caso apenas pode, por conseguinte, ser apreciada correctamente se os indícios invocados pela decisão impugnada forem considerados não isoladamente, mas no seu conjunto, tendo em conta as características do mercado dos produtos em causa.

---

[48] Acórdão do TPI (Terceira Secção Alargada) de 20.4.1999, Procs. Apensos T-305 a 307, T313 a 316, T-318, T325, T328, T329 e T335/94, *Limburgse Vinyl Maatschappij*, Colect. 1999, p. II-931.

[49] Acórdão do STJ de 23.10.1997, Recurso n.º 674/97, BMJ 470, 237, p. 242.

# DIREITO DA CONCORRÊNCIA

Quase uma década depois, o Tribunal de Justiça confirmou no acórdão *Züchner* a relevância da prova de um paralelismo de comportamento.[50] A totalidade ou, pelo menos, a maior parte das instituições bancárias alemãs praticava nas operações de pagamentos e de movimentos de capitais intracomunitários entre bancos uma comissão uniforme de 0,15% sobre o montante a depositar. O tribunal alemão suscitou uma questão prejudicial quanto à qualificação deste comportamento paralelo como prática concertada. O banco demandado no processo principal defendeu-se alegando que a taxa em causa era fixada em função dos custos inerentes às transferências em causa e que da sua aplicação resultava apenas uma contribuição parcial para cobertura desses custos. Para o Tribunal, estas justificações não eram suficientes para afastar a possibilidade de esse paralelismo resultar numa coordenação entre bancos que corresponda a uma prática concertada. Após recordar os termos da jurisprudência ICI e Açúcar, o Tribunal afirmou ser necessário apurar se "este paralelismo de comportamento reúne os elementos de coordenação e de cooperação característicos de tal prática, e que esta é susceptível de afectar de maneira sensível as condições da concorrência no mercado das prestações relativas a estas transferências."[51]

No acórdão *Rheinzink*, todavia, o Tribunal veio abrir a possibilidade de enfraquecer a prova de concertação resultante de um paralelismo de comportamento.[52] Assim, quando a prova da infracção assenta na ausência de outra explicação para o comportamento observado que não a existência de concertação, "…basta às recorrentes estabelecer a existência de circunstâncias que dêem uma luz diferente aos factos provados pela Comissão e que permitam assim substituir a explicação dada pela decisão recorrida por outra". (considerando 16) No caso, o Tribunal concluiu que "a Comissão não reuniu elementos de prova suficientemente precisos e concordantes para fundamentar a convicção de que o comportamento paralelo das duas empresas visadas resultou de uma concertação entre elas" 20).

A prova de fogo sobre a validade do recurso a um paralelismo de comportamento para inferir a existência de concertação viria do acórdão *Pasta de Papel II*. Como já foi referido, a Comissão tinha conseguido obter prova de contactos e troca de informação relevante entre pelo menos algumas das empresas envolvidas. Por razões processuais essa prova foi considerada inadmissível e a validade da decisão apenas podia ser suportada na prova de paralelismo.[53] As recorrentes invocaram argumentos económicos para justificar a uniformidade do seu comportamento e os peritos indicados pelo Tribunal de Justiça confirmaram que aquela conduta podia ser explicada por factores de mercado (a estrutura oligopolística do mercado, as práticas usuais do sector com origem na integração vertical com os clientes ou até a adopção de sistemas uniformes por imposição dos clientes). Convencido de que os comportamentos em questão não tinham como única explicação uma concertação prévia, o Tribunal concluiu que:

126. Segundo esta análise, deve afirmar-se que, no caso em apreço, a concertação não é a única explicação plausível para o paralelismo de comportamento. Antes de mais, pode considerar-se que o sistema de anúncios de preços constitui uma resposta racional ao facto de o mercado da pasta de papel ser um mercado a longo prazo e à necessidade sentida tanto pelos compradores como pelos vendedores de limitar os riscos comerciais. Em seguida, a semelhança nas datas dos anúncios de preços pode ser considerada como uma consequência directa do alto grau de transparência do mercado, que não deve ser qualificada de artificial. Finalmente, o paralelismo de preços e a evolução dos preços podem ser explicados satisfatoriamente pelas tendências oligopolísticas do mercado e pelas circunstâncias específicas existentes em certos períodos. Por conseguinte, o paralelismo de comportamento detectado pela Comissão não constitui prova de concertação.

127. Na falta de um conjunto de provas sérias, precisas e concordantes, deve declarar-se que a concertação relativa aos preços anunciados não foi demonstrada pela Comissão. […]

---

[50] Acórdão do TJ de 14.6.1981, no Proc. 172/80, Züchner, Recueil 1980, p. 2021.

[51] Considerando 22.

[52] Acórdão do TJ de 28.3.1984, nos Procs. Apensos 29 e 30/83, Compagnie Royale Asturienne des Mines S.A. e Rheinzink GmbH c. Comissão, Recueil 1984, p. 1679.

[53] Para uma análise deste caso ver Gerwin Van Gerven e Edurne Navarro Verona, "The *Wood Pulp* Case and the Future of Concerted Practices", Common Market Law Review, vol. 31, 1994, p. 575.

Este acórdão tem por vezes sido objecto de algumas leituras mais apressadas, vendo-se nele a impossibilidade de, recorrendo apenas a prova económica, provar que um comportamento paralelo constitui prova suficiente de uma prática concertada. Em nosso entender, tal não corresponde à melhor interpretação desta decisão: não há dúvida que, quando uma acusação parte da perspectiva do comportamento no mercado e se funda exclusivamente em prova económica, é exigível um elevado grau de prova para que se possa considerar provada a existência de uma prática concertada: a existência de uma explicação plausível e compatível com uma conduta não colusória leva à absolvição; mas se a acusação se funda em prova económica e, adicionalmente, em elementos probatórios que corroborem as ilações retiradas do paralelismo (e.g., prova circunstancial de concertação, como a existência de reuniões regulares entre concorrentes, ou regras de experiência que contrariem as explicações alternativas da defesa[54]), então, parafraseando o acórdão *Corantes*, tais elementos, quando considerados não isoladamente mas no seu conjunto e tendo em conta as características do mercado dos produtos em causa, podem ser suficientes para sustentar uma decisão de condenação por infracção ao artigo 81.º.

Também se afigura claro que as explicações económicas plausíveis apenas podem prevalecer ao abrigo do princípio *in dubio pro reo* caso não existam outros elementos em que fundar a prova da concertação. Ou seja, se a Comissão tivesse conseguido demonstrar à satisfação do Tribunal a existência de um elemento de concertação entre os produtores de pasta de papel sem recorrer à dedução a partir do comportamento paralelo (e.g., mediante prova directa ou indirecta da concertação), então, *arguendo*, a explicação plausível para esse comportamento não teria sido suficiente para evitar a condenação.

> **As explicações económicas plausíveis apenas podem prevalecer ao abrigo do princípio *in dubio pro reo* caso não existam outros elementos em que fundar a prova da concertação.**

---

[54] A título de exemplo, quando as empresas arguidas invocam razões estruturais para explicar um comportamento paralelo (e.g., em matéria de preços), essa explicação será contrária às regras de experiência caso tal uniformidade apenas se verifique num determinado período de tempo, sendo antecedido (e eventualmente sucedido, sobretudo após terem conhecimento da investigação) por comportamentos não uniformes, sem que consigam aduzir uma explicação plausível para essa descontinuidade temporal. Com efeito, se para justificar o paralelismo se invocam causas estruturais (e.g., interdependência oligopolística) e o comportamento varia no tempo sem que tenha ocorrido qualquer alteração nessas condições tais alegações não parecem merecer qualquer crédito.

# O direito à não auto-incriminação

**Maria de Fátima Reis Silva**
Juíza de Direito

"Neste artigo a autora estuda a questão do direito à não auto-incriminação como contraponto do dever das empresas de prestarem informações à Autoridade da Concorrência ".

## 1. Delimitação da questão

A Autoridade da Concorrência (AdC), constituída como pessoa colectiva de direito público, foi criada para *assegurar a aplicação das regras da concorrência em Portugal, no respeito pelo princípio da economia de mercado e de livre concorrência, tendo em vista o funcionamento eficiente dos mercados, a repartição eficaz dos recursos e os interesses dos consumidores* (art. 1.º dos Estatutos da AdC aprovados pelo Decreto Lei n.º 10/03 de 18/01).

No âmbito do exercício das suas funções a AdC dispõe de poderes sancionatórios, de supervisão e de regulamentação (art. 7.º dos Estatutos).

Para o exercício, quer dos seus poderes sancionatórios, quer dos seus poderes de supervisão, nos termos do disposto no art. 17.º, n.º 1, als. a) e b) da Lei n.º 18/03 de 11/06 (LdC), a AdC, através dos seus órgãos e funcionários pode:

– Inquirir os representantes legais das empresas ou das associações de empresas envolvidas, bem como solicitar-lhes documentos e outros elementos de informação que entenda convenientes ou necessários para o esclarecimento dos factos;
– Inquirir os representantes legais de outras empresas ou associações de empresas e quaisquer outras pessoas cujas declarações considere pertinentes, bem como solicitar-lhes documentos e outros elementos de informação.

O art. 18.º da Lei n.º 18/03 regula em particular a solicitação de informações ou outros elementos pela AdC, no exercício dos seus poderes sancionatórios e de supervisão.

Nos termos do art. 8.º dos Estatutos da AdC, *«As empresas, associações de empresas ou quaisquer outras pessoas ou entidades devem prestar à Autoridade todas as informações e fornecer todos os documentos que esta solicite em ordem ao cabal desempenho das suas funções.»*

Finalmente encontra-se tipificada como contra-ordenação, punível com coima até 1% do volume de negócios do ano anterior, a não prestação ou a prestação de informações falsas, inexactas ou incompletas, em resposta a pedido da Autoridade no uso dos seus poderes sancionatórios ou de supervisão nos termos do art. 43.º, n.º 3, al. b) da Lei n.º 18/03 de 11/06.

A questão a que procuramos responder é de se, face aos preceitos identificados, existe, no regime da concorrência, direito à não auto-incriminação por parte das empresas e entidades a quem são dirigidos pedidos de informação, seja em procedimentos de supervisão, seja em procedimentos sancionatórios.

## 2. O direito à não auto-incriminação – caracterização geral

O direito à não auto-incriminação ou princípio *nemo tenetur se ipsum accusare* é, tradicionalmente um dos direitos de defesa dos acusados. Referenciado na *Magna Charta*, consagrado no direito inglês a partir de 1679, foi positivado na Constituição dos EUA pelo famoso Fifth Amendment, complementado pela não menos famosa decisão do Supreme Court de 1966, Miranda v. State of Arizona.

> O direito à não auto-incriminação ou princípio *nemo tenetur se ipsum accusare* é, tradicionalmente um dos direitos de defesa dos acusados.

Direito consistentemente consagrado nas constituições dos modernos estados de direito, ou reconhecido ao abrigo das suas disposições, encontra acolhimento também em importantes instrumentos internacionais, entre os quais a Convenção Europeia dos Direitos do Homem, incluído no direito a um processo equitativo previsto no respectivo art. 6.º – cfr. Acs. Funke de 25/02/93, Saunders de 17/12/96, John Murray de 08/02/96, Heaney and McGuiness de 21/12/00 e Shannon de 04/10/05, entre outros.

Tecnicamente, como direito de defesa é, na economia dos **direitos liberdades e garantias** constitucionalmente consagrados, uma garantia, destinando-se a assegurar outros bens, no caso, o direito à liberdade e segurança previsto no art. 27.º da CRP – neste sentido Jorge Miranda *in* Direitos Fundamentais – Introdução Geral, pgs. 56 e 57.

Várias são as manifestações deste princípio na lei ordinária, sendo certamente as mais

# DIREITO DA CONCORRÊNCIA

importantes acolhidas na legislação processual penal, destacando-se os arts. 61.°, n.° 1, al. c) do CPP, sobre o qual nos deteremos adiante, e o art. 132.°, n.° 2 (A testemunha não é obrigada a responder a perguntas quando alegar que das respostas resulta a sua responsabilização penal), mas com outras concretizações como a prevista no art. 89.°, n.° 2, al. c) do CPA.

Em processo penal o princípio é claramente aplicável e com toda a sua amplitude. Na sede em que nos colocamos, porém, há que analisar várias perspectivas, nomeadamente, se o art. 61.° n.° 1, al. c) do CPP (e todas as demais disposições do CPP que dão a este princípio a dimensão que tem em processo penal) é aplicável nos procedimentos sancionatórios de direito da concorrência; a eventual aplicabilidade directa de outros preceitos, discutindo nomeadamente se o art. 32.° n.° 10 da CRP estende esta concreta garantia aos processos de contra-ordenação de concorrência, passando pela análise da diferente natureza do direito de mera ordenação social e do direito criminal e por uma visão de direito comparado sobre o problema que não poderá deixar de abarcar a jurisprudência comunitária e, ainda qual a relevância da diferente natureza dos procedimentos (sancionatórios e de supervisão).

### 3. A aplicabilidade do art. 61.°, n.° 1, al. c) do CPP

As infracções às normas previstas na LdC e às normas comunitárias constituem contra-ordenação, nos termos do seu art. 42.°, puníveis com coima (art. 43.°) e sanção acessória de publicitação da infracção (art. 45.°).

Seguem o regime geral das contra-ordenações, previsto no Decreto Lei n.° 433/82 de 27/10 (na sua redacção aplicável), com as especificidades previstas na Lei da Concorrência.

Prevê o art. 19.° da Lei da Concorrência que os procedimentos sancionatórios respeitam os princípios gerais aplicáveis ao procedimento e à actuação administrativa constantes do Código de Procedimento Administrativo bem como, se for caso disso o regime geral dos ilícitos de mera ordenação social.

O art. 22.°, por sua vez prevê que os processos por infracção ao disposto nos artigos 4.°, 6.° e 7.° se regem pelo disposto na secção respectiva, na secção I do capítulo respectivo e, subsidiariamente, pelo regime geral dos ilícitos de mera ordenação social.

**No processamento de contra-ordenações, nomeadamente na fase administrativa, não é aplicável, por qualquer forma, o procedimento administrativo.**

Temos por certo que, no processamento de contra-ordenações, nomeadamente na fase administrativa, não é aplicável, por qualquer forma, o procedimento administrativo. O direito subsidiário é, expressamente o processo penal, nos termos do art. 41.° n.° 1 do RGCOC, quer na fase administrativa, quer na fase judicial (impugnação) – neste sentido Lacerda Costa Pinto *in O Ilícito de Mera Ordenação Social e a Erosão do Princípio da Subsidiariedade da Intervenção Penal*, *in* RPCC, ano 7, Fasc. 1.°, Jan-Março 1997, p. 81); Simas Santos e Lopes de Sousa *in* Contra-Ordenações, Anotações ao Regime Geral, 2.ª ed., Vislis, p. 267, António Beça Pereira, *in* Regime Geral das Contra Ordenações e Coimas, Almedina 2001, pág. 88; Teresa Beleza, *in* Direito Penal, AAFDL, vol. I, 2.ª edição, pág. 131; José P. F. Cardoso da Costa, O Recurso para os Tribunais Judiciais da aplicação das Coimas pelas Autoridades Administrativas, 1991, pp. 57 e segs. e José Gonçalves da Costa, Contra-Ordenações, CEJ, Set. 1995, pp. 46 e segs.

O passo seguinte é a clarificação das regras de aplicação do direito subsidiário, a fazer nos termos do referido art. 41.° n.° 1 do RGCOC que estabelece: «*Sempre que o contrário não resulte deste diploma, são aplicáveis, devidamente adaptados, os preceitos reguladores do processo criminal.*».

Neste percurso temos que, em primeiro lugar, olhar ao regime da Lei da Concorrência, seguidamente à Lei Quadro das Contra-ordenações, após o que terá que se averiguar se é necessário e admissível, para regular determinada questão de direito contra-ordenacional, recorrer aos preceitos de direito processual penal. Se a resposta às duas questões (necessidade e admissibilidade) for positiva, terá ainda que se determinar se as regras processuais penais devem ser literalmente aplicadas ou se devem ser devidamente adaptadas à estrutura, funcionamento, valores e fins do processo de contra-ordenação – cfr. António de Oliveira Mendes e José dos Santos Cabral *in* Notas ao Regime Geral das Contra--ordenações e Coimas, pg. 105, 2.ª edição, em anotação ao art. 41.º.

Sobre esta concreta questão da obrigatoriedade de resposta às "perguntas" e satisfação dos pedidos de informação formulados pela AdC, verificamos que o regime legal está exaustivamente regulado:

– a AdC tem o poder de formular perguntas e solicitar elementos e informações (art. 17.º n.º 1, als. a) e b) da LdC) no exercício dos poderes sancionatórios e de supervisão.
– por outro lado recai sobre as empresas, associações de empresas ou quaisquer outras pessoas ou entidades o dever de prestar à Autoridade todas as informações e fornecer todos documentos que esta lhes solicite em ordem ao cabal desempenho das suas atribuições, para as quais dispõe de poderes sancionatórios e de supervisão – art. 8.º dos Estatutos da AdC.

> **A AdC tem o poder de formular perguntas e solicitar elementos e informações e as empresas, associações de empresas ou quaisquer outras pessoas ou entidades o dever de as prestar.**

O facto de este poder da AdC estar consagrado também para procedimentos sancionatórios (aos quais é aplicável o RGCOC e o CPP pela via já assinalada) sem que se faça qualquer distinção de regime quanto aos destinatários do dever, pelo contrário, especificando na alínea a) do art. 17.º n.º 1 que este poder se dirige também contra os representantes legais das empresas ou associações de empresas envolvidas, leva à conclusão de que, neste particular, o legislador quis expressamente afastar a aplicabilidade de preceitos em contrário.

Entendemos, pois, que não sendo necessário o recurso ao processo penal, o art. 61.º n.º 1, al. c) do CPP não é aplicável em processo de contra-ordenação da concorrência.

> **O art. 61.º n.º 1, al. c) do CPP não é aplicável em processo de contraordenação da concorrência.**

Contra, conhecemos a opinião expressa em contrário de Luís Miguel Pais Antunes (*in* Direito da Concorrência – os poderes de investigação da comissão europeia e a protecção dos direitos fundamentais, Almedina, 1995), o qual, a páginas 125 e 126, após expor não entender ser de concluir no sentido da existência de um princípio geral de direito, plenamente aplicável em direito comunitário, que permitisse às empresas invocar, nos processos susceptíveis de envolver a aplicação de sanções de natureza administrativa, um direito a não testemunhar contra si próprio, apoiado em diversos argumentos, entre os quais o de tal direito não encontrar expressa previsão no art. 6.º da CEDH (com o que não concordamos o que já deixámos supra expresso) escreve: "A situação será, contudo, diferente, do ponto de vista do direito comunitário, no que diz respeito às pessoas singulares, e nomeadamente aos funcionários das empresas objecto de investigação, cujas respostas a um pedido de informações as possam expor a sanções de natureza penal ou disciplinar." E acrescenta, em nota de rodapé: "Em Portugal, e no domínio dos processos de aplicação de coimas, a questão parece assumir um contorno diferente. Com efeito, nos termos do artigo 41.º do Decreto-Lei n.º 433/82, deverão aplicar-se nestes processos os preceitos reguladores do processo criminal sempre que o contrário não resultar do diploma que institui o ilícito de mera ordenação social. Por outro lado, nos termos do n.º 2 do mesmo artigo, as autoridade administrativas competentes gozam dos mesmos direitos e estão submetidas aos mesmos deveres das entidades competentes para instrução criminal, quando igualmente o contrário não resultar da lei. Tal leva-nos a concluir que o art. 61.º n.º 1 do Código de Processo Penal será aqui aplicável e, por conseguinte, o direito de não testemunhar contra si próprio poderá ser invocado por uma empresa objecto de um pedido de informações ao abrigo do n.º 3 do art. 12.º ou inquirida ao abrigo das alíneas a) e b) do n.º 1 do art. 23.º, ambos do Decreto Lei n.º 371/93."

Vigorava ao tempo o Decreto Lei n.º 371/93 que, nesta matéria continha soluções equivalentes à actual lei: arts. 12.º n.º 3, 23.º n.º 1, als. a) e b) e 37.º, n.º 3, al. e) e n.º 5, al. a), sem porém conter uma disposição equivalente ao art. 8.º dos Estatutos da AdC.

Com todo o respeito pelo autor citado não podemos concordar com uma análise que parte do princípio indiscutido de que se aplicará o CPP, sem fazer a indagação de necessidade e admissibilidade de aplicação do direito subsidiário que se impõe.

Por outro lado, o autor não discute (e tenhamos presente que se trata de obra incidindo

# DIREITO DA CONCORRÊNCIA

sobre o direito comunitário da concorrência e a protecção dos direitos fundamentais nesse âmbito, em que o autor foi fazendo curtas referências ao ordenamento jurídico português) e não indaga das razões de consagração destas regras e dos valores com elas prosseguidos para uma eventual hierarquização.

Esta nossa posição não implica, porém, sem mais, a inexistência do direito à não auto-incriminação neste tipo de procedimentos. É que, note-se, apenas se afastou a aplicação de determinado regime subsidiário.

Agora há que verificar se esta garantia constitucionalmente consagrada é ainda aplicável, e em que medida, directamente por via do art. 32.º n.º 10 da CRP.

### 4. A aplicabilidade do princípio em processos de contra-ordenação

A questão da aplicabilidade da "carta de direitos de defesa" previstos no art. 32.º da CRP ao processo de contra-ordenação e demais processos sancionatórios, tendo sido defendida na doutrina, veio a ser objecto de previsão expressa na segunda revisão constitucional que aditou o n.º 10 ao preceito.

Desde então, várias vezes tem sido questionada a plenitude da aplicação de todos os direitos e garantias previstos para o processo penal no processo de contra-ordenação.

Na área penal é pacífico que o direito à defesa do arguido engloba o direito à auto-conformação da sua conduta processual e o direito à não auto-incriminação coerciva.

O direito contra-ordenacional surgiu na sequência do movimento mais lato de descriminalização do direito penal, partindo da ideia da não relevância ética das condutas que o integram (o ilícito não surge como axiologicamente neutral, sendo-o a conduta em si mesma, divorciada da proibição legal) – cfr. Eduardo Correia *in* Direito Penal e Direito de Mera Ordenação Social, Boletim da FDUC, vol. XLIX, p. 257-281 e Figueiredo Dias *in* O Movimento de Descriminalização e o Ilícito de Mera Ordenação Social, Jornadas de Direito Criminal, CEJ, pgs. 3217 e ss.

Destas géneses e natureza resulta a inexistência de uma estreita equiparação entre o ilícito contra-ordenacional e o ilícito criminal, não obstante a "necessidade de serem observados determinados princípios comuns que o legislador contra-ordenacional será chamado a concretizar dentro de um poder de conformação mais aberto do que aquele que lhe caberá em matérias de processo penal" – *vide* entre muitos outros o Ac. Tribunal Constitucional n.º 469/97, orientação mantida por este Tribunal após a entrada em vigor do Decreto-Lei n.º 244/95 que aproximou as contra-ordenações ao direito penal, como assinalado por Frederido Costa Pinto *in* loc. cit. pg. 80, como resulta *v.g.* dos Acs. 325/2005 e 637/06.

Também o Tribunal Europeu dos Direitos do Homem, no caso Öztürk, traçou a distinção entre as *Ordnungswidrigkeiten* e a infracção penal e decidiu a aplicabilidade do art. 6.º da Convenção também às contra-ordenações resultantes de descriminalização (cfr. também Acórdão Lutz) tendo porém já recusado a mesma a contra-ordenações em matéria de construção urbana (decisão de 11/01/01 – Queixa n.º 43 862/98, R01-I, pg. 439).

**As regras processuais penais não têm aplicação integral no direito contra-ordenacional.**

Pode assim afirmar-se que as regras processuais penais não têm aplicação integral no direito contra-ordenacional, sob pena de com tal aplicação desaparecer a diferenciação entre os dois tipos de ilícito, diferenciação essa que existe e é significativa.

A questão ora a responder é a seguinte: o n.º 1 do art. 32.º CRP prescreve que o processo criminal assegura todas as garantias de defesa, incluindo o recurso (que não é propriamente uma garantia de defesa mas sim de acesso aos tribunais); no n.º 10 do preceito estabelece-se que nos processos de contra-ordenação são assegurados os direitos de audiência e de defesa. Em face desta diferença de redacção poderá argumentar-se que os direitos de defesa constitucionalmente regulados são apenas aqueles que o RGOC já prevê, ou seja a audiência e defesa nos termos do art. 50.º?

# O DIREITO À NÃO AUTO-INCRIMINAÇÃO

Nos termos do art. 41.º n.º 2 do RGCOC, no processo contra-ordenacional as autoridades administrativas gozam dos mesmos direitos e estão submetidas aos mesmos deveres das entidades competentes para o processo criminal. Ora os direitos e deveres das entidades competentes para o processo criminal estão organizados e orientados à volta de grandes princípios (António Mendes e José Santos Cabral, loc. cit., pg. 106) que podem ser facilmente identificáveis com a "carta de direitos" do art. 32.º da CRP:

«*a*) Promoção ou iniciativa processual: princípios da "oficialidade", da "legalidade" e da "acusação".

*b*) Prossecução ou decurso processual: princípios da "investigação", da "contraditoriedade", da "suficiência" e da "concentração".

*c*) Prova: princípios da "investigação", da "livre apreciação da prova" e "*in dubio pro reo*".

*d*) Forma: princípios da "publicidade", da "oralidade" e da "imediação".»

É inquestionável a aplicabilidade do princípio da presunção de inocência do arguido em processo contra-ordenacional, com todas as suas consequências, nomeadamente ao nível do ónus da prova e do princípio *in dubio pro reo*.

E tal aplicabilidade não advém da aplicação subsidiária do CPP ou de qualquer outro diploma. É directamente aplicável face à regra do art. 32.º n.º 2, *ex vi* art. 12.º n.º 1 ambos da CRP.

**Princípio da presunção de inocência do arguido em processo contra-ordenacional aplica-se com todas as suas consequências ao nível do ónus da prova e do princípio *in dubio pro reo*.**

Com este exemplo parece-nos claro que o que há a fazer em cada caso é percorrer a "carta de direitos" do art. 32.º da Constituição da República Portuguesa e, tendo presente que o legislador dispõe, nesta matéria, de maior maleabilidade – um poder de conformação mais aberto nas palavras do Tribunal Constitucional – identificar quais os que o legislador afastou através das regras próprias e se o fez de forma a atingir de modo inaceitável (inconstitucional) um direito que não podia ser postergado.

A matéria do n.º 3 foi regulada no art. 53.º do RGCOC. O n.º 4 do art. 34.º, por exemplo, foi claramente postergado – a instrução é da competência de uma autoridade administrativa. O n.º 5 é claramente aplicável e foi previsto na lei ordinária. O n.º 7 do art. 34.º é outro exemplo – existem contra-ordenações cuja conduta típica poderá ser lesiva de bens pessoais (não será o caso das regras da defesa da concorrência, que protegem o mercado e não os concorrentes ou directamente os consumidores). Nesses casos o ofendido não tem forma de intervir no processo contra-ordenacional, sendo nitidamente a ausência de regulação deliberada.

O art. 34.º n.º 8 é nesta sede um precioso indício. Nos termos do art. 42.º do RGCOC, cuja epígrafe é um pouco infeliz, estabelece-se a proibição absoluta (insusceptível de suprimento) de intromissão na correspondência ou nos meios de telecomunicação ou a utilização de provas que impliquem a violação do segredo profissional e a necessidade de consentimento para as provas que colidam com a vida privada bem como exames corporais e prova de sangue – cfr. art. 34.º n.º 4 da CRP – ponderando-se, claramente, o receio de admitir a limitação de um núcleo essencial de direitos num processo que se desenrola na dependência de uma autoridade administrativa.

Ou seja, o legislador pegou num princípio e num feixe de direitos essenciais de defesa e cuidou que não houvesse qualquer hipótese de, num processo de contra-ordenação que não é conduzido por autoridades judiciárias, eles fossem beliscados.

Podemos identificar, neste singelo exercício, várias gradações entre a lei e a "carta de direitos" do art. 32.º do CRP. Há princípios que o legislador ordinário usando do seu poder de conformação escorado na diferente natureza da infracção, claramente postergou. Outros, nitidamente, quis deixar intocados demonstrando a existência de um núcleo essencialíssimo de garantias. Certas garantias não foram tocadas como o princípio da presunção da inocência.

Ora, o princípio e a garantia específica que vimos analisando (direito à não auto-incriminação) nada mais é que uma decorrência do princípio da presunção de inocência. A impossibilidade de obrigar alguém a contribuir para a sua própria condenação é decor-

**O direito à não auto-incriminação é uma decorrência do princípio da presunção de inocência.**

# DIREITO DA CONCORRÊNCIA

rência da imposição absoluta de ónus da prova da infracção ao acusador e inexistência de ónus da prova a cargo do acusado, que por sua vez derivam do postulado do art. 32.º n.º 2 da CRP.

Ou seja, em processo de contra-ordenação o princípio da não auto-incriminação é aplicável. Tal não implica, porém, que seja aplicada com toda a amplitude que lhe é reconhecida em processo penal, questão que analisaremos adiante.

## 5. A aplicabilidade do princípio em procedimentos administrativos de concorrência

**O poder de exigir informações e elementos por parte da AdC e o dever dos visados de as satisfazer, é válido também para os procedimentos administrativos.**

Como resulta claro dos preceitos aplicáveis, este poder de exigir informações e elementos por parte da AdC e o dever dos visados de as satisfazer, sob a cominação de prática de uma contra-ordenação, é válido também para os procedimentos administrativos, regulados pelo CPA nos termos do art. 20.º da LdC.

Olhando ao regime previsto no art. 89.º do CPA, nomeadamente ao n.º 2 do preceito pareceria ser clara a solução.

*«1. O órgão que dirigir a instrução pode determinar aos interessados a prestação de informações, a apresentação de documentos ou coisas, a sujeição a inspecções e a colaboração noutros meios de prova.*
*2. É legítima a recusa às determinações previstas no número anterior, quando a obediência às mesmas:*
*(…)*
*c) Importar a revelação de factos puníveis, praticados pelo próprio interessado, pelo seu cônjuge ou por seu ascendente ou descendente, irmão ou afim nos mesmos graus;»*

Tratando-se de possível revelação de facto punível como coima, o interessado poderia recusar a prestação da informação ou o fornecimento dos elementos.

No entanto o regime previsto no art. 91.º do CPA afasta qualquer utilidade que este primeiro preceito pudesse ter para a questão em análise. Estabelece este preceito:

*«1. Se os interessados regularmente notificados para a prática de qualquer acto previsto no artigo anterior não derem cumprimento à notificação, poderá proceder-se a nova notificação ou prescindir-se da prática do acto, conforme as circunstâncias aconselharem.*
*2. A falta de cumprimento da notificação é livremente apreciada para efeitos de prova, consoante as circunstâncias do caso, não dispensando o órgão administrativo de procurar averiguar os factos, nem de proferir a decisão.*
*3. Quando as informações, documentos ou actos solicitados ao interessado sejam necessários à apreciação do pedido por ele formulado, não será dado seguimento ao procedimento, disso se notificando o particular.»*

Mário Esteves Oliveira, Pedro Costa Gonçalves e J. Pacheco de Amorim, *in* Código do Procedimento Administrativo Comentado, 2.ª edição, pg. 426 esclarecem, que, não obstante a letra da lei no art. 89.º n.º 2 aludir a obediência, não se trata aqui de desobediência, e que o incumprimento desta ordem tem apenas as consequências previstas no art. 91.º, sendo a consequência máxima o não seguimento do procedimento. "Não se trata, portanto, da criação de deveres de obediência em matéria probatória, mas antes da criação e especificação de ónus procedimentais funcionalmente pré-ordenados a tutelar o interesse procedimental da Administração. Mesmo se a determinação se destina a possibilitar a comprovação dos pressupostos ou requisitos legais da pretensão do particular."

**As normas que prevêem a possibilidade de formulação de pedidos de informação por parte da AdC e o dever dos interessados de os satisfazerem são normas especiais que derrogam o regime dos arts. 89.º e 91.º do CPA.**

Ou seja, esta norma não cria, para o interessado um dever similar ao previsto no art. 8.º dos Estatutos da AdC. Consequentemente, o feixe de normas que, em matéria de procedimentos administrativos de concorrência de supervisão, prevê a possibilidade de formulação de pedidos de informação por parte da AdC e o dever dos interessados de os satisfazerem não podem deixar de ser entendidos como normas especiais que derrogam o regime resultante do disposto nos arts. 89.º e 91.º do CPA.

O procedimento de supervisão não é, nem se poderá transformar em procedimento sancionatório. Num procedimento administrativo promovido pela AdC ao abrigo dos seus poderes de supervisão, o art. 32.º n.º 10 da CRP não é aplicável e invocável e, logo, não existe direito à não auto-incriminação.

Não deixaremos, porém de tratar adiante a questão da relevância da existência de coincidência material e temporal entre um procedimento de supervisão e um procedimento sancionatório.

## 6. Aplicabilidade a pessoas colectivas

Um dos argumentos que tem sido esgrimido nesta questão aponta que o direito ao silêncio se refere especificamente à protecção da dignidade do indivíduo, derivada do princípio do direito à não auto-incriminação, e, assim, não será aplicável às pessoas colectivas – em regra as entidades sujeitos de procedimentos por parte da AdC.

O direito ao silêncio – não responder a perguntas que forem feitas no decurso de interrogatórios ou na audiência de julgamento sobre os factos de que se é acusado – é apenas uma manifestação concreta do que vimos a denominar direito à não auto-incriminação, muito mais vasto. Nas palavras de Costa Andrade (*in* Sobre as proibições de prova em processo penal, pgs. 120 e ss.) "Pela negativa, a liberdade de declaração do arguido ganha a estrutura de um autêntico *Abwehrrecht* contra o Estado, vedando todas as tentativas de obtenção, por mios enganosos ou de coacção, de declarações auto-incriminatórias." E mais à frente "(...) o arguido não pode ser fraudulentamente induzido ou coagido a contribuir para a sua condenação, *sc.*, a carrear ou oferecer meios de prova contra a sua defesa. Quer no que toca aos factos relevantes para a chamada questão da «culpabilidade» quer no que respeita aos atinentes à medida da pena. Em ambos os domínios, não impende sobre o arguido um dever de colaboração nem sequer um dever de verdade."

> O direito ao silêncio é apenas uma manifestação concreta do direito à não auto-incriminação.

Este direito, compreendendo todas as suas vertentes, incluindo o direito ao silêncio, pode ser exercido e ser garantido também às pessoas colectivas. Nos termos do disposto no art. 12.º n.º 2 da CRP *«As pessoas colectivas gozam dos direitos e estão sujeitas aos deveres compatíveis com a sua natureza.»*

A determinação de quais os direitos e deveres fundamentais *compatíveis com a sua natureza* é uma questão que só casuisticamente pode ser resolvida. Como escrevem Gomes Canotilho e Vital Moreira (*in* CRP Anotada, I vol. 4.ª edição, pgs. 330, 331 – em anotação ao art. 12.º): "É claro que o ser ou não ser compatível com a natureza das pessoas colectivas depende naturalmente da própria natureza de cada um dos direitos fundamentais, sendo incompatíveis aqueles direitos que não são concebíveis a não ser em conexão com as pessoas físicas, com os indivíduos (cfr. AcTC n.º 539/97, quanto à invocação indevida por parte de pessoas colectivas). E depende também da natureza das pessoas colectivas em causa: há as associações que reúnem pessoas físicas e que são como que uma extensão da personalidade individual, e há as fundações e outras instituições sem base associativa. Ainda haverá que ter em conta a distinção entre as pessoas colectivas privadas e as públicas, sendo particularmente problemático o caso destas.

É evidente que certos direitos podem revelar-se incompatíveis com a personalidade colectiva apenas em parte ou em certa medida, pelo que não podem ser aplicados com a mesma extensão e conteúdo que às pessoas físicas (cfr. AcsTC nos 198/85 e 24/98)."

E prosseguem os mesmos autores, já em anotação ao art. 32.º (pg. 526), "Quanto ao âmbito subjectivo de protecção destas garantias do processo penal (e contra-ordenacional), trata-se de direitos universais, como sucede com a generalidade dos direitos, liberdades e garantias de natureza pessoal, pelo que não há lugar para as reservar para as pessoas de nacionalidade portuguesa, excluindo os estrangeiros (art. 15.º-1). Todas as pessoas, pelo facto de o serem, gozam destas garantias.

Embora sendo direitos eminentemente pessoais, pode, porém, fazer sentido estendê-los às pessoas colectivas (art. 12.º-2), na medida em que elas podem ser responsáveis criminalmente ou por infracções contra-ordenacionais. O que não quer dizer que as garantias valham exactamente nos mesmos termos (por ex., quanto ao n.º 8)."

# DIREITO DA CONCORRÊNCIA

**O direito à não auto-incriminação não se mostra incompatível com a natureza jurídica das pessoas colectivas.**

Ora, sendo os visados pelos pedidos de informação pessoas colectivas – sociedades comerciais dotados de personalidade jurídica – passíveis de serem sancionadas, no caso com coimas que em si se reflectem directamente (sequer nas pessoas físicas que as representam), é evidente, que o verso desta realidade é a possibilidade de se poderem fazer valer de todas as garantias de defesa compatíveis com a sua natureza. O direito à não auto-incriminação não se mostra incompatível com a natureza jurídica dos visados, pelo que, em abstracto, é-lhes aplicável e não pode ser negado pelo simples facto de serem pessoas colectivas.

## 7. A aplicabilidade em procedimentos sancionatórios de concorrência

Aqui chegados deparamos com o seguinte cenário: ao procedimento sancionatório relativo às contra-ordenações de concorrência é aplicável o princípio da presunção de inocência e, como seu instrumento, o direito à não auto-incriminação, atento o disposto nos arts. 12.º n.º 1, 32.º n.º 2 e 32.º n.º 10 da CRP.

Por outro lado, as regras próprias deste procedimento prevêem a obrigatoriedade de satisfação dos pedidos de informação e elementos solicitados pela AdC, pelos próprios investigados, sendo a recusa ou prestação de informações falsas punidos com coima.

Já identificámos o âmbito de protecção das garantias previstas no art. 32.º da CRP – o direito à liberdade e segurança, especialmente na segunda vertente, já que tratamos de pessoas colectivas e, em concorrência, serão essencialmente empresas que encontraremos, independentemente da sua natureza jurídica.

Importa agora, para saber se as normas em causa previstas para os procedimentos sancionatórios de concorrência devem ceder e em que medida, identificar a razão de ser e o interesse protegido por estas normas.

É certo que o procedimento contra-ordenacional de concorrência é levado a cabo por uma autoridade administrativa com poderes sancionatórios, de supervisão e de regulamentação que tem a seu cargo bens públicos fundamentais como a defesa da concorrência, sendo a obrigação de resposta por parte das entidades a quem são dirigidos pedidos de informação essencial à prossecução da actividade de supervisão.

Do outro lado da balança temos direitos fundamentais tutelados pela CRP, impondo-se assim uma hierarquização de valores no percurso a percorrer.

**A defesa da concorrência é uma das instituições em que assenta o sistema de livre economia de mercado, seu pressuposto e condição de funcionamento.**

A defesa da concorrência, nas palavras de Alberto Xavier (*in* Subsídios para uma Lei de Defesa da Concorrência, Cadernos de Ciência e Técnica Fiscal, n.º 136, pg. 87) é, conjuntamente com a propriedade privada e a livre iniciativa, uma das instituições em que assenta o sistema de livre economia de mercado, seu pressuposto e condição de funcionamento. Daí a sua consagração ao nível de Lei Fundamental, quer na Constituição da República Portuguesa [arts. 80.º a) e 81.º f)], quer no Tratado que instituiu a Comunidade Europeia (arts. 3.º n.º 1, al. g) e 4.º n.º 1).

O direito de defesa da concorrência tem como função a preservação das estruturas concorrenciais do mercado contra o comportamento dos agentes económicos nesse mesmo mercado – José Mariano Pego *in* A Posição Dominante Relativa no Direito da Concorrência, pg. 11). Surge como uma garantia de igualdade de oportunidades que a todo o homem assiste e de um sistema equilibrado de desconcentração de poderes, em que os particulares não possam, indevidamente, constranger, e o Estado permaneça imune ao domínio e influência de grupos de particulares – loc. e autor citados, pg. 12.

Arranca do próprio texto constitucional, resultando a necessidade de defesa da concorrência da protecção de um dos direitos fundamentais económicos, previsto no art. 61.º

---

[1] A iniciativa económica privada exerce-se livremente nos quadros definidos pela Constituição e pela lei e tendo em conta o interesse geral.

## O DIREITO À NÃO AUTO-INCRIMINAÇÃO

n.° 1 da Constituição da República Portuguesa[2]. Na verdade, se numa primeira análise as regras relativas à concorrência surgem como restrições à livre iniciativa, o seu carácter instrumental – a concorrência é um meio e nunca um fim em si mesma, assim tendo sido conformada no Tratado Comunitário[2], directamente aplicável no ordenamento jurídico português, e na lei nacional – põe a descoberto que o funcionamento destas normas visa garantir precisamente o livre funcionamento do mercado, assim protegendo diversos interesses fundamentais, como a livre iniciativa privada e o bem estar dos consumidores.

"A função das regras comunitárias da concorrência é dupla. Por um lado, uma função genérica de garantia de correcto funcionamento de um sistema de economia de mercado, procurando assegurar os fundamentos deste sistema, nomeadamente a liberdade de acesso ao mercado e as liberdades de determinação da oferta e da procura. Este objectivo deve ser articulado com a prossecução de finalidades económicas mais concretas, como o crescimento, o equilíbrio ou pleno emprego, o que obriga a ter em consideração o quadro concreto de cada mercado e a compatibilizar a concorrência com outros instrumentos susceptíveis de atingir os fins enunciados no art. 2.° do Tratado de Roma."[3]

Na verdade, a possibilidade de qualquer agente poder aceder livremente a qualquer mercado configura a verdadeira e substancial liberdade de iniciativa económica, aqui intervindo a defesa da concorrência que, restringindo a actuação de determinados agentes, preserva o livre funcionamento do mercado, permitindo, em geral, o livre exercício da actividade económica.

> **A defesa da concorrência, restringindo a actuação de determinados agentes, preserva o livre funcionamento do mercado, permitindo, em geral, o livre exercício da actividade económica.**

"Assegurar uma equilibrada concorrência entre as empresas no mercado é tarefa que incumbe por força daquele normativo constitucional ao Estado. Esta participação do Estado na economia, no sentido de oferecer aos agentes económicos alguma segurança e protecção para uma livre e sã concorrência, funda-se no nobre princípio consagrado no art. 61.° do texto fundamental, seja o princípio da livre iniciativa privada, limitado apenas pelos princípios constitucionais, pelo respeito da legalidade instituída e pelo interesse geral, seja do mercado, seja da sociedade no seu todo." Adalberto Costa *in* Regime Geral da Concorrência, pg. 15, Legis Editora, 1996.

Destas asserções é possível extrair com segurança que se o princípio da presunção de inocência é instrumental da liberdade e segurança, a defesa da concorrência é instrumental da livre iniciativa económica.

Ora a livre iniciativa económica é também um direito fundamental (uma liberdade, na asserção acima exposta), mais precisamente um dos direitos fundamentais económicos, sociais e culturais consagrados na CRP.

> **A livre iniciativa económica é um dos direitos fundamentais económicos, sociais e culturais consagrados na CRP.**

Nos termos do art. 17.° da CRP *«O regime dos direitos, liberdades e garantias aplica-se aos enunciados no título II e aos direitos fundamentais de natureza análoga.»* Em anotação a este preceito Gomes Canotilho e Vital Moreira (loc. cit., pg. 371), referem "Este artigo dá expressão a uma norma-chave para a compreensão do regime constitucional dos direitos fundamentais. Ele pressupõe a distinção entre duas categorias de direitos fundamentais Com regimes próprios, nomeadamente os direitos, liberdades e garantias e os direitos económicos, sociais e culturais, enunciados respectivamente no Título II e III desta parte I da Constituição."

Depois de enunciarem os traços estruturais do regime dos direitos liberdades e garantias, estes autores enunciam o problema do âmbito de aplicação do regime dos direitos, liberdades e garantias e referem que o facto de se dizer "que no âmbito de aplicação do regime dos direitos, liberdades e garantias cabem todos os enunciados no Título II não significa, como se diz na anotação anterior, que lhes sejam aplicáveis todos os aspectos concretos do regime dos direitos, liberdades e garantias. Significa, porém, a rejeição de uma depuração dos direitos, liberdades e garantias individualizados no Título II com base em critérios materiais apriorísticos que, umas vezes, pressupõem mundividências polí-

---

[2] António Carlos dos Santos, Maria Eduarda Gonçalves e Maria Manuel Leitão Marques *in* Direito Económico, pg. 295, 4.ª Edição, Almedina, 2001
[3] Idem, pg. 296.

**sub judice / ideias — 40**

2007

# DIREITO DA CONCORRÊNCIA

tico-filosóficas não constitucionalmente sufragadas e, outras vezes, elegem critérios funcionalistas e instrumentais (ex. controlo judicial das restrições) para recortar os «puros» direitos, liberdades e garantias." – pg. 373.

**Critérios para a determinação dos direitos fundamentais de natureza análoga.**

E prosseguem enunciando os critérios para a determinação dos direitos de natureza análoga e enunciando, como direitos fundamentais de natureza análoga "entre outros, o direito de acesso ao direito e aos tribunais (art. 20.°), o de resistência (art. 21.°), o de recorrer ao Provedor de Justiça (art. 23.°), o direito à retribuição do trabalho, o direito a um limite máximo da jornada de trabalho, ao descanso semanal e a férias periódicas pagas, ao subsídio de desemprego, ao salário mínimo nacional (art. 59.°), <u>o direito de iniciativa privada, cooperativa e autogestionária (art. 61</u>.°), o direito de propriedade privada (art. 62.°), o direito das mulheres à dispensa do trabalho por efeitos de parto (art. 68.°-3), o direito ao ensino básico (art. 74.°-2/ a), o direito de indemnização e de «reserva» dos proprietários fundiários expropriados (art. 94.°-1), o direito ao recenseamento eleitoral (art. 113.°-2), o direito de apresentar candidaturas (art. 124.°-1), os direitos de participação directa em órgãos do poder local (arts. 245.°-2 e 264.°-2) o direito de participar na administração da justiça (art. 207.°), o direito à tutela jurisdicional efectiva e os demais direitos perante a administração (art. 268.°), os direitos dos funcionários públicos (art. 269.°)." – loc. cit., pg. 374 (sublinhado nosso).

Identifiquemos agora a função do feixe de normas em causa (art. 17.° da LdC e 8.° dos Estatutos da AdC). O processo de produção normativa relativo à defesa da concorrência em Portugal iniciou-se com a criação da Direcção Geral da Concorrência e Preços (Decreto Lei n.° 293/82 de 27/07). A primeira lei de defesa da concorrência surge com o Decreto Lei n.° 422/83 de 03/12, alterada pelo Decreto Lei n.° 156/84 de 17/05, complementado em 1988 com a lei de controlo das concentrações (Decreto Lei n.° 428/88 de 19/11).

O art. 18.° do Decreto Lei n.° 422/93 cometia à Direcção Geral da Concorrência e Preços as atribuições de proceder aos estudos sectoriais que, em matéria de regras de concorrência, se mostrem convenientes, propor superiormente as medidas que se afigurem apropriadas com vista ao restabelecimento da concorrência sempre que se revelem distorções da mesma e de identificar as práticas susceptíveis de infringirem a lei e proceder à organização e instrução dos respectivos processos.

O art. 19.° n.° 1 deste diploma estabelecia que *«Para efeitos do disposto no artigo anterior, pode a Direcção Geral da Concorrência e Preços solicitar o envio dos elementos julgados necessários a quaisquer empresas ou associações de empresas, bem como às entidades que com elas tenham ligações comerciais, financeiras ou outras, dentro dos prazos que se mostrem convenientes.»*

Este diploma previa a punição das infracções às suas disposições com coimas – art. 16.° – e o processamento nos termos do RGCOC – art. 28.°.

A recusa de prestação das informações previstas no art. 19.° n.° 1 era expressamente prevista como constituindo crime de desobediência (art. 33.° n.° 1) e a prestação de informações falsas ou incompletas como crime de falsas declarações (art. 33.° n.° 2).

**Regulamento n.° 17/62 do Conselho, de 6 de Fevereiro de 1962.**

Este pacote normativo foi substituído em 1993, no que aqui nos interessa, pelo Decreto Lei n.° 371/93 de 29/10 – arts. 12.° n.° 3, 23.° n.° 1, als. a) e b) e 37.°, n.° 5, al. a), sem porém conter uma disposição equivalente ao art. 8.° dos Estatutos da AdC, ou seja, punindo a recusa de prestação de informações e a prestação de informações falsas com coima (operando a descriminalização da conduta prevista pelo anterior regime legal).

É impossível desligar o historial da defesa da concorrência em Portugal do direito comunitário derivado, até porque a primeira legislação surge precisamente na sequência do processo de adesão à então CEE.

E no regime comunitário encontrava-se à data em vigor o Regulamento n.° 17/62 do Conselho, de 6 de Fevereiro de 1962. Neste regulamento podemos identificar claramente a norma inspiradora das que vimos enunciando, com uma conformação diversa, adequada à sua génese e natureza das instituições, no art. 11.°.

# O DIREITO À NÃO AUTO-INCRIMINAÇÃO

Nos termos deste preceito, para prosseguimento dos seus deveres a Comissão podia obter todas as informações necessárias junto dos Governos e das autoridades competentes dos Estados membros, bem como das empresas e associações de empresas.

O processo do pedido de informações estava dividido em duas fases: o pedido simples – 11.º n.º 3, visando a prestação espontânea de informações (não impugnável – cfr. Despacho da 4.ª Secção do TPI de 24/06/98, Dalmine/Comissão, T-596/97) e, no caso de não prestação das informações ou prestação de modo incompleto, o pedido por decisão – art. 11.º n.º 5.

O processamento em duas fases explicava-se pela circunstância de se entender ser preferível "...que se instaure um diálogo entre a Comissão e a empresa em questão para evitar mal-entendidos.", nas palavras de Asteris Pliakos *in* Os direitos de defesa e o direito comunitário da concorrência, pg. 219, Publicações D. Quixote, 1994 e, porque, prossegue este autor citando J. E. Ferry, na visão da comissão cooperação é melhor que coerção (loc. cit., nota 2 em tradução livre).

A prestação de informações inexactas ao pedido feito nos termos do n.º 3 do art. 11.º, e a não prestação de informações no prazo fixado na sequência da decisão prevista no art. 11.º n.º 5, eram condutas puníveis com multa no montante de 100 a 5 000 unidades de conta – art. 15.º n.º 1 al. b) do Reg. 17/62.

Este Regulamento veio a ser substituído pelo Regulamento 1/2003 regulando os pedidos de informações o respectivo art. 18.º, no qual se eliminou o processamento em duas fases em preceito que, conjuntamente com os preceitos anteriores da legislação nacional, inspirou, claramente o legislador nacional na redacção dada aos arts. 17.º e 18.º da LdC.

**Regulamento n.º 1/03 do Conselho, de 16 de Dezembro de 2002.**

O art. 18.º n.º 2 do Regulamento 1/2003 estabelece qual o conteúdo de um pedido de informação dirigido pela Comissão:

– o fundamento jurídico do pedido;
– a finalidade do pedido;
– a especificação da informação solicitada;
– o prazo limite dentro do qual a informação tem que ser fornecida;
– as sanções previstas no art. 23.º (do Regulamento) para o fornecimento de informação inexacta ou deturpada.

Por sua vez o art. 18.º da Lei da Concorrência (preceito pela primeira vez introduzido no ordenamento jurídico português) fixa como elementos que devem instruir os pedidos,:

– a base jurídica e o objectivo do pedido;
– o prazo para a comunicação das informações ou o fornecimento dos documentos;
– as sanções a aplicar na hipótese de incumprimento do requerido;
– a informação de que as empresas deverão identificar, de maneira fundamentada, as informações que considerem confidenciais, juntando, sendo caso disso, uma cópia não confidencial dos documentos em que se contenham tais informações.

Ou seja, pela introdução da regra do art. 18.º LdC, ressalvadas as devidas diferenças, alcança-se a origem e inspiração de todos estes preceitos: os regulamentos comunitários 17/62 e 1/2003.

Até a sanção prevista confirma esta asserção. Sempre ressalvadas as diferenças advenientes da diferente natureza (multas e coimas) o art. 23.º n.º 1 do Regulamento fixa agora como limite máximo da multa a aplicar pelo fornecimento de informações falsas ou incompletas 1% do volume de negócios total no ano precedente, solução coincidente com o disposto no art. 43.º n.º 3, al. b) da LdC.

É pois obrigatório, neste percurso que seguimos, olhar à evolução e soluções que o ordenamento jurídico comunitário tem adoptado.

A protecção dos direitos fundamentais é um domínio que, na União Europeia, sofreu

**sub judice / ideias — 40**　　　　2007

## DIREITO DA CONCORRÊNCIA

**Dificuldades na protecção dos direitos fundamentais na União Europeia.**

logo à partida de dificuldades originadas em vários factores (seguimos Maria Luísa Duarte *in* União Europeia e Direitos Fundamentais – no espaço da internormatividade, AAFDL, 2006):

"1) o "pecado original" de um sistema jurídico que, na sua estrutura fundadora não previu um espaço próprio de tutela dos direitos fundamentais, nem sob a forma mitigada de uma cláusula genérica e remissiva nem, sob a forma mais ambiciosa de uma declaração de direitos;

2) quando foi possível aprovar um catálogo de direitos, o obstáculo político foi inibidor da sua força jurídica, o que aconteceu em 1989 com a Carta Comunitária dos Direitos Sociais Fundamentais dos Trabalhadores e mais tarde, em 2000, com contornos um pouco diferentes, com a Carta dos Direitos Fundamentais da União Europeia;

3) na Europa vigoram em paralelo vários sistemas de fontes e vários sistemas de garantia judicial – a nível nacional, europeu e comunitário." – loc. cit., pg. 42.

Na ausência de um catálogo comunitário de direitos fundamentais coube ao Juiz Comunitário a tarefa de, caso a caso, dependendo das circunstâncias concretas do litígio, identificar os direitos a proteger e que, por essa via, passaram a fazer parte de uma espécie de carta comunitária de direitos de fonte pretoriana. Aponta a autora citada que a jurisprudência comunitária, mais do que fonte de direito, se tornou o instrumento privilegiado de escolha e de identificação de fontes de direitos fundamentais – loc. cit., pg. 71.

O percurso seguido pelo Tribunal de Justiça apelou aos princípios gerais de direito comunitário, nos quais acolheu princípios gerais comuns aos direitos dos Estados membros, os próprios e concretos princípios gerais de direito comunitário chamados a desempenhar novas funções, e princípios de direito internacional.

O TJCE explorou este "filão de normatividade" (as palavras são da autora que vimos citando, a pgs. 81) seguindo duas orientações fundamentais:

"1) em relação à dupla origem destes princípios, a abordagem foi, ao mesmo tempo, pragmática e aberta, uma vez que reconheceu e aplicou princípios gerais propostos pelas ordens jurídicas nacionais, enquanto outros foram "importados" do Direito Internacional Público, geral ou convencional;

2) no que se refere ao seu conteúdo e à questão de saber se seriam ou não compatíveis com as características próprias do ordenamento comunitário, os princípios gerais foram aplicados à luz de uma interpretação que, respeitando o núcleo essencial da proposição normativa, visava neutralizar eventuais contradições com a dinâmica específica do processo de integração comunitária."[4]

Tomando este caminho, e porque também no específico ponto que nos interessa o juiz comunitário já traçou a linha protectora dos direitos fundamentais passaremos directamente à forma como foi encarado e conformado o direito à não auto-incriminação no âmbito dos procedimentos sancionatórios comunitários de concorrência, enquadramento feito face às normas do Regulamento 17/62 mas que é expectável continue a ser aplicado na vigência do Regulamento 1/2003 – cfr. neste sentido Alison Jones e Brenda Sufrin *in* EC Competition Law, pg. 1083, second edition, Oxford University Press.

Foi no caso Orkem/Comissão[5] que o TJCE, acolhendo como referência direitos nacionais e instrumentos internacionais se pronunciou especificamente sobre esta questão, precisamente quanto aos pedidos de informação formulados pela Comissão ao abrigo do art. 11.° do Reg. 17/62.

**Não é possível extrair das ordens jurídicas dos Estados Membros a existência de um princípio comum mediante o qual o direito de não testemunhar contra si próprio possa ser invocado por pessoas colectivas no domínio (não penal) de infracções de natureza económica.**

Neste caso o Tribunal considerou (parágrafo 29) não ser possível extrair das ordens jurídicas dos estados membros a existência de um princípio comum aos estados membros mediante o qual o direito de não testemunhar contra si próprio pudesse ser invocado por pessoas colectivas no domínio (não penal) de infracções de natureza económica.

---

[4] Para uma descrição e análise do percurso e fontes que foram sendo acolhidas pelos tribunais comunitários no âmbito da protecção de direitos fundamentais, remete-se ora para a obra que vimos citando, páginas 90 a 208.

[5] C-374/87 de 18/10/89 – Colectânea de Jurisprudência 1989-3283.

Entendeu também o tribunal (n.º 30) que não resultava do texto do art. 6.º da Convenção Europeia dos Direitos do Homem (CEDH) ou da jurisprudência do Tribunal Europeu dos Direitos do Homem (TEDH) que aquele preceito reconhecesse o direito à não auto-incriminação.

Ainda assim, o tribunal reconheceu às empresas sob investigação um mínimo de protecção, tendo considerado que a Comissão não podia impor à empresa a obrigação de fornecer respostas através das quais seja levada a admitir a existência da infracção, cuja prova cabe à Comissão (n.º 35).

O juiz comunitário voltou a apreciar a questão no caso Mannesmannröhren-Werke AG/Comissão[6], reconhecendo a evolução da questão à luz da CEDH, mas mantendo integralmente a doutrina Orkem e estabelecendo como matriz das questões não abrangidas pelo direito de defesa as questões puramente factuais.

A questão volta a ser tratada no caso PVC II – Limburgse Vinyl Maatschappij NV e outros/Comissão[7], no qual o tribunal reconheceu que a jurisprudência do TEDH havia sofrido, desde o caso Orkem, uma evolução, citando os acórdãos Funke, Saunders/Reino Unido e J.B./Suíça (n.º 274), mas mantendo a doutrina, à luz do caso concreto.

Os tribunais comunitários voltaram a analisar a questão do direito à não auto-incriminação[8] em 2004 e 2006 no caso do cartel dos eléctrodos de grafite.

O TPI no seu acórdão de 29/04/04 (n.ºs 401 a 412) voltou a afirmar a doutrina Orkem e Mannesmannröhren-Werke, assinalando que no caso PVC II, pese embora a enunciação das alterações sofridas pela jurisprudência do TEDH, o tribunal não havia alterado a sua jurisprudência. O tribunal declarou expressamente que esta doutrina não contrariava nem o art. 6.º da CEDH nem a jurisprudência do TEDH, considerando, como no caso Mannesmannröhren-Werke, que o facto de "ser obrigado a responder às questões puramente factuais colocadas pela Comissão e a satisfazer os seus pedidos de apresentação de documentos preexistentes não é susceptível de violar o princípio do respeito do direito de defesa ou o direito a um processo equitativo que oferecem, no domínio do direito da concorrência, uma protecção equivalente à garantida pelo artigo 6.º da CEDH. Com efeito nada impede o destinatário de um pedido de informações de demonstrar, mais tarde no quadro do procedimento administrativo ou num processo perante o juiz comunitário, que os factos constantes das suas respostas ou os documentos transmitidos têm um significado diferente daquele que lhes deu a Comissão."

O TJCE, no acórdão de 29/06/06, confirmou as estatuições do TPI, discordando porém quanto a determinados elementos concretos cujo fornecimento havia sido pedido.

Abre-se aqui um pequeno parêntesis para enunciar muito rapidamente a evolução da jurisprudência do TEDH no tocante a esta questão. O princípio havia sido afirmado largamente no Acórdão Funke, tendo porém o TEDH, no subsequente caso Saunders observado que o direito à não auto-incriminação não se estendia ao uso, em processo penal de material obtido do acusado mediante o uso de poderes compulsórios, por aquele ter existência material independente da vontade do suspeito, tal como documentos. Posteriormente no caso JB/Suíça veio o TEDH a pôr em crise esta asserção encontrando uma violação do direito à não auto-incriminação no pedido de entrega de documentos relativos aos rendimentos do recorrente no decurso de uma investigação fiscal.

A doutrina Saunders aproxima-se grandemente da posição do juiz comunitário nesta matéria e pode ser considerada como respeitando o núcleo essencial do direito à não auto-incriminação e não colocando entraves irrazoáveis na investigação de actividade ilícita.

---

[6] Ac TPI – T-112/98 – Colectânea de Jurisprudência II – 729.

[7] Casos C-238, 244-245, 247, 250, 251-252 e 254/99 – Colectânea I – 8375.

[8] Ac. TPI de 29/04/04 Tokai Carbon e outros/Comissão – T-236/01, 239-01, 244/01 a 246/01, 251/01 e 252/01 Colectânea II-1181 e Ac. TJCE de 29/06/06 C-301/04 Comissão/SGL Carbon.

# DIREITO DA CONCORRÊNCIA

**Inexistência de obrigação de fornecer respostas através das quais se seja levado a admitir a existência da infracção, cuja prova cabe à Comissão.**

Após esta análise chegamos à conclusão que a proposição achada pelo juiz comunitário – inexistência de obrigação de fornecer respostas através das quais se seja levado a admitir a existência da infracção, cuja prova cabe à Comissão, não extensível a documentos e puros elementos de facto mesmo que deles resulte a incriminação do investigado, dada a possibilidade de demonstração posterior de significado diverso – pode ser integralmente transposta para o direito doméstico, pelas seguintes ordens de razões:

– não pode ser considerada violadora da jurisprudência do TEDH, à luz do caso Saunders;
– respeita o núcleo essencial do direito à não auto-incriminação, embora restringindo-o;
– essa restrição é permissível (ao contrário do que sucederia com a sua pura eliminação), lida à luz da diferente natureza do ilícito penal e do ilícito contra-ordenacional;
– permite o desenvolvimento da actividade da AdC ao abrigo e para prosseguimento de um direito fundamental social, embora restringindo os poderes desta;
– essa restrição é justificada pela necessidade de respeito do núcleo essencial do direito à não auto-incriminação como derivação da presunção de inocência;
– o processamento permite, no direito nacional, a demonstração de significado diverso em contraponto à obrigatoriedade de fornecimento de resposta a pedidos respeitantes a elementos de facto e documentos – direito de audição e defesa e impugnação judicial de plena jurisdição.

Chegados a este ponto e atingida esta conclusão, resta analisar a possibilidade de os pedidos serem formulados num procedimento não sancionatório, ao abrigo de poderes de supervisão, num procedimento que segue as regras do CPA, no caso da existência paralela de procedimentos sancionatórios e de supervisão.

## 8. A relevância da existência de coincidência material entre pedidos de informações formulados em procedimento de supervisão e o objecto de procedimento sancionatório

Imaginemos, pois, o seguinte cenário: no decurso de um procedimento de supervisão, a AdC dirige a uma empresa um pedido de informações cuja resposta pode ser relevante para um procedimento sancionatório que corre contra a mesma empresa pelo mesmo núcleo de factos ou por factos relacionados. A empresa objecto do pedido de informações não goza, no procedimento administrativo, do estatuto de arguida. Pode, ainda assim, invocar o direito à não auto-incriminação (com o âmbito supra delimitado)?

**Intercomunicabilidade dos procedimentos instruídos pela AdC para prosseguimento das atribuições de que se encontra incumbida.**

O cerne da questão passa, quanto a nós, pela intercomunicabilidade dos procedimentos instruídos pela AdC para prosseguimento das atribuições de que se encontra incumbida. Não podemos olhar de forma rígida e estanque para as regras legais e aportar na verificação formal de que nos encontramos ante procedimentos diversos sujeitos a regimes legais diversos.

Tracemos os meios que a AdC tem à sua disposição para a prossecução das suas atribuições.

Visto o art. 7.º dos Estatutos e lido o art. 6.º à luz dos preceitos constitucionais já bastamente citados, resulta claro que a missão primeira da AdC é a preservação da concorrência encarada como meio para a realização de uma multiplicidade de liberdades e bens – a liberdade de iniciativa privada, o bem estar dos consumidores, só para enumerar alguns.

Nos termos do art. 7.º, n.º 3, al. a) dos seus Estatutos à AdC, no exercício dos seus poderes de supervisão, compete: Proceder à realização de estudos, inquéritos, inspecções ou auditorias que, em matéria de concorrência, se revelem necessários.

Se a AdC, no decurso de um estudo, por exemplo de monitorização de um determinado mercado, se aperceber, face aos elementos até ali recolhidos, da possibilidade de existência de práticas anti-concorrenciais nesse mercado, deve abrir um procedimento sancionatório. Como é evidente, para tal procedimento serão desde logo carreados todos os ele-

# O DIREITO À NÃO AUTO-INCRIMINAÇÃO

mentos que tiverem sido colhidos no estudo e que fundaram a "suspeita", os quais podem ser utilizados no procedimento sancionatório. Nada na lei o impede.

Outro exemplo. Se por via de uma notificação prévia de uma operação de concentração a AdC se aperceber da existência de uma prática anti-concorrencial, ou, e levando o exemplo ao extremo, se o próprio acordo notificado contiver em si indícios anti-concorrenciais que merecem aprofundamento, o procedimento sancionatório que subsequentemente vai ser instaurado começará e terá como um dos elementos essenciais esse acordo ou os indícios, que podem passar por dados factuais de mercado ou respeitantes a factos concretos de condutas das empresas "suspeitas". Mais uma vez, nada na lei o impede.

Parece-nos, aliás, óbvio que a AdC deve tomar uma postura pró-activa e acompanhar o mercado de perto precisamente para, entre outros objectivos, detectar as práticas lesivas da concorrência e perseguir e punir os seus responsáveis. A AdC não pode agir apenas a impulso de "queixas" ou de notícias de jornal. Para prosseguir integralmente os seus objectivos e a sua missão os procedimentos de supervisão são um instrumento essencial.

É também essa uma das razões que nos leva a diminuir os obstáculos à prossecução dessa tarefa, nomeadamente comprimindo um concreto direito de defesa.

Dentro da AdC e independentemente da natureza dos procedimentos a informação deve circular. O que para uns é informação, para outros podem ser meios de prova incriminatórios.

Entendemos oportuno recordar aqui algumas noções gerais relativas à figura da boa-fé, seguindo o pensamento de Menezes Cordeiro (*in* Tratado de Direito Civil Português, Tomo I, 1999, pgs. 175 a 190).

A boa-fé objectiva, traduzida em regras de actuação, surge como um correctivo de normas susceptíveis de aplicação contrária ao sistema ou como a única norma atendível.

A boa-fé subjectiva, a postura do sujeito destinatário das normas, exige que tal postura seja necessariamente ética, por contraposição a psicológica.

Uma das manifestações da boa-fé objectiva é a tutela da confiança, que é protegida quando se verifique a aplicação de dispositivo específico a tanto dirigido e, quando tal normativo específico inexista, quando os valores fundamentais do ordenamento, expressos em boa-fé, ou sob outra designação, assim o exijam.

Permitimo-nos recordar uma outra manifestação da boa-fé objectiva: a primazia da materialidade subjacente.

Tendo presente que o direito visa, através dos seus preceitos, a obtenção de soluções efectivas, mostra-se insuficiente a adopção de condutas que, respeitando os objectivos jurídicos, descuram o plano material. A boa-fé exige que os exercícios jurídicos sejam avaliados em termos materiais, de acordo com as reais consequências que acarretam.

Transpondo estas noções gerais, absolutamente não privativas do direito civil mas comuns a todo o quadro ético-normativo que nos rege, e visto o quadro de actuação da AdC, não nos poderemos deixar tolher por argumentos meramente formais nesta questão.

Já comprimimos à sua essência o direito à não auto-incriminação. Ora essa essência que resta tem que ser vigorosamente defendida.

No fundo a questão é, de forma colorida, a seguinte – o que impediria a AdC de abrir ao lado de um procedimento de contra-ordenação um procedimento de supervisão e ali tentar recolher informações para o procedimento sancionatório? Podia não estar legitimada a utilizar os elementos directamente obtidos no procedimento sancionatório, mas ficaria deles ciente e teria na actividade subsequente sido "ajudada" pela própria empresa visada (é bastante mais fácil encontrar algo quando se sabe o que procurar).

> **A AdC deve tomar uma postura pró-activa e acompanhar o mercado de perto precisamente para, entre outros objectivos, detectar as práticas lesivas da concorrência e perseguir e punir os seus responsáveis.**

# DIREITO DA CONCORRÊNCIA

**Quando no âmbito de procedimentos de supervisão a AdC dirigir pedidos de informação a suspeitos de práticas anticoncorrenciais, deve colocar, nos seus pedidos de informação, as mesmas cautelas que teria se dirigisse tais pedidos aos mesmos suspeitos no procedimento sancionatório.**

A nossa resposta é a seguinte: não ficando a AdC de forma alguma impedida de supervisionar mercados relativamente aos quais investigue práticas anti-concorrenciais, quando, no âmbito desses procedimentos dirigir pedidos de informação a suspeitos dessas práticas, deve colocar, nos seus pedidos de informações, as mesmas cautelas que teria se dirigisse tais pedidos aos mesmos suspeitos no procedimento sancionatório. Ou seja, na nossa visão não pode formular perguntas das quais resulte directamente a incriminação.

E isto é assim quer o procedimento seja o mesmo quer não. A melhor forma de prevenir abusos é excluir a possibilidade da sua existência. Esta leitura das normas legais permite afastar logo em abstracto qualquer possibilidade de violação do núcleo essencial de direitos por parte da AdC, preserva o núcleo deste direito de defesa e permite ainda a formulação de pedidos, não impedindo a AdC de prosseguir as suas atribuições.

Em última análise, se a AdC não respeitar este núcleo, não poderá imputar às empresas ou empresa a quem dirija o pedido de informações ou de fornecimento de elementos, o ilícito contra-ordenacional previsto no art. 43.º n.º 3 al. b) da LdC.

### 9. Conclusão

Estamos assim em condições de concluir que o direito à não auto-incriminação é aplicável em procedimentos sancionatórios de concorrência, embora restringido ao seu núcleo essencial, não impondo obrigatoriedade de resposta a pedidos de informação formulados pela AdC quando daquela possa resultar a admissão da existência da infracção.

Por outro lado o mesmo princípio pode ser aplicado em procedimentos administrativos de supervisão, quando exista determinado grau de coincidência material com procedimentos sancionatórios.

Finalmente, seja num, seja noutro tipo de procedimentos, a leitura e a aplicação deste princípio terá sempre que ser casuisticamente efectuada.

# O Novo Instituto da Clemência – a dispensa e a atenuação especial da coima aplicável a práticas restritivas da concorrência

**Teresa Moreira**[1]
Mestre em Direito, Vogal do Conselho da Autoridade da Concorrência

**"Defende-se, neste artigo, a importância do instituto da clemência, que entende ser um dos mais eficazes instrumentos de identificação e perseguição dos cartéis, fazendo-se, para tal, um estudo do direito comparado e do recém criado regime jurídico português".**

---

*"Clemência"* (substantivo feminino): virtude que modera o rigor da justiça; indulgência para as culpas alheias; brandura; amenidade (Dicionário da Língua Portuguesa, 2006, Porto Editora).

## 1. Introdução

A Assembleia da República aprovou em Agosto de 2006 o regime jurídico da dispensa e da atenuação especial da coima em processos de contra-ordenação por infracção às normas da concorrência – a Lei n.º 39/2006 – que estabelece, pela primeira vez, no sistema jurídico português o instituto vulgarmente designado por *clemência*.

A designação deste instituto como tal surge na sequência da tradução da palavra "leniency", ou "clémence", que designa regimes idênticos adoptados nos Estados Unidos da América, pela Comissão Europeia e, subsequentemente, nos ordenamentos jurídicos dos Estados-Membros da União Europeia, relativos à isenção total e à redução parcial das sanções pecuniárias[2] aplicáveis a infracções ao regime jurídico da concorrência em troca da colaboração voluntária das empresas nelas participantes com as autoridades da concorrência.

Considerado como um dos mais eficazes instrumentos de identificação e perseguição dos cartéis, práticas restritivas da concorrência consensualmente reconhecidas como muito graves[3] e cujo combate foi escolhido como primeira prioridade por grande parte das autoridades de concorrência a nível mundial, este instituto tem vindo a assumir um papel de destaque em diferentes regimes de defesa da concorrência, não sem causar alguma agitação e reacções iniciais de surpresa, senão de oposição.

Como se caracteriza a denominada clemência, quais as suas origens e quais os fundamentos para a sua introdução? Como se enquadra este instituto no ordenamento jurídico português e que consequências decorrem da sua adopção?

Estas são algumas das questões que o regime recentemente aprovado suscita e que iremos abordar ao longo deste texto.

## 2. Origem da clemência

O regime da clemência[4] foi instituído pela primeira vez nos EUA em 1978, tendo a *Antitrust Division* do *Departament of Justice* norte-americano estabelecido para o efeito um

---

[1] A autora agradece reconhecida os comentários de Catarina Anastácio, de Mariana Tavares e de Eileen Sheehan. As opiniões expressas vinculam exclusivamente a autora.

[2] Maioritariamente, já que as legislações nacionais de concorrência prevêem, de uma foma geral, a punição das práticas restritivas da concorrência mediante sanções pecuniárias, de natureza administrativa ou criminal. Em alguns casos, as infracções às regras da concorrência ou, pelo menos, as condutas consideradas mais graves (os acordos horizontais de fixação de preços, de repartição de mercados, da produção, da clientela – cartéis; o conluio em concursos públicos para fornecimento de bens ou de prestação de serviços – *bid-rigging*) são tipificadas como crimes, podendo a clemência estar também disponível, nestes casos, para pessoas singulares: tal é o caso dos Estados Unidos da América, com a *Individual Leniency Policy*, criada em 1994, a qual dispensa as pessoas singulares da prossecução penal (disponível no sítio da *Antitrust Division do Department of Justice* dos Estados Unidos da América na internet – www.usdoj.gov./atr/public/guidelines/0091.htm).

[3] Em particular, os cartéis "hard core", de acordo com a designação reconhecida na Recomendação do Conselho de Ministros da OCDE respeitante a Acção Efectiva contra Cartéis *Hardcore* (*Recommendation of the Council concerning Effective Action Against Hard Core Cartels* – C(98)35/FINAL) de 25 de Março de 1998 (disponível em www.oecd.org, tópico "Competition", "Recommendations"), definindo os acordos horizontais de fixação de preços, de conluio em concursos públicos, os que impõem restrições ou quotas de produção, que repartem mercados, dividem clientes, fornecedores, territórios ou linhas de negócio como as práticas restritivas da concorrência consensualmente entendidas, a nível internacional, como as mais nocivas, sendo, de forma geral, proibidos em todos os países que adoptaram legislação de defesa da concorrência. Veja-se, ainda, o 3.º Relatório sobre a Implementação da Recomendação de 1998 sobre os Cartéis "Hard Core" da OCDE ("HARD CORE CARTELS, Third Report on the Implementation of the 1998 Recommendation", OECD, 2005).

[4] Correspondendo à dispensa de acusação criminal e à dispensa total de sanções pecuniárias aplicáveis a uma prática restritiva da concorrência.

# DIREITO DA CONCORRÊNCIA

conjunto de condições[5] que permitiam o tratamento mais favorável em matéria de sanções criminais das empresas e funcionários envolvidos num cartel de preços que o denunciassem às autoridades. Este tratamento estava reservado à primeira empresa que se apresentasse, com a particularidade de que a imunidade nunca seria automática.

Tendo presente que a legislação de concorrência dos Estados Unidos da América, consubstanciada no *Sherman Act* de 1890, no *Clayton Act* e no *Federal Trade Commision Act* de 1914, apenas para indicar os principais diplomas legais, data do final do século XIX, início do século XX, sendo frequentemente indicada como a pioneira nesta matéria[6], ter-se-á de concluir que o instituto da clemência surgiu algo tardiamente, na sequência de uma considerável experiência por parte das autoridades da concorrência federais de natureza administrativa (a *Antitrust Division* do *Department of Justice* e a *Federal Trade Commission*) e de abundante jurisprudência dos tribunais norte-americanos, aos quais cabe maioritariamente aplicar a legislação de concorrência.

E, no entanto, a colaboração dos infractores com as autoridades públicas com vista à não aplicação de penas e sanções ou à sua redução é característica comum ao sistema jurídico norte-americano e a outros países da "common law" (Canadá, Reino Unido, Irlanda, Austrália, Nova Zelândia) no domínio penal. O mesmo acontece com a prática da negociação entre as autoridades públicas e os arguidos mediante a qual a admissão da responsabilidade de uma infracção pode garantir um tratamento sancionatório mais favorável (*plea bargaining*), remontando à Idade Média, e tendo assumido um papel relevante na aplicação efectiva do direito inglês.[7]

Em face do êxito da experiência inglesa, o direito norte-americano não tardou a adoptar este regime[8], que viria depois a assumir diferentes formas; do mesmo modo, foi muito influenciado pelo direito inglês no tocante a aspectos cruciais das acções de indemnização por infracção às regras da concorrência, vulgarmente designado como "private antitrust enforcement"[9], tema actualmente em debate no plano europeu e que tem implicações no domínio da clemência.

---

[5] Abrangendo factores como a possibilidade razoável de as autoridades virem a ter conhecimento deste cartel por outra via, a determinação da empresa na cessação imediata da prática restritiva após consciência da sua ilicitude, a cooperação da empresa durante o processo, a indemnização ou compensação dos lesados pela empresa, a natureza da infracção e o papel da empresa naquela prática (se a líder do cartel, ou instigadora mediante coacção sobre os outros participantes).

[6] Ainda que a legislação canadiana de 1889, o "Act for the Prevention and Suppression of Combinations in Restraint of Trade" tenha sido aprovado anteriormente, sendo as disposições substantivas incluídas no primeiro Código Penal em 1892. A referida lei de 1889 seria modificada em 1910 de forma a alargar o seu âmbito às operações de concentração e às práticas de monoplozação. Fonte: "Competition Regimes Around the World – A civil society report", editado por Pradeep S. Mehta, *CUTS – Center for Competition, Investment and Economic Regulation*, 2006.

Os três principais marcos legislativos norte-americanos em matéria de concorrência foram, mais tarde, alterados pelo *Robinson-Patman Act* de 1936 e pelo *Hart-Scott-Rodino Act* de 1976, mas a estrutura manteve-se idêntica. V. sítios das agências responsáveis pela sua aplicação, a *Antitrust Division* do *Department of Justice* – www.usdoj.gov/atr, já indicado e a *Federal Trade Commission* – www.ftc.gov.

[7] Veja-se Neal Kumar Katyal, "Conspiracy Theory" *in The Yale Law Journal, vol.* 112, 2003, págs. 1307-1398, o qual cita relatos de obras do final do século XVIII, referenciado por Wouter Wils, "Leniency in Antitrust Enforcement: Theory and Practice" *in World Competition, vol. 30, no. 1, March* 2007: "The information-extraction benefits of conspirators have been known for some time. As early as the year 1130, medieval law recognized the practice of approvement, wherby an indicted person could plead guilty but offer to cooperate with the prosecution. The accuser had to implicate accomplices before the jury deliberations began, and the accuser was not simply to reveal "the whole truth" of the articular crime, but also all felonies to which he had knowledge.[…] Under these dynamics, a race to become a crown witness often ensued. Some criminals even kept journals of their offenses to bolster reliability of their evidence. This system became crucial to English law enforcement." (págs. 1330,1331).

[8] Veja-se ainda alguns excertos de sentenças de tribunais norte-americanos parcialmente transcritas por Neal Kumar Katyal, obra citada: "…..United States v. Ware, 161 F.3d 414,419 (6th.Cir.1998) ("The prosecutorial prerogative to reccomend leniency in exchange for testimony dates back to the common law in England and has been recognized and aproved by Congress, the courts, and the Sentencing Commission of the United States");[…]Ingram v. Prescott, 149 So.369,369 (Fla.1933) ("From the earliest times, it has been found necessary, for the detection and punishment of crime, for the state to resort to the criminals themselves for tstimony with which to convict their confederates ….[T]herefore…a state may contract with a criminal for his exemption from prosecution if he shall honestly and fairly make a full disclosure of the crime, whether th party testified against is convicted or not"), nota de rodapé 97, pág. 1331.

[9] Veja-se Donald I. Baker, "Revisiting History – What Have We Learned About Private Antitrust Enforcement

# O NOVO INSTITUTO DA CLEMÊNCIA

O instituto da clemência foi revisto em 1993 com a adopção do programa de *Corporate Leniency*, contendo seis condições que agora, se cumpridas, garantem imunidade automática, ainda que limitada à primeira empresa que se apresenta, mesmo que a investigação já esteja em curso. Para além destas duas modificações nucleares, essenciais para encorajar as empresas infractoras a denunciarem a prática e, consequentemente, a porem termo à infracção, os quadros e funcionários de uma empresa abrangida pelo programa, que colaborem neste domínio, receberão igualmente imunidade automática.

Se com o regime anterior, o *DoJ* não recebera mais do que um pedido por ano, os incentivos incluídos na revisão de 1993 conduziram a uma média de uma candidatura por mês e em alguns períodos até 3 por mês, levando a que o programa de clemência se transformasse gradualmente no principal instrumento de combate aos cartéis (e nesse sentido, tivesse dado origem a um grande número de processos de grande dimensão), difíceis de detectar pelo seu carácter secreto e em virtude dos mecanismos de sofisticação que os vêm a caracterizar.[10]

Face aos resultados obtidos, o cepticismo inicial foi sendo gradualmente substituído por uma maior receptividade por parte do sector privado, incluindo advogados, até que se tornou consensual que o programa era meritório, sendo crescentemente utilizado.

Tendo presente que os EUA foram o primeiro país a adoptar este regime em sede do direito da concorrência e adquiriram até hoje uma considerável experiência, que motivou, aliás, a revisão de 1993 e aditamentos posteriores, é inevitável analisar-se a sua evolução. Ora, a experiência norte-americana, em especial nos últimos 13 anos, parece indicar que este instituto, não obstante as diferentes características que tem vindo a assumir de país para país, é indispensável para a aplicação eficaz de qualquer regime jurídico da concorrência no contexto actual.

Na linha desta experiência, a introdução, senão mesmo o sucesso do instituto da clemência estará dependente de, pelo menos, três pressupostos fundamentais[11]. Em primeiro lugar, é necessário que as empresas estejam convictas de que, se participarem em cartéis, correm sérios riscos de serem detectadas e perseguidas pelas autoridades de concorrência. Tal implica pois uma actuação enérgica e eficaz das autoridades em questão, que terão de estar determinadas a combater estas práticas, procedendo de forma activa na sua investigação, designadamente mediante acções de busca e apreensão e articulando-se com

**Pressupostos fundamentais de que depende o sucesso do instituto da clemência.**

---

That We Would Reccomend To Others?" *in Loyola Consumer Law Review*, vol. 16:4, 2004, págs. 379-408, que indica o *Statute of Monopolies* aprovado pelo Parlamento inglês em 1623, que estabelecia a ilegalidade dos monopólios, como a fonte dos "treble damages" (a possibilidade de o montante da indemnização atribuída atingir o triplo dos danos causados) e de "double costs" (a possibilidade de o lesado recuperar os custos incorridos no dobro do montante dispendido) como o modelo para o *Sherman Act* norte-americano de 1890: "Statute of Monopolies, 21 Jam. I, c.3 (1623) (Eng.). The statute provided a civil remedy for victims of prohibited monopolies: "wherein all and every such person and persons which shall be so hindered, grieved disturbed or disquieted … shall recover three times so much as the damages which he or they sustained… and double costs", pág. 379 e nota de rodapé 1.

[10] Veja-se, designadamente, Gary R. Spratling, "The Corporate Leniency Policy: Answers to Recurring Questions", *ABA Antitrust Section 1998 Spring Meeting, Washington, D.C., April* 1, 1998 (www.usdoj.gov/atr/speeches/1626.htm) e "Making Companies an Offer They Shouldn't Refuse The Antitrust Division's Corporate Leniency Policy – An Update", *The Bar Association of the District of Coumbia's 35th Annual Symposium on Associations and Antitrust, Washington, D.C, February* 16,1999 (www.usdoj.gov/atr/speeches/2247.htm); James M. Grifin, "The Modern Leniency Program after Ten Years – a summary overview of the Antitrust Division's Criminal Enforcement Program", *ABA Section of Antitrust Law Annual Meeting, San Francisco, August* 12, 2003 (www.usdoj.gov/atr/speeches/201477.htm); Scott D. Hammond, "Detecting and Deterring Cartel Activity through an Effective Leniency Program", *International Workshop on Cartels, Brighton, England, November* 21-22, 2000 (www.usdoj.gov/atr/speeches/9928.htm); "Cornerstones of an Effective Leniency Program", *ICN Workshop on Leniency Programs, Sydney, Australia, November* 22-23, 2004 (www.usdoj.gov/atr/speeches/206611.htm); "The U.S Model of Negotiated Plea Agreements: a Good Deal with Benefits for All", *OECD Competition Committee, Working Party n.° 3, Paris, France, October* 17, 2006. (www.usdoj.gov/atr/speeches/219332.htm).

[11] Veja-se, igualmente, no âmbito da *International Competition Network*, uma organização virtual, criada em 2000/2001, que constitui um fórum de discussão das autoridades de concorrência de inúmeros países desenvolvidos e em desenvolvimento e da sociedade civil, os trabalhos do *ICN Cartel WG – "Anti-Cartel Enforcement Manual – Chapter 2 – Drafting and Implementing an Effective Leniency Program"*, disponível em www.icn.org.

# DIREITO DA CONCORRÊNCIA

outras entidades públicas na identificação destas práticas. Em segundo lugar, a moldura sancionatória em matéria de práticas restritivas da concorrência, especialmente no que respeita aos cartéis, deve ser suficientemente pesada e adequada à gravidade destas práticas – com efeito, sem a perspectiva de imposição de uma sanção elevada não haverá nenhum incentivo à denúncia de um cartel por um dos seus participantes (os riscos devem ultrapassar os possíveis benefícios). Por último, a actividade das autoridades da concorrência deve ser transparente, de forma a garantir previsibilidade e segurança jurídica às empresas interessadas em colaborar na investigação destas práticas restritivas, limitando-se a margem de discricionariedade inerente à aplicação da lei (desejavelmente, quer as prioridades do plano de actividades, quer os parâmetros utilizados na determinação das sanções aplicáveis devem ser públicos e acessíveis).

É certo que o exemplo norte-americano, tal como o da Comissão Europeia, não são integralmente transponíveis para outros ordenamentos jurídicos: desde logo, quer num caso quer noutro a adopção da clemência surge depois de ter sido adquirida e consolidada uma considerável experiência na aplicação das regras da concorrência.[12]

O sistema norte-americano é ainda mais distinto na medida em que práticas restritivas da concorrência muito graves, tais como os cartéis ditos "hard core" (tendo por objecto a fixação de preços, o conluio em concursos públicos, a repartição do mercado, da produção e de clientes) são tipificados como crimes, podendo assim ser sancionados com a prisão dos dirigentes, quadros e funcionários das empresas infractoras. Existindo este risco, há também um maior incentivo em colaborar com as autoridades competentes, evitando-o.

Acrescem ainda outras particularidades do programa de clemência norte-americano: só a primeira empresa (e os seus quadros e funcionários, se for caso disso) pode beneficiar da dispensa de acusação criminal e da ausência de sanção pecuniária. Essa empresa não fica, no entanto, isenta de responsabilidade civil, podendo ser objecto de acções de indemnização pelos danos e prejuízos causados, pela prática restritiva em questão, a outras empresas e a consumidores. Desde 2004[13], o montante da indemnização poderá, contudo, ser limitado a "non-joint single damages", se verificadas determinadas condições adicionais, nomeadamente a cooperação activa da empresa com o autor da acção de indemnização na descoberta dos factos, sendo certo que, no direito norte-americano, tal indemnização pode, em regra, atingir o triplo do montante dos danos causados (quase exclusivo do regime da concorrência) e abranger ainda os custos da acção e o valor dos honorários dos advogados envolvidos, o que incentiva muito a interposição de acções judiciais[14].

Tais particularidades não invalidam o interesse suscitado por este quadro jurídico numa perspectiva de direito comparado, nem obstam à adopção de institutos semelhantes no seio de outras ordens jurídicas.

## 3. A clemência na União Europeia

**Em 1996, de forma pioneira a nível europeu, a Comissão Europeia adoptou o primeiro programa de clemência.**

Daí que, em 1996, de forma pioneira a nível europeu, a Comissão Europeia tenha adoptado o primeiro programa de clemência, mediante uma Comunicação[15], que, não cons-

---

[12] 1978 nos EUA, apesar da razoável antiguidade dos principais diplomas legais relativos à concorrência – *Sherman Act, Clayton Act* e *Federal Trade Commission Act*, já referidos; 1996 na Comunidade Europeia (adiante "CE"), não obstante o Tratado que institui a Comunidade Europeia (adiante "Tratado CE") estar em vigor desde 1958 e o Regulamento n.º 17/62, o primeiro regulamento de execução das regras comunitárias da concorrência (de 6 de Fevereiro de 1962, publicado no Jornal Oficial 13, de 21.2.1962, pág. 204), que atribuiu à Comissão especial competência neste domínio, ter vigorado desde 1962, tendo ademais podido beneficiar de extensa jurisprudência sobre a interpretação daquelas normas em diferentes processos.

[13] Com a entrada em vigor do *Antitrust Criminal Penalty Enhancement Act* em Junho de 2004, diploma que aumentou o nível máximo das sanções pecuniárias aplicáveis de 10 para 100 milhões de dólares (www.usdoj.gov./atr).

[14] Veja-se Douglas H. Ginsburg, "Comparing Antitrust Enforcement in the United States and Europe", *in Journal of Competition Law and Economics, vol. I, no 3, September 2005*, págs. 427-439.

[15] Comunicação da Comissão sobre a não aplicação ou a redução de coimas nos processos relativos a acordos, decisões e práticas concertadas (96/C 207/04), publicada no Jornal Oficial C 207 de 18.07.1996, pág. 0004 – 0006. Em 2002, foi revista e substituída pela Comunicação da Comissão relativa à imunidade em matéria

## O NOVO INSTITUTO DA CLEMÊNCIA

tituindo um acto jurídico, vincula a Comissão relativamente ao seu conteúdo, recorrendo, uma vez mais, a um instrumento flexível (*soft law*), muito utilizado no domínio da política de concorrência[16]. Inspirada no regime norte-americano, e tendo em vista codificar a prática anteriormente seguida pela Comissão na matéria[17], a Comunicação aplicava-se principalmente aos cartéis secretos, prevendo dois regimes distintos: a não aplicação ou a considerável redução da coima (não automática[18]) – de 75% a 100% – caso a empresa denuncie o cartel antes de a Comissão tomar conhecimento dele ou dispor de elementos significativos; uma redução de 50 a 75% caso a cooperação se verifique depois de a Comissão já ter desenvolvido diligências de instrução (designadamente, acções de inspecção)[19]. Mas este tratamento favorável reservado para a primeira empresa a manifestar-se junto da Comissão exigia o cumprimento de algumas condições, tais como a cessação da infracção, a prestação de todas as informações relevantes e a manutenção da cooperação ao longo do processo, e a ausência de coacção sobre outras empresas ou de papel determinante na infracção em causa.[20]

Esta inovação da política de concorrência comunitária suscitou, desde a divulgação do projecto de Comunicação para consulta pública em Dezembro de 1995, reacções muito críticas e mesmo hostis, resultantes da ausência de tradição jurídica nesta matéria, da ale-

---

de coimas e à redução do seu montante nos processos relativos a cartéis (2002/C 45/03), publicada no JO C 045 de 19.02.2002, pág. 0003 – 0005. E, finalmente, em 2006, pela Comunicação com a mesma designação (2006/C 298/11), publicada no JO C 298 de 08.12.2006, pág. 0017 – 0022. Após a Comissão Europeia, hoje já na terceira geração de programas de clemência, as autoridades britânica e alemã seguiram o exemplo, adoptando em 2000 os seus programas de clemência, seguidos pela França em 2001 (cujo regime foi aprovado por lei, ao contrário de outros casos, consubstanciados em linhas de orientação), pelos Países Baixos em 2003 e pela Bélgica em 2004, tal como é referido por Catherine Prieto e Jean-Christophe Roda, " Les politiques de clémence en Europe – quelles évolutions pour la clémence dans l'Union Européenne? *in Révue Concurrences, Revue des droits de la concurrence* , n.º 3, 2005. O exemplo mais recente é o da Lei da Defesa da Concorrência Espanhola, Lei n.º 15/2007, de 3 de Julho, que contempla o instituto da Clemência nos artigos 65.º e 66.º, sob a designação de "Isenção do pagamento da multa" e "Redução do pagamento da multa". Estas normas serão objecto de desenvolvimento procedimental até Setembro de 2007, data prevista para a entrada em vigor da lei.

[16] E, conforme é sublinhado por Wouter Wils, opinião citada, sem requerer uma modificação formal do Regulamento n.º 17, o principal regulamento processual relativo à aplicação dos artigos 81.º e 82.º do Tratado CE, com o qual o regime da Comunicação foi considerado compatível, nem exigir a adopção de um acto jurídico formal. A título de exemplo do papel das comunicações na política de concorrência comunitária, vejam-se a Comunicação relativa à Definição de Mercado Relevante para efeitos do direito comunitário da concorrência (*97/C 372/03*, publicada no *JO C* 372, de 9.12.97); a Comunicação relativa aos acordos de pequena importância que não restringem sensivelmente a concorrência nos termos do n.º 1 do artigo 81.º do Tratado que institui a Comunidade Europeia – *De Minimis (2001/C 368/07*, publicada no *JO C* 368, de 22.12.2001); e ainda as diferentes Orientações de apoio à aplicação de Regulamentos de Isenção de Categorias de Acordos Verticais – Restrições Verticais (*JO C* 291, de 13.10.2000), dos Acordos de Especialização e de Investigação e Desenvolvimento – Cooperação Horizontal (*2001/C* 3/02, publicada no *JO C* 3, de 6.01.2001) e dos Acordos de Transferência de Tecnologia (*JO C* 101, de 27.4.2004).

[17] Nesse sentido, veja-se Vincent Joris, « La communication de la Commission concernant la non-imposition d'amendes ou la réduction de leur montant dans les affaires portant sur des ententes » *in EC Competition Policy Newsletter, vol. 2, n.º 2, Summer 1996*, que cita a decisão « Cartão », de 13 de Julho de 1994 (IV/33833) como antecedente da redução de coima concedida pela Comissão a empresas que com ela colaboram sem terem sido as primeiras. Veja-se, igualmente, nesse sentido, Wouter Wils, « The Commission Notice on the Non-Imposition or Reduction of Fines in Cartel Cases: a Legal and Economic Analysis", *in European Law Review*, vol. 22, 1997, págs. 125-140, que refere que a redução das coimas pela Comissão devido à cooperação durante o processo não era nova, citando como exemplo as decisões *Wood Pulp* (19.12.1984), *Polypropylene* (24.4.1986), *Cartonboard* (13.7.1994, já referida), *Franco-West-African Shipowners Committees* (1.4.1992) *e Tretorn* (21.12.1994).

[18] Alegadamente pela necessidade de assegurar a margem de apreciação do Colégio de Comissários na fixação concreta da medida da coima (v. Vincent Joris, opinião citada), o que implicava que só no momento de adopção da decisão da Comissão, isto é, no termo do processo, seria apurado se as condições de não aplicação, redução substancial ou significativa da coima se verificavam (pontos B e E-1 da Comunicação de 1996). A condicionalidade, em especial, nos casos de não aplicação da coima foi, desde cedo, apontada como uma insuficiente garantia de um efectivo tratamento favorável nesta matéria por parte da Comissão.

[19] Com a possibilidade adicional de uma redução de 10 a 50% nos casos não abrangidos nas hipóteses anteriores, se a colaboração significativa se verificasse antes do envio da Nota de Ilicitude ou se, depois desse envio, a empresa não contestasse a materialidade dos factos em que se baseavam as acusações da Comissão (pontos B, C e D-1 e 2 da Comunicação de 1996).

[20] Ver Comunicação de 1996, ponto B.

# DIREITO DA CONCORRÊNCIA

gada falta de ética deste regime e das possíveis implicações negativas que teria no princípio da não auto-incriminação e no princípio da igualdade de tratamento[21].

Apesar dessa resposta, a Comissão decidiu avançar com este "instrumento suplementar para lutar contra os acordos mais nocivos", cujo combate assumia, já então, prioridade para a Comissão mas que representava uma "tarefa difícil e com custos em termos de recursos humanos"[22], apoiando-se no acolhimento pelo Tribunal de Justiça da prática estabelecida de ponderação da cooperação das empresas no decurso do processo para determinar o montante da coima.

O programa de clemência adoptado pela Comissão Europeia representou, com efeito, uma iniciativa sem precedente no domínio do direito da concorrência no plano europeu, tendo o mérito de estabelecer, de forma transparente, as condições da valorização da colaboração voluntária oferecida pelas empresas participantes nas práticas restritivas da concorrência mais sérias, vinculando a Comissão.

**Reacções negativas: tem como pressuposto o reconhecimento do fracasso da capacidade de investigação da Comissão Europeia e corresponde a um incentivo aos infractores.**

Todavia, era inevitável que suscitasse reacções negativas: desde logo, porque tem como pressuposto o reconhecimento do fracasso da capacidade de investigação da Comissão Europeia, que se revelou assim limitada perante os comportamentos mais graves mas também mais sofisticados assumidos por empresas e associações empresariais frequentemente de dimensão mundial, inevitavelmente decepcionante; e ainda porque corresponde a um incentivo aos infractores, a uma recompensa atribuída àquelas empresas que violaram as regras de concorrência comunitárias, sem a qual muitas práticas restritivas da concorrência nocivas não seriam detectadas e perseguidas. Mais do que se aproximar do perdão concedido no termo de um processo, depois de apreciados todos os factores em presença, o regime da clemência tem subjacente uma ideia de transacção entre uma autoridade pública e empresas privadas pouco usual no âmbito de funções como as cometidas à Comissão Europeia neste domínio.

É, assim, compreensível a rejeição inicial suscitada por este instrumento, algo desfasado da tradição jurídica dos sistemas jurídicos continentais, ademais também justificada por se entender que traduzia a sobreposição da eficácia da acção da Comissão Europeia na perseguição dos cartéis perante a punição devida de empresas infractoras[23], e ainda perante valores enraizados na sociedade europeia como é o caso da censura ao colaboracionismo e à delação, herdados de regimes políticos repressivos vividos no passado.

---

[21] Veja-se, a título de exemplo, o XXVI Relatório sobre a Política de Concorrência (1996) da Comissão Europeia, (SEC (97) 628 final), que refere as observações de terceiros recebidas na sequência da publicação do projecto de Comunicação no Jornal Oficial: "… algumas organizações profissionais objectaram que as medidas projectadas seriam contrárias à ética, porque institucionalizariam a delação. A Comissão rejeitou este argumento, por inverter a ordem dos valores. Considerou, pelo contrário, que o que era criticável era a manutenção do silêncio sobre os acordos nocivos… A Comissão também não aceitou a crítica baseada no carácter novo e estranho à tradição jurídica europeia do sistema proposto. A ausência de um disposição semelhante nos direitos da concorrência dos Estados-Membros não constitui razão suficiente para não inovar, de molde a reforçar os meios de acção da Comissão contra as infracções mais graves às regras da concorrência….." (ponto 35, pág. 21); Vincent Joris, opinião citada, « Cette publication a donné lieu à des prises de position d'une dizaine d'associations, européennes ou nationales, d'entreprises, d'une association d'avocats et de plusieurs cabinets d'avocats. En résumé, les associations d'entreprises se montraient hostiles au projet, alors que, parmi les associations et cabinets d'avocats, les opinions étaient partagés.» e o *Parecer do Comité dos Assuntos Jurídicos e Direitos dos Cidadãos do Parlamento Europeu* sobre o assunto, referido no Relatório do PE sobre o XXV Relatório da Política da Concorrência (1995) da Comissão Europeia, de 15.10.96 (PE 218.621/déf. A4-0324/96): "1. Community competition law and the internal market, Plea bargaining: … this practice could nonetheless be dangerous if it led to companies being treated unequally. The practice could in fact lead to what would or could be an unequal application of the relevant provisions of competition law" [footnote 6: Moreover, it has been alleged that this practice could be a breach of the legal principle *nemo auditor propriam turpitudinem allegans* (no one can invoke his own wrongdoing).]

[22] Veja-se o XXVI Relatório sobre a Política de Concorrência (1996), supra citado, páginas 29-30.

[23] V. Comunicação de 1996, ponto A-4. Tema também abordado no Relatório da OCDE sobre os Programas de Clemência de combate aos Cartéis "Hard Core (*Report on Leniency Programmes to Fight Hard Core Cartels*, DAFFE/CLP(2001) 13, 27.4.2001), disponível no sítio na internet, que sublinha o carácter instrumental da clemência na identificação e perseguição de cartéis de outra forma dificilmente detectáveis, salientando que se as autoridades de concorrência não se dotarem dos meios necessários para combater as práticas restritivas da concorrência, não estarão a cumprir cabalmente os seus deveres.

## O NOVO INSTITUTO DA CLEMÊNCIA

Mas é de salientar que, rapidamente, estes sentimentos se esfumaram e foram substituídos por uma progressiva generalização do instituto da clemência nos Estados-Membros da União Europeia, sem dúvida rendidos aos resultados alcançados graças à cooperação das empresas.[24]

Na sequência da experiência acumulada pela Comissão Europeia e, em particular, das críticas sobre o regime instituído pela Comunicação de 1996, a Comissão procedeu a uma primeira revisão em 2002, com a preocupação de aumentar a sua transparência e a sua previsibilidade. Nesse sentido, passou a ser concedida imunidade condicional à primeira empresa requerente, mantendo-se a possibilidade de aplicação deste quadro depois do início do processo, bem como as sucessivas candidaturas possíveis com condições, sendo estabelecidos como níveis de redução das coimas de 20% a 50%.[25]

De acordo com informações da própria Direcção-Geral da Concorrência da Comissão Europeia[26], com o novo regime de 2002 registou-se um melhoramento significativo logo após decorrido o primeiro ano de aplicação: enquanto que no período de seis anos de vigência da Comunicação de 1996 só se tinham verificado dezasseis pedidos autónomos, na maioria relativos a reduções de coimas e após a realização de inspecções por parte da Comissão, sendo a não aplicação da coima apenas resumida a três casos, em 2003 mais de vinte pedidos de imunidade foram recebidos, antes de a Comissão ter iniciado a sua investigação.

Este balanço muito positivo da aplicação da Comunicação de 2002 sobre a clemência permitiu que, desde 14 de Fevereiro de 2002 (data do início da vigência desta Comunicação) até ao final de Dezembro de 2005, fossem apresentados 167 pedidos, 87 dos quais de imunidade (dos quais 51 foram concedidos, 23 abandonados e 13 estavam então pendentes) e 80 de redução da coima. E nos 31 processos contra cartéis instaurados entre 2002 e 2005, 20 tiveram início graças a informação recebida ao abrigo do regime da clemência estabelecdo nas Comunicações de 1996 e de 2002[27]. Para tal muito contribuíra a flexibilidade acrescida da Comissão relativamente à imunidade condicional e aos pedidos hipotéticos e, sobretudo, a sua crescente receptividade à possibilidade de pedidos orais para garantir maior reserva das declarações escritas das empresas para efeitos da sua exposição futura em matéria de responsabilidade civil, bem como a preocupação constante com a protecção da confidencialidade da informação obtida por esta via, vinculativa das autoridades nacionais da concorrência.

– O Regulamento n.º 1/2003, a aplicação descentralizada dos artigos 81.º e 82.º do Tratado CE e a Rede Europeia das Autoridades da Concorrência (*European Competition Network-ECN*) –

---

[24] Veja-se o Relatório da OCDE sobre os Programas de Clemência de combate aos Cartéis "Hard Core (*Report on Leniency Programmes to Fight Hard Core Cartels*, DAFFE/CLP(2001) 13, 27.4.2001), disponível no sítio na internet. No domínio da União Europeia, hoje são 24 os Estados-Membros que dispõem deste regime, sendo que a recente Lei da Concorrência Espanhola, em vigor a partir de 1 de Setembro de 2007, o contempla igualmente, para além da Comissão Europeia, o que perfará 26 regimes. Só a Eslovénia e Malta não dispõem ainda de um programa de clemência.

[25] A imunidade condicional será concedida, em princípio, até à Nota de Ilicitude (ponto A-8,9, 10 e 11 da Comunicação de 2002) e as condições para a redução da coima de empresas que não a primeira a candidatar-se referem-se ao "valor acrescentado significativo" da informação e elementos prestados e à cessação da prática (pontos B-21, 22 e 23-a) da Comunicação de 2002). Veja-se ainda o ponto B-23, 2.º e 3.º parágrafos da Comunicação de 2002. Acresce ainda a possibilidade de apresentação de pedidos hipotéticos (ponto A-13 b) e 16).

[26] Veja-se, designadamente, François Arbault e Francisco Peiro, "The Commission's new notice on immunity and reduction of fines in cartel cases: building on sucess» *in EC Competition Policy Newsletter, number 2, June 2002*, Bertus Van Barlingen, "The European Commission's 2002 Leniency Notice after one year of operation", *in EC Competition Policy Newsletter, number 2, Summer 2003* e, mais recentemente, Philip Lowe (Director-Geral da Concorrência da Comissão Europeia), « La lutte contre les cartels et la politique de clémence » in *Révue Concurrences, Revue des droits de la concurrence*, n.º 3, 2006. Para uma análise mais crítica da evolução registada deste 1996, veja-se Nicholas Levy e Robert O'Donoghue, "The EU Leniency Programme Comes of Age" *in World Competition, volume 27, number 1, 2004*, págs. 75-99.

[27] Veja-se Philip Lowe, opinião citada e ainda a Resposta da Comissária Europeia responsável pela Concorrência, Nellie Kroes, em 5 de Julho de 2006, às Perguntas Parlamentares apresentadas por Sharon Bowles (ALDE) – Assunto "Assistência jurídica em matéria de concorrência" (E-2233/06 e E-2234/06) em 19 de Maio de 2006, disponível no sítio do Parlamento Europeu na internet: www.europarl.europa.eu.

## DIREITO DA CONCORRÊNCIA

**O Regulamento n.º 1/2003 do Conselho de 16 de Dezembro de 2002.**

O Regulamento (CE) n.º 1/2003[28] estabeleceu o regime processual relativo à aplicação das regras de concorrência comunitárias aplicáveis às empresas em vigor desde 1 de Maio de 2004, substituindo o anterior Regulamento n.º 17.

Visando a modernização e a descentralização deste regime, o Regulamento actualizou-o, instituindo um sistema de excepção directamente aplicável e pôs termo ao exclusivo da Comissão na aplicação do n.º 3 do artigo 81.º: desde então, tal como a Comissão, as autoridades nacionais de concorrência e os tribunais nacionais estão em pé de igualdade para aplicar, na sua plenitude, o artigo 81.º, já que não existia anteriormente qualquer limitação relativa ao artigo 82.º.

Em consequência, é estabelecido um sistema de competências paralelas, que funciona em rede (das autoridades nacionais da concorrência, incluindo a Comisão), de acordo com um conjunto de regras e de princípios acordados entre todos os participantes e que constam da Comunicação sobre a cooperação na rede das autoridades da concorrência[29], a qual reservou um lugar privilegiado à Comissão, cujas decisões se impõem às autoridades nacionais da concorrência e, bem assim, aos tribunais nacionais, em nome da coerência e da primazia do direito comunitário (artigo 16.º).

Ao abrigo do Regulamento n.º 1/2003 as autoridades de concorrência têm hoje não apenas a faculdade mas a obrigação de aplicar os artigos 81.º e 82.º do Tratado quando as práticas restritivas em causa sejam susceptíveis de afectar o comércio entre Estados-Membros (artigo 3.º, n.º 1), o que farão de acordo com as regras processuais nacionais, já que o Regulamento reconhece a autonomia processual dos Estados-Membros (artigo 5.º)[30].

No âmbito da cooperação em que assenta o funcionamento da referida rede, prevê-se a comunicação da abertura de processos e o intercâmbio de informações (artigos 11 e 12.º), sujeitos a algumas limitações decorrentes das "salvaguardas para as empresas e as pessoas singulares"[31], tendo os requerentes de imunidade ou de redução das coimas merecido igual protecção.[32]

---

[28] De 16 de Dezembro de 2002, relativo à execução das regras de concorrência estabelecidas nos artigos 81.º e 82.º do Tratado, publicado no JO L 1, de 4.01.2003, pág. 1. Há inúmera bibliografia sobre esta matéria, analisando as modificações introduzidas no plano comunitário e na perspectiva nacional. Veja-se, entre outros, Laurence Idot, "Droit Communautaire de la concurrence: Le nouveau système communautaire de mise en oeuvre des articles 81 et 82 CE", *ed. Bruylant, Bruxelles*, 2004; James Venit, "Private Practice in the Wake of the Commission's Modernization Program" *in Legal Issues of Economic Integration, volume 32, issue 2*, 2005; Silke Brammer, "Concurrent jurisdiction under Regulation 1/2003 and the issue of case allocation" in *Common Market Law Review, volume 42*, 2005; René Smits, "The European Competition Network: Selected Aspects" in *Legal Issues of Economic Integration, volume 32, issue 2*, 2005; Eddy De Smijter e Kris Dekeyser, "The Exchange of Evidence Within the ECN' in *Legal Issues of Economic Integration, volume 32*, 2005; e com particular relevância para o instituto da Clemência, John Temple Lang, "The implications of the Commision's leniency policy for national competition authorities" *in Common Market Law Review, volume 28, number 3, June 2003*, Stephen Blake e Dominik Schnichels, "Leniency Following Modernisation: Safeguarding Europe's Leniency Programmes" *in European Competition Law Review, issue 12*, 2004 e ainda Nicholas Levy e o., opinião citada.

[29] De 27 de Abril de 2004, publicada no JO C 101, de 27.4.2004: Comunicação sobre a cooperação no âmbito da rede de autoridades de concorrência (2004/C 101/03). Esta Comunicação faz parte de um conjunto de 6 Comunicações indispensáveis para a interpretação e aplicação do Regulamento n.º 1/2003, relativas ao conceito de afectação do comércio entre Estados-Membros, à aplicação do n.º 3 do artigo 81.º, à cooperação entre a Comissão e os tribunais dos Estados-Membros e ainda ao tratamento de denúncias pela Comissão e cartas de orientação.

[30] Para uma descrição resumida das principais implicações do novo regime processual instituído pelo Regulamento n.º 1/2003, veja-se Teresa Moreira, "Algumas considerações sobre o Regulamento (CE) n.º 1/2003, do Conselho, de 16.12.2002 – A descentralização da aplicação das regras de concorrência comunitárias" *in* Estudos Jurídicos e Económicos de Homenagem ao Prof. Doutor António de Sousa Franco, Edição da Faculdade de Direito da Universidade de Lisboa, Coimbra Editora, 2006, págs. 1045-1058.

[31] Veja-se a Comunicação sobre a cooperação no âmbito da rede de autoridades de concorrência, pontos 26 a 28.

[32] Veja-se a Comunicação, pontos 37 a 42 e 72 – "Declaração por outros membros da Rede", referindo-se à Declaração subscrita pelas autoridades de concorrência dos Estados-Membros, que se comprometeram a respeitar os princípios desta Comunicação sobre a cooperação no âmbito da rede de autoridades de concorrência e que declaram respeitá-los nomeadamente no que toca à protecção dos requerentes do benefício de um programa de imunidade de coimas ou de redução do seu montante, disponível no sítio da Direcção-Geral da Concorrência da Comissão Europeia – www.ec.europa.eu/comm/competition/ecn/documents.

# O NOVO INSTITUTO DA CLEMÊNCIA

A maior parte dos Estados-Membros da União Europeia dispõe actualmente da faculdade de atribuição de isenção ou redução de coima aplicável pela infracção da legislação de concorrência nacional, para além da própria Comissão, o que permitiu reduzir extraordinariamente as preocupações de reserva dos elementos obtidos ao abrigo de um pedido de clemência relativamente às autoridades de concorrência que não disporiam desse regime, preocupações subjacentes ao compromisso estabelecido aquando da entrada em vigor do Regulamento 1/2003[33].

> **A maior parte dos Estados-Membros dispõe actualmente da faculdade de atribuição de isenção ou redução de coima aplicável pela infracção da legislação de concorrência nacional.**

Todavia, os 26 regimes em vigor, partilhando embora alguns aspectos, contemplam, em regra, requisitos distintos exigidos às empresas requerentes no que toca à apresentação do pedido, ao número de empresas potencialmente beneficiárias da isenção e/ou da redução da coima, ao montante da redução prevista, às condições de cumprimento obrigatório no decurso dos processo e ao momento do efeito jurídico da decisão de clemência.

Para além disso, a decisão adoptada por cada autoridade de concorrência nesta matéria centra-se numa prática restritiva da concorrência no contexto de um mercado específico, limitando-se a produzir efeitos jurídicos naquela jurisdição, o que obriga as empresas que estejam envolvidas em práticas de dimensão transnacional a requerer a clemência em cada um dos Estados-Membros abrangidos.

Neste quadro, só a Comissão se encontra numa posição diferente, uma vez que as decisões que adopte nesta sede produzem efeitos em todo o Mercado Interno e têm de ser respeitadas pelas autoridades de concorrência nacionais. Mas a possível concentração destes pedidos na Comissão, no quadro da descentralização que o Regulamento 1/2003 visou operar, frustraria totalmente o objectivo pretendido, sendo certo que é desejável evitar candidaturas múltiplas (com o trabalho, tempo e custos consequentes) e garantir a existência de um ambiente dotado de condições de segurança jurídica em todo o espaço europeu.

> **As decisões adoptadas pela Comissão produzem efeitos em todo o Mercado Interno e têm de ser respeitadas pelas autoridades de concorrência nacionais.**

A coexistência de uma multiplicidade de regimes de clemência e a ausência deste instituto em alguns ordenamentos jurídicos da União Europeia (hoje apenas dois) levou a rede a tentar encontrar soluções no plano comunitário que assegurassem uma maior segurança jurídica às empresas e às próprias autoridades de concorrência, o que conduziu à aprovação do designado "Programa Modelo da Clemência"[34] em Setembro de 2006.

Este instrumento de "soft law" pretende promover a convergência dos regimes da clemência dos diferentes Estados-Membros, estabelecendo os princípios gerais mais importantes e, em particular, visa contribuir para mitigar as consequências negativas resultantes da necessidade de pedidos múltiplos, mediante o incentivo à harmonização das condições impostas e à possibilidade de pedidos sumários, concebida expressamente para estas situações[35].

> **Programa Modelo da Clemência: pretende promover a convergência dos regimes da clemência dos diferentes Estados-Membros.**

Na sequência da experiência consolidada com a Comunicação de 2002 e à luz das modificações introduzidas pelo Regulamento 1/2003 no quadro de aplicação do artigo 81.°, a disposição legal relevante para efeitos de clemência, a Comissão Europeia reviu, uma vez mais, o seu regime no início de Dezembro de 2006.[36]

---

[33] Veja-se a Lista das autoridades nacionais de concorrência que operam um programa de Clemência no sítio da Direcção-Geral da Concorrência – www.ec.europa.eu/comm/competition/ecn, actualizada a 1 de Julho de 2007, identifica 24, às quais se juntará a Espanha a partir de 1 de Setembro próximo. Veja-se ainda a Declaração relativa à Comunicação sobre a Cooperação no âmbito da Rede das Autoridades da Concorrência, supra identificada.

[34] "ECN Model Leniency Programme", disponível no sítio da DG Concorrência supra indicado.

[35] Veja-se, em especial quanto a este último aspecto, os pontos 22 a 25 do Programa Modelo e pontos 39 a 46 das Notas Explicativas anexas. Outra novidade encorajada pelo Programa Modelo na base da experiência da Comissão Europeia, entre outros, respeita aos pedidos orais ("Oral procedure", pontos 28 a 30 e 47 a 49 das Notas Explicativas) que procuram salvaguardar a posição das empresas infractoras objecto de imunidade ou de redução das coimas em sede de responsabilidade civil pelos prejuízos causados, não os colocando numa posição mais desfavorável do que as empresas que não colaboraram no processo.

[36] Comunicação da Comissão relativa à imunidade em matéria de coimas e à redução do seu montante nos processos relativos a cartéis (2006/C 298/11), publicada no JO C 298 de 08.12.2006, p. 0017-0022.

sub judice / ideias — 40

2007

83

# DIREITO DA CONCORRÊNCIA

A Comunicação pormenoriza e clarifica os critérios para um pedido de imunidade ou de redução das coimas. Para facilitar a percepção pelas empresas, introduz um marco para garantir a posição das empresas que primeiro se apresentam e protege as declarações escritas das empresas ("corporate statements") do acesso exterior em nome do interesse público[37].

## 4. A Lei n.º 39/2006, de 25 de Agosto – O regime jurídico da clemência em Portugal

O regime jurídico da clemência criado em Portugal é fruto de uma exaustiva análise prévia comparada desenvolvida pela Autoridade da Concorrência, a qual, no exercício das atribuições que lhe foram conferidas pela lei, apresentou ao Governo uma proposta legislativa concebida na base da experiência e das melhores práticas internacionais nesta matéria.

À partida, este instituto beneficiou da sua origem legislativa, nem sempre comum aos programas de clemência existentes noutros Estados-Membros da União Europeia, que, em muitos casos, são pura e simplesmente emitidos pelas respectivas autoridades de concorrência, ao abrigo da sua capacidade de emitir linhas de orientação[38].

A introdução desta inovação no direito da concorrência português, sem paralelo no direito da economia[39], representou um passo muito importante no reconhecimento crescente da concorrência como bem público, que cabe ao Estado salvaguardar[40], e que, como tal, justifica a perseguição das práticas restritivas mais lesivas através de instrumentos pragmáticos, de incentivo à cooperação das empresas.

A circunstância de a clemência em Portugal ter sido criada por lei da Assembleia da República atribuiu-lhe ademais uma distinção acrescida, sendo inegável que, por força do princípio da legalidade que impende sobre a Autoridade da Concorrência na aplicação da Lei n.º 18/2003, de 11 de Junho, que aprovou o regime jurídico da concorrência (adiante "Lei n.º 18/203" ou "Lei da Concorrência"), consubstanciado no disposto nos artigos 14.º e artigo 24.º da mesma Lei, nunca esta autoridade administrativa pode-

> **A introdução do instituto da clemência no direito da concorrência português representou um passo muito importante no reconhecimento crescente da concorrência como bem público, que cabe ao Estado salvaguardar.**

---

[37] Vejam-se, respectivamente, a parte II-A, pontos 8 a 12, a parte III-A, pontos 23 a 25; a parte II-A, pontos 14-15; e por último a parte IV, pontos 31-35 e V, ponto 40.

[38] Em França, o regime fora igualmente criado pela Lei de 15 de Maio sobre as novas regulamentações económicas ("NRE") que procedera a uma alteração do *Code de Commerce* (artigos L 464-2 e R. 464-5), sendo posteriormente desenvolvido por um procedimento do Conselho da Concorrência francês de 11 de Abril de 2006, recentemente modificado em 17 de Abril de 2007 ("Communiqué de procédure du 17 abril 2007 – le programme de clémence français"), disponíveis no sítio do Conselho na internet: www.conseil-concurrence.fr.

[39] Os regime sancionatórios mais favoráveis previstos pelo direito contra-ordenacional e pelo direito penal português (aplicáveis subsidiariamente às infracções à Lei da Concorrência, contra-ordenações segundo os artigos 42.º e 22.º, n.º 1), não parecem susceptíveis de ser invocados nesta sede, ainda que com as devidas adaptações. Com efeito, o Regime Geral das Contra-Ordenações e Coimas, criado pelo Decreto-Lei n.º 433/82, de 27 de Outubro, alterado pelos Decretos-Lei n.º 356/89, de 17 de Outubro, n.º 244/95, de 14 de Setembro e pela Lei n.º 109/2001, de 24 de Dezembro, prevê no seu artigo 18.º – Determinação da medida da coima", n.º 3, a sua redução quando haja lugar a "atenuação especial da punição por contra-ordenação", e no seu artigo 51.º – "Admoestação", uma sanção mais leve em caso de "reduzida gravidade da infracção" e a "culpa do agente o justifique": nenhumas destas previsões poderia ser aplicável ao incentivo à colaboração de empresas infractoras na identificação e contribuição para a prova das infracções mais graves à Lei da Concorrência. Por seu turno, a amnistia, o perdão genérico e o indulto (previstos genericamente no Código Penal – artigos 127.º e 128.º) – pressupõem, naqueles termos, a extinção do procedimento criminal no primeiro caso e a extinção da pena, no todo ou em parte, e nestes casos apenas para o futuro, sendo que os regimes de atenuação especial da pena e da dispensa de pena (artigos 72.º a 74.º), pressupondo igualmente um tratamento mais favorável do agente, só poderão ser concedidos a final, no termo do processo. Diga-se, por último, que a imunidade de jurisdição civil ou criminal, reservada excepcionalmente para determinados cargos públicos (artigo 157.º da Constituição da República Portuguesa) se circunscreve a determinados comportamentos e actos praticados no exercício dessas funções, tendo inevitavelmente carácter excepcional e temporário.

[40] De acordo com o previsto no artigo 81.º, alínea e) da Constituição que consagra a concorrência não falseada dentro das *Incumbências prioritárias do Estado* no domínio económico, em consonância com a opção efectuada pela economia de mercado.

ria estabelecer um regime com estes contornos excepcionais na ausência da possibilidade de considerações de oportunidade.

Em consequência, a Lei n.º 39/2006 cuidou de estabelecer um quadro legal pormenorizado que estabelecesse claramente os requisitos do acesso a este instituto, bem como as condições de concessão de dispensa ou atenuação especial da coima pela Autoridade da Concorrência, reduzindo a sua margem de apreciação de forma a assegurar a máxima transparência e segurança jurídica às empresas e pessoas singulares requerentes.

Não obstante o procedimento administrativo relativo aos pedidos de dispensa ou atenuação especial da coima ter sido definido por regulamento da Autoridade da Concorrência, nos termos da lei[41], coube à Lei n.º 39/2006 estabelecer o enquadramento que caracteriza a clemência em Portugal.

Fê-lo nos seguintes termos: o regime aplica-se a infracções ao artigo 4.º da Lei da Concorrência e, se for caso disso, ao artigo 81.º do Tratado CE, não se reduzindo, à partida, aos cartéis de preços, de repartição de mercados e das fontes de abastecimento ou de clientela (artigo 2.º); podem beneficiar dele tanto as empresas como os titulares dos orgãos de administração das pessoas colectivas e entidades equiparadas (artigo 3.º), na medida em que são ambos susceptíveis de ser sancionados com coimas por infracção à Lei da Concorrência (artigo 47.º, n.º 3); abrange a possibilidade de dispensa (isenção ou imunidade) de coima unicamente para a primeira empresa que se apresente e o faça antes da abertura de um processo pela Autoridade da Concorrência (artigo 4.º, n.º 1, alínea a)), sob pena de posteriormente ficar sujeita sempre a uma coima mínima de 50% (artigo 5.º, n.º 1); inclui ainda a possibilidade de redução de coima até 50% para uma segunda empresa, caso ainda não tenha sido notificada a Nota de Ilicitude (artigo 6.º, n.º 1); estabelece as condições de cumprimento obrigatório pelas requerentes no decurso do processo (artigos 4.º, n.º 1, alíneas b) a d); 5.º, n.º 1, alíneas a) a c) e 6.º, n.º 1, alíneas a) a c)); prevê a possibilidade de "clemência mais" (artigo 7.º – "Atenuação adicional de coima"), inspirada no regime norte-americano e britânico, caso a cooperação oferecida se estenda a outra infracção também objecto de pedido de clemência; exclui a aplicação do artigo 44.º, alínea e) da Lei n.º 18/2003, que pondera a colaboração prestada no decurso do processo em termos gerais, cumulativamente com a dispensa ou atenuação especial da coima.

> Enquadramento que caracteriza a clemência em Portugal.

## 5. A aplicação de coimas por infracção às regras da concorrência – relevância na perspectiva do instituto da clemência

– Considerações gerais –

De acordo com o previsto na Lei da Concorrência, as práticas restritivas da concorrência que consubstanciam infracções ditas substantivas – acordos entre empresas, decisões de associações de empresas e práticas concertadas, abusos de posição dominante e de dependênca económica –, proibidas pelos artigos 4.º, 6.º e 7.º, são susceptíveis de serem sancionadas com coimas, sanções pecuniárias aplicáveis a contra-ordenações (como é o caso das práticas restritivas da concorrência referidas – v. artigos 42.º e 43.º, n.ºs 1 e 2), impostas pela Autoridade da Concorrência.

As sanções pecuniárias constituem um instrumento fundamental para a aplicação efectiva do regime jurídico da concorrência, permitindo pôr termo a comportamentos ilícitos e dissuadir os infractores face a outras práticas restritivas, para além de prosseguirem

---

[41] Regulamento n.º 214/2006 – Procedimento administrativo relativo à tramitação necessária para a obtenção de dispensa ou atenuação especial da coima nos termos da Lei n.º 39/2006, de 25 de Agosto, aprovado ao abrigo do disposto no artigo 9.º da Lei n.º 39/2006, de 25 de Agosto, e publicado no Diário da República, 2.ª série, n.º 225, de 22 de Novembro de 2006. A Autoridade da Concorrência divulgou igualmente uma Nota Explicativa sobre o regime estabelecido pela lei e o referido procedimento administrativo, disponível no sítio da Autoridade da Concorrência na internet: www.autoridadedaconcorrencia.pt.

# DIREITO DA CONCORRÊNCIA

um objectivo de prevenção geral relativamente a todas as empresas que operam no mercado português[42].

Ademais, nos termos da Lei n.º 18/2003, as sanções pecuniárias são susceptíveis de ser aplicadas às empresas e associações de empresas infractoras, isto é, a pessoas colectivas, mas também a pessoas singulares – "titulares do orgão de administração das pessoas colectivas e entidades equiparadas" (artigo 47.º, em especial o n.º 3) –, o que constitui uma inovação, ainda que não tenha sido testada em casos concretos nos quatro anos de actividade da Autoridade da Concorrência.

Acresce que o instituto da clemência apenas se relaciona com as sanções pecuniárias, aquelas que compete à Autoridade da Concorrência aplicar, sob o controlo judicial do Tribunal do Comércio de Lisboa, razão pela qual as coimas serão a seguir analisadas.

Inspirando-se claramente no regime processual relativo à aplicação dos artigos 81.º e 82.º do Tratado CE, desenvolvido inicialmente pelo Regulamento n.º 17 do Conselho,[43] e substituído pelo Regulamento (CE) n.º 1/2003 do Conselho[44] a partir de 1 de Maio de 2004, a Lei da Concorrência estabeleceu a moldura das coimas aplicáveis às práticas restritivas da concorrência com base no limite máximo aplicável, correspondente a uma percentagem – 10% – do volume de negócios no ano anterior de cada uma das empresas participantes na infracção ou, no caso das associações de empresas, com o mesmo "tecto" mas calculado a partir da soma dos volumes de negócios das empresas associadas que participaram na infracção vertente (artigo 43.º, n.ºs 1 e 2).

Abandonando, portanto, os parâmetros que têm presidido à fixação da medida da coima pelo Regime Geral das Contra-Ordenações e Coimas[45], que prescreve, em geral, limites máximo e mínimo para a coima aplicável, parâmetros esses que tinham sido seguidos no passado em matéria de concorrência[46], a Lei da Concorrência fixa apenas um limite máximo de 10% do volume de negócios, tal como o Regulamento 1/2003 (artigo 23.º, n.º 2) e o anterior Regulamento 17 (artigo 15.º, n.º 2).

Enumera o artigo 44.º da Lei da Concorrência, sem carácter exaustivo, um número de factores que devem ser tidos em conta na determinação da medida da coima em concreto, tais como a gravidade, as vantagens que a empresa tenha auferido, o carácter reiterado ou ocasional da conduta, a colaboração da empresa durante o procedimento, etc. A título subsidiário, justifica-se percorrer os critérios elencados pelo Regime Geral das Contra-Ordenações e Coimas[47], ainda que a aplicação deste conjunto de normas deva ser feita com as devidas adaptações e não seja necessariamente evidente reter todos ou um em particular.

---

[42] Cite-se, a propósito, na jurisprudência inicial do Tribunal de Justiça, o Acordão de 15 de Julho de 1970 – *Boehringer Manheim/Commission* (proc. 45-69), publicado no *Récueil de Jurisprudence de la Cour de Justice*, p. 00769: "Les sanctions prévues par l'article 15 du règlement n.º 17 n'ont pas le caractère d'astreintes. Elles ont pour but de réprimer des comportements illicites aussi bien que d'en prévenir le renouvellement, de telle sorte que leur application n'est pas limitée aux seules infractions actuelles. Le pouvoir de la Commission n'est donc nullement affecté par le fait que le comportement constitutif de l'infraction, de même que ses effets, ont cessé".

[43] Supra identificado.

[44] Supra identificado.

[45] Supra citado. Recorde-se que este regime se aplica subsidiariamente aos processos relativos a práticas restritivas da concorrência, nos termos da remissão estabelecida pela Lei da Concorrência (artigo 22.º, n.º 1), sendo relevante no domínio da fixação da medida da coima aplicável, como se analisará de seguida.

[46] Veja-se, no Regime-Geral das Contra-Ordenações e Coimas (adiante "RGCOC"), o disposto no artigo 17.º – "Montante da coima" e no Decreto-Lei n.º 371/93, de 29 de Outubro, o disposto no seu artigo 37.º, n.º 2: "Constitui contra-ordenação punível com coima de 100.000$00 a 200.000.000$ qualquer dos comportamentos restritivos da concorrência previstos nos artigos 2.º, 3.º e 4.º" e no Decreto-Lei n.º 422/83, de 3 de Dezembro, o disposto no artigo 16.º, n.º 1: "As práticas previstas nos artigos 13.º e 14.º constituem contra-ordenação punível com coima de 50.000$00 a 50.000.000$00".

[47] Veja-se o artigo 18.º e seguintes do RGCOC, indicando o n.º 1 desta norma a gravidade da contra-ordenação (expressamente referida na Lei da Concorrência), a culpa, a situação económica do agente e o benefício económico que este retirou da prática da contra-ordenação, para depois reconhecer no benefício económico um papel determinante na fixação do montante final da coima (n.º 2) e estipular a redução dos limites máximo e mínimo para metade em caso de "atenuação especial da punição por contra-ordenação" (n.º 3).

# O NOVO INSTITUTO DA CLEMÊNCIA

Na ausência de uma lista completa sobre os elementos a considerar para efeitos de determinação da medida da coima aplicável a uma prática restritiva da concorrência, como apurar quais os passos seguidos pela Autoridade da Concorrência no momento de fixação do montante da coima e quais os critérios essenciais e aqueles que poderão ser apenas acessórios?

A Autoridade da Concorrência adoptou até à data[48] onze decisões condenatórias, com imposição de coimas relativas a práticas restritivas da concorrência, para além de outras decisões condenatórias relativas a diferentes incumprimentos (entre os quais cinco casos de operações de concentração de empresas não notificadas)[49]. As primeiras, aquelas que maior atenção merecem neste contexto, foram todas objecto de impugnação judicial para o Tribunal do Comércio de Lisboa: apesar de este Tribunal ter apreciado os recursos e decidido, total ou parcialmente, oito casos, as suas sentenças deram lugar a novos recursos para o Tribunal da Relação de Lisboa, ainda pendentes, com excepção de um único caso em que a recorrente interpôs recurso subsequente para o Tribunal Constitucional.

Em suma, a prática decisória da Autoridade da Concorrência resume-se, por enquanto, a um número reduzido de casos, por um lado, e, por outro, apesar da apreciação dos respectivos recursos pelo Tribunal do Comércio de Lisboa, as sentenças que se pronunciam sobre a determinação da coima nos casos concretos não transitaram ainda em julgado, sendo talvez prematuro extrair ilações conclusivas sobre as orientações jurisprudenciais em matéria de coimas.

Esta questão assume relevo neste contexto na medida em que a experiência da Comissão Europeia e de outras autoridades nacionais da concorrência no que toca a coimas tem relação directa com a invocação do instituto da clemência.

– Breve referência à experiência comunitária –

A Comissão Europeia adoptou as primeiras linhas de orientação neste domínio em 1998[50] com a preocupação de aumentar a transparência da sua prática decisória e de assegurar maior coerência das suas decisões neste ponto.

As Orientações estabeleciam quatro etapas sucessivas para a determinação concreta de uma coima, começando pela apreciação da gravidade (indicando três categorias de infracções) e da duração da infracção (curta, média e longa), passando depois à consideração das circunstâncias agravantes e atenuantes (incluindo a colaboração da empresa fora do âmbito da Comunicação sobre a clemência) e à ponderação do grau de colaboração das arguidas no processo e, finalmente, tomando em conta outros factores específicos das empresas arguidas em questão (contexto económico, vantagens eventualmente obtidas, capacidade contributiva)[51].

> **Primeiras linhas de orientação adoptadas pela Comissão Europeia para determinação concreta da coima – 1998.**

---

[48] Maio de 2007.

[49] Veja-se a informação disponível no sítio da Autoridade da Concorrência – Comunicados 1/2005– Conluio em Concurso Público de 5 empresas farmacêuticas; 7/2005 – Fixação de Honorários pela Ordem dos Médicos Veterinários; 8/2005 – Fixação de Honorários Mínimos e Máximos pela Ordem dos Médicos Dentistas; 10/2005 – Conluio em Concursos Públicos de 5 empresas farmacêuticas; 11/2005 – Moageiras; 1/2006 – AGEPOR; 9/2006 – Nestlé; 14/2006 – Fixação de Honorários Mínimos e Máximos pela Ordem dos Médicos; 17/2006 – Cartel do Sal; 20/2006 – Acordo de Parceria entre a SIC, a PTM e a TV CABO: 8/2007 – Reboques do Porto de Setúbal, e ainda a informação referida nos Relatórios de Actividade anuais no que respeita às decisões relativas a incumprimentos.

[50] Veja-se a Comunicação da Comissão Europeia – Orientações para o cálculo das coimas aplicadas por força do n.° 2 do artigo 15.°, do Regulamento n.° 17 e do n.° 5 do artigo 65.° do Tratado CECA (98/C 9/03) publicada no JO C 009 de 14.01.1998, págs. 0003-0005. O regime da clemência fora, recorde-se, adoptado em 1996.

[51] Para uma análise crítica da prática decisória da Comissão nesta matéria, veja-se, entre outros, Damien Geradin e David Henry, "The EC Fining Policy for Violations of Competition Law: An Empirical Review of the Commission Decisional Practice and the Community Courts' Judgments" in *European Competition Journal, October 2005*, págs. 401-473; James Killick, "Is it now time for a single Europe-wide fining policy? Analysis of the fining policies of the Commission and the Member States", *Working paper number 07, First presented on 7 April 2005, Clasf Working Papers Series; Révue Concurrences – Révue des droits de la concurrence*, n.° 4 – 2006 – "L'efficacité des sanctions contre les cartels: une perspective économique", artigos de Emmanuel Combe , "À la recherche de la sanction optimale", de Paolo Buccirossi e Giancarlo Spagnolo,

# DIREITO DA CONCORRÊNCIA

No entanto, a Comissão só adoptou e publicou estas orientações mais de três décadas e meia depois da entrada em vigor do Regulamento n.° 17, que continha o regime processual relativo à aplicação dos (actuais) artigos 81.° e 82.° do Tratado CE e que estabelecia os dois únicos critérios indicados em matéria de coimas, a gravidade e a duração das práticas restritivas da concorrência, que aliás mantêm o seu estatuto no actual Regulamento 1/2003 (artigo 23.°, n.° 3)[52].

Fora, entretanto, desenvolvendo a sua prática decisória e, por mais de uma vez, manifestara expressamente o agravamento da sua política em matéria de coimas[53].

A falta de outros critérios legalmente fixados para a determinação da medida da coima não impediu, desde cedo, o Tribunal de reconhecer a margem de apreciação de que a Comissão dispunha neste domínio, tendo presente o objectivo último da aplicação efectiva da política de concorrência comunitária e a faculdade de a Comissão definir a sua prática quanto às coimas, designadamente endurecendo a sua posição nessa sede.[54]

Já após a adopção das "Guidelines" de 1998, o Tribunal manteve a sua análise centrada no princípio da proporcionalidade, na não discriminação entre as empresas destinatárias das decisões e no respeito do princípio "non bis in idem"[55], curando de garantir que a Comissão actuava nos termos estabelecidos naquelas Linhas de Orientação, que passaram a vinculá-la na sua prática decisória, sem deixar de sublinhar a legalidade das Orientações e de confirmar o poder discricionário da Comissão na matéria.[56]

Neste domínio, o Tribunal de Primeira Instância debruçou-se igualmente algumas vezes sobre a correcta aplicação do regime da clemência, consubstanciado na Comunicação de 1996, tendo optado em alguns casos por reduzir as coimas aplicadas pela Comissão, por concluir que tal não tinha acontecido[57].

---

"Antitrust Sanction Policy in the Presence of Leniency Programs" e Michel Debroux, "L'"imprévisibilité transparente": la politique de sanction de la Commission en matière de cartels"; Jurgen Schwarze, "Les sanctions imposées pour les infractions au droit européen de la concurrence selon l'article 23 du règlement n.° 1/2003 CE à la lumière des principes généraux du droit » in *Révue Trimestrielle de Droit Européen, volume 43 (1), janvier-mars 2007*, págs.1-24 ; Cento Veljanovski "Cartel Fines in Europe – Law, Practice and Deterrence" in *World Competition, volume 30, number 1, 2007*, págs. 65-86 e, finalmente, Wouter Wils, "The European Commission's 206 Guidelines on Antitrust Fines: a Legal and Economic Analysis" *in World Competition, volume 30, n.° 2, June 2007*.

[52] O Regulamento 1/2003 manteve, no essencial, as regras aplicáveis em matéria de coimas (v. artigo 23.°), só susceptíveis de serem impostas a empresas e associações de empresas (objecto de um regime específico e novo – n.° 4), sem que as decisões em causa tenham "carácter penal" (n.° 5). O limite máximo mantém-se nos 10% do volume de negócios mundial das empresas participantes no ano anterior (n.° 2, 2.° parágrafo).

[53] Veja-se, a título de exemplo, o XIII Relatório da Comissão Europeia sobre a Política da Concorrência, 1983, pontos 62-66, o XXI Relatório sobre a Política de Concorrência, 1991, ponto 139 e ainda a *EC Competition Policy Newsletter, n.° 1, Spring* 2006, p. 57.

[54] Vejam-se, entre outros, os Acordãos de 15 de Julho de 1970 – *Chemiefarma/Commission* (proc. 41-69), publicado no *Récueil de Jurisprudence* (adiante "Réc"), pág. 00661; 12 de Julho de 1979 – *BMW Belgium/Commission* (proc.32/78, 36/78 a 82/78), publicado no Réc., pág. 02435; de 7 de Junho de 1983 – *Musique Diffusion Française/Commission* (proc. 100 a 103/80), publicado no Réc., pág. 1825; de 2 de Julho de 1992 – *Dansk Pelsdyravlerforening/Commission* (proc. T-61/89), publicado na Colectânea de Jurisprudência (adiante "Colect."), p.II-1931; de 6 de Outubro de 1994 – *Tetra Pak/Commission* (proc.T-83/91), publicado na Colect., p. II-755; de 6 de Abril de 1995 – *Trefileurope/Commission* (proc.T-141/89), publicado na Colect., p. II-791 e de 22 de Outubro de 1997 – *SCK e FNK/Commission* (proc.T-213/95 e T-18/96), publicado na Colect. p. II-1739.

[55] Este princípio, que estabelece que ninguém pode ser julgado e condenado mais de uma vez pelo mesmo crime, já foi considerado pelo Tribunal de Justiça no domínio da concorrência, em consequência do disposto na Convenção Europeia de Salvaguarda dos Direitos do Homem e das Liberdades Fundamentais (Protocolo n.° 7), assinada no quadro do Conselho da Europa em 4 de Novembro de 1950, que vincula todos os Estados-Membros e a União Europeia por força do previsto no Tratado da União Europeia (artigo 6.°), com a extensão introduzida pela Carta dos Direitos Fundamentais da União Europeia, a qual considera toda a União uma única jurisdição (artigo 50.°).

[56] Vejam-se, designadamente, os Acordãos de 28 de Junho de 2005 – *Dansk Rorindustri e.a/Commission* (proc. C-189/02 P, C-202/02 P, C-205/02 P a C-208/02 P e C-213/02 P), Colect. 2005, p. I-5425; de 4 de Julho de 2006 – *Hoek Loos/ Comissão* (proc. T-304/02), ainda não publicado e o Acordão de 27 de Setembro de 2006 – *Archer Daniels Midland Co./Comissão* (proc. T-59/02), publicado na Colect. 2006, p. I-4429, pontos 43 e 47.

[57] Vejam-se, designadamente, os Acordãos de 13 de Dezembro de 2001 – *Krupp Thyssen Stainless/Commission* (proc. conjuntos T-45/98 e T-47/98), Colect. 2001, p.II-375; de 13 de Dezembro de 2001 – *Acerinoxx/*

# O NOVO INSTITUTO DA CLEMÊNCIA

Não obstante o controlo judicial exercido pelo Tribunal de Justiça sobre as decisões da Comissão Europeia ser de plena jurisdição[58], o Tribunal nunca procedeu até hoje ao agravamento do montante das coimas fixado pela Comissão Europeia, ainda que as tenha frequentemente reduzido (o Tribunal de Primeira Instância), sem que o Tribunal de Justiça seja receptivo a recursos unicamente dirigidos a este ponto.[59]

Em 2006, após um período de oito anos de aplicação das Linhas de Orientação sobre Coimas, a Comissão Europeia procedeu à sua revisão[60], actualizando a sua política mas mantendo como duplo objectivo destas sanções pecuniárias o aspecto punitivo e o efeito dissuasor[61]. Das anteriores quatro etapas, evoluiu-se para apenas duas: a determinação do montante de base, em função do valor das vendas de bens ou serviços realizadas pela empresa, relacionadas directamente ou não com a infracção, em função da gravidade da infracção e multiplicada pelo número de anos (uma percentagem que pode ir até 30%)[62], por um lado; uma segunda etapa que corresponde aos ajustamentos do montante apurado, para cima ou para baixo, após consideração das circunstâncias agravantes e atenuantes elencadas[63], e que pode conduzir a um aumento para que a coima exceda os ganhos ilícitos obtidos (quando possam ser calculados, ponto 31).

Tal como quanto às "Guidelines" de 1998, só depois de apurado o montante aplicável à prática restritiva em questão de acordo com as actuais Linhas de Orientação, é que se poderá proceder à determinação da medida da coima aplicável caso tenha sido apresentado um pedido de clemência (ponto 34).

> **Em 2006 a Comissão Europeia procedeu à revisão das linhas de orientação, actualizando a sua política mas mantendo como duplo objectivo destas sanções pecuniárias o aspecto punitivo e o efeito dissuasor.**

---

*Commission* (proc. T-48/98), Colect. 2001, p. II-3859; *Tate & Lyle e.a. /Commission* (proc. conjuntos T-202/98, T-204/98 e T.-207/98), Colect. 2001, p. II-2035; de 9 de Julho de 2003 – *Daesang Corp. and Sewon Europe/Commission* (proc. T-230/00), Colect. 2003, p. II-2733; 20 de Março de 2002 – *ABB Asea Brown Boveri/Commission* (proc. T-31/99), Colect. 2002, p.II-1881; de 15 de Junho de 2005 – *Tokai Carbon/Comissão* (proc. conjuntos T-71/03, T-74/03, T-87/03 e T-91/03), Colect. 2005, p.II-00010; de 25 de Outubro de 2005 – *Groupe Danone/Comissão* (proc. T-38/02), de 6 de Dezembro de 2005, Colect. 2005, p. II-04407 e o acórdão do Tribunal de Justiça de 8 de Fevereiro de 2007 relativo ao respectivo recurso (proc. C-3/06 P), ainda não publicado; de 6 de Dezembro de 2005 – *Brouwerij Haacht/Comissão* (proc. T-48/02), Colect. 2005, p.II-05259 e de 5 de Abril de 2006 – *Degussa/Comissão* (proc. T-279/02), Colect. 2006, p. II-000897. E, por último, o acórdão de 27 de Setembro de 2006 – *Archer Daniel Midland Co./Comissão*, atrás citado (nota anterior), ponto 409: "Importa recordar que o artigo 15.º, n.º 2, do Regulamento n.º 17, que constitui a base jurídica para a aplicação de coimas em caso de infracção às regras do direito comunitário da concorrência, confere à Comissão uma margem de apreciação na fixação das coimas (acordão do Tribunal e Primeira Instância de 21 de Outubro de 1997, Deutsche Bahn/Comissão, T-229/94, Colect., p.II-1689), que, designadamente, é função da sua política geral em matéria de concorrência (acordão Musique Diffusion Française e o./Comissão, já referido no n.º 47 supra, n.ºs 105 e 109). Foi neste contexto que, para garantir a transparência e o carácter objectivo das suas decisões em matéria de coimas, a Comissão adoptou e publicou, em 1996, a Comunicação sobre a cooperação [Clemência]. Trata-se de um instrumento destinado a precisar, no respeito da hierarquia das normas, os critérios que pretende aplicar no exercício do seu poder de apreciação e que conduz a uma autolimitação desse poder (v., por analogia, acordãos do Tribunal de Primeira Instância de 30 de Abril de 1998, Vlaams Gewest/Comissão, T-214/95, Colect., p.II-717, n.º 89, e Tokai Carbon e o./Comissão, já referido no n.º 63 supra, n.º 157), na medida em que a Comissão tinha a obrigação de respeitar as regras indicativas que se impôs a si mesma (v., por analogia, o acordão do Tribunal de Primeira Instância de 12 de Dezembro de 1996, AIUFFASS e AKT/Comissão, T-380/94, Colect., p.II-2169, n.º 57)".

[58] Veja-se o artigo 31.º do Regulamento 1/2003, que retoma o disposto no artigo 17.º do Regulamento 17.

[59] Nesse sentido, v. Jurgen Schwarze, opinião citada, pág. 22, citando, a propósito, os acordãos do Tribunal de Justiça, *Baustahlgewebe/Comissão* (C-189/95 P), publicado na Colect. 1998, p.I-8417 e *Archer Daniels Midland Co./Comissão* (C-397/03 P), de 18 de Maio de 2006, publicado na Colect. 2006, p.I-4429, como exemplos da delimitação negativa da competência do Tribunal de Justiça, circunscrita a questões de direito.

[60] Veja-se a Comunicação da Comissão – Orientações para o cálculo das coimas aplicadas por força do n.º 2, alínea a), do artigo 23.º do Regulamento (CE) n.º 1/2003 (2006/C 10/02), publicadas no JO C 210 de 01.09.2006, p. 0002 – 0005.

[61] Veja-se, entre outros, Hubert de Broca, "The Commission revises its Guidelines for setting fines in antitrust cases" *in EC Competition Policy Newsletter, 2006, number 3, Autumn* e numa análise mais crítica, Wouter Wils, "The European Commission's 2006 Guidelines on Antitrust Fines: a Legal and Economic Analysis" *in World Competition, volume 30, n.º 2, June 2007.*

[62] V. Orientações citadas, pontos 10, 12, 13, 19 a 21.

[63] V. Orientações citadas, pontos 11, 27 a 33: com algumas inovações, designadamente o destaque da reincidência como circunstância agravante para cuja apreciação serão tidas em conta anteriores decisões condenatórias das Autoridades Nacionais da Concorrência e que pode levar a um agravamento de 100% por infracção e ainda, a título de atenuantes, uma participação muito reduzida na infracção efectivamente demonstrada de forma positiva e a autorização ou o incentivo do comportamento em causa pelas autoridades públicas ou pela regulamentação.

**sub judice / ideias — 40**

2007

# DIREITO DA CONCORRÊNCIA

– Relação com a clemência –

Resulta do exposto que a adopção de linhas orientadoras para o cálculo das coimas aplicáveis às práticas restritivas da concorrência é desejável na perspectiva da transparência que deve caracterizar a aplicação do regime jurídico da concorrência, a nível nacional ou no plano comunitário, tal como para assegurar a coerência dessa prática por parte das autoridades de concorrência, a qual, ao mesmo tempo, confere uma maior segurança jurídica às empresas.

A definição dos parâmetros seguidos em matéria sancionatória é tanto mais importante quanto é reconhecida a crescente severidade das coimas impostas por muitas autoridades da concorrência europeias e de países terceiros desde há 7 ou 8 anos, ao ponto de as práticas restritivas da concorrência assumirem uma natureza que justifica que lhes sejam plenamente aplicadas as garantias penais[64], posição que corresponde à jurisprudência constante do Tribunal de Justiça[65].

No que respeita à clemência, o conhecimento prévio e a possibilidade de acesso prévio a um enquadramento orientador em sede de coimas é especialmene relevante por duas ordens de razões.

**A utilidade e a eficácia do instituto da clemência dependem do elevado risco a que as empresas infractoras se sujeitam se e quando forem detectadas infringindo a Lei da Concorrência.**

Em primeiro lugar, porque a utilidade e a eficácia do instituto da clemência dependem do elevado risco a que as empresas infractoras se sujeitam se e quando forem detectadas infringindo a Lei da Concorrência, risco esse necessariamente dependente do (elevado) nível de sanções pecuniárias susceptíveis de lhes ser aplicadas em virtude das infracções em que incorreram.

Mas, para tal, a moldura legalmente fixada não é necessariamente suficiente, dado que, para além de um limite máximo, não resultam da lei indicações concretas quanto à efectiva graduação das coimas consoante as práticas restritivas: só a prática decisória da Autoridade da Concorrência e, no futuro, eventuais linhas de orientação que esta entidade decida adoptar para estabilizar a sua política poderão precisar esse nível de risco, em progressiva ascensão perante a tendência geral da subida das coimas verificada junto da Comissao Europeia e, designadamente, das autoridades da concorrência Alemã, Francesa e Britânica.

**Para garantir a transparência e a previsibilidade indispensáveis ao instituto da clemência é determinante estabelecer claramente quais as condições exigidas para um tratamento mais favorável.**

Em segundo lugar, porque para garantir a transparência e a previsibilidade indispensáveis a um instituto da clemência que se pretenda eficaz, será determinante estabelecer claramente quais as condições exigidas para um tratamento mais favorável, isto é, qual a base do cálculo da dispensa ou da redução das coimas, o que pressupõe um exercício prévio de apuramento da coima aplicável, necessariamente de acordo com parâmetros conhecidos ou, pelo menos, acessíveis.

Por último, sendo as sanções pecuniárias e, dentro destas, as coimas, as principais medidas de intervenção das autoridades da concorrência contra as práticas restritivas da concorrência[66], na sua dupla vertente dissuassiva e repressiva/punitiva, o instituto da cle-

---

[64] Nesse sentido, desenvolvendo uma interessante análise centrada na experiência francesa mas situando-a no plano comparado, veja-se o estudo desenvolvido pelo Conselho da Concorrência Francês em 2005 – "Étude thématique: Sanctions, injonctions, engagements, transaction et clémence: les instruments de la mise en oeuvre du droit de la concurrence", *Rédacteurs: Christophe Lemaire, Denis Lescop, Irène Luc, Nadine Mouy*, disponível no sítio do Conselho na internet: www.conseil-concurrence.fr (*Activité, Rapports annuels*, 2005).

[65] Veja-se, entre outros, os acordãos de 14 de Maio de 1998 – *Mayr-Melnoff Kartongesellschaft/Comissão* (proc. T-347/94), Colect. 1998, p. II-1751, pontos 311-312; de 8 de Julho de 1999 – *Huls/Comissão* (proc C-199/92 P), Colect. 1999, p. I-4287, pontos 149-150; de 8 de Julho de 2004 – *JFE Engineering/Comissão* (proc. T-67/00, T-68/00, T-71/00 e T-78/00), Colect. 2004, p.II-2501, pontos 173, 177-178; de 25 de Outubro de 2005 – *Groupe Danone/Comissão* (proc. T-38/02), Colect. 2005, p.II-4407, ponto 216; de 27 de Setembro de 2006 – *Dresdner Bank/Comissão* (proc. T-44/02 OP, T-54/02 OP, T-56/02 OP, T-60/02 OP e T-61/02 OP), ainda não publicado, pontos 60-63 e 65; finalmente, o atrás citado acordão *Archer Daniels Midland/Comissão*, pontos 261-265.

[66] Sem prejuízo das injunções susceptíveis de serem ordenadas pelas autoridades da concorrência com vista à cessação das práticas e à correcção dos comportamentos e decisões restritivos da concorrência, frequentemente a par da aplicação de coimas, previstas na Lei da Concorrência, nos termos do artigo 28.°, n.° 1, alínea b). Sublinhe-se, contudo, que as injunções não são entendidas como assumindo carácter sancionatório.

# O NOVO INSTITUTO DA CLEMÊNCIA

mência está com elas directamente relacionado, por poder representar, face à possiblidade da sua imposição, uma alternativa ou um instrumento acessório.[67]

## 6. Implicações para o instituto da clemência das acções de indemnização devido à violação das regras comunitárias no domínio "antitrust" ("private enforcement").

Em Dezembro de 2005, a Comissão Europeia publicou o Livro Verde sobre as acções de indemnização devido à violação das regras comunitárias no domínio "antitrust"[68], colocando-o em consulta pública durante cerca de quatro meses, até 21 de Abril de 2006.

O Livro Verde surgiu na sequência da descentralização na aplicação das regras de concorrência comunitárias e do processo de modernização destas normas operado pelo Regulamento n.º 1/2003, relativo à execução dos artigos 81.º e 82.º do Tratado CE, visando explorar o designado "private enforcement" como complementar da aplicação das regras de concorrência pelas autoridades nacionais de concorrência, isto é, pelas entidades públicas que têm como responsabilidade específica a aplicação do direito nacional neste domínio, e também daquelas regras comunitárias, tendo sido para tal indicadas pelos Estados-Membros, nos termos do disposto no artigo 35.º do Regulamento n.º 1/2003.

Partindo da premissa de que as acções de indemnização são "parte integrante do sistema de aplicação da legislação comunitária no domínio antitrust"[69], o Livro Verde pretendeu identificar os entraves à interposição destas acções[70] e colocar um conjunto de questões sobre alguns pontos determinantes neste domínio, explorando diferentes hipóteses de trabalho quanto a cada uma das questões equacionadas, de forma a colher a reacção de todos os potenciais interessados neste tema: empresas, associações empresariais, advogados, consultores económicos, académicos, autoridades de concorrência dos Estados--Membros, governos, organizações não governamentais.

O Livro Verde equaciona assim as principais questões relativas ao acesso aos elementos de prova (perguntas A – divulgação da prova documental, B – acesso aos documentos na posse de uma autoridade da concorrência e C – ónus da prova), ao requisito da culpa (pergunta D – culpa), à indemnização (perguntas E – definição de indemnização e F – método de cálculo da indemnização), ao argumento da repercussão do aumento de custos e posição dos compradores indirectos (pergunta G – admissibilidade, fundamento e forma destas regras), à defesa dos interesses dos consumidores (pergunta H – acções colectivas e sua forma), ao custo das acções (pergunta I – regras especiais e sua redacção), à coordenação da aplicação da legislação pelos poderes públicos e pelos particulares (pergunta J), ao foro competente e legislação aplicável (pergunta K – direito material aplicável) e, por último, outras questões relativas à intervenção de peritos (pergunta L), aos prazos de prescrição (pergunta M) e ao nexo de causalidade (pergunta N – clarificação para facilitar acções de indemnização).

**O Livro Verde sobre as acções de indemnização devido à violação das regras comunitárias no domínio "antitrust".**

---

[67] Alternativa em caso de dispensa de coima e complementar em caso de redução do montante da coima. Nesse sentido, veja-se o "Étude thématique" citado do Conselho da Concorrência Francês, págs. 157 e segs.

[68] SEC(2005)1732/*COM/2005/0672 final*, acessível no sitio da DG Concorrência na Internet, atrás indicado.

[69] Ponto 1.1.

[70] Os quais foram objecto de uma análise global no âmbito de um estudo encomendado pela Comissão Europeia para o efeito, divulgado em 2004 e que abrange uma apreciação específica relativa ao enquadramento jurídico relevante em matéria de "private enforcement" em cada Estado-Membro – estudo da Ashurst "Study on the conditions of claims for damages in case of infringement of EC competition rules – Comparative Report prepared by Denis Waelbroeck, Donald Slater and Gil Even-Shoshan", de 31.8.2004, acompanhado de relatórios nacionais relativos a cada Estado-Membro e ainda de um anexo intitulado "Analysis of Economic Models for the Calculation of Damages, prepared by Emily Clark, Mat Hughes and David Wirth", de 31.8.2004, disponíveis em www.ec.europa.eu/comm/competition/antitrust/others/a ctions_for_damages/study.html.

**sub judice / ideias — 40**　　　2007　　　**91**

# DIREITO DA CONCORRÊNCIA

Não obstante a discussão do Livro Verde e das inúmeras reacções que suscitou quer no decurso da consulta pública realizada[71], quer pela doutrina, não constituir o objecto central desta análise, justificam-se alguns comentários gerais. Com efeito, este exercício parece poder ser criticado[72] por não ter explorado totalmente as razões subjacentes ao reduzido "private enforcement" na Europa, equacionando porém possíveis soluções, muito heterogéneas.

Com efeito, o Livro Verde junta questões de fundo cruciais para a discussão da viabilidade das acções cíveis de indemnização por prejuízos causados por práticas restritivas da concorrência que infringem os artigos 81.º e 82.º do Tratado CE, como é o caso da função da indemnização e do requisito da culpa (admissibilidade da responsabilidade objectiva), de natureza substantiva, com questões meramente instrumentais, como é o caso do acesso aos elementos de prova, do custo das acções e da intervenção de peritos ou puramente adjectivas – partindo alegadamente do princípio de que as ordens jurídicas nacionais não estavam equipadas para assegurar a reparação dos prejuízos causados por infracções aos artigos 81.º e 82.º, de acordo com a jurisprudência do Tribunal de Justiça[73].

Acresce que as propostas de trabalho equacionadas parecem ter sido excessivamente influenciadas pelas características do sistema de "common law", minoritário na União Europeia: como tal, não são fáceis de apreender, e parecem tender para uma aproximação às regras norte-americanas aplicáveis neste domínio[74] sem que pareça ter sido ponderado o impacto de algumas das alterações propostas na economia dos sistemas jurídicos dos Estados-Membros.

---

[71] De acordo com a lista disponibilizada pela Direcção-Geral da Concorrência no seu sítio na Internet, supra identificado, a Comissão recebeu cerca de 150 observações de interessados, a maioria das quais provenientes de associações empresariais e de sociedades de advogados, mas também da Administração Pública de alguns Estados-Membros e de autoridades nacionais de concorrência. Seguir-se-lhe-á um Livro Branco, em preparação pela Comissão até início de 2008.

[72] Veja-se que o Livro Verde na sua introdução assume à partida o objectivo de "… facilitar a proposição dos pedidos de indemnização por infracção às regras comunitárias no domínio antitrust…" com vista a "… melhorar a aplicação do direito da concorrência na sequência da modernização da legislação processual relativa à aplicação dos artigos 81.º e 82.º do Tratado CE…". Questionando se o "private enforcement" deve ser incentivado, ponto prévio mas determinante para este exercício, veja-se Wouter Wils, "Should Private Antitrust Enforcement in Europe be encouraged?" *in World Competition, vol. 26, no 3, September 2003*, págs 473-488, antes da publicação do Livro Verde em finais de 2005. Merece igualmente referência uma apreciação crítica sobre a experiência norte-americana na perspectiva da sua eventual utilização por outros países, designadamente a União Europeia, também anterior ao Livro Verde, de Donald I. Baker, "Revisiting History – What Have We Learned About Private Antitrust Enforcement That We Could Recommend To Others? *in Loyola Consumer Law Review, vol. 16: 4, 2004*, págs. 379-408. Num plano mais abrangente, questionando a fundamentação geral deste exercício, pelo facto de não terem sido analisadas eventuais falhas nos mecanismos de aplicação das regras de concorrência, designadamente nos poderes das ANC, nem examinada a relação entre a ausência de "private enforcement" e os sistemas jurídicos nacionais no domínio cível, veja-se Christopher Hodges "Competition Enforcement, Regulation and Civil Justice: What is the Case?" *in Common Market Law Review, vol. 43, 2006*, págs. 1381-1407. E ainda Thomas Eilmansberger, "The Green Paper on Damages Actions for Breach of the EC Antitrust Rules and Beyond: Reflections on the Utility and Feasibility of Stimulating Private Enforcement Through Legislative Action" *in Common Market Law Review, vol. 44, 2007, pags. 431-478.*

[73] Acórdãos de 20 de Setembro de 2001, *Courage v. Crehan,* (processo C-453/99, publicado na Colect. 2001, p.I-06297) e, mais recentemente, de 13 de Julho de 2006, *Manfredi v. Lloyd Adriatico Assicurazioni,* (processos C-295/04 a C-298/04, publicado na Colect. 2006, p.I-06619). Ora, o reconhecimento do efeito directo dos artigos 81.º (n.ºs 1) e 82.º do Tratado CE pelo Tribunal de Justiça com o Acórdão de 27 de Março de 1974, *BRT v. SABAM,* (proc. 127/73, publicado na Colect. 1974, p.00313) permite, desde então, a sua invocação pelas empresas e particulares junto das jurisdições nacionais.

[74] Em vez dos "treble damages", a questão dos danos múltiplos na Europa poderá conduzir à consagração de danos duplos, de acordo com as declarações da Comissária responsável pela Concorrência, Nellie Kroes, no discurso de abertura da Conferência "Cartel enforcement and Antitrust damage actions in Europe", organizada conjuntamente pela Comissão Europeia e pela *International Bar Association* em Bruxelas, a 8 de Março de 2007. Recorde-se, contudo, os termos referidos pelo Tribunal de Justiça no Acórdão de 13 de Julho de 2006, *Manfredi v. Lloyd Adriatico Assicurazioni,* quanto à dimensão da indemnização por danos causados por uma prática restritiva da concorrência e, no mesmo sentido, da manutenção da função compensatória da indemnização quando devida por prejuízos causados pela violação dos artigos 81.º e 82.º do Tratado CE, a Resolução do Parlamento Europeu sobre o Livro Verde sobre as Acções de Indemnização, de 25 de Abril de 2007 (P6_TA-PROV(2007)0152 A6-0133/2007, disponível em www.europarl.europa.eu/sides/getDoc. do.pubRef, em especial, pontos 17 e 18.

# O NOVO INSTITUTO DA CLEMÊNCIA

Mas concentremo-nos agora nos aspectos focados pelo Livro Verde que são pertinentes na óptica do instituto da clemência.

Antes de mais, é necessário começar por referir que, no tocante às acções de indemnização, a Comissão, no Livro Verde, estabelece uma distinção importante entre as acções de seguimento, isto é, aquelas acções cíveis que são instauradas na sequência da declaração de uma infracção por parte de uma autoridade de concorrência, e as acções independentes, as acções que, como a designação o indica, são interpostas sem que haja uma relação directa sequencial com uma decisão anterior adoptada por uma autoridade da concorrência[75].

Das quinze questões colocadas no Livro Verde, três dentro delas dirigem-se particularmente à actividade das autoridades de concorrência dos Estados-Membros, isto é, ao "public enforcement" – as perguntas relativas ao acesso aos elementos de prova[76] ("pergunta B: A existência de regras especiais em matéria de acesso aos documentos na posse de uma autoridade de concorrência pode facilitar a introdução de pedidos de indemnização no domínio antitrust? Como pode ser organizado esse acesso?"), ao ónus da prova ("pergunta C: Nas acções de indemnização, o ónus de provar a infracção às regras de concorrência imposto ao requerente deve ser atenuado? Em caso afirmativo, de que forma?") e à coordenação da aplicação da legislação pelos poderes públicos e pelos particulares[77] ("pergunta J: Como atingir uma coordenação óptima entre a aplicação da legislação de concorrência pelos poderes públicos e pelos particulares?).

As questões B e J estão directamente relacionadas com o instituto da clemência, tendo as respostas possíveis consequências na sua salvaguarda, na medida em que a facilitação da interposição de pedidos de indemnização pode anular o incentivo de recurso ao regime especial de dispensa ou atenuação especial da coima aplicável a infracções de concorrência. Logo, é inevitável que o exercício relativo ao "private enforcement" no que se refere às opções exploradas naqueles dois temas suscite preocupações às autoridades nacionais de concorrência, cuja esmagadora maioria dispõe do instituto da clemência, de base legal ou administrativa.

> **A facilidade da interposição de pedidos de indemnização pode anular o incentivo de recurso ao regime especial de dispensa ou atenuação especial da coima aplicável a infracções de concorrência.**

Com efeito, como conseguir compatibilizar a segurança jurídica e a protecção conferida aos requerentes à dispensa ou atenuação especial da coima com o pleno reconhecimento do direito ao ressarcimento das empresas e consumidores lesados por uma prática restritiva da concorrência imputável ao denunciante? Como manter o incentivo à denúncia de cartéis pelas empresas infractoras sem as expor totalmente às acções de indemnização ditas de seguimento? Como contribuir para que as empresas e consumidores que sofreram danos sejam mais facilmente indemnizados pelo infractor, sem sacrificar o infractor requerente de clemência, graças a quem a autoridade de concorrência tomou conhecimento da existência dessa infracção e do qual obteve informações e elementos de prova determinantes para a demonstrar?

Se se torna difícil a uma autoridade de concorrência ver abalada a construção erguida em torno do instituto da clemência, que urge salvaguardar, haverá que reconhecer que será tanto ou mais difícil justificar perante as entidades lesadas, e que legitimamente pretendem ser ressarcidas dos prejuízos sofridos, a protecção reservada a um infractor cooperante. Claro que a interacção clemência/"private enforcement" se colocará sobretudo no caso das acções de seguimento, mas serão possivelmente estas as mais numerosas por poderem beneficiar da demonstração e da fundamentação da existência de uma prática restritiva da concorrência feita por uma autoridade de concorrência.

Ora, as opções exploradas em torno da questão B ("Opção 6: Obrigação, para qualquer das partes num processo perante uma autoridade de concorrência, de entregar a uma parte num litígio civil todos os documentos apresentados à autoridade, com excepção

---

[75] Livro Verde, ponto 1.3. Objectivos.
[76] Livro Verde, ponto 2 – Principais Questões, 2.1.
[77] Livro Verde, ponto 2.7.

# DIREITO DA CONCORRÊNCIA

dos pedidos de redução ou não aplicação das coimas….".[78]) não garantem uma adequada protecção das informações relativas à clemência, sendo certo que a solução prevista no direito português, que faz depender a obtenção de documentos relevantes para a produção de prova numa acção cível de decisão judicial, também não assegura uma total reserva em sede de clemência.

Restará consagrar expressamente na lei, mediante norma especial, a reserva dos pedidos de dispensa e de atenuação especial das coimas apresentados às autoridades de concorrência, de forma a justificar a sua não divulgação perante uma pretensão formulada no âmbito de uma acção cível de indemnização.

**A coordenação da aplicação da legislação pelos poderes públicos e pelos particulares.**

É, contudo, a questão J, relativa à coordenação da aplicação da legislação pelos poderes públicos e pelos particulares, aquela que remete directamente para o instituto da clemência. No âmbito desta questão, o Livro Verde salienta, uma vez mais, a complementaridade existente entre a acção pública e a propositura de acções por particulares, afirmando que "Tanto os programas de redução ou não aplicação de coimas, como a responsabilidade civil contribuem, através dos respectivos efeitos, para o mesmo objectivo: dissuadir de forma mais eficaz as empresas a participarem em cartéis."[79], reconhecendo que a eficácia dos programas de clemência deve ser preservada. Depois são analisadas três opções (28, 29 e 30), a primeira de natureza instrumental ("Opção 28: Exclusão da divulgação do pedidos de redução ou não aplicação das coimas, protegendo assim a confidencialidade dos documentos apresentados à autoridade de concorrência no âmbito de tais pedidos), afinal na sequência da questão B atrás referida (acesso aos elementos de prova) e duas outras, de natureza substantiva, que visam limitar a responsabilidade civil das empresas que apresentaram pedidos de redução ou não aplicação de coimas, mediante a concessão de uma redução condicional[80], possivelmente dependente da exigência de cooperação da empresa que apresentou o pedido com o autor da acção de indemnização ou mediante a eliminação da responsabilidade solidária para aquelas empresas[81-82].

A possibilidade de alteração das regras de cálculo da indemnização ou das regras de solidariedade como forma de concessão de um benefício adicional ao requerente de clemência é talvez o ponto mais controverso na perspectiva da interacção entre "public" e "private" enforcement, na medida em que afecta negativamente a função reparatória das acções de indemnização, podendo facilmente frustrar as expectativas das empresas e consumidores lesados por práticas restritivas da concorrência e, nessa medida, contrariar o intuito subjacente ao Livro Verde de facilitar a compensação dos prejuízos sofridos por infracções anti-concorrenciais.

---

[78] A opção 7 ("Acesso dos tribunais nacionais aos documentos na posse da Comissão…") dirige-se ao relacionamento entre a Comissão Europeia e os tribunais nacionais em matéria de protecção da confidencialidade dos segredos comerciais e outras informações confidenciais, não relevando na perspectiva das autoridades de concorrência.

[79] Livro Verde, ponto 2.7.

[80] "Opção 29: Redução condicional do montante da indemnização a pagar por uma empresa que tenha apresentado um pedido de redução ou não aplicação de coimas; as indemnizações a pagar pelos restantes autores da infracção – solidariamente responsáveis pela totalidade dos danos – não sofrem alterações."

[81] "Opção 30: Supressão da responsabilidade solidária para as empresas que tenham apresentado um pedido de redução ou não aplicação de coimas, limitando assim a exposição destas últimas a pedidos de indemnização. Uma possível solução consistiria em limitar a responsabilidade das empresas que apresentam pedidos de redução ou não aplicação de coimas à parte da indemnização correspondente à quota dessa empresa no mercado objecto do cartel."

[82] Ambas as soluções, pouco pormenorizadas nesta fase para se compreender quais as contrapartidas que serão exigidas às empresas que apresentam pedidos de redução ou não aplicação de coimas para poderem merecer um tratamento mais favorável, são fortemente inspiradas pelo recente direito norte-americano. Com efeito, em complemento da *Individual Leniency Policy* introduzida em 1994 que se veio juntar à *Corporate Leniency Policy,* revista em 1993, em 2004 foi aprovado o *Antitrust Criminal Penalty Enhancement and Reform Act* (lei H.R. 1086), que, pela primeira vez, procede à coordenação do instituto da clemência com o regime da responsabilidade civil por violação das regras de concorrência, mediante a redução dos "danos triplos" para danos meramente compensatórios ("detrebling damages" para "single damages") e a exclusão da responsabilidade solidária (*joint several liability*) para a empresa que apresente um pedido de redução ou não aplicação de coimas que coopere com o autor da acção de indemnização. V. o regime norte-americano aplicável em matéria de imunidade de coimas no sítio da *Antitrust Division do Department of Justice* – www.usdoj.gov/atr, já indicado.

# O NOVO INSTITUTO DA CLEMÊNCIA

Além disso, apesar de a discussão no seio da Rede ECN sobre as propostas apresentadas pelo Livro Verde ainda não ter começado, à luz do ordenamento jurídico nacional qualquer das opções adiantadas nesta sede exigiria a modificação de regras vigentes e a adopção de normas especiais.

Esta questão é tanto mais sensível quanto se estabeleceu desde a primeira Comunicação da Comissão Europeia sobre a clemência de 1996[83] que a concessão de imunidade em matéria de coimas ou uma redução do seu montante não protege a empresa das consequências de direito civil da sua participação numa infracção ao artigo 81.º do Tratado CE[84], o que resulta na não exoneração da responsabilidade civil de uma empresa que infringiu as regras de concorrência comunitárias, não obstante esta poder ter sido beneficiado com um tratamento mais favorável em matéria de coimas em virtude da sua colaboração com a autoridade nacional de concorrência.

Julga-se todavia que a via para justificar a concessão, em matéria de responsabilidade civil, de um estatuto privilegiado às empresas que se candidataram ao instituto da clemência exige, antes de mais, a assunção clara da prevalência da aplicação das regras de concorrência, comunitárias e nacionais, pelos poderes públicos, isto é, pelas autoridades de concorrência, perante as acções de indemnização devido à violação dos artigos 81.º e 82.º do Tratado CE. Esta relação parece inquestionável em face da importância da defesa do bem público concorrência por autoridades administrativas e/ou judiciais dotadas de competência especializada nesta matéria, quando comparada com a prossecução de interesses privados, individuais em regra ou circunscritos a grupos de interesses, tal como reconhecido por alguma doutrina[85].

> **Prevalência da aplicação das regras de concorrência, comunitárias e nacionais, pelos poderes públicos, isto é, pelas autoridades de concorrência, perante as acções de indemnização devido à violação dos artigos 81.º e 82.º do Tratado CE.**

Mas tal obrigaria a um registo muito mais moderado no que respeita ao tema das acções de indemnização devido à violação das regras comunitárias no domínio *antitrust*, circunscritas a um efeito complementar limitado mas nunca susceptível de se equiparar ou de substituir a aplicação das regras de concorrência pelas autoridades públicas na Europa.

Nesta linha, poder-se-ia escolher uma abordagem prudente e gradual, que se concentrasse em dois ou três pontos relevantes, salientando o interesse acrescido das acções independentes e estabelecendo regras que facilitassem a interposição de acções colectivas com vista a ressarcir, em especial, os consumidores finais lesados, aqueles que mais dificuldade têm de ser compensados dos danos sofridos em consequência das práticas restritivas da concorrência pela tradicional ausência de poder negocial.

Quanto à clemência, poder-se-ia optar por uma primeira medida circunscrita à não divulgação dos pedidos de redução ou não aplicação de coimas que assegurasse a confidencialidade dos documentados apresentados à autoridade de concorrência nesse âmbito, a qual, no caso português exigiria a previsão de uma excepção ao regime geral aplicável ao acesso aos documentos de uma autoridade administrativa e às regras do processo civil relativas ao acesso à prova documental, mas que seria suficiente e adequada para preservar um instituto tão recente entre nós, sem desequilibrar pilares importantes do direito civil, subvertendo o instituto da responsabilidade civil.

---

[83] Supra citada.

[84] Veja-se a mais recente Comunicação da Comissão nesta matéria, de 2006, ponto 39, último período e a anterior Comunicação de 2002, ponto 31, último período.

[85] Veja-se, entre outros, Wouter Wils ,"The Reform of Competition Law Enforcement Brought About by Regulation no 1/2003" – Community Report *in The Modernisation of EU Competition Law Enforcement in the European Union – FIDE 2004, University Press, Cambridge, 2004*, Douglas H. Ginsburg, opinião citada, David Rosenberg e James P. Sullivan, "Coordinating Private Class Action and Public Agency Enforcement of Antitrust Law" in Journal of Competition Law and Economics, vol. 2, no. 2, June 2006, págs 161-185, questionando o contributo das "private class actions" para uma aplicação óptima das regras de concorrência, em particular perante o efeito dissuasor adicional que já resulta do agravamento das coimas e da imposição de penas de prisão (designadamente nos EUA), isto é, dos poderes acrescidos de que dispõem as autoridades públicas para sancionarem mais severamente as principais infracções; e ainda Thomas Eilmansberger, opinião citada, que sublinha o mérito do "public enforcement", salientando a ausência de interesse público em conceder incentivos contra infracções já terminadas e sancionadas, o que obstaria à consideração de danos múltiplos em acções de seguimento, de valor limitado em matéria de *enforcement*, e sem qualquer valor acrescentado por apenas beneficiarem as vítimas.

**sub judice / ideias — 40**

2007

# DIREITO DA CONCORRÊNCIA

**O instituto da clemência, fundamental no combate e na condenação das práticas restritivas da concorrência mais graves, constitui um instrumento indispensável à actividade de investigação de uma autoridade da concorrência.**

## 7. Conclusões

O recém criado instituto da dispensa e da atenuação especial da coima aplicável em processos de contra-ordenação por infracção às normas da concorrência insere-se no contexto mais vasto da valorização crescente da concorrência como elemento dinamizador do mercado em Portugal.

Apesar de a primeira legislação de defesa da concorrência portuguesa remontar a 1983, o reconhecimento firme da concorrência como bem público foi especialmente marcado pela opção assumida pelo legislador nacional, em 2003, de criação da Autoridade da Concorrência e de revisão do regime jurídico da concorrência, aprovado pela Lei n.º 18/2003, de 11 de Junho.

Pretendeu a Lei da Concorrência dotar a Autoridade da Concorrência de amplos poderes no exercício das suas competências sancionatórias, de supervisão e de regulamenação, dotando-as dos meios necessários ao cabal desempenho da missão de elevado interesse público que lhe foi confiada.

O instituto da clemência, fundamental no combate e na condenação das práticas restritivas da concorrência mais graves, como se referiu, constitui um instrumento indispensável à actividade de investigação de uma autoridade da concorrência, ilustrando o pragmatismo e a flexibilidade necessários à prossecução destas atribuições nos tempos que correm. Com efeito, o carácter secreto das práticas restritivas mais nocivas e a sofisticação dos comportamentos anti-concorrenciais levado a cabo por empresas bem familiarizadas com o âmbito dos poderes de investigação das autoridades de concorrência exigem novas medidas.

A clemência exemplifica bem a adaptação das entidades públicas à evolução das práticas desenvolvidas pelo sector privado, podendo ainda ser conjugada com outros instrumentos à disposição de algumas autoridades de concorrência europeias, como é o caso das decisões de compromissos e dos procedimentos de não contestação das acusações[86], na perspectiva da maior eficácia da acção destas autoridades, a título complementar ou alternativo da imposição de sanções pecuniárias.

A criação deste instituto pressupõe a consciência da gravidade das práticas restritivas da concorrência na óptica do bem estar geral e a existência de alguma cultura da concorrência, sendo certo que esse ambiente exige, por um lado, constantes esforços de informação e de sensibilização junto das empresas e das suas estruturas associativas, dos consumidores, da Administração Pública, e da sociedade civil em geral, e a acção efectiva por parte das autoridades de concorrência e do poder judicial nesta matéria.

No que respeita a Portugal, a vigência de regras de concorrência desde 1984 e, em particular, a criação da Autoridade da Concorrência e a actual Lei da Concorrência permitiram que a utilidade e a necessidade de um instrumento como a clemência fossem rapidamente intuídas pelo legislador, tendo conduzido à adopção da Lei n.º 39/2006. A origem legislativa deste instituto dota-o de dignidade e de relevância acrescida, ao mesmo tempo que assegura às empresas e pessoas singulares potenciais requerentes da dispensa e da atenuação especial da coima aplicável às infracções de concorrência um quadro jurídico estável e transparente, sem negar à Autoridade da Concorrência a apreciação do cumprimento dos requisitos e das condições abrangidos neste regime e que a clemência pressupõe.

---

[86] Veja-se, no Regulamento 1/2003, o artigo 9.º, mas também a referência à adopção destas decisões pelas autoridades de concorrência dos Estados-Membros no artigo 5.º e, a título de exemplo, no direito francês, a possibilidade de compromissos que foi criada pela *Ordonnance n.º 2004-1173*, de 4 de Novembro de 2004 (alteração ao artigo L. 464-2 do *Code de commerce*) e ainda a possibilidade de *transacção* introduzida pela Lei *NRE* de 15 de Maio de 2001, atrás citada (artigo L. 464-2 III), que oferece às empresas que não contestarem a materialidade dos factos que lhe foram imputados e que se comprometerem a modificar a sua conduta para o futuro, a possibilidade de uma sanção pecuniária reduzida. Foi igualmente esta lei que estabeleceu o instituto da clemência no direito francês da concorrência.

# O NOVO INSTITUTO DA CLEMÊNCIA

O recurso ao instituto da clemência em Portugal, cujo balanço é, por enquanto, muito prematuro dada a sua curta vigência, exigirá num futuro próximo a definição de orientações em matéria de coimas por parte da Autoridade da Concorrência como um contributo adicional para a previsibilidade indispensável deste quadro jurídico.

Por último, sublinha-se que é fundamental garantir que a clemência tenha condições de ser requerida e de ser utilizada pela Autoridade da Concorrência na sua actividade de investigação e perseguição das práticas restritivas, sem que as empresas e as pessoas singulares objecto de dispensa e da atenuação especial da coima aplicável fiquem mais expostas do que estariam em sede de responsabilidade civil. É, por isso, prioritário salvaguardar este instituto recente, ainda não verdadeiramente testado entre nós, e que exige experiência, no contexto da discussão em curso sobre o designado "private enforcement" das regras comunitárias da concorrência, sob pena de a colaboração das empresas com a Autoridade da Concorrência neste domínio ser desencorajada antes ainda de ter tido a possibilidade de se desenvolver.

> É fundamental garantir que a clemência tenha condições de ser requerida e de ser utilizada pela Autoridade da Concorrência sem que as empresas e as pessoas singulares objecto de dispensa e da atenuação especial da coima aplicável fiquem mais expostas do que estariam em sede de responsabilidade civil.

Novos tempos exigem novos instrumentos por parte das autoridades de concorrência, e instrumentos adaptados às particularidades dos mercados actuais, combinando a segurança jurídica com a flexibilidade indispensável à aplicação do regime jurídico da concorrência.

Portugal está desde 2006 alinhado com os seus parceiros europeus nesta matéria: resta aguardar a reacção das empresas perante este instrumento para testar a sua efectividade, dando à Autoridade da Concorrência a oportunidade de o utilizar em benefício da condenação das práticas anti-concorrenciais mais gravosas.

# Procedimentos de Natureza Sancionatória no Direito da Concorrência[1]

**A. Leones Dantas**
Procurador-Adjunto

"**A. Leones Dantas analisa, neste texto, os procedimentos de natureza sancionatória no direito da Concorrência, caracterizando a diferente natureza das várias infracções previstas na Lei 18/2003, os poderes conferidos à Autoridade da Concorrência pela Lei da Concorrência e algumas especialidades na tramitação dos processos de contra-ordenação".**

**A actuação adminstrativa no âmbito do processo das contra-ordenações nada tem a ver com o código do procedimento adminstrativo.**

---

**1** – O artigo 42.º da Lei n.º 18/2003[2], de 11 de Junho, estabelece que " ... as infracções às normas previstas no presente diploma e às normas de direito comunitário cuja observância seja assegurada pela Autoridade, constituem contra-ordenação punível nos termos do disposto no presente capítulo".

Apesar deste enquadramento genérico como contra-ordenação das infracções à disciplina da concorrência, o legislador não as sujeitou a um processamento único, nomeadamente o decorrente do regime geral das contra-ordenações, mas estabeleceu um regime de processamento complexo, onde se articulam princípios próprios do procedimento administrativo, com princípios oriundos do procedimento das contra-ordenações.

Assim, no seu artigo 19.º, aquela Lei estabelece que "os procedimentos sancionatórios respeitam o princípio da audiência dos interessados, o princípio do contraditório e os demais princípios gerais aplicáveis ao procedimento e à actuação administrativa", constantes do Código de Procedimento Administrativo. Determina, igualmente, que aos mesmos procedimentos serão aplicáveis, se for caso disso, os princípios fundamentais do regime geral de mera ordenação social.

Na sua aparente simplicidade, esta norma encerra uma contradição evidente que pode conduzir a dúvidas sobre o regime de base que deve plasmar o procedimento sancionatório.

De facto, a actuação administrativa de natureza sancionatória que se materializa no procedimento de mera ordenação social, embora na sua essência seja uma actividade administrativa, não está sujeita ao regime do procedimento administrativo, mas às normas previstas na Lei Quadro das Contra-ordenações[3], que têm como direito subsidiário o código de processo penal.

A actuação administrativa no âmbito do processo das contra-ordenações nada tem, pois, a ver com o código do procedimento administrativo.

Se no espírito do legislador está a possibilidade de utilização do procedimento administrativo para aplicação de coimas, estamos em face de um alteração ao regime geral, já que os princípios enformadores do procedimento das contra-ordenações estabelecem um quadro, globalmente considerado, mais adequado à intervenção num processo sancionatório do que o que resulta dos princípios gerais do procedimento administrativo.

Se se pretende apenas trazer para o procedimento das contra-ordenações os princípios do procedimento administrativo, estar-se-á perante um erro metodológico já que muitos dos princípios das duas formas de processo se sobrepõe.

A razão de ser norma daquele artigo 19.º parece-nos, de facto, outra.

Na verdade, o apelo ao código de procedimento administrativo em sede de actividade sancionatória deriva da natureza das infracções em causa e do facto de muitas delas serem constatadas em procedimentos de natureza administrativa que seguem os termos do respectivo código.

Esta circunstância justifica que se tenha pretendido aproveitar essa forma de procedimento e, sobretudo os actos já levados a cabo no contexto do mesmo para sancionar as infracções em causa, afastando, em relação a elas, o processamento típico das contra-ordenações.

**2** – A determinação do procedimento a aplicar ao processamento de uma contra-ordenação prevista na Lei n.º 18/2003, prende-se intimamente com a natureza da infracção em causa.

---

[1] Intervenção proferida em 3 de Junho de 2005, no Seminário sobre Direito Europeu da Concorrência, no Centro Cultural de Belém.

[2] Seguidamente designada simplesmente por Lei e a que se referem todas as disposições legais sem indicação de origem.

[3] Decreto-lei n.º 433/82, de 27 de Outubro.

# DIREITO DA CONCORRÊNCIA

As contra-ordenações à disciplina da concorrência têm assento no artigo 43.º daquele diploma que as tipifica e estabelece as coimas correspondentes.

No conjunto de infracções discriminadas no n.º 1 devem separar-se as previstas na alínea a) – violação do disposto nos artigos 4.º, 6.º e 7.º daquele diploma, das restantes.

Em todas estas alíneas últimas está em causa a violação de decisões da Autoridade, comportamento que o legislador entendeu dever punir como contra-ordenação.

Temos, deste modo, contra-ordenações que materializam práticas directamente proibidas na Lei – artigos 4.º, 6.º e 7.º – e contra-ordenações que se traduzem no incumprimento de medidas tomas pela Autoridade no âmbitos dos seus poderes de supervisão ou outros.

Nas infracções descritas no n.º 3 daquele artigo, deve igualmente proceder-se a uma separação entre a infracção da alínea a) e as infracções previstas nas alíneas b) e c) que materializam a recusa de cooperação com a Autoridade, ou a falta de prestação de informações, ou a prestação de informações inexactas ou incompletas.

Um caso à parte neste cenário é o da infracção prevista no n.º 4 que manifestamente nunca deveria ter sido considerada como contra-ordenação. Trata-se, de facto, do incumprimento de deveres processuais que, na sua essência, nada tem a ver com o direito das contra-ordenações.

Mesmo as infracções decorrentes do incumprimento de ordens da Autoridade, ou da recusa de colaboração, ou do cumprimento de deveres específicos, poderiam não ter sido consideradas como contra-ordenação.

De facto, subsistem ainda no sistema jurídico português casos de infracções administrativas punidas com multa, a que é aplicável o procedimento administrativo comum.

Nada impedia que o legislador aplicasse também nessa matéria tal solução, que apesar de tudo, tem a coerência dogmática que a solução adoptada não revela.

**3** – A natureza das infracções em causa reveste particular interesse no que se refere às violações ao disposto nos artigos 81.º e 82.º do Tratado, convertidas pela norma acima citadas em contra-ordenações.

De facto, a Autoridade pode e deve oficiosamente proceder contra as empresas por violação do disposto naqueles artigos do Tratado, aplicáveis directamente.

A violação dessas normas é sancionada com "coima", nos termos do n.º 2, al. a), do artigo 23.º do Regulamento n.º 1/2003, do Conselho, de 16 de Dezembro de 2002.

Da circunstância de no Regulamento se falar em coimas não pode deduzir-se que se trata de ilícitos de mera ordenação social a que se possa aplicar, sem mais, o regime do direito interno.

Na verdade, na língua portuguesa, o termo "coima" é utilizado para designar a sanção específica de uma infracção – a contra-ordenação.

As contra-ordenações têm o regime geral decorrente do Decreto-lei n.º 433/82, de 27 de Outubro, e como categoria jurídica são um fenómeno do direito português e do direito alemão, existindo no sistema jurídico italiano uma figura próxima.

**Não é correcto enquadrar as infracções à disciplina da União, sansionadas pela Comissão, ou por outras instituições comunitárias, como direito das contra-ordenações, nem utilizar o conceito português de coima para designar as sanções de natureza económica previstas para essas infracções.**

Não é correcto enquadrar as infracções à disciplina da União, sancionadas pela Comissão, ou por outras instituições comunitárias, e já designadas por alguns como "direito penal europeu", como direito das contra-ordenações, e muito menos, utilizar o conceito português de coima para designar as sanções de natureza económica previstas para essas infracções.[4]

---

[4] Sobre alguns dos problemas emergentes da existência de sanções comunitárias, cfr. GERHARD DANNECKER, "Evolución del Derecho Penal y Sancionador Comunitario Europeo", Marcial Pons, 2001, pag. 87 e ss.

# PROCEDIMENTOS DE NATUREZA SANCIONATÓRIA NO DIREITO DA CONCORRÊNCIA

Na língua portuguesa, o conceito de multa ainda pode e deve designar este tipo de realidade e o seu uso permitia que se mantivesse a separação entre estas infracções e o direito interno, nomeadamente nos casos em que as autoridades nacionais podem sancionar condutas que preencham infracções previstas nos Regulamentos.

4 – A conversão das infracções previstas no Regulamento em contra-ordenações resultante do artigo 42.º da Lei n.º 18/2003, de 11 de Junho, e o seu sancionamento no âmbito do regime geral das contra-ordenações pode criar problemas de difícil solução, o que deveria ter merecido um cuidado mais intenso ao legislador.

De facto, as infracções previstas no Regulamento não estão integradas num sistema sancionatório que enquadre de forma global a sua aplicação.

Não existe no âmbito do direito comunitário um sistema positivado que defina o regime geral da responsabilidade pela prática das infracções e o seu sancionamento.

**Não existe no âmbito do direito comunitário um sistema positivado que defina o regime geral da responsabilidade pela prática das infracções e o seu sancionamento.**

Acresce que as próprias normas sancionatórias previstas no mencionado regulamento se limitam a estabelecer um valor concreto máximo para a sanção aplicada, sendo o regime omisso no que se refere aos limites mínimo e máximo no âmbito do qual a sanção é encontrada.

Na ausência desse enquadramento geral, as sanções previstas no Regulamento deverão ser fixadas tomando aquele valor como ponto de referência – que assenta na actividade económica da empresa no ano anterior – fazendo ainda apelo a outros factores, nomeadamente a situação económica concreta do arguido e respectivos antecedentes.

Haverá que fazer apelo a princípios de carácter geral, nomeadamente o da proporcionalidade que desempenhará aqui um papel estruturante, bem como aos elementos decorrentes do n.º 3 do artigo 23.º do Regulamento.

5 – Na estruturação das contra-ordenações previstas na Lei, sobretudo na fixação das coimas que lhes fez corresponder, o legislador seguiu claramente o modelo resultante do Regulamento, prevendo apenas um limite máximo para a coimas concretamente aplicadas – uma percentagem do volume de negócios do último ano.

Não foram estabelecidos os limites mínimo e máximo das coimas abstractamente previstas de acordo com a técnica tradicional no sistema jurídico português de sancionamento e que são pontos de referência importantes na determinação da sanção.

Tal fixação de limites não seria incompatível com a garantia de um limite concreto para a sanção que se mostra consagrada no regulamento comunitário. Existe até um caso paralelo no n.º 2 do artigo 18.º do Decreto Lei n.º 433/82, de 27 de Outubro.

Na ausência de norma estabelecendo aqueles limites poderia argumentar-se com a aplicação dos limites de carácter geral que resultam do artigo 17.º da Lei Quadro das Contra-ordenações.

Trata-se, contudo, de solução que deve ser desde logo excluída porque os valores previstos naquela lei não teriam qualquer eficácia sancionatória no âmbito da actividade económica em que as normas sobre concorrência são aplicadas, o que desvirtuaria completamente o sistema.

A ausência desses limites não impede o sancionamento das infracções, deixando apenas o intérprete sem aqueles elementos de referência na concretização da coima.

De alguma forma o limite concreto que resulta da lei será sempre o ponto de referência estruturante acabando por funcionar na prática como se fosse um limite máximo abstractamente previsto da coima já que não pode ser ultrapassado.

**Há que encontrar uma coima que respeite os princípios e os objectivos subjacentes ao sistema, nunca olvidando que o fim último da sanção é o desapossamento do lucro ilícito obtido.**

A partir daí e respeitando os critérios emergentes do artigo 44.º da Lei n.º 18/2003, de 11 de Junho, quem aplica a Lei poderá encontrar uma coima que respeite os princípios

# DIREITO DA CONCORRÊNCIA

**Às contra-ordenações por violação do disposto nos arts. 4.º, 6.º e 7.º e no arts. 81.º e 82.º do Tratado, é aplicável o processo previsto nos arts. 22.º e segs., que na sua essência é um procedimento moldado a partir do regime geral das contra-ordenações.**

**No processamento das restantes contra-ordenações são aplicáveis as normas do processo no âmbito do qual a infracção é constatada.**

e os objectivos subjacentes ao sistema, nunca olvidando que o fim último da sanção é o desapossamento do lucro ilícito obtido — as vantagens de que hajam beneficiado as empresas — na linguagem da alínea b) do citado artigo 44.º da daquele diploma.

**6** – A caracterização das infracções surge como ponto de partida para a definição do seu regime processual, porque enquanto as que decorrem da violação dos artigos 4.º, 6.º e 7.º daquela Lei e da violação dos artigo 81.º e 82.º do Tratado, seguem o regime do processo relativo às práticas proibidas, previsto no artigo 22.º e seguintes, as demais são processadas como incidentes do processo em que o incumprimento é constatado.

Ou seja, há no sistema instituído contra-ordenações que são investigadas e sancionadas em processos contra-ordenacionais propriamente ditos, mas há também contra-ordenações que são sancionadas no âmbito de outros processos preexistentes — por norma de natureza administrativa — e a seguir os termos do procedimento administrativo.

Contudo, as contra-ordenações derivadas do incumprimento de medidas aplicadas em processo de contra-ordenação seguirão os termos deste processo, como incidentes do mesmo, valendo aqui os princípios do procedimento administrativo expressos no artigo 19.º.

Assim, em síntese, às contra-ordenações por violação do disposto nos artigo 4.º, 6.º e 7.º e no artigo 81.º e 82.º do Tratado é aplicável o processo previsto nos artigos 22.º e seguintes, que na sua essência é um procedimento moldado a partir do regime geral das contra-ordenações.

No processamento das restantes contra-ordenações são aplicáveis as normas do processo no âmbito do qual a infracção é constatada.

Assim, as infracções ao disposto na alínea c) do n.º 1 são processadas como incidente do processo de contra-ordenação em que as medidas em causa sejam tomadas.

Já as infracções das alíneas b) e c) do n.º 3 ou do n.º 4 são sancionadas como incidente do processo em que ocorram, podendo surgir no âmbito do processo contra-ordenacional ou do processo administrativo.

A parte restante das contra-ordenações previstas naquele artigo 43.º são sancionadas como incidente do processo administrativo em que ocorrem.

No processamento deste incidente devem ser acautelados os princípios relativos aos processos sancionatórios que decorrem do mencionado artigo 19.º daquela Lei.

Esta diversidade de procedimentos só vale para a fase administrativa, já que a Lei não distingue o processamento no que se refere à fase do recurso da decisão condenatória. Aqui todas as decisões são impugnadas pelo regime decorrente dos artigos 49.º e seguintes, independentemente da natureza do processo em que foram aplicadas.

**7** – A Lei-quadro das Contra-ordenações no seu artigo 41.º n.º 2 refere que as autoridades administrativas têm no processo os mesmos poderes e deveres das autoridades competentes para o processo criminal.

Por força desta norma, as autoridades podem recorrer aos poderes atribuídos no código de processo penal às autoridades judiciárias no sentido de investigar os factos susceptíveis de serem considerados como contra-ordenações e para os sancionar.

Esses poderes têm, contudo, limites, alguns expressos directamente da Lei. É o caso das limitações em termos de meios de prova e de obtenção de prova que resultam do artigo 42.º daquele diploma.

Este preceito proíbe expressamente a prisão preventiva, a intercepção da correspondência ou das telecomunicações e a utilização de meios de prova que impliquem violação do segredo profissional.

102        2007        **40 — ideias / sub judice**

# PROCEDIMENTOS DE NATUREZA SANCIONATÓRIA NO DIREITO DA CONCORRÊNCIA

Entendeu o legislador que os interesses em causa no direito das contra-ordenações em geral não justificavam a lesão de direitos que está implícita naqueles meios de prova ou de obtenção de prova, assumindo que a responsabilização pela prática de ilícitos de mera ordenação social cede em caso de colisão com aqueles interesses.

Por outro lado, no que se refere aos interesses afectados com os meios referidos no n.º 2 daquele artigo, a possibilidade de lesão dos mesmos fica na disponibilidade dos seus titulares não sendo a mesma susceptível de suprimento judicial.

Assim, as provas que colidam com a reserva da vida privada – buscas domiciliárias e revistas – só são possíveis com o consentimento do visado, o que igualmente sucede nos exames corporais e nos exames hematológicos.

Podem, pois, ser levadas a cabo todas as diligências necessárias à instrução dos processos que não fiquem a coberto destas excepções.

Daí que não se impeça que sejam realizadas buscas em escritórios das empresas, armazéns ou espaços fechados, afectos ao exercício de actividades no âmbito da qual ocorram os factos investigados.

> **Nada impede que sejam realizadas buscas em escritórios das empresas, armazéns ou espaços fechados.**

**8** – Na conformação do estatuto da Autoridade, a Lei n. 18/2003, fugiu a uma remissão para a Lei-quadro das Contra-ordenações, como se havia feito nos diplomas que a antecederam e propendeu para a discriminação do complexo de poderes atribuídos àquela autoridade.

Ao contrário daquilo que resulta da referida Lei-quadro, a Autoridade viu-se degradada de autoridade judiciária em órgão de polícia criminal (OPC), o que não é consentâneo com quem tem poderes de sancionar, coisa que não ocorre nos OPC.

Os OPC possuem o estatuto que deriva do código de processo penal, mas têm ali uma posição subordinada à das autoridades judiciárias, o que não faz sentido relativamente a quem assume poderes de autoridade pública para efeitos sancionatórios.[5]

É nesta degradação que se entende a norma do n.º 2 daquele artigo 17.º relativamente aos poderes que resultam da alínea c) do n.º 1 do mesmo artigo relativo a buscas.

Refere-se naquela alínea que a autoridade pode "Proceder, nas instalações das empresas ou das associações de empresas envolvidas, à busca, exame, recolha e apreensão de cópias ou extractos da escrita e demais documentação, quer se encontre ou não em lugar reservado ou não livremente acessível ao público, sempre que tais diligências se mostrem necessárias à obtenção de prova;"

Porém, por força do n.º 2 do mesmo artigo, as diligências previstas naquela alínea "dependem de despacho da autoridade judiciária que autorize a sua realização".

Tal como se disse, a lei degradou o estatuto da Autoridade ao nível dos órgãos de polícia criminal relativamente ao estatuto que ela teria por força do regime geral das contra-ordenações.

No âmbito deste regime, por sua iniciativa, a autoridade poderia proceder a buscas em espaços fechados, desde que se não trate do domicílio, sem qualquer intervenção das autoridades judiciárias.

No que se refere a buscas domiciliárias nada impedia que elas fossem autorizadas expressamente pela Lei, o que não é o caso.

---

[5] Sobre o estatuto dos OPC no C.P.P. cfr. A Dantas, "As Polícias nos Sistema Processual Penal", Droga a Prevenção e a Investigação Criminal do Tráfico e do Consumo, pag. 28 e ss.

# DIREITO DA CONCORRÊNCIA

**Parecer n.º 127/2004, de 17 de Março de 2005 do Conselho Consultivo da Procuradoria-Geral da República.**

O modelo instituído afastou a possibilidade dessa forma de buscas, cuja adopção se justificava, até por força do regime de intervenção da Comissão que resulta do Regulamento n.º 1/2003 e das tarefas que este atribui às autoridades nacionais.

9 – Sobre esta questão debruçou-se recentemente o Conselho Consultivo da Procuradoria-Geral da República no parecer n.º 127/2004, de 17 de Março de 2005, em que se referiu que:

"As buscas e apreensões domiciliárias, em escritório de advogado, em estabelecimento bancário, e em consultório médico não são admissíveis neste tipo de processos, salvo com consentimento de quem de direito, por a tanto se opor o disposto no artigo 42.º, n.º 2, do Regime Geral das Contra-Ordenações, que não é afastado pelo artigo 17.º, n.º 1, alínea c) da Lei n.º 18/2003, de 11 de Junho;

As buscas e apreensões não domiciliárias, nomeadamente nas instalações de empresas ou das associações de empresas envolvidas, que não são preteridas pelo mencionado artigo 42.º, n.º 2, e são expressamente previstas no aludido artigo 17.º, n.º 1, alínea c), da Lei n.º 18/2003, regem-se pelo disposto no Código do Processo Penal, aplicável subsidiariamente, em obediência ao disposto no n.º 1 do artigo 41.º do referido Regime Geral das Contra-Ordenações".

A primeira das conclusões deste parecer é susceptível de criar problemas na investigação dos processos instruídos pela Autoridade da Concorrência e mesmo no apoio que esta e os Tribunais portugueses devem dar à Comissão Europeia nos processos por violação dos artigos 81.º e 82.º do Tratado.

De facto, o Regulamento tem eficácia jurídica plena no ordenamento jurídico nacional e é aplicável nos processos instruídos pela Comissão.

Os juízes nacionais não poderão recusar a autorização de buscas necessárias à instrução dos processos a cargo da Comissão, naqueles espaços, e podem fazê-lo por aplicação directa do Regulamento. Este sobrepõe-se ao regime geral interno das contra-ordenações, que está subjacente àquela conclusão do parecer.

No que se refere à realização daquele tipo de buscas para instrução dos processos internos a cargo da Autoridade, o caminho só poderá ser o da alteração legislativa que permita expressamente as buscas em causa, num caso ou noutro sujeitando-as aos condicionalismos estabelecidos no código de processo penal.

**O regime decorrente do Regulamento não deve ser invocado para justificar as soluções encontradas na Lei no que se refere ao regime de buscas.**

10 – O regime decorrente do Regulamento não deve ser invocada para justificar as soluções encontradas na Lei no que se refere ao regime de buscas.

De facto, aquele diploma nada impõe que se reflicta na organização judiciária interna dos Estado Membros, não impedindo e equiparação que o regime das contra-ordenações faz dos poderes da autoridade da concorrência com os poderes das autoridades competentes para o processo.

Tal como se disse, tudo aconselhava que se avançasse para a possibilidade de realização de buscas domiciliárias, estas sim a sujeitar a autorização judicial, na linha as solução adoptada no artigo 215.º, n.º 2 do Regime Geral das Instituições de Crédito e Sociedades Financeiras[6], e que é o que resulta do Regulamento para os processos instruídos pela Comissão.

Com efeito, o Regulamento distingue claramente as buscas a levar a cabo nas instalações das empresas, das buscas domiciliárias.

Assim, no n.º 2 do artigo 20.º daquele diploma, prevê-se que os funcionários e outros mandatados pela Comissão para efectuar uma inspecção podem "aceder a todas as insta-

---

[6] Aprovado pelo Decreto-lei n.º 298/92, de 31 de Dezembro, com as alterações decorrentes do Decreto-lei n.º 201/2002, de 26 de Setembro.

lações, terrenos e meios de transporte das empresas e associações de empresas" e aí, para além do mais, a "inspeccionar os livros e outros registos relativos à empresa independentemente do seu suporte, a tirar cópias ou obter sob qualquer forma cópias ou extractos dos documentos controlados".

Refere-se, depois, no n.º3 desse artigo que as empresas são obrigadas a sujeitar-se à inspecção e afirma-se no n.º 6 que "quando os funcionários e outros acompanhantes mandatados pela Comissão verificarem que uma empresa se opõe a uma inspecção ordenada nos termos do presente artigo, o Estado Membro em causa deve prestar-lhes a assistência necessária, solicitando se for caso disso a intervenção de força pública ou de uma autoridade equivalente..."

Finalmente, no n.º 7 do mesmo artigo afirma-se que "se, para a assistência prevista no n.º 6 for necessária a autorização de um autoridade judicial de acordo com as regras nacionais, essa autorização deve ser solicitada."

Ou seja, o Regulamento remete claramente para o direito nacional a questão do regime das buscas.

Pode, pois, perguntar-se qual a razão do recurso à intervenção de uma autoridade judiciária para a realização destas buscas quando a Autoridade as poderia ordenar, de acordo com o regime do direito de mera ordenação social.

**11** – O Regulamento autonomiza as buscas noutras instalações das empresas, terrenos ou meios de transporte "incluindo o domicílio dos dirigentes...", do regime geral das inspecções, referindo no artigo 21.º que a Comissão pode determinar a realização de buscas nessas instalações, mas sujeita-as a um regime diverso do referido no artigo 20.º.

> **As buscas noutras instalações das empresas, terrenos ou meios de transporte "incluindo o domicílio dos dirigentes".**

No n.º 3 do mesmo artigo refere-se que a decisão da Comissão não pode ser executada sem autorização prévia da **autoridade judicial** nacional do estado Membro em causa, estabelecendo-se vários requisitos para essa autorização.

Tal como resulta do relatório daquele diploma, por detrás desta autonomização estão as buscas domiciliárias.

Mais uma vez, a versão em língua portuguesa do mencionado Regulamento pode induzir em alguns erros.

De facto, na linguagem jurídica portuguesa não se usa o conceito de **autoridade judicial**, mas o de **autoridade judiciária**.

Quando se pretende referir um juiz usa-se especificamente este termo; quando se pretende referir o juiz e o M.P. utiliza-se a expressão autoridade judiciária.

Este conceito, o de autoridade judiciária, generalizou-se na sequência da entrada em vigor do C.P.P. de 1987 e abrange o juiz e o M.P. nas múltiplas tarefas que a ambos são atribuídas no processo.

O respeito pelas especificidades dos diferentes ordenamentos jurídicos deveria impor este conceito abrangente na versão em Português do Regulamento, de forma a respeitar o facto de nem todas as buscas previstas estarem sujeitas a autorização judicial, nos diferentes ordenamentos jurídicos.

É o que acontece com a versão italiana do Regulamento, onde se atribui o poder de autorizar essas buscas à "autorità giudiziaria nazionale", ou na versão francesa onde se refere "autorité judiciaire".

Trata-se de países onde as tarefas do M.P. e do juiz nas fases preliminares do processo penal, têm alguma relação com aquilo que se passa no sistema jurídico português.

Aliás, o legislador português na Lei n.º 18/2003, ao prever que incumbe à autoridade

# DIREITO DA CONCORRÊNCIA

**Especialidades da tramitação dos processos de contra-ordenação introduzidas pela Lei n.º 18/2003 (art. 22.º e ss.).**

judiciária competente a autorização das buscas previstas na alínea c) do n.º 3 interpretou correctamente o Regulamento referindo-se a "autoridade judiciária".

**12** – A Lei n.º 18/2003 introduziu nos seus artigos 22.º e ss. algumas especialidades em termos de tramitação dos processos de contra-ordenação, relativamente ao regime que resulta da Lei Quadro das Contra-ordenações.

Para além das disposições decorrentes daqueles artigos são também aplicáveis a estes procedimentos alguns dos dispositivos de carácter geral previstos na 1.ª secção daquele capítulo III daquela lei.

Entre esses dispositivos de carácter geral têm particular interesse os relativos aos poderes que conformam o estatuto processual da Autoridade, previstos no artigo 17.º sob a epígrafe "poderes de inquérito e instrução" e os que derivam do artigo 18.º relativo à obrigação de prestação de informações por parte das empresas.

A Lei dividiu, formalmente, a fase administrativa do processo em duas partes que denominou "inquérito" e "instrução".

Trata-se de uma especificação do regime geral das contra-ordenações, onde ao nível da fase administrativa já se podia dividir o processo tomando como referência a audição do arguido, prevista no artigo 50.º daquele diploma.

Foram utilizados conceitos do processo penal para delimitar as fases do processo, embora no que se refere à instrução o paralelismo seja apenas aparente.

De facto, a instrução no código de processo penal é essencialmente uma forma de impugnação da decisão de encerramento do inquérito tomada pelo M.P.

A instrução concebida na Lei n.º 18/2003 é essencialmente uma forma de abrir o processo ao contraditório, permitindo ao investigado uma participação criadora na conformação do processo.

Conforme decorre do artigo 24.º, o inquérito é instaurado sempre que a Autoridade tenha notícia de práticas proibidas pelos artigos 4.º, 6.º e 7.º, e visa o esclarecimento dos factos ilícitos que essas práticas evidenciem.

Na sua essência o inquérito visa a recolha de toda a informação existente sobre os factos ilícitos denunciados e da prova que exista sobre o mesmo, em ordem à decisão sobre a aplicação de uma sanção aos seus autores.

Esgotadas as diligências de investigação dos factos, a Autoridade encerra o inquérito, determinando ou o arquivamento do processo, ou a abertura da instrução, esta sempre que conclua que "existem indícios suficientes" da infracção às regras da concorrência – artigo 25.º, n.º 1, al. b) da Lei.

A utilização do conceito de indícios suficientes para delimitar a passagem do processo da sua fase do inquérito para a da instrução é altamente discutível.

De facto, o conceito de indícios suficientes[7], decorrente do n.º 2 do artigo 283.º do C.P.P. não é directamente aplicável nesta forma de procedimento.

A este conceito no processo penal está subjacente uma dupla valoração: a do material recolhido no processo e da convicção probatória que da mesma emerge, e a submissão desse material probatório à imediação e ao contraditório da audiência de julgamento.

---

[7] Sobre o conceito de indícios suficientes, cfr. CARLOS ADÉRITO TEIXEIRA, "Indícios Suficientes" Parâmetro de Racionalidade e "Instância" de Legitimação Concreta do Poder-Dever de Acusar, Revista do CEJ, (2004) n.º 1 Almedina, 151 ess.

# PROCEDIMENTOS DE NATUREZA SANCIONATÓRIA NO DIREITO DA CONCORRÊNCIA

A suficiência dos indícios resulta da prognose que se faça sobre a convicção probatória que resultará da submissão à audiência dos meios de prova em causa.

Não se trata, pois, de um conceito apropriado para definir a viabilidade do processo que está subjacente à notificação que marca o início da instrução.

Enquanto no processo penal os indícios são suficientes se viabilizam a submissão a julgamento – o grande objectivo das fases preliminares do processo –, aqui visa-se apenas justificar a prossecução do processo como o interrogatório do denunciado. Em termos de avaliação do material probatório recolhido são níveis de exigência completamente diversos.

13 – Quando os elementos probatórios recolhidos possam ser considerados indícios suficientes da prática de uma infracção, a Autoridade decidirá então dar início à instrução através da notificação prevista na alínea b) do n.º 1 do artigo 25.º.

A notificação deve integrar uma síntese descritiva dos factos imputados, da respectiva qualificação jurídica e das sanções abstractamente previstas para as contra-ordenações que os factos integram.

> **A notificação prevista na alínea b) do n.º 1 do art. 25.º deve integrar uma síntese descritiva dos factos imputados, da respectiva qualificação jurídica e das sanções abstractamente previstas para as contra-ordenações que os factos integram.**

De facto, esta notificação mais não é do que a notificação prevista no artigo 50.º da Lei-quadro das Contra-ordenações.

Esta notificação visa o estabelecimento do contraditório sobre a factualidade apurada, e daí que o artigo 26.º especifique que a Autoridade fixará um prazo para que as arguidas se pronunciem-

Esta pronúncia por escrito pode ser substituída por audição oral, a requerimento das empresas ou associação de empresas visadas.

Apesar da formulação legal não se está perante nenhuma acusação, no sentido que esta tem no C.P.P., mas apenas perante uma forma de audição da entidade visada.

Trata-se de uma manifestação do princípio da audição e do contraditório, essencial na conformação do processo e que faz parte das garantias fundamentais de defesa.

Da audição, a requerimento ou por iniciativa da Autoridade, pode derivar a realização de novas diligências de instrução, estando as mesmas agora sujeitas ao princípio do contraditório, nos termos do n.º 4 do artigo 26.º.

14 – Concluídas as diligências da instrução, o processo chega à fase da decisão a que a Lei dedicou o seu artigo 28.º.

Se os elementos recolhidos no âmbito da instrução afastam a indiciação da factualidade investigada ou apontam para a exclusão da responsabilidade pela prática dos factos, a Autoridade profere uma decisão de arquivamento, nos termos da alínea a) do n.º 1 daquele artigo.

Se do processo resultam provados os factos integrativos de uma prática lesiva da concorrência, nos termos dos artigos 4.º, 6.º e 7.º, estará então preenchida a prática de uma contra-ordenação, p.p. nos termos dessas disposições legais e do artigo 43.º n.º 1 al. a), pela qual se seguirá a condenação dos responsáveis numa coima.

Como todo e qualquer acto decisório, a decisão deverá integrar uma fundamentação mínima, quer de facto, quer de direito, da qual decorra a demonstração das razões que estão subjacentes à decisão de arquivamento.

> **A decisão deverá integrar uma fundamentação mínima, quer de facto, quer de direito, da qual decorra a demonstração das razões que estão subjacentes à decisão de arquivamento.**

Para além da coima, os responsáveis poderão, ainda, ser condenados na sanção acessória a que se refere o artigo 45.º e nas sanções pecuniárias compulsórias a que se refere o artigo 46.º.

**sub judice / ideias — 40**

2007

# DIREITO DA CONCORRÊNCIA

A constatação da existência de uma prática restritiva da concorrência pode motivar ainda a adopção das medidas indispensáveis à cessação dessa prática ou dos seus efeitos, nos termos da alínea b) do n.º 1, em prazo que para o efeito será concedido.

O incumprimento destas medidas pode justificar a aplicação de uma sanção pecuniária compulsória nos termos do artigo 46.º que materializa uma forma reforçada de coacção ao cumprimento de deveres.

Se compararmos esta norma com a relativa às medidas cautelares, facilmente constataremos que através daquela medidas se reage a casos graves de lesão ou perigo de lesão do interesse público.

O incumprimento das medidas adoptadas integra a prática da contra-ordenação prevista na alínea c) do n.º 1 do artigo 43.º.

As medidas previstas na alínea b) do artigo 28.º são aplicadas onde existam situações em que a persistência de práticas lesivas da concorrência o justifique, mas não tenha sido aplicada uma medida cautelar, nomeadamente por não estarem preenchidos os respectivos pressupostos.

**As medidas cautelares são instrumentos de natureza jurídica que visam reagir a situações de perigo iminente, grave e de irreparável ou de difícil reparação, para a concorrência ou para os interesses de terceiros, decorrentes dos factos em investigação.**

15 – As medidas cautelares são instrumentos de natureza jurídica que visam reagir a situações de perigo iminente, grave e de irreparável ou de difícil reparação, para a concorrência ou para os interesses de terceiros, decorrentes dos factos em investigação.

A lei prevê como medida reactiva a suspensão imediata da prática em causa, ou a imposição de quaisquer outras medidas necessárias à reposição da normalidade da concorrência.

As medidas cautelares são um instituto enquadrado no âmbito dos meios de acção das autoridades públicas e destinam-se a acautelar o interesse público nos casos em que ele é gravemente posto em perigo por práticas ilícitas.

Materializam restrições ao exercício de actividades e pertencem ao universo mais vasto das medidas de polícia administrativa.

Têm autonomia em relação aos procedimentos de natureza sancionatória, o que não exclui que possam ser integradas no mesmo.

A Lei n.º 18/2003 integrou-as no âmbito do processo de contra-ordenação, o que se reflecte nos procedimentos necessários à sua adopção, e, sobretudo, na forma de impugnação.

Se as mesmas fossem tratadas fora do processo de contra-ordenação, estariam sujeitas ao regime do procedimento administrativo normal e à forma de impugnação que este prevê.

No âmbito do processo de contra-ordenação estão sujeitas ao regime de procedimento deste processo e às formas de impugnação das decisões ali tomadas.

Importa, contudo, que não se confundam estas medidas com as medidas de coacção previstas no processo penal.

O que está em causa nestas medidas é pôr cobro as agressões actuais ao interesse público e não a garantia da realização das finalidades do processo, que é o objectivo último das medidas de coacção do processo penal.

A impugnação segue o regime dos recursos consagrado no n.º 2 do artigo do mesmo diploma, estando afastadas as formas de impugnação próprias do contencioso administrativo.

**Regime dos recursos da impugnação das decisões proferidas nos processos de natureza sancionatória.**

16 – A Lei n.º 18/2003, de 11 de Junho, dedica ao regime dos recursos de impugnação das decisões proferidas nos processos de natureza sancionatória os artigos 49.º a 52.º. Define no artigo 50.º, n.º 1 o Tribunal de Comércio de Lisboa como tribunal compe-

# PROCEDIMENTOS DE NATUREZA SANCIONATÓRIA NO DIREITO DA CONCORRÊNCIA

tente para conhecer dos recursos interpostos das decisões da Autoridade que determinem a aplicação de "coimas ou de outras sanções acessórias", estabelecendo que o recurso tem efeito suspensivo.

Visou-se com esta norma a concentração da competência para conhecer dos recursos num tribunal especializado em questões ligadas à actividade das empresas, arredando a solução que resultava do regime geral.

Resulta do n.º 2 mesmo dispositivo que das "demais decisões, despachos ou outras medidas adoptadas" pela autoridade cabe recurso para o mesmo tribunal, este com efeito meramente devolutivo, nos termos e limites fixados no n.º 2 do artigo 55.º do Decreto-lei n.º 433/82, de 27 de Outubro.

Esta norma pode suscitar algumas dúvidas, uma vez que a sua redacção não é feliz.

De facto, no regime geral das contra-ordenações existe uma norma – o artigo 55.º – sobre o regime de impugnação das decisões de carácter interlocutório proferidas pela autoridade administrativa ao longo do processo.

Tais decisões são impugnáveis, salvo as de carácter meramente instrumental necessárias à preparação da decisão final. Mas mesmo em relação a estas, por força do n.º 2 do mesmo artigo, é admitido recurso, se as mesmas afectarem os direitos das pessoas.

Com o n.º 2 do artigo 50.º da Lei n.º 18/2003, ter-se-á pretendido transpor o regime de impugnação que resulta do referido artigo 55.º da Lei-quadro das Contra-ordenações, relativamente ao âmbito das decisões recorríveis.

Mas a abertura ao regime de recurso foi limitada pelo efeito do mesmo, já que se impôs que tenha carácter meramente devolutivo, ao contrário das decisões a que se refere o n.º 1 do mesmo dispositivo.

Torna-se necessário determinar que tipo de decisões são visadas naquela norma.

Já vimos que o n.º 1 deste artigo se refere a decisões que determinem a aplicação de coimas ou de outras sanções previstas na lei.

O n.º 2 do preceito em causa tem o mesmo âmbito de aplicação do artigo 55.º da Lei Quadro das Contra-ordenações – "as demais decisões, despachos ou outras medidas adoptadas" –, limitando-se, contudo, neste caso o efeito do recurso.

Independentemente das decisões necessárias à instrução do processo, as decisões que mais preocupavam o legislador serão, seguramente, as que aplicam as medidas cautelares previstas no artigo 27.º.

Dada a forma como foram configuradas, essas medidas são aplicadas como incidente do processo de contra-ordenação.

Afastou-se, deste modo, o regime de impugnação do contencioso administrativo, caindo-se no âmbito das decisões previstas no artigo 55.º da Lei-quadro das Contra-ordenações.

A atribuição ao recurso da decisão que aplica estas medidas de natureza meramente devolutiva visou encontrar uma forma de impedir que a eficácia das mesmas fosse posta em causa, o que aconteceria se o mesmo tivesse efeito suspensivo.

Trata-se, claramente, de decisões que não visam preparar a decisão final, mas dela têm autonomia, não estando abrangidas pela ressalva da parte final do n.º 2 do referido artigo.

A norma deve, pois, interpretar-se no sentido de que é admissível recurso para o mesmo tribunal, com efeito meramente devolutivo, das decisões não abrangidas pelo n.º 1, salvo nas decisões que "se destinem apenas a preparar a decisão final" e que não "colidam com os direitos ou interesses das pessoas".

**sub judice / ideias — 40**

2007

**109**

# DIREITO DA CONCORRÊNCIA

**Especialidades relativas à tramitação do recurso de impugnação.**

**17** – No artigo 51.º estabelecem-se algumas especialidades relativamente à tramitação do recurso de impugnação.

Assim, no n.º 1 prevê-se expressamente a possibilidade de a autoridade recorrida juntar alegações, quando remete o processo ao Ministério Publico, e atribui-se-lhe também expressamente a possibilidade de juntar ao processo, nesse momento ou posteriormente, as informações que considere relevantes, bem como oferecer meios de prova.

São princípios que a Lei-quadro correctamente interpretada já admite, mas que o legislador entendeu haver necessidade de assumir expressamente para evitar quaisquer dúvidas.

À Autoridade são atribuídos outros poderes de conformação do processo, nomeadamente o decorrente do n.º 4 sobre a desistência da acusação por parte do M.P., o direito de oposição à decisão por despacho que decorre do n.º 3 e, acima de tudo, o direito ao recurso autónomo que resulta do n.º 6 do mesmo artigo.

Não se optou pela consagração expressa do direito de participar na audiência, embora a faculdade de indicar meios de prova e a possibilidade de interposição de recurso já apontem para uma intervenção mais activa na audiência do que aquela que resulta do artigo 70.º da Lei Quadro.

A mais importante das especialidade é a que resulta do n.º 5 do artigo 51.º que impõe que o tribunal quando haja audiência de julgamento, tome em consideração na decisão a prova que resulte da fase administrativa do processo[8].

Entra-se, claramente, em ruptura com o modelo que resulta do processo penal, impondo-se o regresso aos princípios estruturantes do processo das contra-ordenações que já resultavam da Lei-quadro quando correctamente interpretada.

Deixa, assim, de ter fundamento a prática que se generalizou de repetir os meios de prova já produzidos na fase administrativa do processo que passam a ter que ser considerados pelo tribunal na formação da sua convicção.

Este facto não exclui que, por sua iniciativa, o tribunal não possa na audiência esclarecer as questões que entenda pertinentes, impondo-se-lhe, depois, que em sede de demonstração da base da sua convicção indique os fundamentos e a forma como valorou os elementos que resultavam do processo.

Lisboa, 3 de Junho de 2005

---

[8] Sobre a conformação deste princípio em sede de Lei Geral das Contra-ordenações, cfr. A Leones Dantas, "O Ministério Público no processo das contra-ordenações", Questões Laborais, ano VIII, 2001, 17, pag. 26 e ss.

# Problems related to the standard of proof and the extent of judicial evaluation

**Christopher Brown and Collette Rawnsley***
Barrister, Farrer & Co LLP, London, and Barrister – Associate, Howrey LLP, London, respectively. Both authors are former Referendaires at the UK Competition Appeal Tribunal

**"Os autores, neste artigo, analisam a questão da "standard of proof" à luz da prática dos Tribunais Comunitá-rios, tecendo uma análise compara-tiva com o direito anglo-saxónico, ilus-trada com vários casos concretos".**

## I. INTRODUCTION

1. This paper considers how the Court of Justice ("ECJ") and Court of First Instance ("CFI") have approached the interrelated[1] issues of standard of proof and extent of judicial evaluation (often referred to as the "standard of review") and how these issues have been addressed by the Competition Appeal Tribunal ("CAT") in the United Kingdom.[2]

## II. WHY ARE THESE TOPICS IMPORTANT?

2. Regulation 1/2003,[3] the so-called "modernisation" regulation, has changed the competition law enforcement landscape quite dramatically. Whereas, previously, only Article 81(1) EC was capable of being relied on directly in, and adjudicated by, the national court, Article 81 is now directly effective in its entirety.

3. Now, in private litigation, national courts may be called on to apply Article 81(3). In so doing, the standard of proof is particularly relevant. Also, in reviewing decisions of national competition authorities the national courts may be called upon to assess the authority's interpretation of Article 81(3) and its application to the facts of the case. In exercising its review function, questions of judicial evaluation are more pertinent than questions of the standard of proof, although there is a connection between the two, as we seek to explain.

4. Another, related, feature of Regulation 1/2003 is that national competition authorities and national courts are now obliged to apply EC competition law where they apply national competition law to an agreement or conduct which (actually or potentially) affects intra-Community trade.[4] For present purposes that means, in essence, that national courts will be called on much more than previously to review decisions concerning, and to adjudicate private actions raising, Articles 81 and 82.

5. The way in which the courts undertake their task of adjudication and review will therefore clearly be important to the overall system of application and enforcement of EC competition law. If national courts go about their tasks in substantially different ways, there is at least a risk that cases will produce different outcomes in different jurisdictions, which

(a) cannot be conducive to the uniform application of EC competition law, which is one of the aims of Regulation 1/2003; and

(b) in the case of private actions, may lead to an increase in forum shopping.

## III. WHAT IS MEANT BY "STANDARD OF PROOF" AND "EXTENT OF JUDICIAL EVALUATION"?

6. It is perhaps helpful to start with some definitions. In a Community context, "standard of proof" means the standard (or extent) to which the European Commission ("Commission") (or a national competition authority ("NCA")) is required to prove its case before concluding that an undertaking is in breach of the competition provisions of the EC Treaty, or before prohibiting a merger under the EC Merger Regulation. By "extent of judicial evaluation", or "standard of review", is meant the intensity with which the Court will scrutinise a decision of the Commission (or NCA) that is brought before it for review. Whilst the standard of proof and the standard of review are, in theory, distinct concepts, there are some who say that the standard of proof and standard of

---

[1] Vesterdorf "Standard of Proof in Merger Cases: Reflections in the Light of Recent Case Law of the Community Courts" (2005) 1 European Competition Journal, p 8.

[2] The CAT is a specialist tribunal established in 2000 (inter alia) to review decisions of the UK competition authorities. Its website is www.catribunal.org.uk.

[3] 2003 OJ L1/1.

[4] Article 2.

# DIREITO DA CONCORRÊNCIA

review are "so closely linked as to become inseparable".[5] Reeves and Dodoo have recently observed that, in practice, the two concepts draw heavily upon one another, stating:

*"At the end of the day, what is required for a Commission decision to stand in court depends on both the quantity and quality of evidence adduced by the Commission in support of its case (i.e. whether the standard of proof has been met), and on the level of scrutiny exercised by the Courts (i.e. the standard of review applied). It can be said that the more rigorous the standard of review, the more likely it is that the standard of proof will be high as well."[6]*

## IV. STANDARD OF PROOF

*The "requisite legal standard"*

7. The Community courts have frequently referred to the nebulous concept of "the requisite legal standard". Indeed, it is a term that can be found in nearly every judgment where the court has reviewed a Commission decision. For example, in a recent merger case, *Tetra Laval*,[7] the CFI stated, at paragraph 336 of its judgment:

*"It follows from all of the foregoing that the contested decision does not establish to the requisite legal standard that the modified merger would give rise to significant anti-competitive conglomerate effects. In particular, it does not establish to the requisite legal standard that any dominant position would be created on one of the various relevant PET packaging equipment markets and that Tetra's current position on the aseptic carton markets would be strengthened. It must therefore be concluded that the Commission committed a manifest error of assessment in prohibiting the modified merger on the basis of the evidence relied on in the contested decision relating to the foreseen conglomerate effect."*

Similarly, in *Westfalen Gassen Nederland BV v Commission*,[8] the CFI stated:

*"74 ... it should be recalled that, where there is a dispute as to the existence of an infringement of the competition rules, it is incumbent on the Commission to prove the infringements found by it and to adduce evidence capable of demonstrating to the requisite legal standard the existence of the facts constituting an infringement."*

But what does "to the requisite legal standard" mean? Even judges of the CFI agree that it is "very conveniently imprecise".[9] In fact, it is deliberately so.

**Não há um "padrão de prova" comum aos Estados-Membros.**

8. For a start, there is no common standard of proof between the Member States. The standards of proof applicable in the Member States are widely divergent. Accordingly, if the Community courts were, for example, to refer to an "on the balance of probabilities" standard, it would be accepting the (English) common law concept at the expense of other standards. Other Member States – which have civil law systems – do not use such language, instead insisting that 'the judge's conviction must be won' or that he must be 'convinced'. The abstract use of the various terms deployed in different countries is, as the Ashurst comparative report on private enforcement, prepared for the Commission suggests, not "particularly revealing".[10]

9. However, as an experienced Irish practitioner has observed, whilst there may be differences in the standards of proof among the Member States, "the standards tend to coalesce into a standard of something that the judge simply finds satisfactory on the facts".[11]

---

[5] Vesterdorf, cited above, p 8.

[6] (2006)29 Fordham International Law Journal 1034 – 1067..

[7] Case T-05/02, *Tetra Laval BV v Commission* [2002] ECR II-4381.

[8] Case T-303/02, judgement of the CFI, 5 December 2006.

[9] Vesterdorf, cited above, at p 19.

[10] *Study on the conditions of claims for damages in case of infringement of EC competition rules*, Comparative report, p. 55 (accessible at http://europa.eu.int/comm/competition/antitrust/others/actions_for_damages/study.html).

[11] Collins "The Burden and Standard of Proof in Competition Litigation and Problems of Judicial Evaluation" (2004) ERA Forum, vol 1, p 66, at p 71.

# PROBLEMS RELATED TO THE STANDARD OF PROOF AND THE EXTENT OF JUDICIAL EVALUATION

*What the Community courts have said about the standard of proof*

10. Recent decisions of the CFI and ECJ give some insight into the level (or amount[12]) of evidence the Courts expect the Commission to display in order to support its conclusions.

11. In *Kali & Salz*,[13] the ECJ said:

*"the Commission's finding that the holding of K+S and SCPA in the Kali-Export export cartel may have an impact on their competitive behaviour in the Community would not appear to be supported by a sufficiently cogent and consistent body of evidence…it would appear that the Commission has not established to the necessary legal standard the existence of a causal link between K+S and SCPA's membership of the export cartel and their anticompetitive behaviour on the relevant market."*

12. The ECJ also found, in that case, that a merger's effects on competition have to be assessed with "a sufficient degree of probability" for which the Commission must conduct a "rigorous analysis".[14]

13. In *Tetra Laval* the CFI made the following observations:

*"155. …Since the effects of a conglomerate-type merger are generally considered to be neutral, or even beneficial, for competition on the markets concerned, as is recognised in the present case by the economic writings cited in the analyses annexed to the parties' written pleadings, the proof of anticompetitive conglomerate effects of such a merger calls for a precise examination, supported by convincing evidence, of the circumstances which allegedly produce those effects…".*

14. The Commission appealed the CFI's judgment, alleging *inter alia* the CFI had "in fact significantly raised the level of the standard of proof required from the commission to prohibit a conglomerate merger and has thereby gone beyond the review of legality".[15] In a press release issued at the time, the Commission claimed that the CFI had "imposed a disproportionate standard of proof for merger prohibition decisions".[16]

15. On appeal, the ECJ[17] rejected the Commission's criticisms, observing (at para 41) that the CFI:

*"merely drew attention to the essential function of evidence, which is to establish convincingly the merits of an argument or, as in the present case, of a decision on a merger."*

It agreed (at paras 42 to 44) with the CFI that a prospective analysis of the kind necessary in merger control must be carried out with great care, given that it involves predictions of future events. The ECJ confirmed that in merger cases where the Commission alleges conglomerate effects the quality of the evidence "is particularly important, since that evidence must support the Commission's conclusion that, if such a decision were not adopted, the economic development envisaged by it would be plausible."

Although it is arguable that the ECJ uses more tempered language in its judgment, it agreed with the CFI that where the anticompetitive effects of a proposed merger are uncertain, the Commission will need to produce particularly good quality evidence for its decision to withstand scrutiny by the Luxembourg courts.

16. In *General Electric*, another conglomerate merger case, the CFI[18] held that the Commission had the "onus to provide convincing evidence to support its conclusion

> A comissão tem de provar que há uma forte probabilidade de verificação de efeitos anti-competitivos e não apenas que tais efeitos podem ocorrer.

---

[12] Vesterdorf (note 1 above) puts it this way (at p 19): "The question of the standard of proof ("the requisite legal standard") can in essence be distinguished from that of the standard of judicial control by thinking in terms of the following question: *how much* evidence is required before the Commission can prohibit (or authorise) a merger under the Merger Regulation?"

[13] Cases C-68/94 etc *France v Commission* [1998] ECR I-1375 ("*Kali & Salz*"), para 228.

[14] Ibid, para 246.

[15] O.J.C. 70/07 (2003).

[16] http://europa.eu/rapid/pressReleasesAction.do?reference=IP/02/1952

[17] Case C-12/03, Commission v Tetra Laval BV [2005] ECR I-987.

[18] Case T-210/01 *General Electric v Commission* [2005] ECR II-5575.

# DIREITO DA CONCORRÊNCIA

that the merged entity would probably behave in the way foreseen".[19] The CFI stated that the Commission needed to establish :

*"that there is <u>a high probability that anti-competitive effects will occur and not merely that they might occur</u>, it must quantify those effects and show that they will result from the merger rather than from pre-existing market conditions. That requirement is particularly important in cases such as the present, in which the merger is conglomerate, since it is accepted that such mergers rarely have anti-competitive effects."*

How, then, should the CFI's insistence on "convincing evidence" be analysed? In our view, the key is the acceptance by the CFI of the inherent unlikelihood of a conglomerate merger producing a significant impediment to effective competition. Indeed, as the Court recognises, such mergers are usually either pro-competitive or 'competition-neutral'. Where something is inherently unlikely to occur, the evidence will need to be stronger to satisfy the decision-maker or judge.

**Até que ponto o "padrão de prova" varia consoante a complexidade do caso.**

Following high-profile merger cases such as *Tetra Laval*, commentators asked whether the standard of proof varied depending on the complexity of the case[20] In that regard, it was suggested that in more complex cases, whether applying Articles 81 and 82 or the EC Merger Control regulation, the Commission may find it harder to satisfy the same standard of proof.[21]

17. In the recent *GlaxoSmithKline* judgment[22], an Article 81(3) case concerning an agreement to limit parallel trade in medicines, the CFI reiterated that, even in non-merger cases, "[i]t is for the Commission to prove the infringements which it finds by adducing, in the decisions in which it applies the competition rules, precise and coherent evidence demonstrating convincingly the existence of the facts constituting those infringements."[23]

18. Citing *Tetra Laval*, the CFI considered whether the evidence relied on by the Commission in its decision (a) was factually accurate and reliable; (b) contained all the information which was required to be taken into account for the purpose of assessing a complex situation; and (c) was capable of substantiating the conclusions drawn from it. In this regard, in respect of Article 81(3), the CFI found that the Commission had not adequately examined GSK's arguments and evidence of efficiencies that, in the CFI's view, were "relevant, reliable and credible". Accordingly, the CFI considered that the Commission had not discharged the burden of examining GSK's arguments and refuting them by means of substantive evidence. Insofar as the evidence put forward in the Commission's decision on efficiencies was fragmentary and of limited relevance or value, the Commission had not met the "requisite legal standard".

19. Once again, the specific facts of the case were of relevance to the standard of proof. The CFI considered that the Commission's failure adequately to examine GSK's arguments and evidence was a particularly severe omission in a market, such as pharmaceuticals, where regulation at a national level distorted competition. Moreover, insofar as there is strong competition in innovation in the pharmaceutical sector, market share alone was an insufficient basis for concluding that competition would be eliminated.

20. The recent *Microsoft* case[24] also considered the burden and standard of proof. The CFI confirmed that:

*"...although the burden of proof of the existence of the circumstances that constitute an infringement of Article 82 EC is borne by the Commission, it is for the dominant undertaking concerned, and not for the Commission, before the end of the administrative procedure, to raise any plea of*

---

[19] Ibid, para 69.

[20] Matteo F. Bay and Javier Ruiz Calzado *"Tetra Laval II: the Coming of Age of the Judicial Review of Merger Decisions"*, World Competition 28(4) 433 – 453, 2005. Kluwer Law International.

[21] Ibid, at p 451.

[22] Case T-168/01, judgment of 27 September 2006.

[23] Ibid, para 82.

[24] Case T-201/04, *Microsoft Corp. v Commission*, judgment of 17 September 2007, not yet reported.

# PROBLEMS RELATED TO THE STANDARD OF PROOF AND THE EXTENT OF JUDICIAL EVALUATION

*objective justification and to support it with arguments and evidence. It then falls to the Commission, where it proposes to make a finding of an abuse of a dominant position, to show that the arguments and evidence relied on by the undertaking cannot prevail and, accordingly, that the justification put forward cannot be accepted."*[25]

21. In this regard, the CFI noted that Microsoft had merely advanced "vague, general and theoretical arguments". In particular, in respect of Microsoft's argument that disclosure of interoperability data would have a significant negative impact on in its incentives to innovate, the CFI observed that Microsoft had simply stated that "[d]isclosure would … eliminate future incentives to invest in the creation of more intellectual property", without referencing specific technologies or products.[26]

22. Helpful illustration of the standard of proof expounded in *Tetra Laval* and other cases has given by the UK's highest court, the House of Lords. In *Rehman*[27] Lord Hoffmann said this:

*"The civil standard of proof always means more likely than not. The only higher degree of probability required by the law is the criminal standard. But…some things are inherently more likely than others. It would need more cogent evidence to satisfy one that the creature seen walking in Regent's Park was more likely than not to have been a lioness than to be satisfied to the same standard of probability that it was an Alsatian."*

23. The ECJ has however recognised (in the field of cartels) that there will often be difficulties for the Commission in finding direct evidence of unlawful contact between undertakings. In *Aalborg Portland*[28] the ECJ observed:

> **Dificuldades na obtenção de prova directa no domínio dos carteis.**

"55. Since the prohibition on participating in anti-competitive agreements and the penalties which offenders may incur are well known, it is normal for the activities which those practices and those agreements entail to take place in a clandestine fashion, for meetings to be held in secret, most frequently in a non-member country, and for the associated documentation to be reduced to a minimum.

56. Even if the Commission discovers evidence explicitly showing unlawful contact between traders, such as the minutes of a meeting, it will normally be only fragmentary and sparse, so that it is often necessary to reconstitute certain details by deduction.

57. In most cases, the existence of an anti-competitive practice or agreement must be inferred from a number of coincidences and indicia which, taken together, may, in the absence of another plausible explanation, constitute evidence of an infringement of the competition rules."

24. There is, therefore, nothing to stop the Commission from relying purely on indirect evidence; that does not, however, alter the standard of proof. The Court must nevertheless be satisfied that the Commission has established the existence of an infringement:

*"177 Where there is doubt, the benefit of that doubt must be given to the undertakings accused of the infringement … . The Court cannot therefore conclude that the Commission has established the existence of the infringement at issue to the requisite legal standard if it still entertains doubts on that point, in particular in proceedings for the annulment of a decision imposing a fine."*[29]

25. Clearly, there is a balancing act to be undertaken by a Court when assessing whether the existence of an infringement has been established, taking into account, on the one hand, the secretive nature of cartels and, on the other hand, the need for the Commission to prove its case albeit by reference to inferences and the absence of any other plausible explanation.

> **A relevância da prova indirecta: atende-se à inexistência de qualquer outra explicação plausível.**

---

[25] Ibid at paras. 688 and 1144.

[26] Ibid at para. 698.

[27] *Secretary of State for the Home Department v Rehman* [2001] HL 47, para 55.

[28] See also Cases C-403/04 P and C-405/04 *Sumitomo Metal Industries v Commission*, judgment of 27 January 2007, para 51.

[29] Joined Cases T67/00 etc *JFE Engineering Corp and others v Commission* [2004] ECR II-2501 Joined Cases T67/00 etc *JFE Engineering Corp and others v Commission* [2004] ECR II-2501

# DIREITO DA CONCORRÊNCIA

**Os arts. 220.º e 230.º do Tratado.**

## V. EXTENT OF JUDICIAL EVALUATION

*The position in the Community Courts*

*(a) The Treaty*

26. As a first step when considering the extent of judicial evaluation, however, it is important to bear in mind the Treaty provisions governing review by the Community courts. Their function is set out in Article 220 of the Treaty as follows:

*"The Court of Justice and the Court of First Instance, each within its jurisdiction, shall ensure that in the interpretation and application of this Treaty the law is observed."*

27. The power of review of acts of the Community institutions, which of course includes the Commission, is contained in Article 230. That article provides, in so far as relevant:

*"The Court of Justice shall review the legality of acts ... of the Commission...*
*It shall for this purpose have jurisdiction in actions brought ...on grounds of lack of competence, infringement of an essential procedural requirement, infringement of this Treaty or of any rule of law relating to its application, or misuse of powers."*

Of particular interest, at least to English lawyers, is the phrase "review the legality of". That immediately implies that reviews by the Court are not full reviews or re-hearings. Indeed, that wording can be contrasted with the wording to be found in Article 229 EC, which provides that.

*"Regulations ... may give the Court of Justice unlimited jurisdiction with regard to the penalties provided for in such regulations"[30].*

*(b) The Courts' approach*

**Jurisprudência relevante em matéria de definição do poder de revisão dos TPI e TJ sobre as decisões da Comissão.**

28. There has been a good deal of jurisprudence, particularly in recent years, which throws some light on the extent of evaluation of Commission decisions by the Court of First Instance and, on appeal, the European Court of Justice.

29. In *Consten and Grundig*, the first case in which the ECJ gave meaningful consideration to the proper scope of Article 81 of the Treaty, the Court said:[31]

*"The exercise of the Commission's powers necessarily implies complex evaluations on economic matters. A judicial review of these evaluations must take account of their nature by confining itself to an examination of the relevance of the facts and of the legal consequences which the Commission deduces therefrom."*

30. In *Remia*, the Court said, in similar vein:

*"Although as a general rule the court undertakes a comprehensive review of the question whether or not the conditions for the application of article 85 (1) are met , it is clear that in determining the permissible duration of a non-competition clause incorporated in an agreement for the transfer of an undertaking the commission has to appraise complex economic matters . The court must therefore limit its review of such an appraisal to verifying whether the relevant procedural rules have been complied with, whether the statement of the reasons for the decision is adequate, whether the facts have been accurately stated and whether there has been any manifest error of appraisal or a misuse of powers."[32]*

---

[30] The Court does indeed have unlimited jurisdiction with regard to penalties pursuant to Article 31 of Regulation 1/2003.

[31] *Consten and Grundig v Commission*, p 347.

[32] Case 42/84 *Remia v Commission* [1985] ECR 2545, para 34.

## PROBLEMS RELATED TO THE STANDARD OF PROOF AND THE EXTENT OF JUDICIAL EVALUATION

31. The ECJ's position has been affirmed on numerous occasions.[33] In *Tetra Laval* the ECJ expanded on its previous dicta thus:[34]

*"Whilst the Court recognises that the Commission has a margin of discretion with regard to economic matters, that does not mean that the Community Courts must refrain from reviewing the Commission's interpretation of information of an economic nature. Not only must the Community Courts, inter alia, establish whether the evidence relied on is factually accurate, reliable and consistent but also whether that evidence contains all the information which must be taken into account in order to assess a complex situation and whether it is capable of substantiating the conclusions drawn from it. Such a review is all the more necessary in the case of a prospective analysis required when examining a planned merger with conglomerate effect."[35]*

32. In *General Electric v Commission*, the CFI noted that:

*"121 ... a distinction must be drawn, when considering the lawfulness of the Commission's assessment of pre-merger dominance, between (i) the material accuracy of the facts found and (ii) the legal classification of those facts, its being remembered that the Commission enjoys a margin of assessment in determining whether, on the basis of duly established facts, it could properly conclude that an undertaking was dominant on a particular market ...".*

In particular, the CFI stated:

*"62 As to the nature of the Community judicature's power of review, it is necessary to draw attention to the essential difference between factual matters and findings, on the one hand, which may be found to be inaccurate by the Court in the light of the arguments and evidence before it, and, on the other hand, appraisals of an economic nature."*

33. Whilst the wording varies from case to case, in our view the Court's message is consistent: that when it comes to evaluating the evidence, the Treaty has given the Commission the responsibility of applying the rules; that these are complex matters; that the COmmission has the requisite expertise; and that the Court will confine itself to ensuring that, in carrying out those evaluations, the Commission is acting within the law.

> **O Tribunal limita-se a assegurar que a Comissão actua em conformidade com a lei.**

34. As John Cooke, the current Irish judge at the CFI, has said:

*"The very scope of the judicial review remedy is effectively dictated by the nature of the function imposed by the Treaty on the Commission, namely to administer competition policy and to apply the competition rules with a view to achieving [the single market]."[36]*

35. There is a clear distinction in the Court's approach between errors of law and errors of fact, on the one hand, and errors of appraisal, on the other. When it comes to assessing the Commission's application of the *law* itself, or its assessment of *factual* matters, the courts' review is more intense. I turn to these matters first before looking at matters of appraisal.

*(a) Matters of law*

36. As regards matters of law, it is the Community courts' prerogative to interpret and clarify Community law, as Article 220 EC states. There is – obviously – no margin of appreciation given to the Commission in this respect, be it procedural or substantive law.[37]

> **Questões de direito: Comissão não tem margem de apreciação no que respeita à interpretação do direito, seja processual seja substantivo.**

---

[33] See eg Case 142/84 *BAT and Reynolds v Commission* [1986] ECR 1899, para 62; Cases C-204/00 P etc *Aalborg Portland v Commission* [2004] ECR I-123, para 279; and CaseT-168/01 *GlaxoSmithKline v Commission* [2006] ECR II-2969, paras 241 et seq.

[34] *Tetra Laval*, cited above, para 39.

[35] See also Case T-282/02 *Cementbouw Handel & Industrie BV v Commission* at paras 196-197.

[36] "Commission White Paper on Decentralization of Competition Rules. The Threat to Consistency" in *European Competition Law Annual 2000: The Modernization of EU Competition Law* (eds Ehlermann and Atanasiu), cited in Bailey, "Scope of Judicial review under Article 81 EC" (2004) 41 CMLRev 1327, 1328.

[37] That is not to say, however, that decisions will necessarily be annulled where there has been an error of law (or indeed an error of fact): the Court will also consider whether the error was such as to call into question

---

**sub judice / ideias — 40**

2007

**117**

# DIREITO DA CONCORRÊNCIA

37. Thus in *Tetra Laval*, for example, the CFI set out the legal criteria which must be applied before the Commission may take account of <u>future conduct</u> by a merged undertaking which may lead to a creation or strengthening of a dominant position. In its decision, the Commission had merely referred to the economic incentives of the merged entity to engage in anti-competitive practices (and thereby strengthening its position); it had not considered other factors which the CFI considered it had, as a matter of law, to take into account, such as the possibility that the conduct was unlawful. The CFI therefore rejected those parts of the Commission's conclusions which rested on conduct likely to violate Article 82.[38]

38. Likewise, in *Airtours v Commission*,[39] the CFI annulled the Commission's decision to prohibit a merger between Airtours and First Choice, two major holiday tour operators in the UK, on the basis that the Commission had not applied the correct legal criteria in assessing whether a merger would lead to the creation or strengthening of a collective dominant position. The Commission had concluded that the reduction of the number of major tour operators in the UK from 4 to 3 would strengthen the prevailing tendency of the market towards collective dominance. The CFI set out the conditions which the Commission should satisfy itself are met in order to demonstrate the existence of collective dominance.[40] Having established the legal criteria for collective dominance, it was straightforward to conclude that the Commission failed to address these relevant issues properly or at all.[41]

*(b) Matters of fact*

**Questões de facto: Tribunal aprecia-se os factos em que a Comissão se baseou estão correctos.**

39. A further task of the Court is to check that the facts on which the Commission bases its analysis are also 'present and correct'. Again, a court is ideally placed to carry out such an exercise. It does not require specialist expertise which a court might not have. Either a fact is correct or it is not.

40. By way of example, in *Tetra Laval* one question was whether the merger of Tetra Laval, which had a dominant position on the market for carton packaging systems, and Sidel, which had a leading (but not dominant) position in the production of SBM machines (which are an important part of the production of a certain type of plastic bottle used for packaging liquid food), would lead to the strengthening of Tetra Laval's dominant position on the carton market. This question arose because the two markets were "neighbouring" markets, with the neighbouring plastic market being distinct but providing growing potential competition to the carton market. The Commission found that the merger would likely strengthen Tetra Laval's dominance. The CFI, however, considered that it was "not possible on the basis of the evidence relied on in the contested

---

the validity of the decision. If it were a trivial error which could have had no bearing on the outcome, the Court will not annul the decision on that basis.

[38] Note that the Court of Justice held that the CFI had gone too far in requiring the Commission to examine, for each proposed merger, the extent to which the incentives to adopt anti-competitive conduct would be reduced or eliminated by the illegality of the conduct, the likelihood of detection action taken by the competition authorities at Community or national level and the financial penalties which could ensue: see Case C-12/03, para 76-77.

[39] Case T-342/99 [2002] ECR II-2585.

[40] The first is market transparency – it should be possible for each operator to know how the others are behaving so they can monitor any tacit policy. The second is that there should be a mechanism for 'punishing' any deviation from that policy. The third is that the tacit collusion must be able to withstand challenge by actual or potential competitors and customers.

[41] It should be acknowledged that there is a difference of opinion as the type of review the CFI engaged in here: Judge Vesterdorf (note 1 above) thinks it was simply interpretation of the Merger Regulation in as far as it concerns collective dominance; Michael Collins (for example), on the other hand, states that "a remarkable feature of the Court's decision, and one of the reasons why it was regarded as unprecedented, was the extent to which it was prepared not merely to apply a standard of scrutiny looking for some "manifest error" in the Commission's analysis (which had been the previous approach) but was now prepared to engage in a virtual rehearing of the economic merits of the merger. In some instances, the Court…was prepared to engage in its own analysis of why the merger would or would not be likely to change the functioning of the existing oligopoly in the industry": see Collins, "The Burden and Standard of Proof in Competition Litigation and Problems of Judicial Evaluation" (2004) ERA Forum, vol 1, p 66, 74.

# PROBLEMS RELATED TO THE STANDARD OF PROOF AND THE EXTENT OF JUDICIAL EVALUATION

decision to determine, with the certainty required to justify the prohibition of a merger, whether the implementation of the modified merger would place Tetra in a situation where it could be more independent than in the past in relation to its competitors on the aseptic carton markets"[42]

41. The absence of adequate evidence in the decision to support the Commissions conclusions led the CFI to find that the Commission had not established that Tetra Laval would have less incentive to innovate (which was the principal way of competing in the carton market) upon merging and therefore that Tetra Laval's dominant position on that market would be strengthened as a result of the merger.

*(c) Matters of appraisal*

42. However, when it comes to questions of the evaluation, or appraisal, of the facts, particularly where it involves an element of judgment, the Court is more reluctant to engage in intensive review. Thus, for example, in relation to questions such as whether an agreement sufficiently contributes to the foreclosure of the market, the CFI has confined itself to ensuring that there has not been a "manifest error of assessment".

**Questões de apreciação: Tribunal limita-se a analisar se não há erro manifesto.**

*– "Manifest error"*

43. So what is actually meant by "manifest error"? It is not a phrase which is familiar to English lawyers. Furthermore, no such wording was used in the EC Treaty. [43]

44. Some guidance appears from the CFI's judgment in a case called *AIUFFASS v Commission*[44] (a state aid case). At paragraph 59 the Court said:

"*In order to establish that the Commission committed a manifest error in assessing the facts such as to justify the annulment of the contested decision, the evidence adduced by the applicants must be sufficient to make the factual assessments used in the decision <u>implausible</u>.*"

45. In other words, where, for example, there are two economic theories which are finely balanced, such that both are plausible, it would be inappropriate to interfere with the Commission's choice of one rather than the other. As Judge Vesterdorf has said, where both options are ones which a reasonable decision maker could have chosen, the Court will not interfere. Indeed, Judge Vesterdorf has expressly equated the concept of "manifest error" with that of "reasonableness",[45] which is familiar to English administrative lawyers.

46. On that basis, the court will consider whether the decision of the Commission satisfies the "requirements of logic, coherence and appropriateness."[46] Where, for example, the conclusion reached is not supported by the available evidence, it might be said that the decision is in that regard implausible, or that it fails to satisfy the requirements of logic, coherence and appropriateness.

47. In short, where, upon close scrutiny, the evidence relied upon by the Commission does not reasonably support the conclusions drawn from it, the Court will find there to have been a "manifest error of assessment".[47]

---

[42] Para 324.

[43] A similar expression is, however, found in the ECSC Treaty (which has now expired). With regard to actions for annulment of Commission decisions relating to the Community's coal and steel market, Article 33 of that Treaty provided that the Court "may not...examine the evaluation of the situation, resulting from economic facts or circumstances, in the light of which the Commission took its decisions... save where the Commission is alleged to have misused its powers or to have <u>manifestly failed to observe</u> the provisions of this Treaty or any rule of law relating to its application."

[44] Case T-380/94 *AIUFFASS v Commission* [1996] ECR II-2169.

[45] Vesterdorf, cited above, at 6.

[46] See Opinion of AG Tizzano in Tetra Laval, para 88.

[47] See Vesterdorf, cited above, at 18.

# DIREITO DA CONCORRÊNCIA

48. So it would seem from this that the community courts when reviewing a decision of a competition authority look to see whether there is a legal or factual error on the face of the decision, whether the decision is implausible, illogical, incoherent or inappropriate but otherwise do not consider the merits of the decision itself. The extent of judicial evaluation would appear from this to be somewhat limited.

*(d) Difficulties in drawing the distinction*

49. There is, however, a difficulty in that often it may be hard to differentiate between different types of error. As Judge Vesterdorf has acknowledged,[48] there are grey areas. The issue may need to be decided on a case-by-case basis depending on the precise context. However, where the issue involves an assessment which may lead reasonable people to disagree as to the conclusion, one is in the realm of assessment of facts and evidence rather than in the realm of pure fact itself.[49]

50. In spite of such grey areas, the Community courts' approach is an understandable one: there are various issues in respect of which a court, particularly one which does not have specialist expertise in competition law and economics, is not well suited to conduct a wholesale re-appraisal. For example, the question of the definition of the relevant market is one eminently suited to expert bodies rather than courts. Likewise, whether an agreement has an "appreciable" anti-competitive effect in a market and, if so, whether there are countervailing positive effects, such as efficiencies, such as to remove it from the scope of Article 81(1) or such that Article 81(3) applies, are also matters in respect of which a degree of deference may be appropriate.

## VI. THE POSITION IN THE COMPETITION APPEAL TRIBUNAL

**A Posição do Tribunal da Concorrência Inglês.**

*(a) The appropriate standard of proof in cases before the CAT*

51. The question of the appropriate standard of proof featured heavily in the early jurisprudence of the CAT. In *Napp*[50], an abuse of dominance case, the CAT observed:

*"107. [...] under the law of England and Wales there are only two standards of proof, the criminal standard and the civil standard; there is no 'intermediate' standard. The position is the same in the law of Scotland and Northern Ireland. Within the civil standard, however, the more serious the allegation, the more cogent should be the evidence before the court concludes that the allegation is established on the preponderance of probability [...]*

*108. Since cases under the Act involving penalties are serious matters, it follows ... that strong and convincing evidence will be required before infringements of the Chapter I and Chapter II prohibitions can be found to be proved, even to the civil standard. Indeed, whether we are, in technical terms, applying a civil standard on the basis of strong and convincing evidence, or a criminal standard of beyond reasonable doubt, we think in practice the result is likely to be the same. We find it difficult to imagine, for example, this Tribunal upholding a penalty if there were a reasonable doubt in our minds, or if we were anything less than sure that the Decision was soundly based."*

52. In *Aberdeen Journals,*[51] another abuse of dominance case, the CAT reiterated that the standard of proof to be applied in competition law cases was the civil standard. The CAT considered, however, that:

*"125. ... an issue such as the relevant product market may require a more or less complex assessment of numerous interlocking factors, including economic evidence. Such an exercise intrinsically involves an element of appreciation and the exercise of judgment. On such issues it seems to us that the question whether the Director has "proved" his case involves asking ourselves: Is the Tribunal satisfied that the Director's analysis of the relevant product market is robust and soundly based?"*

---

[48] Ibid at 16-17.
[49] Ibid at 17.
[50] *Napp Pharmaceutical Holdings v DGFT* [2002] CAT 1.
[51] *Aberdeen Journals v OFT* [2003] CAT 11.

## PROBLEMS RELATED TO THE STANDARD OF PROOF AND THE EXTENT OF JUDICIAL EVALUATION

53. In *JJB Sports*[52], an appeal against a decision establishing the existence of a cartel, the CAT confirmed that the standard of proof was the civil standard, albeit that the court should take into account the gravity of the allegations. The more serious the allegation, the more cogent should be the evidence before the court is satisfied. In other words, the seriousness of the allegations affects the nature of the evidence necessary to satisfy the test, but does not affect the test itself.

54. The CAT elaborated as follows:

*"194. We are not satisfied that it would be appropriate or even workable ... to draw any distinction regarding the standard of proof between cases where the issue is apparently one of primary fact, such as whether there was a price fixing agreement, and other cases. Even in price fixing cases, the parties often rely on expert economic or econometric evidence as showing that there was no cartel. More fundamentally, it would seem to us unnecessarily complicated, and questionable under Community law, to have one standard of proof for whether there was an agreement, and a different standard of proof for all other issues such as whether the agreement "distorted competition", or satisfied Article 81 (3) or its domestic equivalent, section 9 of the Act."*

*(b) The standard of review at the CAT*

55. As mentioned above, jurisdiction may have a considerable impact on the extent of judicial evaluation.

56. In appeals before the CAT against decisions of the UK competition authorities applying Articles 81 and 82 and their domestic equivalents, the CAT must determine the appeal "on the merits". This is a wider jurisdiction than that of the CFI. An appeal to the CAT is not restricted to points of law; it may also be made on the basis that the national competition authority has made factual errors or has wrongly exercised its discretion. A party appealing an infringement decision is entitled in effect to a full re-hearing (albeit the decision should form the basis of the appeal).

57. The CAT also has wide remedies in such appeals. Once the CAT has determined the appeal on its merits, it may confirm or set aside all or part of the disputed decision, and, where it sets aside all or part of the disputed decision, may remit the matter/decision to the authority or may take any decision the authority itself could have taken, substituting its decision for that of the authority.[53]

58. The merits jurisdiction in competition law cases gives the appellant a right to test the evidence relied upon by the national competition authority through cross-examination of expert and factual witnesses, and indeed adduce new evidence which was not before the national competition authority when it made its decision. If it does so, then the national competition authority is permitted to respond to the new evidence, but if the appellant does not adduce new evidence then the national competition authority is confined to its decision and the evidence on which it relied to arrive at its decision.

59. Unlike in many Member States, the court charged with hearing appeals from the national competition authority is, in the UK, a specialist body. The CAT consists of legally qualified chairmen and members who between them have a wide range of expertise, mainly in the areas of economics, business, accountancy and general public affairs. The CAT is, therefore, well placed to conduct intensive review of decision-making.

60. In light of the CAT's specialist composition and the widely framed jurisdiction it enjoys, the CAT has, perhaps unsurprisingly, said that :

*"Whether and to what extent the [OFT] may reasonably enjoy a certain "margin of appreciation" on issues of economic assessment in cases where no penalty is involved will depend on the particu-*

---

[52] *JJB Sports and Allsports v OFT (Liability)* [2004] CAT 17 at [188] and [196].
[53] Schedule 8, para 3(2) of the Competition Act 1998.

# DIREITO DA CONCORRÊNCIA

*lar facts with which the Tribunal is confronted in a particular case, bearing in mind both that this is a specialist tribunal and that the appeal is on the merits."*[54]

61. In the case of merger review, however, the CAT's jurisdiction is limited to that of a traditional administrative court.[55] The CAT has referred to the ECJ's judgment in *Tetra Laval*, opining that the ECJ's approach is close to that adopted in the UK.[56]

## VI. CONCLUSION

62. Both the applicable standard of proof and the intensity of review in EC competition law appeals are arguably rather unclear and can vary quite significantly depending on the particular facts and circumstances of the case under consideration. Moreover, the forum impacts on both these areas, in particular the standard of review. It might be said that the varying degrees of review across the EU gives rise to a risk of inconsistent outcomes in appeals: in a Member State where the intensity of review is similar to that ordinarily found in administrative law, a decision might 'survive' on the basis of the authority's "margin of appreciation" whilst in another Member State (such as the UK) it might be set aside pursuant to a more rigorous review. Arguably, however, the CFI has shown that the intensity of review that it has adopted is sufficiently flexible to ensure a robust appeal system at EU level; it is to be hoped that that same can be said across the Member States.

---

[54] *Freeserve.com v Director General of Telecommunications (Validity)* [2003] CAT 5, para 121.

[55] See section 120 of the Enterprise Act 2002.

[56] *UniChem v OFT* [2005] CAT 8, para 173.

# index

**125** **Comentário à sentença do 2.º Juízo do Tribunal de Comércio (processo 766/06.4TYLSB)**
Neste texto o autor faz uma apreciação crítica da sentença proferida no recurso de impugnação que correu termos no 2.º Juízo do Tribunal de Comércio de Lisboa sob o n.º 766/06.4TYLSB – *Nuno Ruiz*

**135** **Legislação nacional e comunitária relevante em matéria de Direito da Concorrência**
Uma referência importante sobre a legislação mais aplicada em matéria do Direito da Concorrência – *Maria José Costeira*

**137** **Jurisprudência comunitária relevante em matéria de Direito da Concorrência**
Esta outra lista serve como uma introdução à jurisprudência comunitária no campo da defesa da concorrência – *Maria de Fátima Reis Silva*

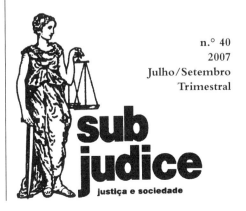

n.º 40
2007
Julho/Setembro
Trimestral

# PROC. 766/06.4TYLSB "NESTLÉ"

# Comentário à Sentença do Tribunal de Comércio de Lisboa no Proc. 766/06.4TYLSB "Nestlé"

**Nuno Ruiz**
Advogado

**"Neste texto o autor faz uma apreciação crítica da sentença proferida no recurso de impugnação que correu termos no 2.º Juízo do Tribunal de Comércio de Lisboa sob o n.º 766/06.4TYLSB".**

## Introdução

Antes de nos envolvermos no comentário da sentença que o Tribunal de Comércio de Lisboa proferiu sobre o caso "Nestlé", convém deixar feitos alguns avisos, ditados pelo respeito que nos merece o leitor, a comunidade jurídica e a deontologia da profissão.

O primeiro é o de que temos do caso um conhecimento que extravasa o que decorre da mera leitura da sentença. O segundo é o de que o comentário que faremos assenta apenas nos elementos de facto que a própria sentença revela, a que acrescem, naturalmente, aqueles que julgamos serem do conhecimento público. O terceiro é o de que nos absteremos de considerações sobre as matérias que o Tribunal não apreciou. Por último, releve-nos o leitor quaisquer eventuais incorrecções quanto aos factos e aos argumentos comentados uma vez que deles temos uma noção necessariamente filtrada pela sentença e pelas peças sobre as quais se pronuncia.

Dito isto, quanto à arguida, como sabemos, é entre outras coisas, fornecedora de café torrefacto para o denominado "Canal HORECA", gíria por que é conhecida a clientela composta por cafés, salas de chá, restaurantes, hotéis e estabelecimentos afins.

Na decisão que proferiu, e da qual a Nestlé recorreu para o Tribunal de Comércio de Lisboa, a Autoridade da Concorrência constatou que a empresa vendia café com base em contratos que previam obrigações de compra exclusiva, ou seja, o dever de os clientes adquirirem esse produto apenas à Nestlé. Essas obrigações tinham, em alguns casos, duração superior a cinco anos, sendo noutros casos de duração igual a cinco anos, renovável na ausência de decisão em contrário de qualquer das partes. Alguns contratos obrigavam à aquisição de quantidades mínimas de café, não podendo o cliente libertar-se da obrigação de compra exclusiva enquanto o volume acordado não tivesse sido atingido.

A Autoridade da Concorrência estimou a quota da Nestlé em cerca de 27% do mercado nacional e entendeu que este se encontra fortemente concentrado, tendo as quatro maiores empresas que nele operam celebrado com os seus clientes contratos idênticos aos da arguida[1].

No recurso a Nestlé sustentou que a decisão se encontrava inquinada de diversos vícios, a saber: violação do princípio do caso julgado; violação dos direitos de defesa da arguida; violação do princípio da igualdade de tratamento; violação do princípio da igualdade de armas; falta de fundamentação. A arguida sustentou ainda não ter cometido qualquer infracção, razão pela qual pediu a sua absolvição ou, subsidiariamente, a redução substancial da sanção ou a substituição da coima por uma admoestação.

## A questão da excepção do caso julgado

O primeiro dos argumentos invocados pela arguida foi o de que as cláusulas contratuais que continham obrigações de compra exclusiva haviam já sido declaradas civilmente válidas pelos Tribunais. Seriam, consequentemente, compatíveis com as regras de concorrência. A condenação da Autoridade da Concorrência poria em perigo os princípios fundamentais da segurança jurídica e do caso julgado.

A sentença do Tribunal de Comércio de Lisboa declarou a excepção improcedente, invocando para tal um acervo de argumentos com os quais concordamos em absoluto. No essencial, distingue o caso julgado penal do caso julgado civil e conclui que o segundo não se constitui relativamente ao primeiro.

Para o Tribunal, o princípio constitucional *ne bis in idem* tem fundamento na necessidade de "*segurança/certeza jurídico-penal individual face ao ius puniendi do Estado*" e este valor não

---

[1] De acordo com o Comunicado n.º 9/2006 da Autoridade da Concorrência, as quatro principais fornecedoras representam cerca de 80% da oferta e o "Canal Horeca" corresponde a cerca de 60% da procura de café torrefacto. O mercado é considerado maduro.

**sub judice / index — 40**

2007

**125**

# DIREITO DA CONCORRÊNCIA

**Caso julgado penal e caso julgado cível: na perspectiva do direito da concorrência não existe grande afinidade de valores jurídicos tutelados.**

é posto em causa por uma pronúncia cível. A *ratio* do instituto do caso julgado civil é a salvaguarda dos valores de certeza e segurança jurídicas, prevenindo que se proponha uma acção idêntica a outra quando os sujeitos, o pedido e a causa de pedir sejam os mesmos. Esta "*tríplice identidade*" está ausente na relação entre o caso julgado penal e o caso julgado civil. Atrevemo-nos a repetir que na perspectiva do direito da concorrência não existe além disso grande afinidade de valores jurídicos tutelados.

Fez no entanto bem o Tribunal em ter ido mais longe. A sentença dá-se ainda conta de que, não só no caso vertente não se podia sequer sustentar a existência de caso julgado civil, mas também que nenhuma das decisões judiciais cíveis invocadas pela arguida teria analisado a questão jus-concorrencial colocada pela decisão da Autoridade da Concorrência na perspectiva do direito da concorrência.

Esta nota do Tribunal é importante. Com efeito, muito se tem dito e escrito sobre o controlo jurisdicional da aplicação das regras de concorrência. Entre nós as críticas mais vulgares vão para as inevitáveis incongruências da aplicação do direito da concorrência a título principal e incidental, para a impreparação dos juízos cíveis e para a inconveniência da jurisdição especializada dos Tribunais de Comércio.

**As autoridades de concorrência que aplicam o direito na perspectiva do interesse público devem ter meios e poderes de investigação e sancionatórios que lhes permitam levar por diante a procura da verdade material com vista a assegurar o bom funcionamento dos mercados.**

A verdade é que as autoridades de concorrência que aplicam o direito na perspectiva do interesse público devem ter meios e poderes de investigação e sancionatórios que lhes permitam levar por diante a procura da verdade material com vista a assegurar o bom funcionamento dos mercados. Não lhes cabe favorecer um concorrente relativamente a outro, proteger um cliente face a um fornecedor, defender um consumidor perante quem vende bens ou presta serviços, ainda que isso possa contribuir circunstancialmente para corrigir distorções da concorrência ou falhas de mercado.

O que não quer dizer que esses agentes económicos não tenham interesse legítimo, e eventualmente protegido, no bom funcionamento dos mercados. Quer apenas dizer que o objectivo da lei é a manutenção da concorrência efectiva, que as atribuições da Autoridade da Concorrência se inscrevem e justificam nesse âmbito e que a Autoridade da Concorrência, por isso mesmo, deve encontrar-se em melhor posição do que ninguém para o tutelar. Significa também que uma queixa pode justificar uma investigação, mas nunca limitar o escopo dessa investigação.

Atribuir o controlo jurisdicional das competências sancionatórias da Autoridade da Concorrência a tribunais de competência especializada com experiência em procedimentos conducentes a decisões dessa natureza faz o maior dos sentidos.

**Condicionar a actividade da Autoridade da Concorrência e o controlo jurisdicional do Tribunal de Comércio de Lisboa ao juízo dos tribunais cíveis é confundir os papéis do *public enforcement* e do *private enforcement*.**

Em contrapartida, condicionar a actividade da Autoridade da Concorrência e o controlo jurisdicional do Tribunal de Comércio de Lisboa ao juízo dos tribunais cíveis é ignorar a distinção entre aplicação do direito da concorrência a título principal e a título incidental, é confundir os papéis do *public enforcement* e do *private enforcement*, é, enfim, sujeitar a defesa da concorrência às conveniências e limitações da litigância privada e da verdade formal, que restringem inevitavelmente a pronúncia dos tribunais cíveis, por mais esclarecida que as partes a convidem a ser, que procure ser e que efectivamente seja.

Notar, como fez o Tribunal, que o tema não fora na realidade abordado pelas instâncias cíveis, mais do que refutar a ideia de que, relativamente a este caso, as jurisdições andam desavindas, é vincar que os tribunais cíveis não são necessariamente conduzidos pelas partes à discussão das questões do direito da concorrência na perspectiva da salvaguarda do bom funcionamento dos mercados.

## A questão da igualdade de tratamento

As considerações anteriores antecipam a dificuldade que temos em subscrever sem reservas a posição do Tribunal de Comércio de Lisboa relativamente à questão da violação do princípio da igualdade de tratamento.

A Nestlé pretendia que o Tribunal considerasse que a decisão da Autoridade da Concorrência se encontrava viciada pela circunstância de a ter condenado sem que igual tratamento tivessem tido os seus três outros principais concorrentes, incluindo o líder de mercado, que também vinham estabelecendo obrigações de compra exclusiva com os respectivos clientes em termos de a própria Autoridade da Concorrência assinalar a gravidade do efeito cumulativo da acção das quatro empresas que, no conjunto, representam mais de 80% do mercado nacional.

Sucintamente, quanto a este reparo, considerou o Tribunal que a arguida não tinha razão. Recordando os termos constitucionais do princípio da igualdade, segundo o qual todos os cidadãos têm a mesma dignidade social e são iguais perante a lei, o Tribunal entendeu que "*num caso como o dos autos só haveria violação do princípio da igualdade se a Autoridade da Concorrência tivesse investigado paralelamente a arguida e uma ou mais das suas concorrentes, concluísse em todos os processos que as respectivas arguidas haviam cometido a infracção aqui em causa (nos seus elementos objectivo e subjectivo), e, a final, condenasse a arguida e absolvesse as demais arguidas, ou, eventualmente, condenasse a arguida numa coima de valor consideravelmente superior à que aplicasse às restantes arguidas sem que estas beneficiassem de circunstâncias atenuantes relevantes*". No entender do Tribunal não foi isso que aconteceu. Uma vez concluída a instrução a Autoridade da Concorrência adoptou contra a arguida a decisão que considerou oportuna e justificada, tendo prosseguido a investigação quanto às demais empresas com vista à prolação de uma decisão final nos respectivos processos.

Convém começar por reconhecer que o Tribunal de Comércio de Lisboa parece não se encontrar isolado nesta tese. No acórdão de 15.3.2000, no processo T-25/95 "Cimenteries CBR e outros", por exemplo, o Tribunal de Primeira Instância das Comunidades Europeias[2] observou que a circunstância de não ter sido imputada qualquer infracção a operadores que se encontravam numa situação análoga à de outros que foram condenados não é susceptível de afastar a infracção que lhes foi censurada, "*desde que esta infracção tenha sido correctamente demonstrada*" (cf. Processos T-25/95 e outros, considerando 2135). Esta jurisprudência foi posteriormente confirmada em termos que dão a entender que subjacente à posição do Tribunal de Primeira Instância e do Tribunal de Justiça das Comunidades Europeias poderá ter estado a preocupação de não admitir que quem quer que seja se permita violar a lei da concorrência a pretexto de que outros o fizeram sem serem punidos[3].

Do nosso ponto de vista é óbvio que a Autoridade da Concorrência não se deve abster de sancionar uma prática restritiva só porque não recolhe suficientes elementos de prova relativamente a outra, levada a cabo por empresas diversas, embora em tudo semelhante à que deseja censurar. No entanto, a questão colocada pela arguida não parece ter sido essa. O que a nosso ver julgamos estar em causa não é saber se as empresas têm direito à "*igualdade de tratamento na ilegalidade*", ou seja, a livrar-se de uma sanção a que outras foram poupadas. O que está em causa é saber em que medida, num mesmo processo de contra-ordenação, ou em processos de contra-ordenação paralelos mas com manifestas conexões, a Autoridade da Concorrência tem o dever de respeitar o princípio da igualdade, em que termos, e quais as consequências de o não fazer.

Não nos parece admissível num Estado, ou numa Comunidade de Direito, que, por exemplo, uma autoridade da concorrência aplique sanções a três dos quatro participan-

**Em que medida, num mesmo processo de contra-ordenação, ou em processos de contra-ordenação paralelos mas com manifestas conexões, a Autoridade da Concorrência tem o dever de respeitar o princípio da igualdade, em que termos, e quais as consequências de o não fazer.**

---

[2] De ora em diante abreviadamente referido apenas como "Tribunal de Primeira Instância".

[3] Esta jurisprudência tem vindo a ser confirmada pelo Tribunal de Primeira Instância e pelo TJCE. Em 16.11.2006 o Tribunal de Primeira Instância adiantou que "*o respeito do princípio da igualdade de tratamento deve ser conciliado com o respeito do princípio da legalidade, o que implica que ninguém pode invocar, em seu benefício, uma ilegalidade cometida a favor de terceiro*" e que "*uma eventual ilegalidade cometida em relação a outra empresa, que não é parte no presente processo, não pode levar o Tribunal a considerar verificada uma discriminação e, portanto, uma ilegalidade em relação à recorrente. Este entendimento equivaleria a consagrar o princípio da «igualdade de tratamento na ilegalidade» e a impor à Comissão, no caso em apreço, a obrigação de ignorar os elementos de prova de que dispõe para sancionar a empresa que cometeu uma infracção punível, apenas pelo facto de uma outra empresa que se encontra eventualmente numa situação comparável ter escapado ilegalmente à aplicação dessa sanção. Além disso, como resulta claramente, aliás, da jurisprudência relativa ao princípio da igualdade de tratamento, quando uma empresa, com o próprio seu comportamento, violou o artigo 81.º, n.º 1, CE, não pode escapar a uma sanção com o fundamento de que não foi aplicada nenhuma coima a outros operadores económicos, quando, como no caso vertente, a situação desses últimos não foi submetida à apreciação do tribunal comunitário*" (cf. Processo T-120/04 "Peróxidos Orgânicos c. Comissão", considerando 77). No mesmo sentido se pronunciou o Tribunal de Primeira Instância em 5.12.2006 no caso T-303/02 "Westfalen Gassen Nederland c. Comissão" (cf. considerando 141).

# DIREITO DA CONCORRÊNCIA

tes num cartel, na sequência de uma investigação em que obteve prova igualmente incriminatória de todos eles, sem fundamentar devidamente essa sua decisão. O que está em causa não é saber se as três empresas têm o direito de infringir a lei porque a quarta não é sancionada e se a ilegalidade é sanada por esse facto. O que está em causa é saber se a autoridade administrativa, seja ela a Autoridade da Concorrência ou a Comissão Europeia, viola o princípio da igualdade se não sancionar as quatro empresas.

Salvo melhor opinião, sem prejuízo da devida ponderação das circunstâncias de cada caso concreto, semelhante conduta não se compagina com o respeito pelos princípios da igualdade cuja violação gera a invalidade da actuação administrativa, incluindo, por maioria de razão, a de cariz sancionatório. Este é justamente um dos casos em que, independentemente da natureza administrativa ou sancionatória do procedimento, a Autoridade da Concorrência está, enquanto tal, sujeita aos princípios gerais que regem a actuação da administração, como bem lembra o artigo 19.º da Lei n.º18/2003[4].

No caso em apreço, não nos parece aceitável que, tendo uma decisão sido justificada pelo facto de se ter constatado que quatro concorrentes concluíram com os seus clientes contratos restritivos com a mesma natureza e efeitos, que esses quatro concorrentes representavam mais de 80% do mercado nacional, que o impacto restritivo desses contratos, designadamente ao nível do acesso de outras empresas ao mercado (*foreclosure effect*), era amplificado por um efeito cumulativo ou de rede, se sancione primeiro apenas um deles, que nem sequer é, presumivelmente, pela sua dimensão, aquele que maior dano traz à concorrência com a sua actuação.

Em semelhante hipótese, a questão não é apenas de violação do princípio da igualdade. É de violação do princípio da igualdade e de erro grave na condução da política de concorrência. No caso concreto é evidente que a obrigação de compra exclusiva tem por efeito, e presumivelmente por objectivo, impedir os clientes de comprar junto de outros fornecedores. Não raro traduzirá uma contrapartida de investimentos feitos em benfeitorias nos estabelecimentos comerciais dos clientes. A generalidade das empresas do sector concorre dessa forma, oferecendo vantagens a troco da garantia de escoamento dos respectivos produtos. É evidente que, dependendo da dimensão do operador, a prática tem, nuns casos, maior efeito restritivo do que pró competitivo e, noutros, justamente o contrário.

**A Autoridade da Concorrência não pode condenar apenas um concorrente deixando o à mercê dos demais e em situação de desigualdade.**

Como pode a Autoridade da Concorrência condenar apenas um concorrente deixando-o à mercê dos demais e em situação de desigualdade? Se tivesse condenado o mais importante, poderia ter invocado isso mesmo como justificação. Se tivesse condenado os dois mais importantes também. Que justificação tem porém a Autoridade da Concorrência para sancionar apenas o segundo operador? Como pode a Autoridade da Concorrência defender o efeito meramente devolutivo do recurso nestes casos? Como pode a Autoridade da Concorrência esperar que os concorrentes de menor dimensão extraiam as devidas lições da condenação de um concorrente quando essa condenação não impede que o líder de mercado prossiga com práticas análogas? Com este tipo de opção a Autoridade da Concorrência não consegue fazer cumprir a lei, nem pelas grandes empresas nem pelas pequenas. As primeiras porque não são sancionadas, as segundas porque têm de se defender, legitimamente aliás, de acordo com a *meeting the competition defense*.

Razões de política de concorrência e de respeito pelo princípio da igualdade levar-nosiam a concluir de modo diverso do Tribunal de Comércio de Lisboa. É justamente a circunstância de resultar dos autos que correm contra os três principais concorrentes "*processos similares*" que determina a absoluta necessidade de a Autoridade da Concorrência não decidir um sem que se tenha concluído a investigação dos demais. Só então se poderá ajuizar sobre se merecem o mesmo tratamento, no pressuposto de que a Autoridade da Concorrência está efectivamente em condições de evitar a "*igualdade de tratamento na ilegalidade*" e de prevenir que alguém escape ilegalmente à aplicação de uma sanção.

---

[4] Este comentário resume também a nossa sensibilidade à questão do regime subsidiário aplicável, discutida no ponto 2.3.1 da sentença.

## A questão do acesso a documentos confidenciais

A sentença dá-nos em seguida conta da arguição, por parte da Nestlé, de diversos vícios relacionados com a violação dos direitos de defesa: recusa de confiança do processo, indeferimento de pedido de fixação de prazo para junção de parecer, não consideração pela Autoridade da Concorrência de argumentos e documentos apresentados pela defesa e desconsideração de factores relevantes para a caracterização do elemento subjectivo do tipo. A todos respondeu o Tribunal em termos que, atendendo às circunstâncias do caso, não nos merecem qualquer comentário. Foi no entanto a questão do acesso da arguida a documentos considerados confidenciais a que maior atenção convocou e relativamente à qual nos permitiremos algumas observações.

No essencial a arguida considerou que os seus direitos de defesa, e em especial o princípio da igualdade de armas, teriam sido violados na medida em que não teve acesso a vários volumes do processo, incluindo aqueles que continham contratos-tipo usados pelos seus concorrentes, classificados pela Autoridade da Concorrência como confidenciais.

No entender da recorrente o confronto entre os direitos de defesa e a protecção de segredos comerciais de terceiros deve ser decidido a favor dos primeiros. De contrário, a arguida ficaria impedida de sindicar e controlar a análise feita pela Autoridade fundada nos ditos documentos. No caso concreto, o desconhecimento desse tipo de elementos seria tanto mais grave quanto a existência de redes paralelas de contratos similares concluídos pelas quatro principais empresas concorrentes é apontada como um importante factor de encerramento do mercado.

Sobre este assunto o Tribunal começa por constatar que o regime legal vigente não viola, em abstracto, os direitos da arguida. Desde logo, a Lei n.º 18/2003 admite a possibilidade de num processo de contra-ordenação existirem informações e documentos que não podem ser divulgados e relativamente aos quais a confidencialidade é admissível e lícita, estando a Autoridade da Concorrência obrigada a respeitá-la e a fazê-la respeitar. É esse o caso dos documentos que contenham segredos de negócio (cf. artigos 18.º, 26.º e 36.º da Lei n.º 18/2003).

Por outro lado, para o Tribunal, ainda que a limitação do princípio da igualdade de armas, decorrente da necessidade de salvaguardar os legítimos interesses de terceiros à confidencialidade de certos documentos, possa abstractamente levar à diferenciação de tratamento entre a acusação e a defesa, essa diferenciação encontra-se justificada de modo objectivo e materialmente fundado pela necessidade de tutela dos segredos de negócio, podendo ser, além disso, objecto de controlo jurisdicional nos termos do artigo 50.º, n.º 2 da Lei n.º 18/2003 e do artigo 55.º RGCOC.

Em termos práticos, na perspectiva do Tribunal o conflito pode muitas vezes ser evitado mediante um aprofundamento e afinamento da investigação, garantindo os direitos de defesa sem que prejuízo da tutela de outros interesses legalmente protegidos. A Autoridade da Concorrência pode atingir esse desiderato actuando com total transparência, identificando os elementos que considera confidenciais, fundamentando convenientemente as razões pelas quais nega aos arguidos o acesso a elementos do processo, e sujeitando-se nessa matéria à plena jurisdição do Tribunal.

Parece ser neste contexto que o Tribunal admite que possam existir excepcionalmente casos em que o interesse da salvaguarda do segredo de negócio tenha de ceder perante o direito de defesa do arguido. Todavia, só após a "*análise dos elementos considerados confidenciais e da sua relevância para o processo, quer enquanto elemento de prova a ser usado pela acusação, quer enquanto elemento que possa ser usado pela defesa, é que se pode concluir que, no caso concreto, o interesse legítimo dos terceiros tem de ceder sob pena de se violarem os direitos de defesa da arguida*".

Esta passagem da sentença comporta eventualmente leituras que nos suscitam reservas. Terá o Tribunal reconhecido a possibilidade de as circunstâncias do caso justificarem a postergação dos segredos de negócios de modo a garantir-se, em última análise, o direito

# DIREITO DA CONCORRÊNCIA

**No caso de estarem em causa documentos ditos "inculpatórios", não existe risco de conflito entre a protecção dos segredos de negócios e o direito de defesa.**

de defesa, e, inclusivamente, o interesse público na condenação e punição das práticas restritivas da concorrência?

A nossa convicção, como veremos, é que, no caso de estarem em causa documentos ditos "inculpatórios", não existe risco de conflito entre a protecção dos segredos de negócios e o direito de defesa. Conflito só pode surgir nesta hipótese entre a salvaguarda dos segredos de negócio e o interesse público na condenação e punição das práticas restritivas da concorrência. O risco de conflito entre a protecção dos segredos de negócios e o direito de defesa parece-nos circunscrito aos casos dos documentos ditos "exculpatórios".

Admitimos que a discussão deste assunto necessite, antes de mais, de uma clarificação e distinção das situações em que estão em causa documentos inculpatórios e dos casos em que está em causa o desconhecimento de documentos exculpatórios. No primeiro caso trata-se de documentos confidenciais em que a decisão condenatória se baseia para provar a infracção. No segundo caso estão em causa documentos constantes do processo, que contradizem ou enfraquecem a tese da alegada violação das regras de concorrência.

Relativamente aos documentos inculpatórios podem ocorrer duas hipóteses. Ou contêm efectivamente segredos de negócios, ou não. Em qualquer das hipóteses é admissível que o Tribunal considere que, estando a infracção suficientemente provada por outros elementos não haja tutela útil da presunção de inocência e do contraditório que justifique a declaração de nulidade do processo de contra-ordenação.

Caso o Tribunal entenda que esses documentos representam a única prova que sustenta a imputação de determinada infracção, das duas uma, ou contêm efectivamente segredos de negócios, ou não. Se não contiverem é imprescindível que sobre eles o arguido se pronuncie antes da decisão. Se contiverem, torna-se indispensável que a Autoridade da Concorrência reúna outra prova, ou que a confidencialidade seja levantada, se tal for permitido pelo titular dos interesses protegidos, e que, subsequentemente, ao arguido seja dada a possibilidade de se pronunciar antes da prolação da decisão administrativa. Em qualquer caso, o princípio da presunção de inocência protege suficientemente o arguido.

No caso vertente, estando em causa documentos inculpatórios, a realização da justiça estava facilitada, e o Tribunal aproveitou essa oportunidade. O que na sentença se censura à Autoridade da Concorrência é, antes de mais, a falta de transparência[5]. Essa falta de transparência configuraria uma irregularidade que, no entanto, poderia e deveria ter sido atempadamente invocada pela arguida e não foi. Em seguida, considera o Tribunal que não se pode afirmar que a Autoridade da Concorrência tenha recusado o acesso a documentos confidenciais exculpatórios na medida em que efectivamente a arguida nunca solicitou a consulta desses documentos. A discussão deste tema ficou assim prejudicada.

Quanto ao tema dos elementos confidenciais usados na acusação, o Tribunal lembrou a jurisprudência do Tribunal de Justiça das Comunidades Europeias e do Tribunal de Primeira Instância para concluir que "*a falta de comunicação de documentos que sustentam a acusação só justifica uma eventual anulação do processado, por violação dos direitos de defesa da arguida, se, para além deles, não existirem no processo outras provas que sirvam de apoio às conclusões da Autoridade. Se existirem, eliminam-se os não comunicados como meio de prova mas tal não invalida a procedência das acusações imputadas na acusação*". Caso se entenda que "*a falta de comunicação dos elementos em questão pode ter influenciado o decurso do processo e a decisão acusatória, em detrimento da arguida*" deverá concluir-se pela violação dos direitos de defesa.

No caso em apreço a arguida teve acesso a factos que provam o efeito cumulativo, ou seja, a existência de uma rede paralela de contratos de fornecimento de café com cláusulas de exclusividade e de obrigação de compra de quantidades mínimas, mas não teve acesso aos factos em que a Autoridade da Concorrência assentou as suas conclusões sobre

---

[5] Observou o Tribunal de Comércio de Lisboa que a Autoridade "*não cuidou de identificar no processo os documentos que considerou incluírem segredos de negócio e que por conseguinte qualificou como confidenciais*". Ou seja, "*analisou os elementos enviados e ponderou da necessidade de os mesmos serem retirados da "parte aberta" do processo por conterem segredos de negócios merecedores de protecção. O que não fez foi materializar em despacho o seu procedimento*".

as concretas posições que os concorrentes ocupam no mercado. Assim, perante a constatação de que a Autoridade da Concorrência fundou parte da acusação em elementos confidenciais não comunicados à arguida, de que não existiam no processo outros elementos probatórios, e de que, se não tivesse atendido a estes elementos a decisão não teria sido proferida nos termos em que o foi, o Tribunal concluiu que a decisão padecia de nulidade insanável devido à preterição de um direito fundamental do arguido. Admitimos que o Tribunal pudesse ter ido mais longe reconhecendo, pura e simplesmente, a falta de prova da infracção.

A sentença não podia ter sido mais clara na rejeição de soluções simplistas, na dissuasão de atropelos, e na procura de uma solução equilibrada para o conflito de interesses e direitos em presença[6]. O acompanhamento do exercício que o Tribunal fez no sentido de apurar se efectivamente os elementos a que a arguida não teve acesso eram essenciais à prova da infracção é tranquilizante. Em nenhum passo o Tribunal pesou mais os direitos de defesa ou as conveniências da eficácia da investigação do que a protecção da confidencialidade dos segredos de negócio. Limitou-se a sugerir que, não podendo os segredos de negócio ser divulgados, se procurassem outras formas de fazer prova sem os dar a conhecer.

Esta orientação parece subscrever a ideia de que, estando em causa documentos inculpatórios confidenciais o problema dos direitos de defesa se poderá reconduzir, no fundo, a uma questão de falta de prova e, quiçá, de presunção de inocência. A questão que colocámos no início mantém-se contudo em aberto. Nos casos em que a Autoridade da Concorrência não puder fundar a acusação senão em documentos confidenciais, não sendo admissível nem necessário que claudiquem os direitos de defesa da arguida, o interesse público no funcionamento equilibrado da concorrência e dos mercados prevalece sobre o interesse legítimo de terceiros na salvaguarda dos respectivos segredos de negócio?

Relativamente aos documentos exculpatórios confidenciais os dilemas são todavia ligeiramente diferentes. Trata-se normalmente de elementos que não vêm referidos na decisão final e de que só se conhece a existência na medida em que é detectável a sua omissão no processo e por qualquer razão se suspeita do seu conteúdo abonatório. Nestes casos a fiscalização objectiva do Tribunal é obviamente decisiva uma vez que o arguido não tem qualquer hipótese de conhecer esses elementos.

> **O risco de conflito entre a protecção dos segredos de negócios e o direito de defesa parece-nos circunscrito aos casos dos documentos ditos "exculpatórios".**

Relativamente aos documentos exculpatórios podem também suscitar-se dois cenários. Ou contêm efectivamente segredos de negócios, ou não. Em qualquer dos casos é admissível que o Tribunal considere que, estando a infracção suficientemente provada por outros elementos não haja tutela útil do contraditório que justifique a declaração de nulidade do processo de contra-ordenação. Se o Tribunal entender que os documentos são susceptíveis de lançar dúvidas sobre a acusação é evidente que o princípio da presunção de inocência não protege suficientemente o arguido. Assim, das duas uma, ou os documentos contêm efectivamente segredos de negócios, ou não. Se não contiverem é imprescindível que sobre eles o arguido se pronuncie antes da decisão. Se contiverem, o arguido só poderá pronunciar-se se o segredo de negócios for violado. Esta é a situação extrema em que o conflito entre a protecção dos segredos e o contraditório nos parece, numa perspectiva garantística, de resolução mais difícil.

A leitura da jurisprudência do Tribunal de Primeira Instância e do Tribunal de Justiça das Comunidades Europeias, designadamente nos casos T-25/95 "Cimenteries CBR e outros" e C-204/00 "Aalborg e outros", amiúde invocados na sentença do Tribunal de

---

[6] Note-se a passagem: "*É certo que a Autoridade não pode violar o interesse da salvaguarda do segredo de negócio das empresas concorrentes da arguida e que esse interesse, sendo legítimo, tem de ser protegido. Mas é igualmente certo que a Autoridade da Concorrência não pode acusar a arguida partindo de elementos que esta não conhece e relativamente aos quais não se pôde defender. Se há situações em que a prova de alguns elementos do tipo é bastante difícil, como sucede designadamente com os carteis, em que não há prova directa e a concertação de estratégias raramente tem suporte documental, no caso em apreço a prova relativa à definição do mercado é de grande simplicidade: com a realização de um estudo de mercado ficam definidos os números e valores das empresas que exercem actividade no mercado de fornecimento de café. Ou seja, com um simples estudo de mercado a Autoridade da Concorrência pode tomar a sua decisão salvaguardando os interesses legítimos de terceiros e sem violar os direitos de defesa da arguida*".

# DIREITO DA CONCORRÊNCIA

Comércio de Lisboa, leva-nos a concluir que nunca o respeito pelos segredos de negócio foi desvalorizado, quando em confronto com o princípio do contraditório consagrado no artigo 6.°, n.° 1, da Convenção Europeia dos Direitos do Homem. O contrário também jamais sucedeu. Por outro lado, não registamos casos em que o interesse público na investigação e condenação das práticas restritivas da concorrência na União Europeia tivesse prevalecido sobre a tutela legítima da confidencialidade de certos documentos e informações constantes do processo.

Não admitindo a limitação dos direitos de defesa e do princípio do contraditório em nenhuma circunstância, a forma como o Tribunal de Justiça das Comunidades Europeias colocou o problema do acesso aos documentos inculpatórios no caso C-204/00 merece ser reproduzida: "*a não comunicação de um documento apenas constitui violação dos direitos de defesa se a empresa em causa demonstrar, por um lado, que a Comissão se baseou nesse documento para fundamentar a sua acusação relativa à existência de uma infracção, e, por outro, que essa acusação só poderia ser provada por referência ao dito documento. Em especial, incumbe-lhe demonstrar que o resultado a que a Comissão chegou na sua decisão teria sido diferente se devesse ser afastado, enquanto meio de prova de acusação, um documento não comunicado no qual a Comissão se baseou para incriminar essa empresa*". Este é um exercício que o arguido tem a possibilidade de realizar em fase de recurso, mesmo não conhecendo devidamente os elementos a que a Autoridade se reporta.

Prosseguindo a análise no que respeita à não comunicação de um documento de defesa, ou exculpatório, diz o Tribunal de Justiça das Comunidades Europeias que: "*a empresa em causa deve demonstrar unicamente que a sua não divulgação pôde influenciar, em seu prejuízo, o desenrolar do processo e o conteúdo da decisão da Comissão, na medida em que teria podido invocar elementos que não concordavam com as deduções feitas pela Comissão.*"

**Quando o arguido invoca o desconhecimento de documentos constantes do processo que possam abonar em sua defesa, cabe ao Tribunal pedi-los e examiná-los.**

Assim, transpondo para o direito português a jurisprudência do Tribunal de Primeira Instância e do Tribunal de Justiça das Comunidades Europeias, admitimos que quando o arguido invoca o desconhecimento de documentos constantes do processo que possam abonar em sua defesa, cabe ao Tribunal pedi-los e examiná-los. Sem que o Tribunal se deva substituir à Autoridade da Concorrência, esse exame deve em primeiro lugar incidir sobre a questão de saber se os documentos que não estiveram acessíveis no decurso do procedimento apresentam uma conexão objectiva com a acusação e com a decisão impugnada. Se tal relação não existir, os documentos em causa não apresentam, naturalmente, qualquer utilidade para a defesa. Se os documentos confidenciais apresentarem uma ligação relevante com a matéria de que o arguido é acusado, cabe então ao Tribunal apreciar, à luz dos documentos a que a defesa teve acesso, se a sua não divulgação ao arguido pôde afectar a respectiva defesa no decurso do procedimento contra-ordenacional. Haverá violação dos direitos da defesa caso exista uma possibilidade, "*mesmo reduzida*", de o processo ter tido um resultado diferente se o arguido tivesse podido pronunciar-se sobre os documentos a que não teve acesso[7].

No caso concreto, tratando-se de documentos inculpatórios, o Tribunal de Comércio de Lisboa sugeriu, e bem, que a Autoridade da Concorrência afinasse a investigação reunindo provas de outra natureza que permitissem corroborar suficientemente as conclusões da acusação relativas à dimensão e importância relativa dos quatro principais concorrentes. Por outras palavras, quando a prova não é suficiente, ou quando não pode ser invocada, há que proceder da mesma forma: procurar outra prova. Na esmagadora maioria dos casos este tipo de diligência é possível até ao encerramento da investigação e, francamente, não a prosseguir a pretexto de que é mais fácil ignorar os segredos de negócios não nos parece uma ideia que deva ser incentivada.

---

[7] Analisando as consequências do vício e os termos do seu controlo jurisdicional o TJCE acrescentou ainda que o Tribunal de Primeira Instância pode, no âmbito do recurso jurisdicional interposto de uma decisão que aplica coimas, organizar um acesso completo ao processo, a fim de apreciar se a não divulgação de um documento ou comunicação de uma informação é lesiva para a defesa da empresa incriminada. Este exame não tem por objecto nem por efeito substituir uma instrução completa do procedimento administrativo. Por outras palavras, o conhecimento tardio de determinados documentos do processo não coloca o arguido na situação em que se encontraria se tivesse podido basear-se nesses documentos para se defender e não regulariza a violação dos direitos de defesa ocorrida na fase do procedimento administrativo, ou, entre nós, do procedimento contra-ordenacional.

# PROC. 766/06.4TYLSB "NESTLÉ"

A passagem da sentença do Tribunal de Comércio de Lisboa em que se admite a possibilidade de o interesse legítimo dos terceiros ao segredo ter de ceder sob pena de se violarem os direitos de defesa da arguida só parece fazer sentido em situações absolutamente excepcionais e raríssimas, em que estejam em causa documentos exculpatórios capazes de justificar outro desfecho do processo e não haja qualquer possibilidade de se obter uma versão não confidencial do documento ou um resumo não confidencial do mesmo que permita ao arguido perceber suficientemente a relevância da prova que lhe foi omitida.

No caso dos documentos inculpatórios, a presunção de inocência compensa suficientemente as limitações do contraditório e não acreditamos que o interesse na fiscalização e punição das restrições da concorrência se deva sobrepor à garantia da confidencialidade dos segredos de negócios.

**No caso dos documentos inculpatórios o interesse na fiscalização e punição das restrições da concorrência não se deve sobrepor à garantia da confidelidade dos segredos de negócios.**

Desde logo, porque a concorrência efectiva assenta largamente na preservação desses segredos. A sua protecção é incentivadora de um nível de incerteza indispensável ao bom funcionamento dos mercados. Por outro lado, a capacidade de investigação da Autoridade da Concorrência depende bastante da cooperação prestada pelas empresas e da confiança com que lhe transmitem as informações que lhes são solicitadas. Em último lugar, porque as situações em que as alternativas de prova absolutamente inexistem são de tal modo excepcionais que o dano que a limitação dos segredos de negócio causa ao exercício regular das competências sancionatórias da Autoridade é superior aos inconvenientes de uma investigação ocasionalmente frustrada.

Quanto mais rigoroso se for na tutela dos segredos de negócio, maior é a legitimidade para se questionar a troca ilegal de informações entre concorrentes, maior é a capacidade para se recolherem dados indispensáveis à orientação das investigações, maior é o incentivo à sofisticação dos inquéritos.

Lisboa, 30 de Novembro de 2007

# Alguma legislação nacional e comunitária relevante

**Maria José Costeira**

"Uma referência importante sobre a legislação mais aplicada em matéria do Direito da Concorrência".

## 1. Legislação Nacional

– Arts. 81.º, al. e) e 99.º da Constituição da República
– Lei n.º 24/2002 de 31 de Outubro – Lei de Autorização Legislativa
– Lei n.º 18/2003 de 11 de Junho – Lei da Concorrência
– Dec.-Lei n.º 10/2003 de 18 de Janeiro – Cria a Autoridade da Concorrência
– Regulamento 9/2005 de 3 de Fevereiro – Regime de avaliação prévia das práticas previstas no artigo 4.º da Lei n.º 18/2003, de 11 de Junho
– Lei 39/2006 de 25 de Agosto – Regime Jurídico da Clemência
– Regulamento 214/06 22 de Novembro – Procedimento Administrativo relativo à tramitação necessária para obtenção de dispensa ou atenuação especial da coima nos termos da Lei n.º 39/06 de 25 de Agosto.

## 2. Legislação Comunitária

### 2.1. *Tratados*

– Arts. 81.º a 89.º do Tratado de Roma

### 2.2. *Regulamentos*

– Reg. n.º 2790/1999 da Comissão, de 22 de Dezembro de 1999 – Aplicação do n.º 3 do art. 81.º do Tratado a certas categorias de acordos verticais e práticas concertadas (JO n.º L 336, de 29.12.1999, p. 21)
– Reg. n.º 1400/2002 da Comissão, de 31 de Julho de 2002 – Aplicação do n.º 3 do art. 81.º do Tratado a certas categorias de acordos verticais e práticas concertadas no sector automóvel (JO n.º L 203, de 1.8.2002, p. 30)
– Reg. n.º 1/2003 do Conselho, de 16 de Dezembro de 2002 – Execução das regras de Concorrência estabelecidas nos arts. 81.º e 82.º do Tratado (JO n.º L 1, de 04.01.2003, p. 1)
– Reg. n.º 139/2004 do Conselho, de 20 de Janeiro de 2004 – Controlo das Concentrações de Empresas (JO n.º L 24, de 29.01.2004, p. 1)
– Reg. n.º 772/2004 da Comissão, de 27 de Abril de 2004 – Aplicação do n.º 3 do art. 81.º do Tratado a Categorias de Acordos de Transferência de Tecnologia (JO n.º L 123, de 27.04.2004, p. 11)
– Reg. n.º 773/2004 da Comissão, de 27 de Abril de 2004 – Instrução de Processos pela Comissão para efeitos dos arts. 81.º e 82.º do Tratado CE (JO n.º L 123, de 27.04.2004, p.18)
– Reg. n.º 802/2004 da Comissão, de 7 de Abril de 2004 – Execução do regulamento n.º 129/2004 do Conselho (JO n.º L 133, de 30.04.2004, p. 1)

### 2.3. *Comunicações da Comissão*

– Definição do mercado relevante para efeitos do Direito Comunitário da Concorrência (JO n.º C 372, de 09.12.1997, p. 5)
– Orientações relativas às restrições verticais (JO n.º C 291, de 13.10.2000)
– Acordos de pequena importância que não restringem sensivelmente a concorrência nos termos do n.º 1 do art. 81.º do Tratado – de minimis (JO n.º C 368, de 22.12.2001, p. 13)
– Orientações para a apreciação das concentrações horizontais nos termos do regulamento do Conselho relativo ao controlo das concentrações de empresas (JO n.º C 31, de 05.02.2004, p. 5)
– Orientações relativas à aplicação do art. 81.º do Tratado CE aos acordos de transferência de tecnologia (JO n.º C 101, de 27.04.2004, p. 2)
– Cooperação no âmbito da rede de Autoridades da Concorrência (JO n.º C 101, de 27.04.2004, p. 43)
– Cooperação entre a Comissão e os Tribunais dos Estados-Membros da EU na aplicação dos arts. 81.º e 82.º do Tratado (JO n.º C 101, de 27.04.2004, p. 54)

# DIREITO DA CONCORRÊNCIA

– Tratamento de denúncias pela Comissão nos termos dos arts. 81.º e 82.º do Tratado (JO n.º C 101, de 27.04.2004, p. 65)
– Orientação informal relacionada com questões novas relativas aos arts. 81.º e 82.º do tratado que surjam em casos individuais (JO n.º C 101, de 27.04.2004, p. 78)
– Orientações sobre o conceito de afectação do comércio entre Estados-Membros previstos nos arts. 81.º e 82.º do Tratado (JO n.º C 101, de 27.04.2004, p. 81)
– Orientações relativas à aplicação do n.º 3 do art. 81.º do Tratado (JO n.º C 101, de 27.04.2004, p. 97)
– Comunicação da Comissão relativa à imunidade em matéria de coimas à redução do seu montante nos processos relativos a carteis (Jo n.º C 298, de 08.12.2006, p. 17).

# Jurisprudência comunitária relevante em matéria de Direito da Concorrência

**Maria de Fátima Reis Silva**
Juíza de Direito

"Esta lista serve como uma introdução à jurisprudência comunitária no campo da defesa da concorrência".

O direito da concorrência é, desde os primórdios da Comunidade Europeia, de uma importância fundamental, e, principalmente, assim encarado.

As normas de defesa da concorrência nascem antes ainda do Tratado de Roma, não tendo sido criadas por este. Aliás, o direito da concorrência foi sendo criado e moldado no decurso do processo de integração.

As primeiras normas de concorrência para o espaço europeu nascem com o Tratado da Comunidade Europeia do Carvão e do Aço (CECA) no qual intervieram os seis países que viriam a fundar a CEE.

Os arts. 65.° e 66.° CECA serviram de base de referência aos arts. 85.° e 86.° do Tratado de Roma.

O tratado, porém, não tratava da execução a dar a estas normas.

A Comissão chamou a si o papel de desenvolver a moldura institucional para a aplicação dos arts. 85.° e 86.° (cfr. Regulamento 17/62). A ela cabia criar e desenvolver todo o sistema processual e substantivo do direito da concorrência.

É sobretudo nesta fase inicial que o papel do Tribunal de Justiça se vem a revelar fulcral, tendo contribuído para este moldar do direito da concorrência.

O Tribunal de Justiça foi enunciando nos seus acórdãos princípios e valores gerais, não se limitando aos casos concretos que lhe eram trazidos.

Assistiu-se a uma verdadeira interacção entre o Tribunal e a Comissão, ambos partilhando o objectivo da integração e a visão da política de concorrência como um instrumento de política comunitária e não como um fim em si mesma.

Esta é, aliás, uma das ideias mais caras a todo o sistema jurídico da concorrência: a política de concorrência é encarada pelo Tratado como um instrumento para o mercado único e plena integração e não como um fim em si mesma.

Nos anos sessenta, a Comissão concentrou-se em eliminar práticas comerciais susceptíveis de prejudicar a integração e em garantir a coerência da política de concorrência com as demais liberdades previstas no Tratado.

A crise do petróleo dos anos setenta tornou os Estados mais proteccionistas, tendo o Tribunal, nesta fase, mantido firme o objectivo da integração, sendo mesmo o seu principal motor até meados da década de oitenta.

Nesta altura começou-se a atribuir mais importância aos impactos económicos das práticas restritivas, o que levou a necessidade de uma maior fundamentação técnica das decisões, que se tornaram mais casuísticas, tendência que se tem mantido e acentuado.

A década de 90 e o Tratado de Maastricht trouxeram, naturalmente, uma menor importância do objectivo integração. Trouxe, por outro lado, um generalizado movimento de liberalização económica, pelo que se tornou evidente a necessidade de reforma do direito da concorrência.

Na década de 90, a maior importância da economia foi crescendo e no binómio Comissão-Tribunal, aquela passou a ter um papel mais activo, basicamente por ter intensificado a sua actividade legislativa, forma mais rápida e mais económica de construção de política de concorrência. Pode dizer-se que a importância das decisões do Tribunal em termos de construção da política de concorrência se atenuou aqui.

Ao longo da década de 90 foi-se desenvolvendo e discutindo a necessária modernização do direito da concorrência, que veio finalmente a dar-se em 2003, com o chamado pacote de modernização e o Regulamento 1/2003.

# DIREITO DA CONCORRÊNCIA

★

Para ilustrar a importância do Tribunal de Justiça e da Comissão na evolução da política de concorrência europeia veja-se, por exemplo, que o Regulamento das Concentrações, aprovado em 1989, foi em parte determinado pela Comissão e pelo Tribunal, quando decidiram aplicar os arts. 85.º e 86.º do Tratado ao controlo efectivo de operações de concentração, nos casos Philip Morris (Ac. TJCE de 17/11/87) e Continental Can (Ac. de 21/12/73).

É, pois, impossível não procurar, nas decisões da Comissão c do Tribunal de Justiça definições e orientações quando tratamos estas matérias sobretudo porque nelas abundam conceitos indeterminados e algum laconismo no Tratado.

As decisões do Tribunal de Justiça (TJCE) e do Tribunal de Primeira Instância (TPI) que se enumeram resultam de uma selecção pessoal efectuada de acordo com necessidades de resolução de casos concretos, pelo que reveste necessariamente uma natureza subjectiva e parcelar.

As decisões podem ser consultadas em http://curia.europa.eu/jurisp/ e em http:/eur-lex.europa.eu/JURISIndex.do .

## A – *Princípio do efeito anti-concorrencial ou da territorialidade objectiva*

1 – condenação de empresas situadas no exterior da União Europeia – Continental Can – Ac. TJCE de 21/02/73 (C-6/72 R) e Béleguin – Ac. TJCE de 25/11/71
2 – irrelevância da localização da sede das empresas participantes – ICI – Ac. TJCE de 14/07/72 (C-48/69)

## B – *Definição de mercado relevante*

1 – definição de mercado relevante do ponto de vista do produto – United Brands – Ac. TJCE de 14/02/78 (C-27/76)
2 – mercado relevante do ponto de vista geográfico – Suiker Unie E.A. – Ac. TJCE de 16/12/75 (C-114/73)
3 – critérios de definição dos mercados:

– substituição do lado da procura – United Brands (bananas) e Hasselbrad (máquinas fotográficas) – este Ac. TJCE de 21/02/84 (C-86/82)

4 – noção de empresa – critério económico – irrelevância da forma jurídica e do fim lucrativo – Hydrotherm – Ac. TJCE de 12/7/84 (C-170-83) e Shell – Ac. TJCE de 10/03/92 (T-11/89)
5 – grupos de empresas – autonomia real da filial e finalidade de repartição interna de tarefas – Centrafarm/Sterling – Ac. TJCE de 31/10/74 (C-15/74) e AEG – Ac. TJCE de 25/10/83 (C-107/82)
6 – cooperativas e empresas do sector social – Dansk Pelsdyravlerforening – Ac. TPI de 02/7/92 (T-61/89)
7 – exclusão de autoridades públicas – Höfner e Elser/Macroton – Ac. TJCE de 23/04/91 (C-41/90)
8 – inclusão de autoridades públicas que exercem actividade económica – Job Centre – Ac. TJCE de 11/12/97 (C-55/96) e Albany – Ac. TJCE de 21/09/99 (C-67/96)
9 – definição de parte substancial do mercado comum – Merci/Gabrielli – Ac. TJCE de 10/12/91 (C-179/90)

## C – *Art. 81.º n.º 1*

1 – formas de coligação e noção ampla de acordo
1.1. – o gentleman's agreement – ACF Chemiefarma – Ac. TJCE de 15/07/70 (C-41/69) e Fedetab – Ac. TJCE de 29/10/80 (C-209, 215 e 218/78)

# JURISPRUDÊNCIA COMUNITÁRIA RELEVANTE EM MATÉRIA DE DIREITO DA CONCORRÊNCIA

1.2. – associações sectoriais e profissionais – Bnic /Aubert – Ac. TJCE de 3/12/87 (C-136/86)

1.3. – ordens profissionais e profissionais liberais – Wouters – Ac. TJCE de 19/02/02 (C-309/99)

1.4. – recomendações – Van Landewyck – Ac. TJCE de 29/10/80 (C-209 a 215 e 218/78)

1.5. – associações para certificação e normalização – SCK e FNK – Ac. TPI de 22/10/97 (T-213/95 e T-18/96)

1.6. – práticas concertadas – Suiker Unie E.A. – Ac. TJCE de 16/12/75 (C-114/73); Matérias Corantes – Ac. TJCE de 14/07/72

1.7. – não aplicação a condutas paralelas que resultem de decisões independentes – ICI – Ac. TJCE de 14/07/72 (C-48/69); Pasta de papel – Ac. TJCE de 31/03/93 (C-89/85, 104/85 e 116/85)

1.8. – fixação de preços e outras condições das transacções – Metro – Ac. TJCE de 25/10/77 (C-26/76)

1.9. – acordos de pequena importância – Societé de Ventes de Ciments et Bétons/ /Kerpen & Kerpen (C-319/82)

2 – afectação do comércio entre os Estados Membros
– dupla função do pressuposto: regra de competência para aplicar os arts. 81.º e 82.º em relação aos direitos nacionais e norma material que orienta a acção das autoridades comunitárias – Société Technique Minière – Ac. TJCE de 30/06/66

3 – exemplificação de coligações proibidas
– os casos Metro e Consten e Grundig – Acs. TJCE de 25/10/77 (C-26/76) e de 13/07/66 (C-56/84 e 58/84)

## D – *Art. 81.º n.º 2*

– nulidade das cláusulas proibidas – Delimitis/Henninger Bräu – Ac. TJCE de 28/02/91 (C-234/89) – n.º 4 da Colectânea

## E – *Art. 81.º n.º 3*

1 – rule of reason e balanço económico – Pronuptia – Ac. TJCE de 28/01/86 (C-161/84)
2 – condições necessárias para beneficiar de uma decisão de inaplicabilidade – Publishers Association – Ac. TPI de 09/07/92 (T-66/89)

## F – *Art. 82.º*

1 – o abuso de posição dominante – United Brands – Ac. TJCE de 14/02/78 (C-27/76) e Continental Can – Ac. TJCE de 09/12/71
2 – exploração abusiva de posição dominante; alinhamento de preços; cláusula inglesa (compromisso assumido pelos compradores de comunicação à empresa dominante de ofertas mais vantajosas de concorrentes permitindo o realinhamento de preços) – Hoffmann – La Roche – Ac. TJCE de 13/02/79 (C-85/76)
3 – comportamento independente dos concorrentes; descontos de quantidade e de fidelidade – Michelin – Ac. TJCE de 09/11/83 (C-322/81)
4 – recusa de contratar e preços discriminatórios – Suiker Unie E.A. – Ac. TJCE de 16/12/75 (C-114/73)
5 – preços predatórios – Azco – Ac. TJCE de 03/07/91 (C-62/86)
6 – formas de pressão sobre os parceiros de negócio para que deixem de contratar com os concorrentes – Irish Sugar – Ac. TPI de 07/10/99 (T-228/97)
7 – Microsoft – Ac. TPI de 17/09/07 (T-201/04)

**DIREITO DA CONCORRÊNCIA**

**G** – *Private enforcement*

1 – BRT (C-127/73)
2 – Courage (responsabilidade civil e protecção jurisdicional por violações do direito da concorrência) – Ac. TJCE de 20/09/01 (C-453/99)

**H** – *Diligências de instrução – poderes da Comissão – direitos fundamentais*

1 – Hoechst – Ac. TJCE de 21/09/89 (C-46/87 e 227/88)
2 – Roquette Frères – Ac. TJCE de 22/10/02 (C-94/00)
3 – confidencialidade das comunicações escritas entre advogado e cliente – AM&S -Ac. TJCE de 18/05/82 (C155/79); Azko Nobel – Ac. TPI de 17/09/07 (T-125/03 e T 253/03)
4 – direito à não auto-incriminação – Orkem – Ac. TJCE de de 18/10/89 (C-374/87); Mannesmannröhren-Werke AG – Ac. TPI de (T-112/98) – Limburgse Vinyl Maatschappij NV – Ac. TJCE de (C-238, 244-245, 247, 250, 251-252 e 254/99)
5 – direito de acesso ao processo/protecção de confidencialidade – Aalborg Portland A/S – Ac. TJCE de 07/01/04 (C-204/00 P, C-205/00 P, C-211/00 P, C-213/00 P, C-217/00 P e C-219/00 P); Ac. TJCE de 24 de Junho de 1986 – Akzo Chemie/Comissão (C-53/85), e de 19 de Maio de 1994 – SEP/Comissão (C-36/92 P); Despacho do Presidente da 5ª secção do TPI de 15.06.06 (T-271/03) e Ac. do TPI de 13.12.01, Colect. 2001, p. II-03757

**I** – *Relações entre o direito e os órgãos nacionais e o direito e os órgãos comunitários*

1 – processos paralelos – Masterfoods – Ac. TJCE de 14/12/00 (C-344/98)
2 – Delimitis/Henninger Bräu – Ac. TJCE de 28/02/91 (C-234/89)
3 – Consorzio Industrie Fiammifieri – Ac. TJCE de 09/09/03 – (C-198/01)
4 – informações da Comissão aos tribunais nacionais – Postbank – TPI – T-353/84; Zwartveld –TJCE – C-2/88; First and Franex – TJCE – C-275/00
5 – natureza das regras de direito comunitário da concorrência – Eco Swiss – Ac. TJCE de 01/06/99 – C-126/97; Van Schijndel – TJCE – C-430 e 431/93
6 – supremacia das regras comunitárias – Walt Wilhelm – Ac. TJCE de 13/02/69 – C-14/68.

# causas

**143**   **A Confidencialidade nos Processos de Contra-Ordenação**
*Sentença do 2.º Juízo do Tribunal de Comércio de Lisboa de 15 de Fevereiro de 2007, Proc. 766/06.4TYLSB*

**183**   **A relevância jus-concorrencial da existência de tabelas de preços**
*Sentença do 3.º Juízo do Tribunal de Comércio de Lisboa de 12 de Janeiro de 2006, Proc.1302/05.5TYLSB*

**213**   **Cartel: Acordo entre empresas que tem por objecto restringir ou falsear a concorrência**
*Sentença do 2.º Juízo do Tribunal de Comércio de Lisboa de 2 de Maio de 2007, Proc.965/06.9TYLSB*

n.º 40
2007
Julho/Setembro
Trimestral

# A Confidencialidade nos Processos de Contra--Ordenação

*"Sentença do 2.° Juízo do Tribunal de Comércio de Lisboa de 15 de Fevereiro de 2007, Proc. 766/06.4TYLSB".*

SENTENÇA

## 1. Relatório

### 1.1. *"Nestlé Portugal, S.A",...*

Interpôs recurso de impugnação judicial da decisão da Autoridade da Concorrência (AdC) datada de 20 de Abril de 2006 que a condenou, como autora material, pela prática de uma contra-ordenação p.p. pelos arts. 4.°, n.° 1 e 43.°, n.° 1, al. a), ambos da Lei 18/03 de 11 de Junho e, em consequência:

– lhe aplicou uma coima de € 1.000.000,00, e
– lhe concedeu o prazo de 60 dias para cessar a prática considerada proibida e alterar os seus contratos de distribuição de café, suprimindo dos mesmos as cláusulas que impliquem, directa ou indirectamente, uma duração da obrigação de compra exclusiva por período superior a cinco anos ou a renovação para além dos cinco anos sem o consentimento expresso e livre de ambas as partes.

**Decisão da Autoridade da Concorrência.**

A referida decisão fundamenta-se, resumidamente, na seguinte factualidade:

– a arguida é uma empresa fornecedora de café torrefacto no canal Horeca;
– no exercício da sua actividade a arguida celebra com parte dos seus clientes (cerca de 9.500) contratos escritos de fornecimento de café, pelos quais estes se obrigam a comprar em exclusivo à Nestlé café de uma das quatro marcas que este comercializa;
– parte dos referidos contratos é celebrado por um período superior a cinco anos;
– parte dos mesmos contratos inclui uma cláusula nos termos da qual o contrato é prorrogável, por vontade da Nestlé, para além do período nele fixado, até que o cliente consuma a quantidade de fornecimento de café total acordada nos mesmos;
– em todos os referidos contratos há uma cláusula que prevê a obrigação de o cliente indemnizar a arguida caso não consuma as quantidades de café que se compromete a consumir no contrato;
– a quantidade de café que o cliente fica obrigado a consumir é fixada pela arguida, não correspondendo em grande número de casos a quantidades mínimas de aquisição mas sim a quantidades máximas de aquisição ou mesmo a quantidades superiores àquelas que o cliente tem capacidade de consumir;
– o mercado de fornecimento do café no canal HORECA é o mercado relevante para a apreciação da infracção aqui em causa;
– a arguida tem neste mercado uma quota de 27%;
– existem quatro grandes empresas neste mercado, encontrando-se a arguida entre elas, mantendo-se as quotas das quatro relativamente constantes entre 2000 e 2004;
– o mercado encontra-se fortemente concentrado;
– as quatro maiores empresas que actuam neste mercado têm contratos idênticos aos da arguida;
– a inclusão de tais cláusulas nos contratos tem por objecto impedir e restringir a concorrência na medida em que impedem a entrada no mercado de novos fornecedores e impedem os já existentes de expandirem as suas quotas de mercado, ou seja, tem por efeito impedir ou restringir a concorrência;
– a arguida, conhecendo a proibição legal, agiu livre, consciente e voluntariamente, praticando de forma deliberada os actos supra descritos, ou seja, agiu com dolo;
– a conduta imputada à arguida não está abrangida pelo regulamento de isenção n.° 2790/99 da Comissão de 22 de Dezembro de 1999 nem se considera justificada ao abrigo do disposto no art. 5.° da Lei 18/2003.

★

### 1.2. *Fundamentos do Recurso*

Inconformada com a decisão a arguida interpôs o presente recurso de impugnação invocando estar a decisão inquinada dos seguintes vícios:

– violação do princípio do caso julgado: uma vez que há várias sentenças cíveis que se pronunciaram sobre os seus contratos de distribuição e concluíram que os mesmos não

**Fundamentos do Recurso**

# DIREITO DA CONCORRÊNCIA

violam as leis da concorrência, a AdC está obrigada a respeitar tais decisões, não podendo condenar a Nestlé com base nesses mesmos contratos;

– violação dos direitos de defesa da arguida: a AdC não deferiu à arguida a confiança do processo e indeferiu o seu pedido de fixação de prazo para junção de um parecer económico destinado a demonstrar que os seus contratos não afectam nem restringem a concorrência; a arguida não teve acesso a uma parte significativa do processo composta por dados fornecidos por outras empresas e que a AdC classificou como confidenciais; a decisão recorrida está expurgada de dados qualificados como confidenciais, indicados na decisão em intervalos de valor, não obstante a AdC se ter baseado directamente neles para alicerçar aspectos cruciais da decisão;

– violação do princípio da igualdade de tratamento na medida em que a AdC imputa aos concorrentes da arguida, designadamente ao líder de mercado, condutas similares sem que contra eles tenha, até à data, adoptado qualquer providência ou decisão condenatória. -

– violação do princípio da igualdade de armas na medida em que a arguida não tem o mesmo acesso ao processo que tem a AdC;

– falta de fundamentação resultante de ter ignorado os argumentos que a arguida esgrimiu na resposta à nota de ilicitude;

– falta de fundamentação consubstanciada na não esclarecedora motivação concreta respeitante à não verificação dos requisitos do balanço económico positivo e na contradição entre a fundamentação e os termos da decisão final;

Quanto à questão de fundo, conclui a arguida não ter praticado a infracção que lhe é imputada, razão pela qual peticiona a sua absolvição ou, caso se entenda que a sua conduta integra o ilícito previsto no art. 4.º da Lei 18/2003, que a coima seja substituída por uma admoestação ou seja substancialmente reduzida.

Em súmula alega, a este propósito, que:

– as cláusulas consideradas ilícitas pela AdC não têm nem por objecto nem por efeito impedir ou restringir a concorrência, sendo que, ao contrário do que consta da decisão, não existe nenhum normativo legal que estabeleça que os contratos de distribuição não podem ter uma duração superior a cinco anos;

– os elementos essenciais dos seus contratos, designadamente as quantidades mínimas de consumo mensal, são negociados com os seus clientes e não impostos pela arguida, sendo certo que a quantidade de contratos que na realidade ultrapassam os cinco anos é mínima;

– a compra efectiva da quantidade acordada é a única garantia que a arguida tem de retorno do investimento feito com o cliente, sendo que a responsabilidade contratual em caso de incumprimento é um pilar fundamental de direito civil; a AdC não esclarece como seria possível assegurar a efectividade do cumprimento das obrigações de compra exclusiva, em caso de incumprimento, se o comprador não pudesse ser civilmente responsabilizado:

– a mera possibilidade teórica de prorrogação da vigência dos contratos não produz qualquer impacto no mercado nem qualquer efeito anti-concorrencial, ao que acresce que, admitindo a AdC a existência de contratos de exclusividade, não pode argumentar que há um efeito cumulativo de encerramento do mercado provocado pela existência de uma rede paralela de contratos similares celebrados pelos fornecedores de café pois, a verificar-se tal efeito, o mesmo seria provocado por todos os contratos, mesmo os que têm duração inferior a cinco anos;

– na análise do efeito cumulativo de encerramento só deveriam ser considerados os contratos que tivessem duração excessiva, não tendo a AdC efectuado tal análise;

– a Nestlé tem vindo a perder quota de mercado e a perder rentabilidade ao longo dos últimos anos e não tem uma posição dominante no mercado, mercado esse que é concorrencial o que propicia uma significativa mobilidade de quotas; o mercado em causa é altamente competitivo o que impede que as cláusulas em análise produzam efeitos negativos, não estando os clientes inibidos de mudar de fornecedor de café;

– a AdC não demonstrou que as cláusula em apreciação tenham qualquer impacto em termos de preços, ou seja, que acarretem prejuízos, ficando assim por demonstrar que ocasionem um efeito restritivo da concorrência;

# A CONFIDENCIALIDADE NOS PROCESSOS DE CONTRA-ORDENAÇÃO

– a Nestlé pratica uma tabela de preços única em todas as suas relações de fornecimento, não tendo a existência de contratos escritos impacto sobre o preço de café matéria-prima; este factor, aliado às contrapartidas de que beneficiam os clientes que celebram contrato escrito, torna evidente que o saldo global a favor dos mesmos é positivo e que a conduta da arguida beneficia os seus clientes bem como o consumidor final, já que permite a abertura de mais postos de venda;

– mesmo que assim não fosse, sempre se teria de concluir que as práticas da arguida preenchem as condições do balanço económico positivo consagrado no art. 5.º da Lei 18/2003 pelo que se encontram justificadas;

– a decisão enferma de erro sobre os pressupostos de facto na medida em que não atendeu a significativas quantidades de café torrefacto comercializadas para consumo no canal HORECA por outros operadores, subavaliando o mercado relevante e, consequentemente, sobreavaliando a posição da Nestlé no mesmo, viciando os cálculos respeitantes às quotas subordinadas dos principais operadores e ao grau de concentração do mercado;

– a conduta da arguida nunca poderia ser qualificada de culposa e, mesmo que o fosse, nunca seria passível de ser considerada como dolosa sendo evidente a sua convicção sobre a licitude da mesma, os seja, sempre se teria de concluir que actuou com erro desculpável sobre a ilicitude; logo, a decisão recorrida ao ter considerado a conduta da arguida punível violou o art. 32.º, n.º 2 e 10 da Constituição da República e o art. 9.º, n.º 1, do RGCOC;

– caso se concluísse ser o referido erro censurável, sempre a coima aplicada deveria ser especialmente atenuada e, mesmo que assim não fosse, sempre se teria de concluir que a arguida agiu com negligência inconsciente pelo que, ao concluir que agiu com dolo, a decisão recorrida violou o disposto nos arts. 32.º, n.º 2 e 10 da Constituição da República, o art. 8.º, n.º 1, do RGCOC e o art. 14.º do Cod. Penal;

– ainda que se admitisse ter a arguida praticado a contra-ordenação que lhe é imputada, nunca lhe poderia ser aplicada uma coima por quatro ordens de razões: a decisão recorrida é a primeira decisão condenatória da AdC por restrição vertical; a infracção sempre seria negligenciável; a AdC não fez prova do elemento subjectivo; não houve até à data a nível nacional ou europeu qualquer decisão condenatória por uma infracção desta natureza;

– a AdC cometeu diversos erros e omissões na apreciação e preenchimento dos critérios estabelecidos nas al. a) a f) do art. 44.º da Lei 18/2003

★

## 1.3. *Alegações da Autoridade da Concorrência*

Nas suas alegações a AdC refuta a invocada excepção do caso julgado bem como as violações ao direito de defesa da arguida, referindo concretamente quanto à não consulta dos elementos classificados como confidenciais, que nunca a arguida, durante a fase de instrução do processo, requereu a sua consulta.

Sobre a alegada violação do princípio da igualdade de tratamento, diz a AdC que não é pelo facto de haver redes de contratos semelhantes que a arguida pode deixar de ser punida, que a AdC está obrigada, de acordo com o princípio da legalidade, a adoptar uma decisão quando haja uma infracção que preencha os pressupostos de uma contra-ordenação e que, por força do segredo de justiça, não pode ser dado conhecimento à arguida de outros processos contra-ordenacionais até neles ser proferida decisão final.

Refuta a AdC que haja qualquer vício na fundamentação da verificação do elemento subjectivo do tipo bem como na determinação da medida da coima.

Quanto à questão de fundo, reafirma as conclusões constantes da decisão recorrida.

★ ★ ★

Realizou-se audiência de discussão e julgamento com observância do formalismo legal.

★ ★ ★

*Marginal note:* Alegações da Autoridade da Concorrência.

# DIREITO DA CONCORRÊNCIA

## 2. Saneamento

O Tribunal é competente.

A arguida, no seu recurso invocou várias nulidades e questões prévias de que cumpre conhecer nesta sede.

### 2.1. *Do caso julgado*

A arguida vem invocar a excepção do caso julgado. Alega, em suma, que o que está em causa nesta sede é, em primeira instância, a avaliação dos efeitos civis dos contratos ao abrigo das regras de concorrência. Assim, "tendo as cláusulas controvertidas em análise sido já declaradas civilmente válidas pelos Tribunais, por não violarem as regras de concorrência, daí não se poderão seguir para a Recorrente quaisquer consequências contra-ordenacionais, sob pena de serem colocados em causa os princípios fundamentais da segurança jurídica e do caso julgado". Acrescenta que "a avaliação da compatibilidade das cláusulas controvertidas com as regras de concorrência foi já especificamente abordada pelas instâncias judiciais que invariavelmente declararam a respectiva validade". Conclui que a AdC, ao aplicar-lhe uma coima de um milhão de euros por desconformidade de certas cláusulas dos seus contratos com a legislação da concorrência "violou explicitamente os princípios do caso julgado e da segurança jurídica, na medida em que exactamente o mesmo clausulado havia já sido objecto de reiterada apreciação pelos tribunais, incluindo por alegada violação das regras da concorrência, tendo sido declarado válido.".

Responde a AdC que não se verificam, *in casu*, os requisitos de que o Cod. Proc. Civil faz depender o caso julgado (identidade de pedido, de sujeitos e de causa de pedir).

Decidindo.

De acordo com o disposto no art. 22.º, n.º 1, da Lei 18/2003 de 11 de Junho, aos processos de contra-ordenação instaurados no âmbito da mesma Lei por processos relativos a práticas proibidas aplicam-se as disposições dela constantes e, subsidiariamente, o regime geral das contra-ordenações.

O regime geral das contra-ordenações, por sua vez, dispõe que são subsidiariamente aplicáveis, no que respeita à fixação do regime substantivo das contra-ordenações, as normas do Cod. Penal, e no que toca ao regime processual das contra-ordenações, os preceitos reguladores do processo criminal (arts. 32.º e 41.º do Dec.lei 433/82 de 27 de Outubro – RGCOC).

Face à questão tal como é colocada pela arguida antes de mais há que analisar e distinguir o caso julgado penal do caso julgado civil.

> **O caso julgado penal tem essencialmente uma vertente negativa consagrada no princípio constitucional *ne bis in idem*.**

O caso julgado penal tem essencialmente uma vertente negativa consagrada no princípio constitucional *ne bis in idem* (art. 29.º, n.º 5, da Constituição da República Portuguesa – CRP) isto é, no princípio de que ninguém pode ser julgado duas vezes pela prática da mesma infracção.

A propósito deste princípio Gomes Canotilho e Vital Moreira referem que "... comporta duas dimensões: (a) como direito subjectivo fundamental, garante ao cidadão o direito de não ser julgado mais do que uma vez pelo mesmo facto, conferindo-lhe, ao mesmo tempo, a possibilidade de se defender contra actos estaduais violadores desse direito (direito de defesa negativo); (b) como princípio constitucional objectivo (dimensão objectiva do direito fundamental), obriga fundamentalmente o legislador à conformação do direito processual e à definição do caso julgado material, de modo a impedir a existência de vários julgamentos pelo mesmo facto" (in CRP anotada, I Vol., Cª Editora, 2007, p. 497).

A razão de ser deste princípio não é, pois, a consagração da certeza jurídica formal, ou seja, da certeza jurídica em si mesmo considerada, mas sim da segurança/certeza jurídico-

# A CONFIDENCIALIDADE NOS PROCESSOS DE CONTRA-ORDENAÇÃO

-penal individual face ao *ius puniendi* do Estado (cfr., neste sentido, Taipa de Carvalho, Sucessão de Leis Penais, Cª Ed., 1990, p. 181 e ses.).

No caso dos autos não invoca a arguida ter já sido julgada anteriormente pela prática de qualquer contra-ordenação por infracção às regras da concorrência, nomeadamente pela inclusão de cláusulas nos seus contratos que tornem a sua duração indefinida ou que prevejam a sua duração superior a cinco anos. Não estamos, pois, perante uma situação de caso julgado penal.

E poderá a arguida aqui invocar o caso julgado civil? Afigura-se-nos que não.

O processo civil é, por natureza, um processo de partes, um processo que se destina a regular um concreto conflito existente entre determinadas pessoas, sejam elas singulares ou colectivas. Sendo o conflito trazido a tribunal, este é chamado a dirimi-lo proferindo, a final, uma decisão destinada a regular a situação jurídica concreta objecto do litígio, definindo de determinado modo os direitos subjectivos e interesses juridicamente protegidos que estiverem em causa. Proferida a decisão pelo último tribunal de recurso, se for o caso, ou decorrido o prazo de interposição de recurso sem que o mesmo seja interposto, a decisão torna-se definitiva, isto é, forma-se, a partir de então, o caso julgado.

A *ratio* deste instituto é, sem sombra de dúvida, a salvaguarda dos valores certeza e segurança jurídica. A vida em sociedade apresenta-se repleta de relações jurídico-económicas, surgindo a certeza jurídica do caso julgado como fundamento de legítimas expectativas que, por sua vez, são indispensáveis à regulação dessas relações e à paz social. Aqui a certeza jurídica é, em si mesmo, uma exigência da própria justiça.

> A *ratio* do caso julgado cível é a salvaguarda dos valores certeza e segurança jurídica.

A figura do caso julgado surge quando se repete uma causa depois de a primeira ter sido decidida por decisão já transitada, considerando-se que uma causa se repete quando se propõe uma acção idêntica a outra quanto aos sujeitos, ao pedido e à causa de pedir (arts. 497.º e 498.º do Cod. Proc. Civil).

Ora esta tríplice identidade necessária para que a excepção do caso julgado proceda não se verifica neste caso, nem se poderia nunca verificar dada a manifesta diferença de bem jurídicos tutelados e, consequentemente, de objecto do processo. Que não há identidade de sujeitos é evidente. Mas é de igual modo evidente que não há identidade de pedido nem de causa de pedir.

Nas várias acções cíveis a que a arguida se refere esta é a A., o pedido consiste essencialmente na condenação da R. no pagamento de uma determinada importância (e em alguns casos na restituição de determinados bens móveis), invocando como causa de pedir o incumprimento do contrato celebrado entre as partes (contratos de distribuição em regra idênticos aos que estão em causa neste recurso). Em alguns destes processos, foi suscitada pelos RR. A questão da nulidade do contrato por violação das regras da concorrência sendo certo que as decisões que apreciaram esta matéria todas concluíram pela conformidade do contrato com essas mesmas regras.

Nestas acções está em causa uma mera relação jurídica entre duas pessoas: a arguida, ali A., por um lado, um cliente da arguida que incumpriu o contrato com esta celebrado, por outro. A decisão proferida nestas acções é uma decisão que apenas vincula estas duas partes, ou seja, o caso julgado que se formou apenas a estas duas partes se impõe. Com efeito, e independentemente de se adoptar uma interpretação mais ou menos extensiva do alcance do caso julgado (matéria que aqui não interessa aprofundar), é indiscutível que a arguida, ali A., não pode nunca invocar a decisão que for proferida no processo "A" e que conclua que o contrato ali em apreciação não viola as regras da concorrência, no processo "B", em que está em causa uma relação jurídica diversa (partes diferentes e contrato diferente) pretendendo que neste a questão da violação das regras da concorrência não possa ser apreciada por força do caso julgado da primeira decisão!

Significa isto que decisões como as que a arguida vem agora invocar nem sequer fazem caso julgado entre acções cíveis.

# DIREITO DA CONCORRÊNCIA

Ora se assim é entre acções cíveis, por maioria de razão assim é, também, entre acções cíveis e uma acção de natureza contra-ordenacional onde, em caso algum, se pode considerar que as decisões cíveis já proferidas e que apreciaram os contratos da ora arguida têm qualquer eficácia nos termos por esta pretendidos.

**No processo civil estão em causa interesses meramente privados. A análise/decisão do tribunal é feita numa única perspectiva: a de composição do litígio existente entre as duas partes no processo.**

Desde logo, como resulta já do *supra* exposto, estamos perante processos de natureza muito díspar. No processo civil estão em causa interesses meramente privados. Em acções como as invocadas pela arguida a causa de pedir assenta na existência de um dado contrato de fornecimento e no seu incumprimento pela parte contra quem a acção é proposta. A apreciação do tribunal vai incidir sobre o contrato específico que estiver em causa, sendo, a final, se for caso disso, declarada a nulidade da ou das cláusulas que se considerarem violadoras das regras da concorrência ou declarada a conformidade do contrato com tais cláusulas. A análise/decisão do tribunal é feita numa única perspectiva: a de composição do litígio existente entre as duas partes no processo.

**No processo contra-ordenacional estão em causa interesses de natureza pública dado que o direito das contra-ordenações é um direito sancionatório de carácter punitivo.**

Já no processo contra-ordenacional estão em causa interesses de natureza pública dado que o direito das contra-ordenações é um direito sancionatório de carácter punitivo (daí que o direito penal seja o direito substantivo subsidiariamente aplicável). Contra-ordenações são violações de valores de ordenação que o Estado entende terem importância (por variadas razões, muitas vezes conjunturais) para uma boa e ordenada vivência social, violações essas que não têm a ressonância ético-jurídica do ilícito penal e por isso não constituem crimes. Estando essencialmente em causa violações de deveres impostos pelo Estado para satisfação do interesse público, incumbe à Administração, entendida em sentido lato, a investigação e punição deste tipo de ilícito, uma vez que é à Administração que cabe prosseguir o interesse público.

Não tem, pois, razão a arguida quando pretende que neste recurso o que está em causa em primeira instância é a avaliação dos efeitos civis dos contratos. Não, o que está aqui em causa em primeira instância é a avaliação da conformidade dos contratos com os valores de ordenação que o Estado entendeu impor neste domínio para satisfação do interesse público.

Nesta medida o papel da AdC é, sem dúvida, distinto do dos Tribunais Cíveis. A AdC é a entidade responsável por zelar pela observância do conjunto de valores de ordenação que o Estado entendeu dever consagrar no que respeita às regras da concorrência e por sancionar as condutas que violarem essas ordenações (art. 14.º da Lei 18/2003 – *O respeito pelas regras da concorrência é assegurado pela Autoridade da Concorrência, nos limites das atribuições e competências que lhe são legalmente* confiados e art. 1.º dos Estatutos da AdC, aprovados pelo Dec.lei 10/2003 de 18 de Janeiro – *A Autoridade tem por missão assegurar a aplicação das regras da concorrência em Portugal*). Ao fazê-lo a AdC está a actuar investida dos poderes sancionatórios que qualquer autoridade da Administração tem no que respeita aos ilícitos de mera ordenação social, executando a pretensão punitiva do Estado (art. 7.º dos Estatutos). Os poderes conferidos à AdC têm como objectivo permitir que esta cumpra a sua missão (velar pelo respeito das regras da concorrência), sendo manifesto que é de interesse púbico evitar as práticas anti concorrenciais, descobri-las e puni-las.

**A actividade da AdC não está limitada por decisões proferidas em processos judiciais de natureza cível.**

Ora é evidente que esta sua actividade não está limitada por decisões proferidas em processos judiciais de natureza cível que apenas regulam uma situação concreta do ponto de vista do direito civil, do ponto de vista dos efeitos civis dos concretos contratos que apreciaram.

Acresce que no processo contra-ordenacional não está em causa um contrato específico: o objecto do processo consiste no conjunto de contratos que a arguida celebra e nos quais inclui as cláusulas que a AdC entende infringirem as regras da concorrência. Os contratos concretos referidos na decisão não são mais do que exemplos incluídos na decisão para concretizar a imputação de carácter geral que é feita à arguida, *i.e.*, para ilustrar com casos concretos a sua actuação. Daí que seja de todo indiferente que um dos contratos referidos (e, de acordo com os documentos juntos pela arguida, dos três contratos usados exemplificativamente na decisão só um foi objecto de um processo e consequente decisão judicial) na decisão tenha já sido apreciado por um tribunal cível.

148  2007  40 — causas / sub judice

Em suma, a certeza e segurança jurídica que para a arguida resultam das decisões judiciais de natureza cível é tão só a certeza e segurança que resultam de qualquer decisão de natureza cível: aquela concreta relação jurídica não pode vir a ser objecto de outra decisão judicial. Nada mais pode a arguida pretender obter ou extrair do caso julgado cível.

Mas, mesmo que assim não se entendesse, ou seja, mesmo que se pudesse considerar aplicável o instituto do caso julgado civil nos presentes autos de recurso de impugnação, o certo é que nenhuma das decisões invocadas pela arguida faz caso julgado relativamente ao objecto deste processo.

**Porque é que as concretas decisões cíveis invocadas pela arguida nunca fariam caso julgado neste processo.**

A arguida juntou cópia de várias sentenças e acórdãos, todos proferidos em acções de natureza cível, em algumas das quais é apreciado o clausulado dos seus contratos de distribuição e a sua conformidade com as leis da concorrência. É o caso das seguintes decisões (das quais se excluíram as decisões que homologam transacções dado que nestas não foi apreciado o mérito da causa):

a) Sentença da 5ª Vara Cível do Porto, proferida na acção com Processo Ordinário n.º 179/02 em 17.6.03, na qual é A. a aqui arguida e R. a sociedade Campo Doce – Indústria de Comércio Alimentar, S.A., que condenou a R. a pagar à A. uma indemnização e absolveu esta do pedido reconvencional que consistia na declaração de nulidade do contrato de distribuição invocado como causa de pedir (fls. 12509, cujo teor aqui se dá por inteiramente reproduzido);

b) Acórdão do Tribunal da Relação do Porto de 9.3.04, proferido no recurso interposto da decisão referida em a), que reduziu o montante da indemnização que havia sido fixado na sentença e manteve, quanto ao mais, o ali decidido (fls.12522, cujo teor aqui se dá por inteiramente reproduzido);

c) Sentença da 8ª Vara Cível do Porto, proferida na acção com Processo Ordinário n.º 2034/04.7TVPRT em 6.01.06, na qual é A. a aqui arguida e R. a sociedade Carcafé – Sociedade Hoteleira do Marco de Canaveses, Lda., que, julgando improcedente a excepção da nulidade do contrato, condenou a R. a pagar à A. uma indemnização e absolveu esta do pedido reconvencional de condenação no pagamento de uma indemnização (fls. 13664 cujo teor aqui se dá por inteiramente reproduzido);

d) Sentença das Varas de Competência Mista Cível e Criminal de Sintra de 11.04.06, na qual é A. a aqui arguida e R. Marta Almeida Engrila, que condenou a R. a pagar à A. determinadas importâncias (fls. 13683, cujo teor aqui se dá por inteiramente reproduzido);

e) Sentença da 1ª Vara do Tribunal Cível da Comarca do Porto de 25.11.04, na qual é A. a aqui arguida e R. a sociedade Maria Helena Griff & Filhas, Lda., que condenou a R. a pagar à A. determinadas importâncias (fls. 13705, cujo teor aqui se dá por inteiramente reproduzido);

f) Sentença do 3.º e 4.º Juízos Cíveis do Porto de 13.12.04, na qual é A. a aqui arguida e R. José Marcos, que condenou o R. a pagar à A. determinadas importâncias (fls. 13728, cujo teor aqui se dá por inteiramente reproduzido);

g) Sentença da 8ª Vara Cível do Porto, proferida na acção com Processo Ordinário n.º 4374/04 de 15.09.06, na qual é A. a aqui arguida e R. a sociedade Café da Palha, Lda., que, julgando improcedente a excepção da nulidade do contrato por violação das regras da concorrência, condenou a R. a pagar à A. uma determinada quantia (fls. 14258 cujo teor aqui se dá por inteiramente reproduzido).

Nas decisões referidas nas alíneas d) e) e f) não há qualquer referência à legislação da concorrência, ou seja, as acções foram decididas total ou parcialmente procedentes sem que se tivesse feito qualquer subsunção dos factos ali em causa às regas da concorrência. Consequentemente, é manifesto que tais decisões não podem ser invocadas a propósito do caso julgado. A argumentação da arguida de que, como o caso julgado é de conhecimento oficioso, o facto de as decisões nada referirem quanto à desconformidade dos contratos com as regras da concorrência significa que essa desconformidade inexiste, é de todo indefensável e não tem qualquer suporte legal. Tais decisões são, pois, inócuas nesta sede.

Nas restantes decisões é efectivamente apreciada a legislação da concorrência e a conformação dos contratos (em tudo similares aos que estão em causa neste recurso) a tal

# DIREITO DA CONCORRÊNCIA

legislação. Sucede, porém, que em nenhum deles é analisado em particular o clausulado que a AdC entende ser ilícito.

Nas decisões referidas em a) e b) estava em causa um contrato de 48 meses não se fazendo qualquer referência na sentença, nem nos factos provados nem na fundamentação, à existência de uma cláusula que permita a prorrogação do contrato por vontade da arguida caso o comprador não adquira as quantidades contratadas. Significa isto que a apreciação que foi feita nas decisões em causa não incidiu sobre a concreta cláusula de prorrogação do prazo, sendo certo que o contrato inicialmente tinha o prazo de 48 meses (enquanto neste recurso estão em causa as cláusulas que prevêem uma duração superior a sessenta meses e que permitem a prorrogação do contrato por vontade da Nestlé caso não tenham sido adquiridas as quantidades contratadas dentro do prazo inicial).

Já na decisão referida em c), afasta-se a aplicação do art. 4.º da Lei 18/2003 por se entender que o mesmo só é aplicável aos acordos horizontais, e analisa-se a eventual violação dos arts. 6.º e 7.º da mesma lei. Logo, é também esta uma decisão inócua para os efeitos pretendidos pela arguida na medida em que não cuidou de analisar a conformidade do contrato com a previsão do art. 4.º que é precisamente a que está em causa nestes autos.

Por último, a decisão referida em g), que é a decisão proferida no processo intentado pela aqui arguida contra a sociedade que apresentou a queixa que deu lugar à abertura do presente processo, debruçando-se e apreciando a conformidade do contrato com a legislação da concorrência, não se pronuncia sobre a concreta cláusula que está em causa neste processo: a que permite a prorrogação do contrato por vontade unilateral da arguida (já que no mesmo contrato o prazo de vigência era de cinco anos). Consequentemente, também esta decisão é insusceptível de poder ser invocada como sustentação da excepção do caso julgado.

Em conclusão, nunca as decisões invocadas pela arguida poderiam impedir a AdC de investigar a conduta da arguida e de lhe aplicar as sanções consideradas justificadas. Aliás, a idêntica conclusão parece ter chegado Cruz Vilaça que, a propósito do papel dos tribunais nacionais na aplicação do direito comunitário da concorrência, nomeadamente dos tribunais cíveis, refere: "Diga-se, porém, que os efeitos das decisões dos tribunais, se são, por força do princípio da *res judicata*, definitivos entre as partes, não impedem necessariamente uma acção subsequente por parte das autoridades da concorrência ou de terceiros." (*in* "A Modernização da Aplicação das Regras Comunitárias de Concorrência Segundo a Comissão Europeia", Boletim da Faculdade de Direito, Vol. Comemorativo, Coimbra 2002, p. 30, n.86).

Face a todo o exposto, julgo improcedente a arguida excepção do caso julgado.

★

### 2.2. *Da violação do princípio da igualdade de tratamento e da proporcionalidade*

No art. 771.º do seu recurso invoca a arguida a violação do princípio da igualdade de tratamento e da proporcionalidade na medida em que a AdC imputa aos concorrentes da arguida, designadamente à líder de mercado, condutas similares sem que contra eles tenha, até à data, adoptado qualquer providência ou decisão condenatória, infringindo assim os seus deveres de imparcialidade.

**Princípio da igualdade: abrange a proibição do arbítrio e da discriminação.**

Quanto ao princípio da igualdade, o mesmo está consagrado na CRP nos seguintes termos: *Todos os cidadãos têm a mesma dignidade social e são iguais perante a lei* (art. 13.º, n.º 1, concretizando o n.º 2 do preceito este princípio geral). A protecção conferida por este direito abrange a proibição do arbítrio (proíbe diferenciações de tratamento sem justificação objectiva razoável ou identidade de tratamento em situações objectivamente desiguais) e da discriminação (não permite diferenciações baseadas em categorias subjectivas ou em razão dessas categorias).

O que a arguida alega é que foi violado o princípio da igualdade por haver referência a práticas idênticas às que lhe são imputadas por parte das suas concorrentes não tendo a

# A CONFIDENCIALIDADE NOS PROCESSOS DE CONTRA-ORDENAÇÃO

AdC, até à data, tomado qualquer decisão relativamente a estas, ou seja, entende a arguida que a AdC violou a proibição do arbítrio: tratou arbitrariamente de forma desigual o que é essencialmente igual.

A argumentação da arguida carece em absoluto de fundamento. Num caso como o dos autos só haveria violação do princípio da igualdade se a AdC tivesse investigado parale-lamente a arguida e uma ou mais da suas concorrentes, concluísse em todos os proces-sos que as respectivas arguidas haviam cometido a infracção aqui e causa (nos seus ele-mentos objectivo e subjectivo), e, a final, condenasse a arguida e absolvesse as demais arguidas, ou, eventualmente, condenasse a arguida numa coima de valor consideravel-mente superior à que aplicasse às restantes arguidas sem que estas beneficiassem de cir-cunstâncias atenuantes relevantes.

Não é, porém, esta a situação dos autos. O que se passa é que a AdC concluiu um pro-cesso de instrução, condenando a arguida pela prática da infracção que é objecto do pre-sente recurso. Quanto às concorrentes da arguida, resulta do processo que estarão a cor-rer termos na Autoridade processos similares a este, contra outras empresas distribuidoras de café, não tendo sido ainda proferida decisão final nos mesmos.

Ora se a arguida sabe que tais processos existem, que estão a correr termos e que ainda não foram objecto de decisão final (cfr. fls. 12757 e 12758-A em que é a própria AdC que informa a arguida de que ainda não foi proferida tal decisão), não se percebe como é que pode vir suscitar a violação do princípio de igualdade. Como é que tal princípio pode estar violado se ainda não se sabe qual o desfecho dos outros processos?

Carece, pois, de razão a arguida ao invocar a violação do princípio da igualdade, sendo certo que a mesma, a este propósito, acusa a AdC de infringir os seus deveres de impar-cialidade (art. 771.º), fazendo-o sem qualquer suporte fáctico, ou seja, de forma mera-mente gratuita.

Quanto à invocação a este propósito do princípio da proporcionalidade não se alcança o sentido da mesma. O princípio da proporcionalidade não surge como corolário do prin-cípio da igualdade, como pretende a arguida. Trata-se de um princípio autónomo e dis-tinto e que nada tem a ver com o hipotético tratamento desigual de situações idênticas.

> **Princípio da proporcionalidade: des-dobra-se em três sub-princípios: princípio da adequação, princípio da exigibilidade e princípio da propor-cionalidade em sentido restrito**

O princípio da proporcionalidade, também designado de princípio da proibição de excesso é uma emanação directa do art. 18.º da CRP e desdobra-se em três sub-princí-pios: princípio da adequação (medidas restritivas devem ser adequadas para a prossecu-ção dos fins visados), princípio da exigibilidade (medidas restritivas devem ser necessárias e sem elas não se conseguem alcançar os fins visados pela lei) e princípio da proporcio-nalidade em sentido restrito, (os meios restritivos e os fins obtidos devem situar-se numa justa medida, impedindo assim a adopção de medidas restritivas desproporcionadas e excessivas em relação aos fins obtidos. (cfr. Gomes Canotilho, *op. cit.* p. 392).

Este princípio não é, pois, chamado à colação quanto se invoca a diferença do tratamento dado à arguida relativamente às suas concorrentes.

Por conseguinte e sem necessidade de mais considerandos, conclui-se não haver aqui qualquer violação do princípio da proporcionalidade.

★

## 2.3. *Da violação dos direitos de defesa*

Invoca a arguida que no decurso do processo foram violados os seus direitos de defesa, em vários momentos e por várias actuações distintas da AdC, sendo que, por força de tal violação a decisão deve ser considera nula por violação do disposto nos arts. 32.º, n.º 10 da Constituição da República, 50.º do RGCOC, 100.º e 101.º do Código de Procedimento Administrativo (CPA) e 26.º, n.º 1, da Lei 18/2003.

**sub judice / causas — 40**

# DIREITO DA CONCORRÊNCIA

**O regime subsidiário aplicável é o regime Geral das Contra-ordenações e Coimas e não o Código de Procedimento Administrativo.**

2.3.1. *Regime subsidiário aplicável*

Antes de mais há que delimitar qual o regime subsidiário aplicável, se o RGCOC se o CPA.

O art. 19.º da Lei 18/2003 dispõe que *Sem prejuízo do disposto na presente lei, os procedimentos sancionatórios respeitam o princípio da audiência dos interessados, o princípio do contraditório e demais princípios gerais aplicáveis ao procedimento e à actuação administrativa constantes do Código de Procedimento Administrativo ... bem como, se for caso disso, do regime geral dos ilícitos de mera ordenação social...*

Por sua vez, o art. 22.º, n.º 1, do mesmo código determina, como já se referiu supra, que aos processos relativos a práticas proibidas se aplica subsidiariamente o regime geral dos ilícitos de mera ordenação social.

Extrai-se da conjugação destas duas normas que durante a denominada fase administrativa do processo se aplicam subsidiariamente as regras do Código de Procedimento Administrativo e que na fase de impugnação judicial se aplicam as regras do regime geral dos ilícitos de mera ordenação social? Afigura-se-nos que não é esta a interpretação que se deve fazer das duas normas em apreciação. A aplicação subsidiária do CPA está pensada para determinadas situações e a aplicação subsidiária do regime geral dos ilícitos de mera ordenação social está pensada para outras.

A este propósito A. Dantas entende que "A razão de ser norma daquele artigo 19.º parece-nos, de facto, outra. Na verdade, o apelo ao código de procedimento administrativo em sede de actividade sancionatória deriva da natureza das infracções em causa e do facto de muitas delas serem constatadas em procedimentos de natureza administrativa que seguem os termos do respectivo código. Esta circunstância justifica que se tenha pretendido aproveitar essa forma de procedimento e, sobretudo os actos já levados a cabo no contexto do mesmo para sancionar as infracções em causa, afastando, em relação a elas, o processamento típico das contra-ordenações." (comunicação proferia em 3.06.05 num Seminário sobre direito Europeu da Concorrência, promovido pela Procuradoria Geral da República, que teve lugar no CCB).

Significa isto que se estamos perante um processo de natureza sancionatória em que está em causa a prática de uma contra-ordenação, o direito subsidiário aplicável é o regime geral dos ilícitos de mera ordenação social. Se estamos perante um processo de natureza sancionatória em que não está em causa a prática de um ilícito contra-ordenacional, a AdC actua no campo do direito administrativo, sendo por conseguinte aplicável subsidiariamente o CPA.

Este entendimento é sufragado por Lacerda Costa Pinto que refere: "Do ponto de vista da autoridade administrativa a competência para processar contra-ordenações pode ter algo de peculiar: trata-se de Direito aplicável por uma entidade administrativa, mas que não é em rigor Direito Administrativo. (...) quando um acto de uma autoridade administrativa possa ser visto simultaneamente como um *acto administrativo* e um *acto integrador de um processo de contra-ordenação* o seu regime jurídico, nomeadamente para efeitos de impugnação, deverá ser em princípio o do ilícito de mera ordenação social e subsidiariamente o regime do processo penal, mas não o regime do Código de Procedimento administrativo. Uma solução diferente criaria o risco de um bloqueio completo da actividade sancionatória da administração por cruzamento de regimes e garantias jurídicas".

"A solução aqui sustentada (...) parece ser aquela que é ditada não só pelo enquadramento constitucional das garantias em processo de contra-ordenação, mas também pelo facto de o regime geral das contra-ordenações determinar a aplicação subsidiária do processo penal ... e equiparar os poderes instrutórios em processo de contra-ordenação aos poderes da polícia de investigação criminal (art. 48.º, n.º 2), negando implicitamente qualquer recurso subsidiário ao Direito Administrativo." (o Ilícito de Mera Ordenação Social e a erosão do princípio da subsidiariedade da Intervenção Penal", *in* RPCC, ano 7, Fasc. 1.º, Jan-Março 1997, p. 81).

Também Simas Santos e Lopes de Sousa defendem esta posição: "Este artigo 41.º, insere-se nas normas gerais do processo contra-ordenacional e, por isso, as remissões nele feitas reportam-se tanto à fase de investigação da contra-ordenação, a que serão aplicáveis sub-sidiariamente as normas do processo de inquérito e instrução, como à fase de julga-mento, no caso de recurso judicial da decisão administrativa de aplicação da coima." (*in* Contra-Ordenações, Anotações ao Regime Geral, 2ª ed., Vislis, p. 267)[1].

Assim, no caso dos autos não há que recorrer às normas do CPA respeitantes à funda-mentação das decisões (arts. 100.º e 101.º) mas sim às normas do RGCOC referentes a esta mesma matéria (art. 50.º).

Aliás, o que nunca se poderia era entender, como faz a arguida, que se aplicam subsidia-riamente o CPA e o RGCOC. As disposições que a arguida entende terem sido viola-das são disposições paralelas, umas previstas para o procedimento administrativo e outras para o procedimento contra-ordenacional. Ora não pode aceitar-se que uma mesma decisão deva ser considerada nula ou anulável por violar o art. 100.º do CPA e o art. 50.º do RGCOC. Ambas as normas têm o mesmo objectivo: a salvaguarda do exercício do contraditório. Não faria, pois, qualquer sentido, concluir que ambas as disposições tinham sido violadas.

★

### 2.3.2. *O art. 50.º do RGCOC*

Antes de entrar na apreciação concreta de cada uma das apontadas violações ao direito de defesa da arguida há que explicitar qual o conteúdo deste direito nos ilícitos de mera ordenação social.

O art. 50.º do RGCOC dispõe que *Não é permitida a aplicação de uma coima ou de uma sanção acessória sem antes se ter assegurado ao arguido a possibilidade de, num prazo razoável, se pronunciar sobre a contra-ordenação que lhe é imputada e sobre a sanção ou sanções em que incorre.*

> **Não é permitida a aplicação de uma coima ou de uma sanção acessória sem antes se ter assegurado ao arguido a possibilidade de, um prazo razoável, se pronunciar sobre a contra-ordenação que lhe é imputada e sobre a sanção ou sanções em que incorre.**

Este artigo visa garantir ao arguido no processo de contra-ordenação que é ouvido sobre os factos que lhe são imputados, permitindo-lhe assim organizar a sua defesa. Trata-se, pois, de um direito que decorre do princípio geral do contraditório, exigência funda-mental de um Estado de Direito Democrático. Trata-se hoje de uma garantia consagrada de forma expressa na Lei Fundamental nos seguintes termos *Nos processos de contra-orde-nação (…) são assegurados ao arguido os direitos de audiência e defesa* (art. 32.º, n.º 10).

Em anotação a este preceito Jorge Miranda afirma que "O n.º 10 garante aos arguidos em quaisquer processos de natureza sancionatória os direitos de audiência e defesa. Significa ser inconstitucional a aplicação de qualquer tipo de sanção (…) sem que o arguido seja previamente ouvido e possa defender-se das imputações que lhe são feitas. A defesa pressupõe a prévia acusação, pois que só há defesa perante uma acusação. A Constituição proíbe absolutamente a aplicação de qualquer tipo de sanção sem que ao arguido seja garantida a possibilidade de se defender." (in Constituição Portuguesa Anotada, Coimbra Editora, Tomo I, 2005, p. 363).

A propósito da extensão e conteúdo deste direito, e da sua diferenciação face ao direito do arguido em processo penal, já o Tribunal Constitucional se pronunciou por diversas vezes, sempre concluindo que a diferente natureza dos ilícitos e a menor ressonância ética do ilícito de mera ordenação social fazem com que as garantias em ambos os regimes não tenham que ser iguais (cfr. Ac. TC 659/06 de 28.11.06 e demais jurisprudência aí citada), sem prejuízo de haver um núcleo essencial e intocável de respeito pelo princípio do contraditório.

---

[1] Neste sentido ainda António Beça Pereira, no «Regime Geral das Contra Ordenações e Coimas», Almedina 2001, pág. 88; Teresa Beleza, no «Direito Penal», AAFDL, vol. I, 2.ª edição, pág. 131; José P. F. Cardoso da Costa, «O Recurso para os Tribunais Judiciais da aplicação das Coimas pelas Autoridades Administrativas», 1991, pp. 57 e segs. e José Gonçalves da Costa, «Contra-Ordenações», CEJ, Set. 1995, pp. 46 e segs., s/ a «estrutura e conteúdo da decisão».

# DIREITO DA CONCORRÊNCIA

Expressivo sobre o ponto de vista do Tribunal Constitucional é o Ac. 278/99 de 5 de Maio de 1999, posteriormente citado em abundância noutros arestos do mesmo tribunal, onde se refere: "… A preservação das garantias de defesa do arguido passa, nos parâmetros do Estado de Direito democrático, além do mais, pela observância do contraditório, de modo a que sempre possa ser dado conhecimento ao arguido da acusação que lhe é feita e se lhe dê oportunidade para se defender. A intangibilidade deste núcleo essencial compadece-se, no entanto, com a liberdade de conformação do legislador ordinário que, designadamente na estruturação das fases processuais anteriores ao julgamento, detém margem de liberdade suficiente para plasticizar o contraditório, sem prejuízo de a ele subordinar estritamente a audiência: aqui tem o princípio a sua máxima expressão (como decorre do n.º 5 do artigo 32.º citado), nessa fase podendo (e devendo) o arguido expor o seu ponto de vista quanto às imputações que lhe são feitas pela acusação, contraditar as provas contra si apresentadas, apresentar novas provas e pedir a realização de outras diligências e debater a questão de direito. (…)

**Ressalvado o núcleo essencial – que impede a prolação da decisão sem ter sido dada ao arguido a oportunidade de "discutir, contestar e valorar" não existe um espartilho constitucional formal que não tolere certa maleabilização do exercício do contraditório.**

Ou seja, ressalvado esse núcleo essencial – que impede a prolação da decisão sem ter sido dada ao arguido a oportunidade de "discutir, contestar e valorar" (parecer n.º 18/81 da Comissão Constitucional, in Pareceres da Comissão Constitucional, 16.º vol., pág. 154) – não existe um espartilho constitucional formal que não tolere certa maleabilização do exercício do contraditório…".

Tendo em mente este enquadramento há que analisar se a AdC violou este núcleo essencial e intocável do direito de defesa da arguida.

★

### 2.3.3. *Da confiança do processo*

Alega a arguida ter requerido à AdC a confiança do processo, com vista a preparar a sua resposta à nota de ilicitude. O seu pedido foi negado por a autoridade recorrida ter considerado não ser a confiança legalmente admissível face ao disposto no art. 89.º, n.º 3, do Cod. Proc. Penal. Ao indeferir o seu pedido a AdC limitou o seu acesso aos autos.

Resulta efectivamente dos autos que a arguida, após notificada da nota de ilicitude, requereu a confiança do processo para exame fora das instalações da autoridade e que a confiança lhe foi negada com o fundamento de ser legalmente inadmissível (cfr. fls. 12443 e 12449).

A questão que aqui se coloca é antes de mais a de saber se a confiança do processo, no momento em que foi pedida, era ou não admissível e, caso se conclua que não o era, se a recusa da AdC violou os direitos de defesa da arguida.

Uma vez que nem a Lei 18/2003 nem o RGCOC contêm qualquer disposição sobre a consulta dos autos fora das instalações da autoridade administrativa (a usualmente denominada "confiança" do processo), há que recorrer às normas do processo penal respeitantes a esta matéria e que são subsidiariamente aplicáveis.

Nos termos do disposto no art. 89.º, n.º 3, do Cod. Proc. Penal, o arguido tem, *relativamente a processos findos, àqueles em que não puder ou já não puder ter lugar a instrução e àqueles em que tiver havido já decisão instrutória, direito a examiná-los gratuitamente fora da secretaria, desde que o requeiram à autoridade judiciária competente e esta, fixando prazo para tal, autorize a confiança do processo.*

**Quando é necessário recorrer à aplicação subsidiária do direito penal e processual penal impõe-se a adaptação destas normas à realidade subjacente às contra-ordenações.**

Não sendo o processo de contra-ordenação um processo-crime, é manifesto que, quando é necessário recorrer à aplicação subsidiária do direito penal e processual penal, se impõe a adaptação destas normas à realidade subjacente às contra-ordenações. Assim, caberá agora analisar os dois regimes de processo (penal e contra-ordenacional) para então apreciar se, após a notificação da nota de ilicitude, o processo pode ou não ser "confiado" à arguida.

O processo-crime tem início com a abertura de um inquérito na sequência da notícia de um crime (art. 241.º e 262.º, ambos do Cod. Proc. Penal). No decurso do inquérito

# A CONFIDENCIALIDADE NOS PROCESSOS DE CONTRA-ORDENAÇÃO

são praticados os actos de investigação reputados de necessários com vista à decisão sobre a acusação (citado art. 262.°). Terminada a investigação e concluindo o titular da acção penal (Ministério Público) que há fortes indícios da prática de um crime, deduz a respectiva acusação contra o seu autor (art. 283.°, n.° 1, Cod. Proc. Penal). Neste caso pode o arguido, se não se conformar com a acusação, requerer, no prazo de 20 dias contados da sua notificação, a abertura de instrução (art. 287.° do Cod. Proc. Penal), fase destinada a comprovar judicialmente a decisão de deduzir acusação ou de arquivar o inquérito em ordem a submeter ou não a causa a julgamento (art. 286.° do Cod. Proc. Penal).

Até ser proferida acusação o arguido só tem acesso aos autos de declarações e aos requerimentos por si apresentados, para além do direito a estar presente em determinadas diligências probatórias (art. 89.°, n.° 2, do Cod. Proc. Penal). Uma vez proferida a acusação o arguido passa a ter o direito de "consulta do auto e obtenção de cópias, extractos e certidões de quaisquer partes dele" bem como a examiná-lo gratuitamente fora da secretaria" (art. 86.°, n.° 2, al. c), e 89.°, n.° 1 e 3, ambos do Cod. Proc. Penal). A razão de ser deste direito é evidente: ultrapassados os motivos que levam à consagração do segredo de justiça (salvaguarda da investigação e da prova recolhida e protecção dos envolvidos) há que salvaguardar o direito constitucionalmente consagrado de defesa (art. 30.°, n.° 1, da Lei Fundamental).

Feito o percurso do processo-crime até à acusação passemos ao regime contra-ordenacional.

O processo contra-ordenacional tem início oficiosamente, mediante participação elaborada pelas autoridades policiais ou agentes de fiscalização ou por denúncia de particulares (art. 54.°, n.° 1.°, do RGCOC). Aberto um processo contra-ordenacional são praticados os actos de investigação reputados de necessários com vista à decisão final (citado art. 54.°, n.° 2.°). Terminada a investigação e concluindo o titular do processo (autoridade administrativa) que há fortes indícios da prática de uma contra-ordenação e de quem é o seu autor, profere uma decisão, designada de nota de ilicitude, na qual identifica o arguido e os factos praticados, subsumindo-os ao direito aplicável, e indica as sanções aplicáveis. Tal decisão tem de ser notificada ao arguido a quem tem de ser dada a possibilidade de sobre ela se pronunciar em tempo razoável (citado art. 50.°).

Neste caso pode o arguido, se não se conformar com a nota de ilicitude, exercer o seu direito de defesa, que passa não só pela resposta aos factos que lhe são imputados e respectivo enquadramento jurídico, como pela apresentação da prova que entender necessária ou pelo requerimento de realização de diligências de prova.

Exercido o direito de defesa e realizadas as provas que a autoridade reputar de necessárias, será proferida decisão final que tanto poderá ser de arquivamento do processo como de aplicação de uma coima (art. 54.°, n.° 2, do RGCOC). Sendo proferida uma decisão condenatória pode o arguido interpor recurso judicial junto da entidade recorrida, que, se não revogar a decisão, enviará os autos ao Ministério Público junto do Tribunal competente (art. 59.° e 62.° do RGCOC). Caberá então ao Ministério Público apresentar os autos a juízo, valendo este acto como acusação (art. 62.°, n.° 2, do RGCOC).

Qual é a peça processual no direito contra-ordenacional equivalente à acusação no processo-crime?

A acusação tem como objectivo levar a julgamento um arguido que é suspeito da prática de um crime. Só com a notificação da acusação o arguido tem pleno conhecimento dos factos que lhe são imputados e do seu enquadramento jurídico e, só então, pode verdadeiramente exercer o seu direito de defesa, através do requerimento de abertura de instrução (fase processual que não existe no regime contra-ordenacional).

Qual é a peça processual que, nos processos de contra-ordenação, exerce tal função? É, desde logo, a nota de ilicitude. Com efeito, com a notificação da nota de ilicitude é dado conhecimento ao arguido dos factos que lhe são imputados e do respectivo enquadramento jurídico, tendo o arguido, a partir desse momento, o direito efectivo de apresentar a sua defesa, através do requerimento de resposta à nota de ilicitude (no sentido

**Na fase administrativa do processo a nota de ilicitude é a peça processual no direito contra-ordenacional equivalente à acusação no processo-crime.**

# DIREITO DA CONCORRÊNCIA

de que a nota de ilicitude equivale à acusação cfr. Ac. RL de 3/5/2001, consultado em www.dgsi.pt/jtrl).

Mas o certo é que, se for interposto recurso da decisão final, nos termos do art. 62.° do RGCOC a remessa dos autos a juízo pelo Ministério Público equivale a acusação. Significa isto que nos processos de contra-ordenação em bom rigor pode haver duas peças com as características e função da acusação crime.

Na primeira fase do processo a nota de ilicitude equivale à acusação e a decisão final da autoridade administrativa corresponderá à sentença, no sentido em que aprecia a questão e decide a mesma definitivamente, caso não venha a ser interposto recurso de impugnação judicial. Na segunda fase, que só existe se for interposto recurso de impugnação judicial, a decisão recorrida, ao ser remetida a juízo pelo Ministério Público, equivale à acusação já que irá ser produzida (se necessário) prova sobre os factos dela constantes, a que se seguirá a sentença que apreciará a questão e decidirá a mesma, revogando, alterando ou mantendo a decisão recorrida (cfr. Assento 1/2003 de 16 de Outubro de 2002, pontos 10.6 e 11).

**Se for interposto recurso da decisão final esta decisão é a peça processual equivalente à acusação no processo-crime.**

Podemos, pois, afirmar que, na fase administrativa do processo, a nota de ilicitude equivale à acusação, sem prejuízo de, se o processo vier a ser remetido a juízo, a decisão final recorrida valer como acusação.

Inexistindo a fase de instrução e, consequentemente a decisão instrutória, quando é que o processo passa a poder ser confiado? A resposta só pode ser uma: após proferida a decisão final pela autoridade recorrida. De facto, destinando-se a instrução a comprovar a decisão de acusar e não existindo esta fase de comprovação nos processos de contra-ordenação; sendo a acusação, em caso de recurso, a decisão final da autoridade administrativa; passando o processo, a partir do momento em que a decisão final da autoridade é proferida, directamente para a fase de julgamento, sendo certo que no processo penal só nesta fase que é permitida a confiança do processo (já que só é permitida após a decisão instrutória, i.e., quando o processo é remetido para a fase de julgamento), é para nós claro que só a partir deste momento é que a arguida pode consultar o processo fora das instalações da autoridade recorrida.

A posição da AdC de não permitir a confiança do processo, após a nota de ilicitude e antes de proferida a decisão final, não enferma, pois, de qualquer vício.

Estando tal decisão correcta há que averiguar se o art. 89.° do Cod. Proc. Penal viola, ele próprio, os direitos de defesa do arguido. A este propósito o Tribunal da Relação de Lisboa entendeu que: "Ora, nos termos do n.° 1 do art. 89.° do C.P.P. após a dedução da acusação, o arguido pode consultar o processo na secretaria e obter elementos do mesmo, por cópia extracto ou certidão, para preparar a sua defesa. Não há, pois, impedimento à livre consulta, por parte dos defensores dos arguidos, de todo o conteúdo do processo, estando assim cabalmente asseguradas todas as garantias de defesa. Sendo certo que, não pode entender-se que, a simples limitação que obriga a tal consulta na secretaria não diminui de forma nenhuma direitos de defesa, dada a possibilidade de poderem os defensores dos arguidos obterem cópias, extractos e certidões do processo. Nem viola o princípio de igualdade de armas, pois, neste particular, da consulta do processo, e só esta questão está em causa, os arguidos não estão numa situação de desfavor em relação ao Ministério Público. Assim, admitindo-se que a consulta do processo pelo defensor do arguido se inscreve entre as garantias de defesa, tais garantias ficam asseguradas pelo teor do art. 89.° do C.P.P." (Ac. de 9.12.03, Proc.9469/03-5; no mesmo sentido cfr. Ac. STJ de 7.6.89, proc. 40007, 3ª secção e Ac RE de 18.10.94, CJ XIX, T. IV, p. 287).

**O facto de o processo só poder ser examinado fora da secretaria após a decisão instrutória não afecta os direitos de defesa.**

A clareza com que a situação é explanada neste aresto dispensa quaisquer outros considerandos, sendo forçoso concluir que o facto de o processo só poder ser examinado fora da secretaria após a decisão instrutória não afecta minimamente os direitos de defesa dos arguidos.

Face a todo ao exposto, ao não deferir o pedido de exame do processo fora da secretaria a AdC não violou os direitos de defesa da arguida.

### 2.3.4. *Do indeferimento do pedido de fixação de prazo para junção de um parecer*

Alega a arguida que solicitou à AdC a fixação de prazo para junção aos autos de um parecer económico destinado a demonstrar que os seus contratos não afectam nem restringem a concorrência, não fecham o mercado nem diminuem a liberdade de escolha dos consumidores, não prejudicam os consumidores finais nem afectam os preços. Tal pedido foi indeferido pela AdC com o fundamento de já ter sido adoptada a decisão final do processo.

Diz a arguida que o seu requerimento foi apresentado antes da a decisão ter sido proferida e que o despacho que a indeferiu só lhe foi notificado cerca de um mês após a data que do mesmo consta, altura em que estava já praticamente decorrido o prazo de impugnação judicial. Com esta actuação a AdC violou os direitos de defesa da arguida.

Para apreciar a questão suscitada há que considerar os seguintes factos:

1 – Em 11 de Novembro de 2004 (cfr. fls. 29-verso) a arguida foi notificada pela AdC de que esta tinha procedido à abertura de um inquérito no mercado de fornecimento de café e para, em 10 dias, remeter determinados documentos e informações relativos aos anos de 1998 a 2003 (doc. fls. 29 que aqui se dá por reproduzido).

2 – Em 25 de Novembro de 2004 a arguida respondeu ao pedido de informações de 11 de Novembro (cfr. fls. 2199 e segs.).

3 – A AdC dirigiu à arguida pedidos de informação escritos em 10 de Janeiro, 9 de Fevereiro, 8 e 28 de Março de 2005 (cfr. fls. 11148, 11763, 11802 e 11996).

4 – Aos quais a arguida respondeu (cfr. fls. 11599, 11787, 11934, 12006, 12011 e 12015).

5 – Em 10 de Outubro de 2005 a AdC elabora a nota de ilicitude e concede à arguida o prazo de 30 dias para requerer meios de prova ao abrigo do disposto no art. 26.º, n.º 1, da Lei 18/2003 (cfr. fls. 12369).

6 – A nota de ilicitude foi notificada à arguida em 12 de Outubro de 2005 (cfr. fls. 12437--verso).

7 – Por fax datado de 17 de Outubro de 2005 a arguida solicitou à AdC a audição oral dos seus, em complemento da audição escrita a apresentar oportunamente, bem como a confiança do processo (cfr. fls. 12439).

8 – Por despacho datado de 19 de Outubro de 2005 e notificado à arguida no dia 21 do mesmo mês, a AdC informa que oportunamente será designado dia para a audição oral e indefere o pedido de confiança do processo (cfr. fls. 12449 e 12450).

9 – No dia 14 de Novembro o mandatário da arguida consulta o processo pela primeira vez nas instalações da AdC e pede cópias de várias folhas do processo que lhe são facultadas (cfr. fls. 12452).

10 – No dia 15 de Novembro o mandatário da arguida volta a consultar o processo nas instalações da AdC (cfr. fls. 12455).

11 – Nesse mesmo dia a arguida requer a prorrogação do prazo para responder à nota de ilicitude (cfr. fls. 12456).

12 – Pedido que foi indeferido por despacho datado de 16 de Novembro, notificado por fax ao mandatário da arguida nesse mesmo dia e por carta registada no dia 18 do mesmo mês (cfr. fls. 12460 a 12463).

13 – No dia 24 de Novembro de 2005 dá entrada na AdC a resposta da arguida à nota de ilicitude, com a qual são juntos 12 documentos e na qual a arguidas requer que a AdC realize as diligências probatórias que entender justificadas para fazer prova do mercado relevante, dos efeitos produzidos pela cláusula de exclusividade, pela duração dos acordos no mercado relevante e sobre a susceptibilidade desses acordos serem considerados justificados (cfr. fls. 12467 e segs.).

14 – No dia 6 de Dezembro de 2005 a arguida é notificada de que foi designado o dia 19 de Dezembro para realização da audição oral solicitada (cfr. fls. 12559-A).

15 – No dia 19 de Dezembro foram ouvidos representantes da arguida que apresentaram uma exposição por meios informáticos (power point) (cfr. fls. 12565 e segs.).

16 – No dia 20 de Abril de 2006 é proferido pelas instrutoras do processo um despacho ordenando a junção da decisão final e a sua notificação à arguida (cfr. fls. 12621-A).

17 – A decisão, datada de 20 de Abril de 2006, encontra-se junta a fls. 12622 e segs.).

> **A faculdade de apresentação de prova na fase administrativa do processo.**

# DIREITO DA CONCORRÊNCIA

18 – Tendo a arguida sido dela notificada em 24 de Abril de 2006 (cfr. fls. 12742 e 12743).

19 – Por fax datado de 18 de Abril de 2006 às 20.32 horas a arguida requer a fixação de um prazo para junção de um estudo, cuja preparação estava já em curso, que constitui uma importante análise pericial dos aspectos económicos do processo (cfr. fls. 12744).

20 – Tal requerimento foi junto ao processo após a decisão final.

21 – Por despacho datado de 26 de Abril de 2006 a AdC indeferiu à requerida fixação de prazo nos termos constantes de fls. 12755 cujo teor aqui se dá por reproduzido.

22 – Não resulta dos autos a data em que a arguida foi notificada do despacho referido em 21).

24 – Com o recurso de impugnação da decisão recorrida a arguida juntou aos autos um estudo da autoria do Prof. Pita Barros, datado de 23 de Março de 2006, mas que, segundo declarações do referido autor prestadas em audiência de julgamento, terá sido elaborado em Maio de 2006 (cfr. fls. 13561).

★

Conforme já explanado supra, o art. 50.º do RGCOC confere ao arguido o direito de exercer o contraditório, estando incluído nesse direito o de oferecer os meios de prova que o arguido considere necessários.

Em consonância com este preceito e concretizando o mesmo, o art. 26.º, n.º 1, da Lei 18/2003 dispõe que *Na notificação a que se refere a alínea b) do n.º 1 do artigo precedente, a autoridade fixa às arguidas um prazo razoável para que se pronunciem por escrito sobre as acusações formuladas e as demais questões que possam interessar à decisão do processo, bem como sobre as provas produzidas, e para que requeiram as diligências complementares de prova que considerem convenientes.*

O n.º 3 do mesmo preceito acrescenta que a *Autoridade pode recusar a realização de diligências complementares de prova sempre que for manifesta a irrelevância das provas requeridas ou o seu intuito meramente dilatório.*

**A arguida tem direito a requerer a realização de diligências probatórias e a autoridade administrativa tem o poder de avaliar da necessidade e utilidade das diligências requeridas.**

Resulta do exposto que a arguida tem direito a requerer a realização de diligências probatórias, fundamentando devidamente o requerimento, direito esse a exercer no prazo que lhe for fixado. Por sua vez a autoridade administrativa tem o poder de avaliar da necessidade e utilidade das diligências requeridas, deferindo ou indeferindo a sua realização em conformidade com o juízo que fizer (neste sentido Ac. RC de 21.6.00, Rec. 1186/00).

No caso dos autos a arguida, notificada da nota de ilicitude e do despacho que lhe fixou o prazo de 30 dias para apresentar os seus meios de prova (em 12 de Outubro de 2005), limitou-se a requerer a audição oral dos seus representante (em 17 de Outubro de 2005), a juntar prova documental e a requerer de modo absolutamente genérico que a própria autoridade proceda às diligências de prova que considere necessárias (isto em 24 de Novembro de 2005).

Foi admitida a junção da prova documental bem como a audição oral dos representantes da Nestlé, que teve lugar em 19 de Dezembro de 2005, tendo a arguida procedido a uma apresentação em "power point".

A arguida não requereu, no prazo que para tal lhe foi fixado pela AdC, a junção de qualquer parecer nem tão pouco a concessão de prazo para tal efeito.

Assim, o requerimento ora em apreço sempre terá de ser considerado como um requerimento de prova complementar. Admissível em abstracto, resta apreciar se, em concreto, o requerimento devia ser deferido.

O pedido da arguida consistia em que lhe fosse concedido um prazo para apresentar um estudo, não tendo a arguida sequer indicado qual o prazo que pretendia para o efeito. Este requerimento apenas foi apresentado em 18 de Abril de 2006 (à noite), ou seja, seis meses depois de a arguida ter sido notificada da nota de ilicitude, cerca de cinco meses depois de ter apresentado a sua resposta à nota de ilicitude e quatro meses depois de a autoridade ter procedido à audição oral dos seus legais representantes.

É, pois, manifesto que o pedido ora em apreciação é extemporâneo. A arguida, assim que foi notificada da nota de ilicitude, ficou consciente da posição da AdC sobre os aspectos económicos em causa na infracção que lhe era imputada. Se entendia que as conclusões da AdC sobre o mercado relevante e sobre o impacto dos seus contratos na concorrência (designadamente que os mesmos não fecham o mercado nem diminuem a liberdade de escolha dos consumidores, não prejudicam os consumidores finais nem afectam os preços) estava incorrecto ou incompleto, deveria, em sede própria, isto é, no prazo de 30 dias que a autoridade lhe concedeu, ter requerido a fixação de um prazo para apresentação de um estudo sobre tais matérias. Mesmo depois de decorrido tal prazo, teve ainda a arguida uma ampla oportunidade de fazer tal requerimento, conforme resulta dos factos *supra* referidos, não o tendo feito.

Na decisão final a AdC não faz mais do que aprofundar a tese por si sustentada na nota de ilicitude. Não há, pois, qualquer justificação para que o pedido da arguida só em Abril de 2006 seja apresentado. Consultados os autos verifica-se que a AdC terminou as suas diligências probatórias em Dezembro de 2005, aquando da audição oral da arguida, tendo sido proferida a decisão final em Abril de 2006.

Acresce que, conforme resulta dos autos, o requerimento da arguida só foi junto ao processo após proferida a decisão. É certo que o mesmo deu entrada na autoridade dois dias antes da data em que a decisão foi proferida. Mas não é menos certo que a decisão já estava seguramente concluída nessa data, embora ainda não estivesse junta aos autos.

> **O requerimento probatório deve respeitar o prazo fixado pela AdC.**

Seja como for, entende o tribunal que o momento em que a arguida apresentou o seu requerimento foi extemporâneo pelo que não recaía sobre a AdC a obrigação de o deferir, não violando essa sua recusa os direitos de defesa da arguida. A esta foi concedido o prazo de 30 dias para requerer o que tivesse por conveniente e o requerimento em questão só foi apresentado cerca de cinco meses depois de expirado o prazo sem que para tal houvesse, ou pelo menos fosse apresentada, qualquer justificação. É, por conseguinte, indiferente a data em que a arguida foi notificada do despacho de recusa pela AdC (que aliás não resulta dos autos), sendo certo que nunca a arguida poderia considerar que tal requerimento levaria à prorrogação do prazo de impugnação da decisão recorrida. Tendo sido notificada da decisão em 24 de Abril de 2006, cabia à arguida começar desde logo a preparar o seu recurso, não podendo vir agora invocar que a notificação tardia da recusa de concessão de prazo para junção do parecer prejudicou de algum modo o seu direito de defesa (leia-se, o seu direito de preparar o recurso).

> **Diferença entre "documento de prova" e "documento de valoração de prova".**

Por outro lado, o que a arguida pretendia não era a apresentação de prova, ao contrário do que agora sustenta. Como a própria arguida refere no seu recurso, o que pretendia juntar e agora juntou é um parecer (o documento em causa intitula-se "Análise dos fundamentos económicos da decisão"). Ora entre prova documental ou pericial e junção de um parecer há uma grande diferença. As primeiras destinam-se, como o próprio nome indica, a fazer prova da existência de determinados factos, ou seja, são um meio de prova em si mesmo. Já um parecer é um estudo que analisa a prova produzida e dela retira conclusões.

Significa isto que o que a arguida pretendia não era, em rigor, apresentar um meio de prova mas sim um estudo sobre a prova analisada e valorada pela autoridade, isto é, o que a arguida peticionou foi a fixação de prazo para juntar um parecer (documento de valoração da prova), não sendo este documento um meio de prova em si. Assim, também por esta razão não havia fundamento para a AdC deferir o seu requerimento.

Por todo o exposto é forçoso concluir que ao não deferir o requerimento de 18 de Abril de 2005 a AdC não violou os direitos de defesa da arguida.

⋆

# DIREITO DA CONCORRÊNCIA

**A valoração dada à prova produzida é questão alheia aos direitos de defesa, é questão de julgamento.**

### 2.3.5. *Da não consideração pela AdC dos argumentos e documentos por si apresentados*

No art. 452.º do seu recurso vem a Nestlé arguir a violação dos seus direitos de defesa alegando que requereu a sua audição oral e tinha, por isso, direito a que as provas e argumentos então apresentados fossem devidamente apreciados pela Autoridade.

A arguida parece incorrer em alguma confusão acerca do conteúdo e extensão do direito de defesa. Como já foi suficientemente explanado, estamos aqui a falar do direito que assiste ao arguido de não lhe ser aplicada uma punição sem que lhe seja dada uma concreta e efectiva possibilidade de se pronunciar sobre a infracção que lhe é imputada, direito que abrange, sem dúvida, a possibilidade de se pronunciar em audição oral e a de apresentar prova.

Mas, no que a este aspecto concerne, o direito não vai mais longe do que isto. A valoração que é depois dada à prova produzida pela arguida é questão de todo alheia aos direitos de defesa, é questão de julgamento.

Ora a arguida requereu a sua audição oral e a mesma realizou-se. A arguida requereu a junção de determinada prova documental e a mesma foi admitida. O facto de a AdC não ter dado à argumentação da arguida a valoração que esta pretendia é, conforme referido, uma questão de julgamento da causa. Aliás, a aceitar-se o entendimento da arguida teríamos de concluir que sempre que o tribunal condena um arguido que nega a prática dos factos estaria a violar os seus direitos de defesa.

Assim, o facto de a AdC não ter "valorado" os argumentos apresentados pela arguida e considerado, com base nos mesmos, que esta não tinha praticado a contra-ordenação que lhe é imputada, não constitui qualquer violação dos seus direitos de defesa.

Aliás, a haver aqui qualquer vício o mesmo nunca relevaria em sede de violação dos direitos de defesa da arguida mas, quando muito, em sede de falta de fundamentação da decisão recorrida. Sucede que a este propósito a jurisprudência, quer nacional quer comunitária, é uniforme. "Não se verifica omissão de pronúncia quando o Tribunal não aprecia todos os argumentos invocados pela parte em apoio das suas pretensões que vem a conhecer, mas só quando o juiz deixa de se pronunciar sobre questões que lhe foram submetidas pelas partes ou de que deve conhecer oficiosamente, entendendo-se por questões os problemas concretos a decidir e não os simples argumentos, opiniões ou doutrinas expendidos pelas partes na defesa das teses em presença" (Ac. STJ de 25.05.06, Proc. 06P1389 e demais jurisprudência nele citada); "Em particular, a Comissão não é obrigada, na fundamentação de uma decisão que rejeita uma denúncia por violação das regras da concorrência, a tomar posição sobre todos os argumentos que os interessados invoquem em apoio do seu pedido, mas basta que exponha os factos e as considerações jurídicas que assumam uma importância essencial na economia da decisão" (Ac. do TPI de 12.12.06, Proc. T-155/04, § 118 e demais jurisprudência comunitária citada no referido aresto).

Ora a AdC, na decisão recorrida, expõe o seu entendimento sobre todos os factos relevantes para a imputação da infracção à arguida, sendo evidente que discorda desta quanto à apreciação que fez de vários factos e da respectiva subsunção jurídica. É, pois, indiscutível que a AdC conheceu das questões relevantes no processo. Se ao conhecê-las, apreciou ou não todos os argumentos invocados pela arguida, é irrelevante para este efeito.

Em suma, o facto de a AdC não ter apreciado e valorado os argumentos apresentados pela arguida no sentido por esta pretendido não constitui qualquer violação aos direitos de defesa da arguida.

★

### 2.3.6. *Da não atendibilidade de determinados factores relevantes em sede de elemento subjectivo do tipo*

Por último, nos arts. 676.º e 685.º, 754.º das suas alegações, refere a arguida que houve violação dos seus direitos de defesa por a AdC ter concluído que a mesma actuou com

# A CONFIDENCIALIDADE NOS PROCESSOS DE CONTRA-ORDENAÇÃO

consciência da ilicitude e que agiu com dolo sem analisar determinados factores relevantes nesta sede. Tal violação resulta ainda do facto de a AdC não ter atendido à culpa e a outros factores a que a lei alude na determinação da medida da coima.

A este propósito invoca a violação não só dos seus direitos de defesa mas também do princípio da presunção de inocência consagrado no art. 32.º, n.º 2, da CRP.

Nas suas alegações a AdC alega que nem a Lei 18/2003 nem o RGCOC contêm qualquer norma que imponha a qualificação do dolo não sendo aqui aplicável o Cod. Penal por não haver qualquer lacuna.

Decidindo.

No que toca a este último aspecto (necessidade de qualificar o dolo), a posição defendida pela Autoridade não é aceitável. É certo que não há nenhuma disposição legal no RGCOC que imponha às autoridades qualificar o dolo. Mas não o há pelo simples facto de ser de todo desnecessário. O dolo que está aqui em causa é, evidentemente, o dolo criminalmente relevante e não o dolo civilmente relevante. O facto de o RGCOC não conter nenhuma norma similar ao art. 14.º do Cod. Penal não significa que não haja aqui que considerar as três categorias de dolo existentes. Tal norma inexiste por manifesta desnecessidade face ao disposto no art. 32.º do RGCOC.

Ora em direito penal não há uma categoria genérica e única de dolo. O dolo tem três categorias, o que aliás também sucede com a negligência, e, quando se fala em dolo fala-se sempre de uma concreta modalidade de dolo, sendo certo que esta concretização é de facto fundamental designadamente para determinação da medida da pena.

Tal como sucede em direito penal, também em direito contra-ordenacional não há uma categoria genérica e única de dolo. Há sempre que apurar qual o grau de dolo ou de negligência com que o arguido actuou, tendo depois essa qualificação influência directa na medida concreta da coima. Há, pois, que descrever os factos relevantes e, em rigor, concluir pela forma de dolo que estiver em causa.

> **Há sempre que apurar qual o grau de dolo ou de negligência com que o arguido actuou, tendo depois essa qualificação influência directa na medida concreta da coima.**

E o facto é que a AdC, não tendo embora qualificado o dolo em causa, descreveu da seguinte forma a conduta da arguida: "agiu de forma livre, consciente e voluntária na prática da infracção, sabendo que a conduta que lhe é imputada é proibida por lei, tendo assim querido realizar todos os actos necessários à sua verificação". Esta descrição corresponde ao dolo directo (art. 14.º, n.º 1, Cod. Penal). Significa isto que a argumentação da autoridade nas suas alegações é contraditória com a sua própria decisão dado que nesta define o dolo recorrendo à norma de direito penal que caracteriza o dolo directo.

Seja como for, o certo é que a Autoridade descreve os factos relativos ao elemento subjectivo do tipo e conclui que os mesmos correspondem a uma actuação dolosa. O facto de não qualificar o dolo não acarreta a nulidade da decisão, ao contrário do que sucederia se o qualificasse mas se se abstivesse de conformar os factos com essa qualificação.

Vejamos então se a decisão padece de algum vício resultante da omissão de consideração de determinados factores para apurar a culpa e para determinar a medida concreta da coima.

Na sua decisão a AdC, perante os factos que considerou demonstrados, "entendeu que a arguida agiu de forma livre, consciente e voluntária na prática da infracção, sabendo que a conduta que lhe é imputada é proibida por lei, tendo assim querido realizar todos os actos necessários à sua verificação. Do exposto resulta que a arguida agiu com dolo, e não, como invoca, com negligência, já que, conhecendo as normas legais aplicáveis, não se absteve de praticar de forma deliberada, os actos acima descritos, levando a cabo uma conduta que preenche todos os elementos de um tipo legal de contra-ordenação".

Significa isto que para a AdC a prova produzida no processo foi bastante para sustentar a condenação da arguida como autora material da contra-ordenação que lhe é imputada, cometida com dolo. Poderá extrair-se alguma consequência do facto de a AdC não ter

## DIREITO DA CONCORRÊNCIA

qualificado o tipo de dolo? A resposta não pode deixar de ser negativa. A Autoridade não qualifica o dolo mas descreve-o e fá-lo de modo suficientemente claro para se poder concluir que se trata, quanto a si, de dolo directo (art. 14.°, n.° 1, Cod. Penal).

O facto de ter entendido que a arguida teve consciência da ilicitude ou que não actuou com negligência inconsciente resultou desde logo do facto de ter concluído que a arguida agiu com dolo directo (o que exclui a negligência) e que tinha conhecimento da norma infringida (ou seja, tinha consciência da ilicitude). Acresce que esta questão não tem nada a ver com os direitos de defesa da arguida, mas sim, uma vez mais, com o julgamento que a AdC fez dos factos.

Relativamente à fixação da medida concreta da coima e aos factores considerados pela AdC, não se pode dizer que a decisão recorrida seja exemplar. Se é indiscutível que a AdC atendeu, na fixação da medida concreta da coima, aos critérios estabelecidos no art. 44.° da Lei 18/2003 (cfr. arts. 420.° e ss.), tendo considerado os fins de prevenção subjacentes (cfr. arts. 416.° e ss.), não é menos certo que não consta deste capítulo da decisão, de forma expressa, o factor culpa e a ilicitude. Porém, ao referir no art. 424.° da decisão, que a arguida é autora material da contra-ordenação, sendo-lhe imputável a prática em apreço tal como descrita na acusação, a AdC remete para a qualificação que fez do dolo (directo – art. 338.°) e para a culpa (consciência da ilicitude com que actuou – art. 412.°). A decisão, não sendo modelar, não se pode, pois, considerar totalmente omissa nesta matéria.

**A não consideração de determinados factores na determinação da culpa e na fixação da medida concreta da coima não importa a anulação da decisão recorrida nem a sua nulidade por violação dos direitos de defesa.**

Mas, mesmo que assistisse razão à arguida quanto a não terem sido atendidos determinados factores na determinação da culpa e na fixação da medida concreta da coima, tal nunca importaria sequer a anulação da decisão recorrida e muito menos a sua nulidade por violação dos direitos de defesa. Nesse caso, e porque foi interposto recurso de impugnação judicial da decisão final, caberia ao Tribunal atender a tais circunstâncias e, caso as considerasse relevantes, concluir em conformidade (ou seja, absolvendo a arguida, reduzindo a coima ou substituindo a coima por uma admoestação).

Em suma, não se compreende porque é que a este propósito é invocado o art. 32.°, n.° 10 da CRP, sendo para nós perfeitamente claro que tais questões nada têm a ver com o direito de defesa.

Quanto à invocação do princípio da presunção de inocência nesta sede, afigura-se-nos ser a mesma despropositada. A presunção de inocência é um princípio que se impõe enquanto se está a apurar se determinada pessoa cometeu ou não uma infracção. Até ser provado que alguém cometeu uma infracção essa pessoa presume-se inocente. Ora a determinação da medida da coima é efectuada num momento subsequente, ou seja, só se entra na apreciação da sanção a aplicar depois de se ter concluído pela prática de um ilícito. Parece-nos, pois, evidente que na determinação da medida da coima nunca pode ser posta em causa a violação do princípio da presunção de inocência.

Falece, assim, também esta argumentação da arguida, não se vislumbrando aqui qualquer violação dos seus direitos de defesa.

*

2.3.7. *Do não acesso pela arguida aos documentos classificados pela Autoridade como confidenciais e da sua utilização como fundamento de parte da decisão recorrida*

Pretende a arguida que os seus direitos de defesa, dos quais decorrem entre outros o princípio da igualdade de armas, foram violados na medida em que não teve acesso a vários volumes do processo, incluindo aqueles que contêm os contratos-tipo usados pelos seus concorrentes, classificados pela AdC como confidenciais.

Acrescenta que no confronto entre os direitos de defesa da arguida e o interesse de protecção de segredos comerciais, o primeiro pesa mais do que o segundo já que é um direito fundamental.

Alega ainda que não pode ser a AdC a decidir quais os documentos úteis á defesa das partes, sendo certo que nos documentos qualificados como confidenciais pode haver documentos de excepcional relevância para a defesa da arguida. Acresce que à arguida e ao tribunal fica vedada a possibilidade de sindicar ou controlar a análise feita pela autoridade dos ditos documentos, designadamente por não estar justificada no processo a confidencialidade.

Este comportamento da AdC é tanto mais grave quando a infracção que lhe é imputada é alicerçada num efeito de encerramento do mercado provocado pela alegada existência de redes paralelas de contratos similares e pela existência de quatro empresas que dominam o mercado, conclusões que a AdC retira dos documentos confidenciais.

Por tudo isto a defesa da arguida fica dificultada no que toca à impugnação da matéria de facto.

Respondeu a AdC que é a primeira vez que a arguida suscita tal questão já que durante a fase de instrução se limitou a pedir cópias de determinadas folhas do processo, que lhe foram entregues, não tendo posto em causa a qualificação dos documentos juntos aos autos como confidenciais nem a sua existência, o que nem sequer fez na resposta à nota de ilicitude, sede própria para levantar a questão caso entendesse que lhe estava a ser coarctado um direito legítimo de acesso a documentos. Caberia à arguida requerer o acesso aos elementos para que a AdC ponderasse e avaliasse se o interesse da arguida deveria ou não prevalecer sobre o da protecção do segredo de negócio das empresas concorrentes.

Acrescenta que, por força do disposto no art. 36.º do Dec.lei 10/2003 os membros da Autoridade estão obrigados ao sigilo profissional e por força do disposto no art. 26.º, n.º 5, da Lei 18/2003 a Autoridade está obrigada a proteger o segredo de negócio das empresas.

Entende ainda a AdC que nem a jurisprudência nem a doutrina alguma vez entenderam que, em abstracto, algum dos interesses em confronto pesasse mais, mas sim que, em caso de colisão, se impõe realizar uma ponderação destinada a apurar qual, em concreto, deve prevalecer.

Diz também a Autoridade que está devidamente justificada a confidencialidade na medida em que na decisão recorrida sempre que é usada informação confidencial, é feita uma referência no sentido de esclarecer que são indicados intervalos de valores e não valores determinados para proteger a confidencialidade dos documentos.

Por último diz a AdC que o tribunal pode sindicar a análise de confidencialidade efectuada uma vez que dispõe de todo o processo contra-ordenacional.

Em bom rigor a arguida suscita a este propósito várias questões que se vão conhecer separadamente.

*

2.3.7.1. <u>Os direitos de defesa da arguida versus os interesses de terceiros no segredo de negócio</u>

A Lei 18/2003 consagra o actual Regime Jurídico da Concorrência, anteriormente regulado no Dec.lei 371/93 de 29 de Outubro que por sua vez havia substituído o Dec.-lei 422/83 de 3 de Dezembro. Todos estes diplomas pretendem dar concretização ao disposto no art. 81.º, al. f), da CRP que determina que incumbe prioritariamente ao Estado, no âmbito económico e social, *Assegurar o funcionamento eficiente dos mercados, de modo a garantir a equilibrada concorrência entre as empresas, a contrariar as formas de organização monopolistas e a reprimir os abusos de posição dominante e outras práticas lesivas do interesse geral.*

Porquê esta consagração a nível constitucional? Porque a defesa e promoção da Concorrência são fundamentais para assegurar o saudável funcionamento do mercado.

# DIREITO DA CONCORRÊNCIA

Na realidade em que vivemos a concorrência perfeita (sistema em que grande números de pequenos fornecedores abastece o mercado com o mesmo tipo de produtos ou serviços, a preços idênticos, e sem qualquer tipo de colusão entre si) não existe. Vivemos num sistema em que se torna necessário organizar de modo eficiente a actividade económica, preservando sempre um certo grau de concorrência (i.e., uma dinâmica competitiva saudável), disciplinando a actividade dos vários agentes económicos, garantindo os direitos dos consumidores e em última *ratio* promovendo a convergência dos esforços na busca de melhor realização do interesse geral.

Tendo em mente estes princípios e orientações e sendo evidente que qualquer agente económico, pelo mero exercício do seu direito de liberdade contratual, corolário do princípio da autonomia privada, pode interferir com o regular funcionamento do mercado, impedindo ou dificultando a entrada/permanência de empresas concorrentes no mercado, influenciando a formação da oferta e da procura, ou seja, impedindo a livre circulação de mercadorias e de prestação de serviços, surge a nível nacional a regulação da concorrência, em moldes aliás muito semelhantes aos previstos no direito comunitário.

A AdC, constituída como pessoa colectiva de direito público, foi criada precisamente para *assegurar a aplicação das regras da concorrência em Portugal, no respeito pelo princípio da economia de mercado e de livre concorrência, tendo em vista o funcionamento eficiente dos mercados, a repartição eficaz dos recursos e os interesses dos consumidores* (art. 1.º dos Estatutos da AdC).

**Poderes, direitos, faculdades e deveres da AdC.**

No âmbito do exercício das suas funções a AdC dispõe de poderes sancionatórios, de supervisão e de regulamentação (art. 7.º dos Estatutos). No exercício dos primeiros cabe-lhe, designadamente, *Identificar e investigar as práticas susceptíveis de infringir a legislação da concorrência nacional e comunitária, proceder à instrução e decidir sobre os respectivos processos, aplicando, se for caso disso, as sanções previstas na lei* (art. 7.º, n.º 2, al. a), Dos Estatutos).

Para tanto, à AdC foram conferidos os mesmos direitos e faculdades, por um lado, e os mesmos deveres e obrigações, por outro, dos órgãos de polícia criminal, podendo designadamente (art. 17.º, n.º 1, als. a) e b) da Lei 18/2003):

– *Inquirir os representantes legais das empresas ou das associações de empresas envolvidas, bem como solicitar-lhes documentos e outros elementos de informação que entenda convenientes ou necessários para o esclarecimento dos factos;*
– Inquirir *os representantes legais de outras empresas* (que não a arguida) *ou associações de empresas e quaisquer outras pessoas cujas declarações considere pertinentes, bem como solicitar-lhes documentos e outros elementos de informação.*

No que concerne aos processos relativos a práticas proibidas a AdC, no exercício dos seus poderes sancionatórios, procede à abertura de um inquérito e, se entender que há indícios suficientes de infracção, dá início à instrução do processo (arts. 24.º e 25.º da Lei 18/2003). Nesta instrução a autoridade procede às diligências de prova que entende necessárias, oficiosamente e a requerimento das arguidas, caso entenda que as diligências que efectuou na fase de inquérito são insuficientes ou podem e devem ser complementadas.

Quando a AdC, no exercício dos poderes que lhe são conferidos pelo citado art. 17.º, n.º 1, al. b), solicita às empresas informações e documentos, deve informá-las de que *deverão identificar, de maneira fundamentada, as informações que considerem confidenciais, juntando, sendo caso disso, uma cópia não confidencial dos documentos em que se contenham tais informações* (art. 18.º, n.º 1, al. d), da Lei 18/2003), sendo certo que a falta de resposta das empresas ou a resposta falsa inexacta ou incompleta está tipificada como contra-ordenação (art. 43.º, n.º 3, al. b), da Lei 18/2003).

Sobre a AdC incumbe o ónus de acautelar *o interesse legítimo das empresas na não divulgação dos seus segredos de negócio* (art. 26.º, n.º 5, da Lei 18/2003), ónus esse que está directamente relacionado com o sigilo a que os órgãos da Autoridade e o "seu pessoal" estão obrigados (art. 36.º dos seus Estatutos: *Os titulares dos órgãos da Autoridade, bem como o seu pessoal, estão especialmente obrigados a guardar sigilo dos factos cujo conhecimento lhes advenha pelo exercício das suas funções e que não possam ser divulgados, nos termos da lei.*).

# A CONFIDENCIALIDADE NOS PROCESSOS DE CONTRA-ORDENAÇÃO

Da simples leitura das supra citadas disposições legais resulta à evidência que está expressamente prevista a possibilidade de num processo de contra-ordenação haver elementos que não podem ser disponibilizados à arguida, ou seja, que a confidencialidade é, em abstracto, admissível e lícita, estando a AdC obrigada a respeitá-la e a fazê-la respeitar. A questão que se coloca é a de determinar qual a extensão que tal confidencialidade pode ter.

Entende a arguida que, quando em confronto com os direitos de defesa, os interesses subjacentes à confidencialidade têm que ceder dado que aqueles, fazendo parte do núcleo dos direitos fundamentais, são sempre prevalecentes.

A situação não é, porém, tão linear como a arguida pretende. É indiscutível que os direitos defesa da arguida fazem parte dos direitos fundamentais (art. 32.º, n.º 10, da CRP, inserido no Capítulo I – Direitos, liberdades e garantias pessoais – do Título II – Direitos, liberdades e garantias –, da Parte I – Direitos e Deveres Fundamentais).

Mas também é certo que a salvaguarda da não divulgação dos segredos de negócio das empresas, designadamente das concorrentes das arguidas, é indispensável para que a AdC possa cumprir as suas funções (assegurar a aplicação das regras da concorrência) e, consequentemente, para que o Estado assegure a realização de uma das suas incumbências prioritárias: assegurar o funcionamento eficiente dos mercados, garantir a equilibrada concorrência entre as empresas e reprimir práticas lesivas do interesse geral (art. 81.º, al. f), da CRP). Com efeito, só se pode exigir da parte dos operadores no mercado que colaborem com a AdC e lhe transmitam documentos e informações que são confidenciais, já que são elementos nos quais se baseiam as respectivas actividades económicas, se lhes for dada a garantia de que não vai ser dada publicidade a tais elementos, nomeadamente no que às suas concorrentes respeita.

Por conseguinte, entende o Tribunal que assiste razão à AdC quando defende que, quando os direitos de defesa e o interesse na não divulgação dos segredos de negócio estão em confronto, há que fazer uma "ponderação sobre a prevalência de um ou de outro desses interesses, face ao caso concreto".

A necessidade de ponderação tem também sido defendida pela jurisprudência comunitária, citando-se a título de exemplo o Ac. do TPI de 29.06.95, Proc. T-30/91: "A este respeito deve recordar-se em primeiro lugar que, segundo um princípio geral que se aplica no decurso do procedimento administrativo e de que o artigo 214. do Tratado bem como diversas disposições do Regulamento n. 17 constituem a expressão, as empresas têm direito à protecção dos seus segredos de negócios (V. acórdãos do Tribunal de Justiça de 24 de Junho de 1986. Akzo Chemie/Comissão, 53/85, Colect., p. 1965, n. 28, e de 19 de Maio de 1994, SEP/Comissão, C-36/92 P, Colect., p. I-1911, n. 36). O Tribunal considera, todavia, que este direito deve ser equilibrado com a garantia dos direitos de defesa."

Cita-se, ainda, a este propósito, o Despacho do Presidente da 5ª secção do TPI de 15.06.06, Proc. T-271/03 "para apreciar as condições em que pode ser atribuído um tratamento confidencial a certos elementos dos autos, é necessário ponderar, relativamente a cada peça processual ou excerto de peça processual para a qual seja pedido um tratamento confidencial, a preocupação legítima da recorrente de evitar que os seus interesses comerciais sejam afectados de forma grave e a preocupação, igualmente legítima, das intervenientes de dispor das informações necessárias para poderem cabalmente invocar os seus direitos e expor a sua tese perante o juiz comunitário".

Em suma, casos haverá em que o interesse da salvaguarda do segredo de negócio tem que ceder perante o direito de defesa da arguida. Mas tal só em concreto pode ser aferido, *i.e.*, só procedendo a uma análise dos elementos considerados confidenciais e da sua relevância para o processo, quer enquanto elemento de prova a ser usado pela acusação, quer enquanto elemento que possa ser usado pela defesa, é que se pode concluir que, no caso concreto, o interesse legítimo dos terceiros tem de ceder sob pena de se violarem os direitos de defesa da arguida.

> **Nos processos de contra-ordenação a confidencialidade é, em abstracto, admissível e licíta, estando a AdC obrigada a respeitá-la e a fazê-la respeitar.**

> **Quando os direitos de defesa e o interesse na não divulgação dos segredos de negócios estão em confronto, há que fazer uma "ponderação sobre a prevalência de um ou de outro desses interesses, face ao caso concreto".**

# DIREITO DA CONCORRÊNCIA

**O princípio da igualdade de armas traduz a ideia de que as partes no processo têm os mesmos direitos e garantias.**

A argumentação da arguida é, pois, nesta parte, improcedente.

★

2.3.7.2. <u>Violação do princípio da igualdade de armas</u>

A propósito do não acesso aos elementos confidenciais a arguida invoca ainda a violação do princípio da igualdade de armas.

O princípio da igualdade de armas constitui uma emanação do princípio da igualdade dos cidadãos perante os tribunais, consagrado no art. 13.º da CRP e traduz a ideia de que as partes no processo têm os mesmos direitos e garantias.

Sobre este princípio ensina Figueiredo Dias: "Torna-se assim evidente que a reclamada «igualdade» de armas processuais – uma ideia em si prezável e que merece ser mantida e aprofundada – só pode ser entendida com um mínimo aceitável de correcção quando lançada no contexto mais amplo da estrutura lógico-material da acusação e da defesa e da sua dialéctica. Com a consequência de que uma concreta conformação processual só poderá ser recusada como violadora daquele princípio de igualdade quando dever considerar-se infundamentada, desrazoável ou arbitrária; como ainda quando possa reputar-se substancialmente discriminatória à luz das finalidades do processo penal, do programa político-criminal que àquele está assinado, ou dos referentes axiológicos que o comandam." (Sobre os sujeitos processuais no novo Código de Processo Penal, *in* O *Novo Código de Processo Penal,* «Jornadas de direito processual penal», Ed. Almedina, Coimbra, 1988, p. 30-31).

Que a diferenciação pode, em determinadas circunstâncias ser admitida resulta ainda da jurisprudência do Tribunal Constitucional: "Tudo está em saber se a pretensa diferenciação de tratamento dos sujeitos processuais se baseia em motivos subjectivos ou arbitrários, ou é materialmente infundada, e é este aspecto que releva para aferir a violação do princípio da igualdade, aqui na dimensão de igualdade de armas no mesmo processo, enquanto princípio vinculativo da lei, traduzindo a ideia geral de proibição de arbítrio" (Ac. 462/03, citado pelo Ac. 27/06 de 10.01.06).

Também a nível comunitário a jurisprudência aceita que haja documentos no processo da Comissão que não são comunicados às partes: "No âmbito da aplicação das regras de concorrência do Tratado CE, o acesso ao processo tem designadamente por objecto permitir aos destinatários de uma comunicação de acusações tomar conhecimento dos elementos de prova que constam do dossier da Comissão, a fim de que se possam pronunciar de forma útil, com base nesses elementos, sobre as conclusões a que a Comissão chegou na comunicação de acusações. Daí resulta que a Comissão tem a obrigação de tornar acessível aos destinatários da comunicação de acusações o conjunto dos elementos contra e a favor que recolheu no decurso das diligências de instrução, com a ressalva, porém, dos documentos com carácter confidencial…" (Ac. do TPI de 13.12.01, Colect. 2001, p. II-03757).

**A limitação do princípio da igualdade de armas nestes processos justifica-se pela necessidade de salvaguarda dos interesses legítimos de terceiros.**

Ora no caso em apreço mostra-se perfeitamente justificada a limitação deste princípio face às considerações supra explanadas a propósito da salvaguarda dos legítimos interesses de terceiros. A existência de documentos confidenciais nestes casos, podendo abstractamente levar à limitação do princípio da igualdade de armas (consubstanciada na diferenciação de tratamento entre a acusação e a defesa), está na prática justificada de modo objectivo e materialmente fundado.

Acresce que tal limitação sempre seria relativa face à possibilidade de recurso jurisdicional. Com efeito, pedida pela arguida a consulta dos elementos confidenciais e sendo a mesma recusada, sempre a arguida pode recorrer ao tribunal a fim de que este assegure que os seus direitos e garantias não são preteridos (art. 55.º RGCOC). Havendo tal possibilidade de controlo jurisdicional, não se pode aceitar a ideia da violação do princípio da igualdade de armas.

Conclui-se, pois, pela inexistência de violação do princípio da igualdade de armas.

## 2.3.7.3. Falta de fundamentação da qualificação da confidencialidade e consequente impossibilidade de controlo da respectiva decisão

Entende a arguida que, por um lado, não pode ser a AdC a decidir quais os elementos que interessam, designadamente quais os que interessam à defesa, e, por outro lado, que a decisão de qualificar certos elementos como confidenciais tem de ser fundamentada. Não fundamentando a decisão a AdC impede a arguida e o tribunal de sindicar a sua "análise".

Concluímos já que, nesta sede, pode haver interesses de terceiros a considerar: os interesses resultantes da protecção dos seus segredos de negócio. Para que estes interesses, legítimos, sejam efectivamente assegurados, é evidente que é a AdC quem, em primeira-mão, faz a análise dos elementos e os qualifica como confidenciais (uma vez que é ela a autoridade que está a proceder à investigação e que, por conseguinte, recebe os elementos enviados pelas empresas). Mas daqui não resulta que esta análise da Autoridade não seja sindicável. Em abstracto é-o, quer pela arguida quer pelo tribunal. Vejamos.

De acordo com o regime legal vigente as empresas, ao remeterem informações ou documentos relativamente aos quais pretendam que seja salvaguardada a confidencialidade, devem fazer tal indicação e fazê-lo de forma fundamentada (art. 18.º da Lei 18/2003). Por sua vez a AdC tem que analisar os elementos que estiverem em causa e, se entender estar justificado o pedido, assegurar a requerida confidencialidade. Tal implica, no entender do Tribunal, que a AdC, ao "retirar" do processo que vai estar acessível à arguida determinados elementos, deve elaborar uma listagem que junta ao processo, na qual identifica os documentos que reputa de confidenciais. Dessa listagem devem constar as razões que levaram a que os elementos em causa fossem qualificados como confidenciais, sendo certo que tal fundamentação muitas vezes resulta da própria natureza dos documentos (neste sentido Ac. TPI de 29-06-1995, Proc. T-30/91).

É certo que não há nenhuma disposição específica que imponha esta actuação mas, no entender do tribunal, trata-se de uma obrigação que resulta do dever geral de fundamentação dos actos, designadamente dos actos decisórios (equiparando-se aqui os despachos da Autoridade aos despachos do Ministério Público proferidos na fase de inquérito – art. 97.º, n.º 2 e 4, do Cod. Proc. Penal).

**Quando a AdC protege documentos através da confidencialidade deve fazê-lo através da decisão fundamentada.**

Se a Autoridade actuar desta forma assegura que as arguidas possam, até certo ponto, sindicar a análise que efectuou e que levou à qualificação das informações ou dos documentos como confidenciais. Com efeito, tendo a arguida conhecimento de quais os elementos que estão em causa (sendo junta aos autos uma listagem com a identificação dos documentos sabe-se de que documentos se está a falar, embora não se saiba o seu conteúdo) pode verificar se os mesmos deviam ou não ser qualificados como confidenciais, por um lado, e se podem conter informações para si relevantes (já que sabendo quais os elementos em causa, pode aferir se os mesmos são ou não importantes para a sua defesa e pode perceber a que tipo de prova em contrário se pode socorrer caso sejam elementos relevantes para a acusação), por outro. É, pois, a arguida quem, em 1ª mão, controla a actuação da Autoridade nesta matéria, embora seja um controle limitado. -

Numa segunda fase surge o Tribunal a quem cabe o controle pleno e absoluto sobre esta matéria.

Caso a arguida pretenda ter acesso a um qualquer elemento que tenha sido qualificado como confidencial pela AdC, apresenta um requerimento solicitando o acesso aos elementos que entende poderem interessar-lhe. A AdC apreciará o requerimento e proferirá um despacho, devidamente fundamentado, deferindo ou indeferindo o pedido de levantamento da confidencialidade, decisão a que chegará depois de ponderar qual, no caso concreto, o interesse que deve prevalecer: se o da arguida se o dos terceiros.

Se a decisão da AdC for no sentido do indeferimento do pedido e a arguida não se conformar, restar-lhe-á recorrer para tribunal, nos termos previstos nos arts. 50.º, n.º 2, da

# DIREITO DA CONCORRÊNCIA

**Cabe ao tribunal proceder à análise dos documentos qualificados como confidenciais e verificar se a sua divulgação põe em risco o interesse legítimo dos terceiros na não divulgação dos seus segredos de negócios e se o facto de a arguida não ter tido acesso aos mesmos violou os seus direitos de defesa.**

Lei 18/2003 e 55.º do RGCOC. Caso seja interposto recurso, a AdC remeterá a Tribunal certidão das partes relevantes do processo bem como os elementos confidenciais que estiverem em causa. Neste tipo de recursos o tribunal tem poderes de plena jurisdição, cabendo-lhe fazer não só um controle de legalidade mas também de mérito, no âmbito dos quais se insere, designadamente, o de examinar os meios de prova a fim de determinar se houve violação dos direitos de defesa (Ac. TJ 07.01.04, Proc. C-204/00).

Consequentemente, cabe ao tribunal proceder à análise dos documentos que foram qualificados pela Autoridade como confidenciais e verificar, por um lado, se a sua divulgação põe em risco o interesse legítimo dos terceiros na não divulgação dos seus segredos de negócio, e por outro lado, se o facto de a arguida não ter tido acesso aos mesmos violou os seus direitos de defesa.

Tem, pois, o tribunal que fazer a ponderação a que *supra* se referiu sendo indiscutível que, se o interesse dos terceiros for legítimo e não tiverem sido violados os direitos de defesa da arguida, cabe ao tribunal zelar pela protecção desses interesses e não levantar a confidencialidade dos mesmos, ou seja, este interesse, sendo legítimo, tem de ser salvaguardado também pelo tribunal. Este entendimento está aliás expresso na Comunicação da Comissão sobre a Cooperação entre a Comissão e os Tribunais dos Estados-membros (a propósito da aplicação dos artigos 81.º e 82.º do Tratado EU e do Reg. da Comissão n.º 1/2003) que prevê expressamente que sendo solicitadas pelo Tribunal à Comissão informações ou documentos por esta qualificados como confidenciais, a Comissão só os envia se o Tribunal em questão garantir expressamente a protecção da confidencialidade (cfr. § 25.º).

Se o tribunal entender que a confidencialidade não é justificada, decidirá em conformidade, determinando a que documentos deve ser dado acesso à arguida.

Do exposto resulta que o regime legal vigente não viola, em abstracto, os direitos de defesa da arguida e que o facto de ser a AdC quem analisa e qualifica os documentos como confidenciais, não constitui qualquer violação desses mesmos direitos já que, para além da possibilidade que assiste à arguida de fazer um controle preliminar, tem sempre a garantia do controle jurisdicional.

Regressando ao caso concreto importa em primeira-mão apreciar o procedimento adoptado pela AdC neste capítulo.

Neste ponto não podemos deixar de concordar com a arguida nas críticas que lhe dirige. Efectivamente, compulsados os autos verifica-se que a AdC não cuidou de identificar no processo os documentos que considerou incluírem segredos de negócio e que por conseguinte qualificou como confidenciais. De facto, a AdC limitou-se a deixar no processo uma folha em que identifica os números das folhas confidenciais quando o que deveria ter feito era identificar os elementos ou documentos como tal qualificados. Mal andou, pois, a Autoridade. Não obstante, relativamente a grande parte dos documentos e informações, a arguida tem possibilidade de saber de que informações e documentos se trata dado que as empresas em regra identificaram os mesmos na resposta à AdC e esta resposta consta do processo.

Por outro lado, resulta dos autos que a AdC, embora não tenha proferido propriamente uma decisão relativamente aos elementos que lhe foram enviados com a nota de que deveriam ser considerados confidenciais, teve o cuidado de os analisar, não se limitando a retirar do processo tudo o que foi enviado sob a referida reserva. Tal conclusão extrai-se das notificações efectuadas pela AdC a algumas empresas solicitando-lhes esclarecimentos sobre o porquê do pedido de confidencialidade relativamente a alguns elementos por estas enviados e que, no entender da Autoridade, não continham segredos de negócio (cfr. fls. 12356, 12359 e 12361).

Significa isto que a AdC fez o seu trabalho, isto é, analisou os elementos enviados e ponderou da necessidade de os mesmos serem retirados da "parte aberta" do processo por conterem segredos de negócios merecedores de protecção. O que não fez foi materializar em despacho o seu procedimento.

# A CONFIDENCIALIDADE NOS PROCESSOS DE CONTRA-ORDENAÇÃO

Há que ver qual a consequência processual desta falha da Autoridade. No entender do Tribunal a arguida não coloca devidamente esta questão. Com efeito, e salvo melhor opinião, este problema concreto tem de ser resolvido a outro nível que não o da violação dos direitos de defesa. A violação dos direitos de defesa prende-se com a importância e relevância dos elementos que foram considerados confidenciais e que, por conseguinte, não constam do processo que se encontra à disposição da arguida. A existir qualquer irregularidade a este nível a mesma consubstanciará um vício de natureza material que vai ser apreciado adiante.

Mas este problema só se coloca a jusante. A questão aqui em apreciação é prévia: estamos neste momento a analisar quais as consequências da falta de elaboração de uma listagem identificando os elementos qualificados como confidenciais e respectiva fundamentação, i.e., estamos a analisar as irregularidades processuais no tratamento da qualificação dos elementos como confidenciais. Ou seja, estamos perante a existência de um vício de natureza processual.

E que vício é este? Em nosso entender estamos perante uma mera irregularidade. Recorrendo às regras do Cod. Proc. Penal (dada a inexistência de qualquer norma que verse sobre esta questão quer na Lei 18/2003 quer no RGCOC), temos como ponto de partida o princípio básico de que a violação ou inobservância das disposições da lei de processo *só determina a nulidade do acto quando esta for expressamente cominada na lei*, sendo certo que *Nos casos em que a lei não cominar a nulidade, o acto ilegal é irregular* (art. 118.º, n.º 1 e 2 do Cod. Proc. Penal).

> **A falta de decisão fundamentada sobre os elementos confidenciais configura uma mera irregularidade.**

A decisão da Autoridade relativa à qualificação dos documentos como confidenciais equivale a um acto decisório do Ministério Público, ou seja a um despacho, e, por conseguinte, carece de fundamentação, *i.e.*, deve especificar os seus fundamentos de facto e de direito (cfr. art. 97.º, n.º 2 e 4, do Cod. Proc. Penal). Sucede que não há nenhum preceito que comine a falta de fundamentação dos despachos do Ministério Público com a nulidade. Logo, vigorando em processo penal o princípio da taxatividade das causas de nulidade (citado art. 118.º), é forçoso concluir que tal falta de fundamentação equivale a uma mera irregularidade (neste sentido Ac. RL de 26.09.06, Proc. 6008/2006.5).

Ora a irregularidade *só determina a invalidade do acto a que se refere e dos termos subsequentes que possa afectar quando tiver sido arguida pelos interessados no próprio acto ou, se a este não tiverem assistido, nos três dias seguintes a contar daquele em que tiverem sido notificados para qualquer termo do processo ou intervindo em algum acto nele praticado* (art. 123.º, n.º 1, do Cod. Proc. Penal).

Regressando ao caso concreto há que considerar a este propósito, os seguintes factos:

1 – Na sequência da denúncia apresentada pela sociedade Café da Palha, Lda. a AdC enviou à arguida e a muitas outras sociedades um pedido de prestação de informações e de envio de documentos, dando-lhe conta da abertura de um processo de inquérito ao mercado de fornecimento do café (cfr. fls. 4 e 29 a 185).

2 – Na sequência desses pedidos as empresas notificadas vieram aos autos prestar as informações requeridas e juntar documentos, tendo algumas solicitado que fosse garantida a sua confidencialidade (cfr. a título de exemplo fls. 421, 519, 716 e 1155).

3 – A arguida, ao responder à Autoridade, remeteu vários documentos, tendo relativamente a alguns deles referido conterem informação confidencial (cfr. a título de exemplo fls. 2319, 2326, 2338, 2340, 2418 e 2526).

4 – Nos dias 14 e 15 de Novembro o mandatário da arguida consultou o processo nas instalações da AdC e pediu cópias de várias folhas dos autos, que lhe foram facultadas (cfr. fls. 12452 e 12455).

5 – Na resposta à nota de ilicitude a arguida não questionou a qualificação dada aos documentos juntos como confidenciais nem solicitou a sua consulta ou pediu cópia dos mesmos (cfr. fls. 12467).

6 – Até à apresentação do recurso de impugnação a arguida nunca dirigiu à AdC nenhum pedido de consulta dos documentos por esta qualificados como confidenciais ou de cópia dos mesmos nem qualquer requerimento solicitando esclarecimentos sobre a qualificação de confidencial dada a tais documentos.

**sub judice / causas — 40**   2007   **169**

# DIREITO DA CONCORRÊNCIA

Da factualidade descrita resulta que a arguida teve conhecimento da irregularidade pelo menos no dia em que o seu mandatário consultou o processo pela primeira vez, isto é, em 14 de Novembro de 2005. Com efeito, nessa data o processo foi consultado e a arguida constatou não só que não se encontravam disponíveis no processo inúmeras informações e documentos, como que a AdC não havia listado os elementos que retirou do processo nem fundamentado as razões pelas quais os havia qualificado como confidenciais. Tinha, pois, a arguida, que ter suscitado a irregularidade da falta de fundamentação da decisão da AdC no prazo de 3 dias a contar dessa data, ou seja, a irregularidade tinha que ter sido suscitada até 17 de Novembro de 2005. Não o tendo feito, a irregularidade cometida pela Autoridade considera-se sanada.

Aliás, tendo tido um comportamento totalmente passivo nesta matéria desde que foi notificada da nota de ilicitude, o facto de vir agora suscitar esta questão (irregularidade processual) raia a violação dos seus deveres de diligência e boa fé processuais. "O primeiro obriga os sujeitos processuais a «reagir contra nulidades ou irregularidades que consideram cometidas e entendam relevantes … não podendo naturalmente escudar-se na sua própria negligência no acompanhamento das diligências ou audiências para vir reclamar o cumprimento da lei relativamente a *actos em* que estiveram presentes e de que, agindo com a prudência normal, não puderam deixar de se aperceber». O segundo impede que os sujeitos processuais «possam aproveitar-se de alguma omissão ou irregularidade porventura cometida ao longo dos actos processuais em que tiveram intervenção, guardando-a como um «trunfo» para, em fase ulterior do processo, se e quando tal lhes pareça conveniente, a suscitarem e obterem a anulação do processado»" (João Conde Correia, Contributo para a Análise da Inexistência e das Nulidades Processuais Penais, *in* Studia Iuridica 44, C.ª Ed., p. 148, n. 328).

Acrescenta ainda este autor, a propósito da razão de ser do regime que permite a sanação dos vícios por falta de arguição, que tal regime se destina também a "evitar que o interessado, em vez de arguir de imediato a nulidade, guarde esta possibilidade para utilizar no momento mais oportuno, se e quando for necessário. Conduta processual que, para além de ser muito reprovável, teria como consequência necessária a inutilização de todo o processado posterior, muitas vezes apenas na sua fase decisiva e no fim de uma longa marcha, que só com muito custo poderá ser refeita." (op. cit. p. 179).

Estes considerandos têm inteira aplicação ao caso dos autos. A arguida constatou a irregularidade em 14 de Novembro de 2005, não a suscitou atempadamente e vem agora, em sede de recurso de impugnação judicial da decisão final, requerer a anulação do processado por a AdC não ter fundamentado o despacho relativo à qualificação dos elementos confidenciais.

Em suma, a não inclusão no processo de uma listagem dos documentos retirados do processo por conterem informações confidenciais de terceiros e a falta da respectiva justificação constitui uma mera irregularidade que, por não ter sido arguida no prazo legal, se considera neste momento sanada.

★

2.3.7.4. <u>Não acesso aos elementos confidenciais</u>

Ultrapassada a questão processual suscitada, cabe então passar à análise do vício de natureza substantiva invocado pela arguida: violação dos seus direitos de defesa por poderem estar incluídos nos elementos confidenciais elementos relevantes para sua defesa e por a decisão final ser parcialmente sustentada em elementos a que a arguida não teve acesso.

**Elementos relevantes e irrelevantes para a defesa.**

Nesta sede importa fazer uma distinção entre os elementos a que a arguida não teve acesso e que poderiam relevar para a sua defesa, dos elementos a que a arguida não teve acesso e que serviram de suporte à acusação. Com efeito, estão em causa situações distintas que, enquanto tal, têm de ser objecto de tratamento diferenciado, conforme aliás tem sido reconhecido pela jurisprudência comunitária: "há que distinguir (…) entre o acesso a documentos susceptíveis de ilibar a empresa e o acesso a documentos que demonstrem a existência da infracção imputada." (Ac. TJ 07-01-04, Proc. 204/00; no

## A CONFIDENCIALIDADE NOS PROCESSOS DE CONTRA-ORDENAÇÃO

mesmo sentido Ac. TPI de 29-06-95, Proc. T-37/91 e Ac. TPI de 29-06-95, Proc. T-30/91).

### 2.3.7.4.1. *Elementos que podiam ser usados na defesa da arguida*

Relativamente aos elementos que pudessem ser úteis na defesa da arguida o entendimento do tribunal é o de que só pode concluir-se pela violação dos direitos de defesa se a Autoridade tiver negado à arguida o acesso aos mesmos, ou seja, o direito da arguida só se considera violado se, por qualquer forma, o seu exercício não foi permitido. A questão passa, pois, por apurar se a arguida pretendeu exercer o seu direito, i.e., pretendeu consultar os elementos confidenciais, e se a AdC lhe negou o exercício desse direito, *i.e.*, lhe vedou o acesso aos mesmos elementos.

> **O direito da arguida só se considera violado se, por qualquer forma, o seu exercício não foi permitido.**

Ora, perante a factualidade supra descrita (2.3.7.3) é forçoso concluir que a AdC não vedou à arguida o acesso a quaisquer elementos dos autos pelo simples facto de que tal acesso não lhe foi solicitado (sendo que "vedar" implica, necessariamente, uma acção voluntária e consciente por parte de alguém com um propósito específico de impedir ou proibir algo).

Se a arguida nunca solicitou a consulta dos elementos qualificados como confidenciais, sabendo que os mesmos existiam, não pode vir agora dizer que lhe foi negada a sua consulta. Como diz a AdC, e bem, cabia à arguida ter pedido a consulta ou cópia dos documentos em causa para que a AdC pudesse efectuar a necessária ponderação e aferir se podia permitir à arguida a consulta dos documentos e em relação a quais o podia fazer. Só assim, e caso a AdC lhe indeferisse tal pedido, é que era legítimo à arguida invocar que lhe foi vedado o acesso ao processo e, com isso, violados os seus direitos de defesa. Se a arguida não pretendeu, no devido tempo e em sede própria, exercer o seu direito, não pode vir agora dizer que o mesmo foi violado.

Este mesmo entendimento é perfilhado no Ac. do TPI de 27.9.06, Proc. T-314/01 que sustenta que "quando os elementos de defesa em causa não constem do processo de instrução da Comissão, só se pode declarar a existência de uma violação do direito de defesa se o recorrente tiver apresentado um pedido expresso à comissão de acesso a esses documentos durante o procedimento administrativo, sob pena de preclusão da possibilidade de invocar essa acusação num recurso de anulação da decisão definitiva".

Assim, não tendo a arguida solicitado que lhe fossem comunicados quaisquer elementos qualificados como confidenciais, é forçoso concluir que a AdC não negou à arguida o acesso a elementos que esta pudesse vir a usar em sua defesa. Consequentemente, relativamente a estes elementos, não foi violado o direito de defesa da arguida.

### 2.3.7.4.2. *Elementos usados na acusação*

Relativamente aos documentos nos quais se baseia a acusação, a jurisprudência comunitária entende que: "O Tribunal Europeu dos Direitos do Homem precisou, no entanto, que o respeito do princípio do contraditório, como o das restantes garantias processuais consagradas no art. 6.°, n.° 1, da CEDH, visa unicamente o processo jurisdicional num «tribunal», sem implicar nenhum princípio geral e abstracto segundo o qual as partes devem ter, em todos os casos, a faculdade de assistir às conversações ocorridas ou de receber a comunicação de todos os documentos tidos em conta, que comprometam outras pessoas …

> **O respeito do princípio do contraditório, como o das restantes garantias processuais consagradas no art. 6.°, n.° 1, da CEDH, visa unicamente o processo jurisdicional num "tribunal".**

A não comunicação de um documento apenas constitui violação dos direitos de defesa se a empresa em causa demonstrar, por um lado, que a Comissão se baseou nesse documento para fundamentar a sua acusação relativa à existência de uma infracção … e, por outro, que essa acusação só poderia ser provada por referência ao dito documento …

Se existirem outras provas documentais de que as partes tomaram conhecimento ao longo do procedimento administrativo, que sirvam especificamente de apoio às conclu-

# DIREITO DA CONCORRÊNCIA

sões da comissão, a eliminação, enquanto elemento de prova, do documento de acusação não comunicado não invalida a procedência das acusações formuladas na decisão impugnada ...

Assim, incumbe à empresa em questão demonstrar que o resultado a que a Comissão chegou na sua decisão teria sido diferente se devesse ser afastado, enquanto meio de prova de acusação, um documento não comunicado no qual a Comissão se baseou para incriminar essa empresa." (Ac. TJ de 07.01.04, Proc. C-204/00).

Também o Ac. do TPI de 27-09-06, Proc. T-43/02 vai no mesmo sentido: "A partir do momento em que a Comissão tenciona basear-se numa passagem de uma resposta à comunicação de acusações ou num documento anexo a essa resposta para concluir pela existência de uma infracção num processo de aplicação do art. 81.º, n.º 1, CE, deve ser dada às outras partes no processo a possibilidade de se pronunciarem sobre esse elemento de prova. Nestas circunstâncias, a passagem em questão de uma resposta à comunicação de acusações ou o documento anexo a essa resposta constitui, na verdade, um elemento de acusação contra as diferentes partes que participaram na infracção. (...) Assim, incumbe à empresa em questão demonstrar que o resultado a que a Comissão chegou na sua decisão teria sido diferente se for rejeitado como meio de prova da acusação um documento não comunicado no qual a Comissão se tenha baseado para incriminar essa empresa".

**A falta de comunicação de documentos que sustentam a acusação só justifica uma eventual anulação do processado, se, para além deles, não existirem no processo outras provas.**

Da jurisprudência citada podem extrair-se duas conclusões. Em primeiro lugar, a falta de comunicação de documentos que sustentam a acusação só justifica uma eventual anulação do processado, por violação dos direitos de defesa da arguida, se, para além deles, não existirem no processo outras provas que sirvam de apoio às conclusões da Autoridade. Se existirem, eliminam-se os não comunicados como meio de prova mas tal não invalida a procedência das acusações imputadas na acusação (neste sentido também Ac. TJ 09-11-83 Proc. 322/81; Ac TJ 25-10-83, Proc. 107/82 e Ac. TJ 07-06-83, proc. 100/80 a 103/80).

**Há violação dos direitos de defesa se a falta de comunicação dos elementos puder ter influenciado o decurso do processo e a decisão acusatória, em detrimento da arguida.**

Em segundo lugar, se se provar que a falta de comunicação dos elementos em questão pode ter influenciado o decurso do processo e a decisão acusatória, em detrimento da arguida, conclui-se pela violação dos seus direitos de defesa.

Note-se que aqui o que está em causa é a eventual violação dos direitos de defesa da arguida por a acusação ser parcialmente sustentada em elementos aos quais a mesma não teve acesso, questão que nada tem a ver com a irregularidade de que falámos supra relativa à não fundamentação da decisão de qualificação dos elementos como confidenciais nem com a existência de elementos confidenciais que a arguida pudesse usar em sua defesa.

Para apreciar esta questão há que, previamente, definir quais são os factos essenciais para o presente processo o que implica proceder à análise do tipo legal aqui em causa. Só então é possível determinar se, dos factos relevantes imputados à arguida, há alguns que estejam suportados em elementos confidenciais e só em elementos confidenciais

À arguida é imputada a violação do art. 4.º, n.º 1, da Lei 18/2003. Dispõe este preceito que *São proibidos os acordos entre empresas, as decisões de associações de empresas e as práticas concertadas entre empresas, qualquer que seja a forma que revistam, que tenham por objecto ou como efeito impedir, falsear ou restringir de forma sensível a concorrência no todo ou em parte do mercado nacional* ...

**Art. 4.º, n.º 1, da Lei 18/2003: elementos do tipo.**

Face ao tipo legal, para se poder concluir pela prática da contra-ordenação há que apurar:

– se a arguida é uma empresa tal como definida na lei da concorrência e se, por conseguinte, está sujeita ao regime da concorrência;

– se os contratos que a arguida celebra com os seus clientes são acordos de empresas;

– qual o mercado relevante;

– se os referidos contratos têm por objecto ou como efeito impedir, falsear ou restringir de forma sensível a concorrência no todo ou em parte do mercado relevante.

# A CONFIDENCIALIDADE NOS PROCESSOS DE CONTRA-ORDENAÇÃO

A noção de empresa é-nos dada pelo art. 2.º da Lei 18/2003: *qualquer entidade que exerça uma actividade económica que consista na oferta de bens ou serviços num determinado mercado, independentemente do seu estatuto jurídico e do modo de funcionamento.* Trata-se de um conceito muito amplo de empresa que abrange qualquer agente económico empresarial, independentemente da forma jurídica que reveste ou do seu modo de financiamento (cfr. Ac. TJ de 21-09-99, Proc. C-67/96 e Ac. TJ de 23-04-91, Proc. 41/90).

A noção de acordo não resulta expressamente da Lei da Concorrência mas quer a doutrina quer a jurisprudência, nacional e comunitária, são unânimes no conteúdo a dar a este conceito: está em causa uma noção muito ampla que abrange todos os contratos de que derivem obrigações juridicamente vinculativas para as partes bem como os simples acordos, independentemente da forma que revistam, estejam as partes envolvidas situadas no mesmo estádio de produção ou da cadeia de distribuição (acordos horizontais) ou em diferentes estádios de produção ou da cadeia de distribuição (acordos verticais).

Um acordo relevante para efeitos da lei da concorrência é, pois, qualquer comportamento coordenado de empresas, sob qualquer forma jurídica, em que pelo menos uma se obriga a uma determinada prática ou em que se elimina a incerteza do comportamento da outra; seja ele expresso ou tácito, simétrico ou assimétrico (implica obrigações diferentes para as várias empresas envolvidas).

A definição do mercado é um passo essencial para determinação da infracção dado que ela existe sempre por referência a um dado mercado. É, pois, fundamental, determinar o produto que está em causa (mercado de produto) e a zona geográfica a considerar (mercado geográfico).

O mercado de produto pode ser determinado em duas ópticas: a óptica da procura (mercado identificado pela existência de um conjunto de produtos, bens ou serviços substituíveis entre si) e a óptica da oferta (mercado identificado pela existência de um conjunto de produtos oferecidos por empresas que estão no mercado mas que pode ser oferecido por outras empresas que ainda não estão no mercado ou pelas que já estão no mercado sem que tenham que incorrer em qualquer custo suplementar significativo). A óptica da procura, sendo um critério mais seguro porque mais restritivo, é economicamente menos perfeito. Na análise do mercado relevante para o efeito que aqui nos interessa as duas ópticas devem ser tidas em consideração.

O mercado geográfico apura-se tendo em consideração a zona territorial em que as empresas concorrem em condições homogéneas.

A este propósito diz Lopes Rodrigues que "O principal objecto da definição de mercado consiste em identificar de uma forma sistemática os condicionalismos concorrenciais que as empresas em causa têm de enfrentar. O objectivo de definir um mercado tanto em função do seu produto como em função do seu produto como em função da sua dimensão geográfica é o de identificar os concorrentes efectivos das empresas em causa, susceptíveis de restringir o seu comportamento e de impedi-las de actuar independentemente de uma pressão concorrencial efectiva. É nesta óptica que a definição de mercado permite subsequentemente calcular as quotas de mercado, o que representa uma informação essencial em relação ao poder de mercado para apreciar a existência de uma posição dominante (art. 82.º) ou para efeitos de aplicação do art. 81.º às estratégias cooperativas/colusivas." (in O Essencial da Política de Concorrência, INA, 2005, p. 95-96).

É, pois, essencial determinar o mercado relevante para se poder aferir se um determinado acordo tem por objecto ou por efeito restringir de algum modo a concorrência (neste sentido Comunicação da Comissão relativa à definição de mercado relevante para efeitos do direito comunitário da concorrência (97/C 372/03, ponto 2).

E quando é que acordo tem por objecto ou por efeito uma restrição da concorrência?

O preceito em análise refere que a infracção se considera cometida desde que o acordo tenha por objecto *ou* por efeito restringir a concorrência de forma sensível. A introdução da disjuntiva "ou" é perfeitamente clara e unívoca: não é necessário que o acordo

**São consideradas restritivas da concorrência quaisquer cláusulas que, por elas mesmas ou pelos seus efeitos, sejam limitativas da liberdade dos agentes económicos, desde que tal limitação seja significativa.**

# DIREITO DA CONCORRÊNCIA

tenha por efeito restringir a concorrência, basta que tenha por objecto essa restrição. Assim, são consideradas restritivas da concorrência quaisquer cláusulas que, por elas mesmas ou pelos seus efeitos, sejam limitativas da liberdade dos agentes económicos, desde que tal limitação seja significativa, tendo o legislador consagrado expressamente a cláusula *de minimis*: os acordos de menor importância beneficiam de uma isenção genérica – *restringir de forma sensível*.

Face à forma como o tipo é descrito afigura-se-nos claro que estamos perante uma infracção de perigo uma vez que não se exige a verificação do resultado. Considerados os interesses relevantes, a lei não exige a sua lesão efectiva, basta-se com o colocar desses interesses em perigo, ou seja, "o criar-se uma situação tal que seja possível a sua lesão" (Eduardo Correia, *in* Direito Criminal I, Almedina, p. 287).

**Se estiver em causa um acordo que tenha por objecto restringir a concorrência, não há que ir analisar os seus efeitos (efectivos ou potenciais).**

Se estiver em causa um acordo que tenha por objecto restringir a concorrência, não há que ir analisar os seus efeitos (efectivos ou potenciais). Porém, para se concluir que um acordo tem por objecto restringir de forma sensível a concorrência temos sempre de dar por assente que se trata de uma empresa e de um acordo para efeitos do art. 4.°, bem como delimitar o mercado relevante – mercado de produto, mercado geográfico e quota de mercado. Temos ainda de concluir que o acordo afecta de modo significativo a concorrência.

No caso dos acordos verticais, face ao regulamento de Isenção por Categoria 2790/1999 da Comissão de 22-12-99, em vigor desde 1 de Junho de 2000, e aplicável directamente na ordem jurídica nacional dos estados-membros, a necessidade de determinação da quota de mercado é ainda essencial dado que só as empresas que tenham uma quota inferior a 30% do mercado relevante é que podem beneficiar da isenção prevista no art. 2.° do regulamento (cfr. art. 3.° do mesmo reg.).

**Se estiver em causa um acordo que tenha por efeito restringir a concorrência, é sempre necessário tomar em consideração o contexto económico e jurídico no qual aquele se enquadra e onde pode contribuir, conjuntamente com outros, para um efeito cumulativo sobre o jogo da concorrência.**

Se estiver em causa um acordo que tenha por efeito restringir a concorrência, é sempre necessário tomar em "consideração o contexto económico e jurídico no qual aquele se enquadra e onde pode contribuir, conjuntamente com outros, para um efeito cumulativo sobre o jogo da concorrência (…) a avaliação dos efeitos de um acordo sobre a concorrência implica a necessidade de ter em consideração o contexto económico e jurídico em que este se insere e onde pode concorrer, com outros, para a produção de um efeito cumulativo no jogo da concorrência. Para apreciar se vários contratos entravam o acesso a um dado mercado, é necessário analisar a natureza e a importância do conjunto dos contratos similares que vinculam aos diversos produtores nacionais um número importante de estabelecimentos. A este respeito, a incidência desses feixes de contratos no que respeita ao acesso ao mercado depende, designadamente, do número de estabelecimentos desse modo vinculados aos produtores, em relação ao número dos que não estão, da duração desses vínculos e das quantidades de produtos que são objecto desses vínculos" (Ac TJ de 28-09-06, Proc. C-552/03 P; no mesmo sentido Ac. TJ de 23.11.06, P C-238/05).

Esta análise dos efeitos é necessariamente mais aprofundada do que a análise do objecto, e é-o designadamente no que toca às restrições verticais e dentro destas aos acordos de compra exclusiva. É que estes acordos têm, por regra, não só efeitos negativos na concorrência mas também efeitos positivos, tais como permitir a entrada de novos agentes no mercado, permitir aos fornecedores amortizar investimentos específicos realizados para determinado cliente, etc. Por regra será a própria estrutura do mercado que permite determinar se um acordo vertical restringe efectivamente a concorrência ou se os seus benefícios superam os efeitos negativos, razão pela qual se terá de fazer um exame individual.

Por outro lado nestes casos o acordo não pode ser analisado isoladamente, tem sempre de ser enquadrado no seu contexto. "Para o efeito importa examinar a natureza e a importância do conjunto dos contratos similares que vinculam um importante número de pontos de venda a diversos fornecedores e tomar em consideração, entre os outros elementos do contexto económico e jurídico em que os contratos se inscrevem, os que determinam as possibilidade de acesso ao mercado de referência... Há que igualmente ter em conta as condições em que se desenrola o jogo da concorrência no mercado de refe-

# A CONFIDENCIALIDADE NOS PROCESSOS DE CONTRA-ORDENAÇÃO

rência. ... Os contratos celebrados por fornecedores cuja contribuição para o efeito cumulativo seja insignificante não caem, portanto, no âmbito da proibição do n.º 1 do art. 85.º do Tratado. Para apreciar a importância da contribuição dos contratos celebrados por um fornecedor para o efeito cumulativo de bloqueio, é necessário ter em consideração a posição das partes contratuais no mercado." (Ac. TJ de 07-12-00, Proc. C-214/99).

Analisado o tipo legal em apreço, há que regressar ao caso *sub iudice* e verificar se assiste ou não razão à arguida quando suscita a violação dos seus direitos de defesa.

A AdC imputa à arguida a prática de uma contra-ordenação que tem, em seu entender, por objecto e por efeito restringir de forma significativa a concorrência.

Os factos relativos aos dois primeiros requisitos – empresa e acordo – não são aqui postos em causa dado que se baseiam em elementos juntos aos autos pela própria arguida, ou seja, relativamente a estes não se coloca qualquer questão ao nível da violação dos direitos de defesa da arguida.

Relativamente ao mercado de produto e ao mercado geográfico também não se suscita qualquer problema, aceitando a arguida que está em causa o mercado do café e o território nacional.

Diversa é, porém, a situação no que respeita ao apuramento da quota de mercado da arguida, relevante, como se disse *supra*, quer esteja em causa um acordo que tenha por objecto restringir a concorrência quer esteja em causa um acordo que tenha por efeito restringir a concorrência. A arguida põe em causa quer a forma como a AdC calculou a sua quota de mercado quer a forma como determinou a concentração do mercado, a quota subordinada de mercado e o efeito cumulativo resultante das redes paralelas de contratos.

Diz a arguida que relativamente a todos estes itens a AdC se baseou unicamente em dados confidenciais que não viu nem pôde, por conseguinte, contraditar.

A análise que se impõe fazer se, em termos abstractos, parece simples, na verdade não o é. Com efeito, seria simples se a decisão recorrida, em obediência ao preceituado no art. 58.º, n.º 1, al. b), do RGCOC, tivesse indicado as provas obtidas. Indicar as provas obtidas não é descrever as diligências probatórias encetadas (referidas no art. 2.º da acusação). Indicar as provas obtidas é especificar, relativamente a cada facto, qual o meio probatório que o sustenta ou, pelo menos, indicar de modo genérico para cada grupo de factos qual o respectivo probatório. Ora, compulsada a decisão recorrida verifica-se que da mesma constam factos com indicação da prova (cfr. a título exemplificativo arts. 55.º, 57.º a 59.º, 63.º, etc.), mas dela constam igualmente muitos outros factos sem indicação da prova respectiva (cfr. a título de exemplo arts. 79.º, 80.º, 86.º, 105.º a 110.º, 124.º, 128.º a 133.º, etc.).

**Indicar as provas obtidas é especificar, relativamente a cada facto, qual o meio probatório que o sustenta ou, pelo menos, indicar de modo genérico para cada grupo de factos qual o respectivo probatório.**

Assim, da simples leitura da decisão não é possível aferir quais os factos que se baseiam em documentos/elementos confidenciais e quais os que se baseiam em documentos que constam da parte do processo acessível à arguida.

Por outro lado nem sempre é explicada a razão pela qual se referem intervalos de valores a propósito de factos relativos a empresas concorrentes da arguida (cfr. arts. 80.º, 86.º e 110.º), o que se admite tratar-se de um lapso já que a propósito dos mesmos elementos é dada, noutros artigos, a devida explicação (cfr. arts. 216.º, 232.º, 246.º e 249.º).

Sucede que tal explicação se resume a esclarecer que: "Nesta tabela, são utilizados intervalos de valores, com vista a assegurar o interesse legítimo das empresas na não divulgação dos seus segredos de negócio, nos termos do disposto no n.º 5 do artigo 26.º da Lei n.º 18/2003.", ou seja, dela não resultam indicados os concretos meios de prova mas apenas a justificação para o facto de os números apresentados estarem indicados em intervalos de valores. Cabia à AdC identificar os documentos que usou, sendo certo que tal em nada poria em causa a salvaguarda do segredo de negócio das concorrentes da arguida.

**sub judice / causas — 40**

2007

**175**

# DIREITO DA CONCORRÊNCIA

Não se pede à Autoridade que dê os documentos em que se baseou por reproduzidos mas apenas que os identifique, o que não foi feito.

Impõe-se, pois, ao Tribunal, o trabalho acrescido de verificar relativamente aos factos essenciais e relevantes para a decisão da causa, ou seja, aos factos nos quais se baseia a imputação do ilícito à arguida, quais os que são sustentados, em exclusivo, por documentos constantes da parte não confidencial do processo.

Analisando a decisão recorrida vemos que a AdC dá como assentes os factos *infra* descritos, deles retirando as conclusões que se passam a expor:

| Artigo | Factos e conclusões deles extraídas pela AdC |
| --- | --- |
| 79.º | Universo de empresas do mercado de fornecimento de café ao canal HORECA |
| 80.º | volume de vendas em Kg. das empresas que actuam no mercado de fornecimento de café ao canal HORECA |
| 81.º/110.º | volume total de vendas em Ton. no canal HORECA |
| 84.º | empresas que celebram contratos com obrigações de compra exclusiva |
| 86.º/187.º/j) | Vol. vendas e n.º de clientes da arguida, Delta, Nutricafés e Segafredo, repartido entre clientes com e sem contrato de compra exclusiva |
| 119.º | Contratos de fornecimento de café contêm em regra uma obrigação de consumo mínimo mensal |
| 124.º a 127.º | Quantidades mínimas de café contratadas e efectivamente consumidas em 11 pastelarias; percentagem dos casos em que não se atingiram as quantidades acordadas e respectiva evolução; constatação de que os mínimos correspondem na prática a máximos |
| 216.º a 218.º | Quotas de mercado das empresas que actuam no mercado de fornecimento de café ao canal HORECA que levam à conclusão de que as posições estão cristalizadas e que o mercado é maduro |
| 229.º a 240.º | Determinação da concentração de mercado a partir das quotas das empresas calculadas no art. 216.º |
| 241.º a 252.º | Determinação da quota de mercado subordinada a partir do vol. de vendas e n.º de clientes da arguida e das sociedades Delta, Nutricafés e Segafredo referidos no art. 86.º |
| 305.º a 312.º | Quota de mercado da arguida e da Delta, concluindo-se que há um elevado nível de concentração e que se regista estabilidade das quotas de mercado desde 2002 |
| 313.º a 324.º | Redes paralelas de acordos: análise dos contratos da arguida e das sociedades Delta, da Nutricafés e da Segafredo para concluir pela verificação do efeito cumulativo |
| 331.º | Conclusão de maturidade do mercado com base na evolução das quantidades totais vendidas de café entre 2000 e 2003, da constância dos concorrentes e do crescimento pouco significativo do n.º de clientes |

Em primeiro lugar há que apurar se estes factos e respectivas conclusões resultam das informações constantes do processo como confidenciais e que, por conseguinte, não foram comunicadas à arguida.

# A CONFIDENCIALIDADE NOS PROCESSOS DE CONTRA-ORDENAÇÃO

| Artigo | Fonte |
|---|---|
| 79.º | Consta do processo a notificação pela AdC às empresas bem como as respostas destas atestando que actuam no mercado relevante |
| 80.º | Excepto no que respeita à arguida os volumes de vendas em kg. das empresas foram retirados de elementos qualificados como confidenciais |
| 81.º/110.º | O volume total de vendas é a soma dos dados constantes no facto 80.º |
| 84.º e 119.º | Excepto no que respeita à arguida, os dados relativos aos contratos celebrados pelas empresas (obrigação de compra exclusiva e fixação de quantidades mínimas) constam dos próprios contratos que foram qualificados como confidenciais e de várias respostas de empresas notificadas pela AdC para prestar informações |
| 86.º/187.º/j) | Excepto no que respeita à arguida, o volume de vendas e n.º de clientes das empresas foram retirados de elementos qualificados como confidenciais |
| 124.º a 127.º | Excepto no que respeita a duas empresas, clientes da arguida, os dados relativos às restantes foram retirados dos contratos respectivos, qualificados como confidenciais |
| 216.º a 218.º 229.º a 252.º 305.º a 312.º | As quotas de mercado das empresas (e consequentemente os dados relativos à cristalização e maturidade do mercado, à sua concentração, à sua estabilidade e à quota de mercado subordinada) foram calculadas com base nos elementos relativos aos seus vol. de vendas em kg., elementos qualificados como confidenciais, com excepção dos respeitantes à arguida |
| 313.º a 324.º | A conclusão da existência de uma rede paralela de acordos resulta da análise dos contratos celebrados pela arguida e pelas suas mais directas concorrentes, contratos esses qualificados como confidenciais, com excepção dos respeitantes à arguida. |

Como se pode constatar da enunciação efectuada, os factos relativos à quota de mercado da arguida e das suas concorrentes, bem como todos os factos dependentes dessas quotas, estarão sustentados em dois grupos de documentos: uns relativos aos volumes de vendas das empresas concorrentes da arguida e outros relativos aos contratos que essas empresas celebram com os seus clientes (incluindo-se aqui as próprias listagens de clientes).

Ora é indiscutível que relativamente a todos estes documentos está justificada a confidencialidade dado que são, sem sombra de dúvida, elementos nos quais as concorrentes da arguida baseiam as respectivas actividades (e tanto assim é que a própria arguida ao responder à AdC solicitou que fosse salvaguardada a confidencialidade dos documentos que juntou relativos ao seu volume de vendas, contratos e listas de clientes).

Mas a questão que aqui se coloca é outra. É a de saber se pode a acusação basear-se, para concluir pela existência de uma infracção, em determinados meios de prova sem dar à arguida a possibilidade de sobre eles se pronunciar, não existindo no processo outros elementos que sirvam de apoio à imputação.

Ora resulta evidente da enunciação *supra* que uma parte relevante da acusação surge sustentada por elementos confidenciais, elementos que não foram comunicados à arguida e sobre os quais a mesma não pôde exercer o contraditório. Então, há que verificar se tais factos estão também apoiados por outros elementos constantes da parte não confidencial do processo e a que, por conseguinte, a arguida teve acesso.

No que concerne à existência de uma rede paralela de contratos, não obstante os contratos dos concorrentes da arguida não lhe terem sido comunicados, o certo é que resulta

> **Para concluir pela existência de uma infracção a decisão não se pode basear apenas em determinados meios de prova sem dar à arguida a possibilidade de sobre eles se pronunciar, não existindo no processo outros elementos que sirvam de apoio à imputação.**

# DIREITO DA CONCORRÊNCIA

de vários elementos do processo que há de facto várias empresas que celebram contratos de exclusivo e com fixação de quantidades mínimas. Para além de referido por várias empresas do sector, nas respostas à Autoridade (cfr. fls. 1060, 8707, 10694, 11657) e por clientes (fls. 10845, 10864, 10962) a própria arguida, na sua resposta ao pedido de informações bem como na resposta à nota de ilicitude (fls. 2201 e 12472) afirma que as suas concorrentes celebram contratos deste tipo.

Assim, entende o tribunal que há outros elementos no processo que servem de apoio à conclusão da AdC relativa á existência de uma rede paralela de contratos de fornecimento de café com cláusulas de exclusividade e de obrigação de compra de quantidades mínimas.

Por conseguinte, quanto a esta factualidade, o facto de a arguida não ter tido acesso aos contratos dos seus concorrentes não violou os seus direitos de defesa.

**Acesso a outros elementos relevantes.** Diversa é a situação relativa aos volumes de vendas em kg. das várias empresas que actuam no mercado de fornecimento de café bem como ao seu número de clientes. Analisemos.

A AdC fez juntar aos autos a fls. 12088 um recorte de jornal contendo um artigo referente ao mercado do café. Dele consta que a Nestlé e a Delta repartem 2/3 do mercado, seguindo-se-lhes as marcas Nicola e Chave D'Ouro (Nutricafés) com 10%. A fls. 12089 refere-se que as quatro maiores empresas têm 90% do mercado, cabendo à Delta e à Nestlé 70%. Não consta dos artigos nem a data a que se reportam os dados avançados nem tão pouco qual a fonte noticiosa.

Fora estes documentos várias empresas, nas respostas aos pedidos de informações que lhes foram dirigidos, referem-se a este assunto. Mas fazem-no em termos tais que não é possível deles extrair qualquer conclusão, nem muito menos considerar que são suficientes para sustentar os factos constantes da acusação.

A Nutricafés (fls. 1163) refere que há mais de cem empresas a actuar neste mercado e que as maiores são a Delta, a Nestlé, a Segafredo, a Lavazza, a Unicer e a Torrié, não indicando quaisquer percentagens.

A Bicafé (fls. 2915) refere que as quatro maiores são a Delta (com uma quota de 30%), a Nestlé, a Nutricafés e a Segafredo, sendo que nos últimos anos surgiram duas grandes marcas no mercado: a Lavazza e a Bogani (Unicer).

A Sotocal (fls. 3640) refere que a Delta e a Nestlé têm entre 65% a 70% do mercado, a Nutricafés, a Segafredo e a Torrié têm cerca de 20%, sendo o restante repartido por cerca de 70 outras marcas.

A Segafredo (fls. 3948) limita-se a indicar ter uma quota de mercado de cerca de 6% a 7%.

A Fábrica Estrelas da Beira (fls. 8060) diz que as maiores empresas são a Nestlé, a Delta, a Nutricafés, a Torrié e a Segafredo, que juntas têm cerca de 90% do mercado, sendo os restantes 10% repartidos por mais cem marcas.

A Tenco (fls. 8707) limita-se a referir que as duas maiores empresas no sector são a Delta e a Nestlé).

A Nandi (fls. 9065) refere ter uma quota de mercado de 2% e que as duas maiores empresas do sector, que não identifica, têm 60%.

A Negritas (fls. 9284) limita-se a indicar a sua quota de mercado: 0,57%.

A Unicer (fls. 9499) indica as suas quotas de mercado (2,1% em 2002, 2,6% em 2003 e 3,1% em 2004) e esclarece que as duas maiores empresas repartem entre si 70% a 75% do mercado.

# A CONFIDENCIALIDADE NOS PROCESSOS DE CONTRA-ORDENAÇÃO

A A. Esteves (fls. 9944) limita-se a indicar ter uma quota de mercado de 0,01%.

A Lavazza (fls. 11035) refere que a delta e a Nestlé têm 60% do mercado, a Nutricafés 10% e ela própria 2%.

A Candelas (fls. 11657) indica apenas a sua quota de mercado como sendo inferior a 4%.

Por sua vez a arguida e o Grupo Delta invocam um estudo de mercado efectuado pela empresa AC. Nielsen, do qual juntam partes, que contém as quotas de mercado de algumas empresas. Do referido estudo resulta que as quotas de mercado foram apuradas tendo em conta o produto café, misturas e sucedâneos.

Poderão estes elementos no seu conjunto ser considerados provas documentais de que a arguida tomou conhecimento e que servem especificamente de apoio às conclusões da AdC? A resposta não pode deixar de ser negativa.

Desde logo estes "documentos" não contêm factos mais sim conclusões: a indicação de uma percentagem traduz em si mesmo uma conclusão – uma percentagem é uma proporção calculada a partir de determinados valores numéricos, ou seja, é uma conclusão extraída de factos, sendo aqui factos os concretos números que servem de base ao cálculo efectuado. No caso, a quota de mercado é o peso que uma empresa tem num determinado mercado, expresso num valor percentual, obtido considerando por um lado o volume total de vendas realizado no mercado em consideração (facto) e por outro lado o volume das suas vendas nesse mesmo mercado (facto). O que se tem que provar são estes dois volumes, sendo depois o apuramento da quota respectiva o resultado de uma mera operação aritmética.

> **Uma percentagem é uma proporção calculada a partir de determinados valores numéricos, ou seja, é uma conclusão extraída de factos, sendo aqui factos os concretos números que servem de base ao cálculo efectuado.**

Por outro lado não são referidas as fontes que permitem indicar as percentagens referidas, o que impede o tribunal de as considerar como meios de prova, sendo certo que é de presumir que as empresas se baseiem no citado estudo da AC. Nielsen dado que é o único estudo de que se dá notícia no processo.

Sucede que no estudo da AC Nielsen, não só as quotas de mercado nele referidas não são totalmente coincidentes com os intervalos de valores indicados pela AdC no art. 216.º da acusação, como do referido estudo resulta que as quotas de mercado foram apuradas tendo em conta o produto café, misturas e sucedâneos, quando a AdC parece ter tido em consideração apenas o produto café.

Significa isto que não pode o referido estudo servir de base aos cálculos efectuados pela AdC.

Face à forma recorrente como as empresas do sector identificam em termos semelhantes as maiores empresas do sector, aceita-se que corresponda à realidade que sejam de facto aquelas que a AdC indica como tais, independentemente da quota concreta que cada uma tem. O problema é que não se trata aqui de aceitar ou não que tal corresponda à verdade. Trata-se sim de saber se constam do processo elementos probatórios que sirvam de apoio às conclusões factuais da AdC relativas aos volumes de vendas totais e aos individuais de cada empresa e a esta questão a resposta não pode deixar de ser negativa. É que não basta saber quem são as quatro maiores empresas no mercado relevante. É preciso saber quais as concretas posições que essas empresas ocupam no mercado.

Significa isto que uma parte essencial da acusação (determinação das quotas de mercado e factores dela dependentes), relevante para efeitos de imputação de uma prática que tem por objecto restringir a concorrência e mais ainda para imputação de uma prática que tem por efeito restringir a concorrência, se baseia unicamente em elementos confidenciais que não foram comunicados à arguida, que esta não conhece e que, por conseguinte, se viu impossibilitada de contraditar.

Ou seja, fica demonstrado não só que parte da acusação é sustentada em elementos confidenciais a que à arguida não foi dado acesso, como que a decisão teria sido diferente se não se tivessem considerado como meios de prova da acusação esses documentos não

# DIREITO DA CONCORRÊNCIA

comunicados: sem eles ficaria por provar um elemento sem o qual não é possível concluir pela prática do ilícito: a quota de mercado da arguida e das suas concorrentes e factores dependentes dessa determinação.

**A AdC não pode acusar partindo de elementos que a arguida não conhece e ralativamente aos quais não se pode defender.**

É certo que a Autoridade não pode violar o interesse da salvaguarda do segredo de negócio das empresas concorrentes da arguida e que esse interesse, sendo legítimo, tem de ser protegido. Mas é igualmente certo que a AdC não pode acusar a arguida partindo de elementos que esta não conhece e relativamente aos quais não se pôde defender. Se há situações em que a prova de alguns elementos do tipo é bastante difícil, como sucede designadamente com os carteis, em que não há prova directa e a concertação de estratégias raramente tem suporte documental, no caso em apreço a prova relativa à definição do mercado é de grande simplicidade: com a realização de um estudo de mercado ficam definidos os números e valores das empresas que exercem actividade no mercado de fornecimento de café. Ou seja, com um simples estudo de mercado a AdC pode tomar a sua decisão salvaguardando os interesses legítimos de terceiros e sem violar os direitos de defesa da arguida (neste sentido Comunicação da Comissão relativa à definição de mercado relevante para efeitos do direito comunitário da concorrência (97/C 372/03, pontos 53 a 55 e Comunicação da Comissão relativa aos acordos de pequena importância que não restringem sensivelmente a concorrência nos termos do n.º 1 do Tratado que institui a Comunidade Europeia – 2001/C 368/07, ponto 10).

No caso dos autos, perante a constatação de que a AdC fundou parte da acusação em elementos confidenciais não comunicados à arguida, de que não existem no processo outros elementos probatórios que sirvam de apoio às conclusões da Autoridade, e que se não tivesse atendido a estes elementos a decisão não teria sido proferida nos termos em que o foi, impõe-se concluir que foram violados os direitos de defesa da arguida na medida em que não foi ressalvado o núcleo essencial deste direito que impede que seja proferida uma decisão sem que à arguida seja dada a possibilidade de "discutir, contestar e valorar".

Resta apurar quais as consequência desta violação.

**Quando se fala em ausência do arguido está-se a referir não só a sua ausência física mas também a sua ausência processual.**

O art. 119.º, al. c), do Cod. Proc. Penal, dispõe que a ausência do arguido nos casos em que a lei exige a sua comparência constitui uma nulidade insanável. Quando se fala em ausência do arguido está-se a referir não só a sua ausência física mas também a sua ausência processual, ou seja, a sua não intervenção processual por não lhe ter sido formulada, como devia, a comunicação de elementos integrantes do processo e considerados relevantes para a imputação que lhe é feita, a fim de tomar posição sobre os factos que lhe são imputados. É essencial que o arguido tenha possibilidade de se pronunciar sobre o caso, só assim se exercendo os direitos constitucionalmente consagrados de defesa (Ac. RE de 24 de Março de 1992, CJ 1992, II, p. 308).

No referido aresto pode ler-se: "se ao direito de audiência do arguido passou a ser conferível dignidade constitucional, a postergação de tal direito só tem protecção adequada se tal omissão se considerar nulidade insanável, na mesma linha do que sucede com a ausência do arguido nos casos em que a lei exige a respectiva comparência". Também no sentido de que a violação do direito de defesa consagrado no art. 50.º do RGCOC constitui uma nulidade se pronunciou o Ac. da RC de 10-01-07, Proc. 2059/06.8YRCRB.

Assim sendo, a decisão recorrida sofre de nulidade insanável por ter sido preterido um direito fundamental do arguido. No caso há que decretar a nulidade do processado a partir da última diligência probatória efectuada nos autos, ou seja, a partir da audição oral da arguida, dado que a nulidade em apreço não afecta a validade das diligências probatória levadas a cabo pela AdC.

★ ★ ★

### 3. Decisão

Face ao exposto, julgando procedente a nulidade suscitada nas alegações de recurso de violação do direito de defesa da arguida, resultante de parte da acusação se fundamentar em elementos confidenciais a que a arguida não teve acesso, declaro a nulidade de todo o processo a partir da última diligência probatória encetada pela autoridade recorrida, isto é, a partir da audição oral dos representantes da arguida (exclusive) e determino a remessa dos autos à Autoridade da Concorrência a fim de ser sanada a nulidade de que padece a decisão em conformidade com o supra exposto.

Sem tributação. Notifique e Deposite.

Cumpra o disposto no art. 70.º, n.º 4, do Dec.lei 433/82 de 27 de Out.

Oportunamente remeta os autos à Autoridade da Concorrência.

★ ★ ★

# A relevância jus-concorrencial da existência de tabelas de preços

*"Sentença do 3.º Juízo do Tribunal de Comércio de Lisboa de 12 de Janeiro de 2006, Proc.1302/05.5TYLSB".*

## 1. Relatório

**Ordem dos Médicos Veterinários**, pessoa colectiva n.º 502 654 902, com sede na Rua Gomes Freire, Edifício ESMV, em Lisboa,

Interpôs recurso da decisão da **Autoridade da Concorrência** de 19 de Maio de 2005 que lhe:

**Decisão da Autoridade da Concorrência.**

– aplicou uma coima de € 75 935,00, no âmbito do processo de contra-ordenação n.º 28/04 pela prática da contra-ordenação prevista e punida pelos arts. 4.º n.º 1 da Lei n.º 18/03 de 11/06, 81.º n.º 1 do Tratado CE e 43.º n.º 1, al. a) da referida Lei n.º 18/03;
– ordenou que cessasse de imediato a aplicação do art. 28.º, n.º 2, al. a), 43.º, al. b) e 44.º do Código Deontológico e todas e quaisquer tabelas de honorários relativas à actividade médico veterinária;
– ordenou que revogasse, no prazo de 15 dias, as disposições do Código Deontológico e quaisquer tabelas de honorários aplicáveis à actividade dos médicos veterinários em regime liberal que por si tenham sido elaboradas, nomeadamente as relativas à execução de acções sanitárias pelas OPPs da Cova da Beira;
– ordenou que publicitasse, no prazo de 15 dias, nomeadamente na sua página de Internet e no primeiro número da revista da Ordem publicado após 30 de Junho, junto de todos os seus associados a adopção das medidas referidas;
– ordenou, a título de sanção acessória, a publicação, no prazo de 20 dias, da versão integral da decisão na IIIª série do Diário da República e da parte decisória num jornal nacional de expansão nacional, em síntese por ter aprovado e mantido em vigor desde Dezembro de 1996 o Código Deontológico contendo este, nos seus arts. 28.º, 43.º e 44.º, regras que obrigam os seus membros à prática de honorários mínimos, o que constitui uma limitação à concorrência entre os seus membros, afectando o mercado nacional e o comércio entre os Estados membros.

Inconformada com a decisão, a arguida interpôs o presente recurso alegando, em síntese:

**Fundamentos do Recurso.**

Existe incoerência por parte do legislador, já que se mantêm em vigor regras como as previstas para os Revisores Oficiais de Contas que fixam preços e na legislação relativa às farmácias que estabelecem feudos territoriais e mínimos de clientes.

Só em Fevereiro de 2004 foi publicado pela Comissão da Comunidade Europeia o relatório sobre a concorrência nos serviços das profissões liberais, que não inclui os veterinários, e que tinha como principal objectivo indicar a posição da Comissão sobre a necessidade de reformar ou de modernizar determinadas regras profissionais. O objectivo do relatório foi contribuir para alterar regras profissionais que violem a concorrência, e, para isso, convidou, em primeiro lugar as autoridades de regulamentação, ou seja a Autoridade da Concorrência, a analisarem a legislação ou regulamentação para verificarem se as restrições existentes prosseguem um objectivo de interesse público. Também o Estatuto da Autoridade lhe atribui competência para difundir orientações para a política de concorrência e contribuir para o aperfeiçoamento do sistema normativo português.

Nada disto sucedeu, não tendo sido tomada nenhuma iniciativa para eliminar do ordenamento jurídico diplomas como os referidos, que consagram honorários mínimos ou repartições de clientela, não se alertaram as várias entidades para a recomendação da Comissão, a qual não foi divulgada e aplicou-se retroactivamente a nova interpretação, imputando à arguida a prática de uma infracção continuada desde Dezembro de 1996.

É sua convicção que o seu Código Deontológico não viola qualquer disposição legal e, se assim não for, a conduta foi motivada por um quadro legislativo, comportamentos e omissões que a induziram em erro sobre a ilicitude, excluindo o carácter culposo da sua conduta.

Não foram fixadas tabelas mínimas, uma vez que o art. 43.º fixa uma multiplicidade de critérios para a fixação de honorários.

# DIREITO DA CONCORRÊNCIA

Nos processos disciplinares que foram instaurados apenas foram proferidas condenações relativas ao recurso à publicidade.

Por outro lado foi tido em conta, na fixação da coima o volume de negócios de todos os veterinários, quando o deveria ser apenas dos que participaram na infracção, tendo o Código sido aprovado por cerca de 5% do total.

A tabela enviada à Sanicobe não foi aplicada e foi aprovada pelo Conselho Directivo da Ordem, tendo estado presentes 5 membros.

Finalmente a falta de colaboração da arguida não poderia ter sido levada em conta, por ter sido por ela sancionada com coima aplicada em processo autónomo, pendente de recurso no Tribunal de Comércio de Lisboa.

Pede a revogação da decisão proferida pela Autoridade da Concorrência (AdC), caso assim não se entenda, e subsidiariamente, a revogação da mesma decisão quanto à aplicação de coima e publicitação da decisão ou, subsidiariamente, a fixação da coima no que se vier a liquidar em execução de sentença.

★

A AdC apresentou alegações, ao abrigo do disposto no art. 51.º n.º 1 da Lei n.º 18/03, pugnando pela manutenção da decisão, pronunciando-se sobre os meios de prova requeridos pela arguida e indicando meios de prova.

★

O tribunal é competente.

Inexistem outras questões prévias ou incidentais de que cumpra conhecer e que obstem ao conhecimento do mérito da causa.

★

## 2. Fundamentação

**Factos provados.**

### 2.1. *Matéria de facto provada*

Procedeu-se a julgamento com observância do legal formalismo e da discussão da causa resultaram provados os seguintes factos com interesse para a decisão da mesma:

2.1.1. A Ordem dos Médicos Veterinários é uma associação pública, independente dos órgãos do Estado, livre e autónoma no âmbito das suas atribuições, que representa os licenciados em medicina veterinária ou equiparados legais que exercem actividades veterinárias, nos termos do seu estatuto e demais disposições legais aplicáveis.

2.1.2. O Estatuto da Ordem dos Médicos Veterinários foi aprovado pelo Decreto Lei n.º 386/91 de 04/10, publicado no DR, Iª série de 04/10/91.

2.1.3. O objectivo essencial da Ordem dos Médicos Veterinários é a defesa do exercício da profissão veterinária, contribuindo para a sua melhoria e progresso nos domínios científico, técnico e profissional, apoio aos interesses profissionais dos seus membros e salvaguarda dos princípios deontológicos que se impõem em toda a actividade veterinária.

2.1.4. Nos termos dos seus estatutos a Ordem dos Médicos Veterinários tem, entre outras, as seguintes atribuições:

– intervir na defesa da saúde pública através da salvaguarda e promoção da saúde animal e da higiene alimentar;
– zelar pela função social, dignidade e prestígio da profissão de médico veterinário e promover o respeito pelos princípios deontológicos;
– representar os médicos veterinários perante quaisquer entidades públicas ou privadas;
– emitir a cédula profissional de médico veterinário;
– exercer a jurisdição disciplinar em relação aos médicos veterinários por actos de natureza médico-veterinária, praticados no exercício da profissão nos termos do estatuto.

# A RELEVÂNCIA JUS-CONCORRENCIAL DA EXISTÊNCIA DE TABELAS DE PREÇOS

2.1.5. Só os médicos veterinários com inscrição em vigor na Ordem dos Médicos Veterinários podem exercer, no território nacional, a título profissional, a actividade médica veterinária.

2.1.6. Os portugueses e os nacionais de Estados membros das Comunidades Europeias que legalmente exerçam actividade nesses Estados, podem prestar em Portugal serviços médico-veterinários individualizados, considerando-se os médicos veterinários em causa, independentemente de qualquer formalismo, inscritos na Ordem para efeitos de deontologia e de responsabilidade disciplinar.

2.1.7. Nos termos do art. 10.º dos Estatutos, podem inscrever-se na Ordem como membros efectivos os portugueses ou estrangeiros que residam em Portugal, licenciados em Medicina Veterinária por escolas ou universidades portuguesas autorizadas a conceder licenciaturas, e ainda os portugueses e nacionais de Estados membros das Comunidades Europeias habilitados com cursos ministrados em universidades daqueles Estados equiparados ou reconhecidos nos termos da legislação aplicável, podendo também ser admitidos como membros efectivos os nacionais de Estados membros das Comunidades Europeias, que, embora habilitados com cursos ministrados em universidades desses Estados, não equiparados ou reconhecidos, reúnam os requisitos previstos na lei para o acesso à actividade veterinária em Portugal e com cursos que sejam considerados equivalentes.

2.1.8. Em Janeiro de 2005, o número de membros da Ordem dos Médicos Veterinários com inscrição em vigor era de 3 584, dos quais eram 118 estrangeiros, sendo, destes, 92 oriundos de nove estados da União Europeia.

2.1.9. A Ordem dos Médicos Veterinários apresentou, no exercício de 2003, um total de proveitos de € 452 868,80, sendo o total de vendas e prestações de serviços de € 410 248,80, e um total de custos e perdas de € 432 052,21.

2.1.10. A Ordem dos Médicos Veterinários apresentou, no exercício de 2004, um total de proveitos de € 549 132,93, sendo o total de vendas e prestação de serviços de € 526 453,84, e um total de custos e perdas de € 495 022,45.

**(factos provados... cont.)**

2.1.11. Nos termos do art. 17.º dos Estatutos da OMV, são deveres, em geral, dos médicos veterinários:

"1. É dever dos médicos veterinários, em geral, exercer a sua actividade com os adequados conhecimentos científicos e técnicos, o respeito pela vida animal, a prossecução da sanidade animal e a colaboração na defesa da saúde pública, de acordo com as normas legais, éticas e deontológicas a ela aplicáveis.

2. O médico veterinário está sujeito, em especial, a deveres e obrigações para com a comunidade, a Ordem, os utentes dos serviços e para com os outros médicos veterinários.

3. A deontologia profissional dos veterinários será objecto do código deontológico veterinário, que desenvolverá os princípios constantes dos artigos seguintes.

4. A aprovação do Código Deontológico veterinário compete à assembleia geral sob proposta do conselho profissional e deontológico."

2.1.12. Nos termos do art. 22.º dos Estatutos da OMV podem ser eleitos para os órgãos da Ordem os médicos veterinários com inscrição em vigor e sem punição de carácter disciplinar mais grave que a advertência (n.º1).

2.1.13. A assembleia geral, nos termos do art. 36.º dos Estatutos da OMV, é constituída por todos os médicos veterinários com inscrição em vigor na Ordem.

2.1.14. O conselho profissional e deontológico, nos termos do art. 43.º dos Estatutos, constitui o órgão jurisdicional da Ordem, sendo composto por sete membros eleitos por método de representação proporcional ao número de votos obtidos pelas listas candidatas.

2.1.15. Nos termos do art. 65.º do Estatuto, "Os médicos veterinários estão sujeitos à jurisdição disciplinar dos órgãos da Ordem, nos termos previstos no presente Estatuto e nos respectivos regulamentos."

2.1.16. O Código Deontológico foi aprovado pela Assembleia Geral da Ordem realizada em 3 de Dezembro de 1994 e alterado em Assembleia Geral da Ordem realizada em 6 de Dezembro de 1997.

2.1.17. Estabelece o art. 64.º do Código Deontológico que:

"1. Os médicos veterinários enquanto no exercício da sua actividade profissional na função pública ou por conta de outrem, estão vinculados aos deveres e direitos consignados neste Código.

**sub judice / causas — 40**

2007

**185**

# DIREITO DA CONCORRÊNCIA

2. Os diplomas reguladores do exercício da actividade profissional dos médicos veteriná-rios não poderão contrariar os princípios e normas do presente código.
(…)"

2.1.17. Nos termos do disposto no art. 84.º do Código Deontológico, "Compete à ordem dos Médicos Veterinários, fazer cumprir a observância das normas e princípios consignados no presente Código."

2.1.18. Nos termos do disposto no art. 85.º n.º 1 do Código Deontológico "O reco-nhecimento da responsabilidade disciplinar dos médicos veterinários emergente de infracções ao Código Deontológico é da competência exclusiva da Ordem dos Médicos Veterinários."

2.1.19. Estabelece o art. 28.º do Código Deontológico:

"1. O desvio ou a tentativa de desvio de clientela é interdito a todos os Médicos Veterinários devendo estes abster-se da prática de qualquer acto de concorrência desleal com prejuízo para os colegas.

2. Constituem atitudes reprováveis, nos termos do número anterior, as seguintes:

a) Estabelecimento de honorários ou avenças inferiores ao que é uso na região, ou reco-mendadas pelo Sindicato Nacional dos Médicos Veterinários;
(…)"

2.1.20. O art. 44.º do Código Deontológico dispõe:

"Os honorários do Médico Veterinário devem ser determinados com moderação, tendo em conta:

*a*) A regulamentação em vigor;
*b*) Tabelas praticadas na região, nomeadamente as recomendadas pelo Sindicato Nacional dos Médicos Veterinários;
*c*) Proporcionalidade ao tempo, natureza e grau de dificuldade do serviço prestado, bem como à distância da deslocação;
*d*) Congruência com a qualificação científica e especialização do médico veterinário."

2.1.21. Por sua vez, estabelece o art. 45.º do Código Deontológico:

"1. A prestação de serviços gratuitos ou a cobrança de honorários manifestamente infe-riores aos previstos pelas tabelas, usos ou regras aplicáveis, constitui presunção de con-corrência desleal.

2. Exceptuam-se do número anterior os casos em que tal se justifique face à notória inca-pacidade financeira do utente, à existência de laços íntimos de amizade ou de parentesco com o utente, ou ao facto de o utente ser colega."

2.1.22. O Sindicato Nacional dos Médicos Veterinários recomendou tabelas de honorá-rios mínimos indicativos nos anos de 2000, 1998, 1995, 1994 e 1993, constantes do teor de fls. 91 a 123 dos autos que aqui se dá por integralmente reproduzido.

2.1.23. O Sindicato Nacional dos Médicos Veterinários recomendou, nas suas zonas sin-dicais as tabelas de honorários mínimos para os anos de 1991, 1995, 1996, 2000 e 2002 a 2004 constantes do teor de fls. 61 a 90 dos autos que aqui se dá por integralmente reproduzido.

2.1.24. A Ordem dos Médicos Veterinários enviou aos veterinários da zona da Cova da Beira a circular de fls. 165 a 166 dos autos, datada de 07/05/04, da qual consta:

"Honorários nas OPP's – Cova da Beira

Colega,

Com a publicação da Portaria 356/2004 de 5 de Abril, que produziu uma alteração rele-vante à legislação que se encontrava em vigor em 2003 (portaria 122/2003 de 5 de Fevereiro), foi reconhecido ao criador a escolha do seu médico veterinário.

Assim e na sequência desta alteração, foi solicitado pela Ordem esclarecimento junto da Direcção Geral de Veterinária sobre os efeitos que embora parecerem óbvios, levantavam dúvidas na sua interpretação, porventura e em virtude de algumas direcções das OPP's entenderem que tal situação fazia recair sobre os criadores os encargos originados pela sua escolha.

Aquela Direcção-Geral tornou público através de circular remetida às Direcções Regionais e às Uniões das OPP's, datada de 4 de Maio e que anexamos, que tal escolha não comportava qualquer ónus adicional para o criador.

Por outro lado e no sentido de criar uma regra que eticamente defina os termos em que o serviço do médico veterinário deva ser remunerado, tendo em conta, por um lado a intervenção do clínico, a natureza e responsabilidade técnica do acto e as condicionantes orçamentais que existem no corrente ano, foram definidos como valores de honorários de referência, para a Cova da Beira, os seguintes montantes:

| | |
|---|---|
| Desparasitação e vacinação (Pequenos Ruminantes) | 0,30 Euros |
| Uma intervenção isolada (desparasitação e vacinação) | 0,20 Euros |
| Colheita de sangue | |
| Pequenos Ruminantes | 0,30 Euros |
| Bovinos | 3,00 Euros |
| Tuberculinização com leitura | 5,00 Euros |
| Tuberculinização com leitura e colheita de sangue | 5,00 Euros |

Recorda-se que a presente tabela de honorários, vigorará para o corrente ano e não envolve os médicos veterinários que integram as designadas brigadas fixas, que serão objecto de definição em termos contratuais específicos, em breve.

(factos provados... cont.)

Nesta perspectiva e nos termos do Código Deontológico, constitui infracção disciplinar o não cumprimento destas tabelas que passam a vigorar na região da Cova da Beira."

2.1.25. Nos termos do art. 69.º do Código Deontológico "O médico veterinário ao serviço de uma entidade pública ou privada, só poderá efectuar visitas, ou intervenções gratuitas no âmbito de campanhas oficiais de sanidade animal ou de prevenção da saúde pública."
2.1.26. Finalmente prescreve o art. 86.º do Código Deontológico:

"1. A infracção dos deveres constantes do presente Código constitui o infractor em responsabilidade disciplinar.
2. O exercício da jurisdição disciplinar da Ordem dos Médicos Veterinários, as informações, procedimentos, e as sanções disciplinares, bem como os respectivos efeitos, regem-se pelo disposto no Capítulo VI do Estatuto da ordem dos Médicos Veterinários."
2.1.27. Nos termos do disposto no art. 66.º dos Estatutos da Ordem dos Médicos Veterinários "Comete infracção disciplinar o médico veterinário que, por acção ou omissão, violar dolosa ou negligentemente algum dos deveres fixados neste Estatuto, nos seus regulamentos, no código deontológico ou nas demais disposições aplicáveis."
2.1.28. Nos termos do art. 72.º do Estatuto, as penas disciplinares aplicáveis são a advertência, a censura, multa até três vezes o salário mínimo nacional, multa até três vezes o salário mínimo nacional e suspensão até seis meses, multa até cinco vezes o salário mínimo nacional e suspensão até dois anos, em caso de infracção disciplinar que afecte gravemente a dignidade e o prestígio profissional e multa até dez vezes o salário mínimo nacional e suspensão até dez anos, também apenas em caso de infracção disciplinar que afecte gravemente a dignidade e o prestígio profissional.
2.1.29. Consta do relatório de actividades de 2003 da Ordem dos Médicos publicado na Revista da Ordem dos Médicos Veterinários n.º 34, na parte respeitante ao Conselho Profissional e Deontológico:

"O Conselho Profissional e Deontológico é um dos órgãos cuja actividade tem, como finalidade, o desempenho de uma das atribuições que está estatutariamente outorgada à Ordem dos Médicos Veterinários.

Do desenvolvimento da actividade do Conselho Profissional e Deontológico em 2003, ressalta, e para além dos processos de âmbito disciplinar, um numeroso conjunto de pareceres, que correspondem a solicitações, cada vez mais numerosas, por parte dos colegas.

O Conselho Profissional e Deontológico teve a necessária preocupação de exercer uma atitude proactiva junto da Profissão, no sentido de alertar e prevenir situações que, claramente e a serem concretizadas, seriam do âmbito disciplinar.

# DIREITO DA CONCORRÊNCIA

Foi critério do Conselho, no âmbito das suas competências, velar pelo cumprimento das normas e regras em geral, nomeadamente as previstas no Regulamento dos Centros de Atendimento Médico Veterinário, que é um dos elementos importantes que possibilita, designadamente, a acreditação pela Ordem dos Médicos Veterinários dos locais em que se desenvolve a actividade clínica dos animais de companhia, bem como do respectivo Director Clínico.

A publicidade, cujas regras são explícitas em sede de Estatutos da Ordem dos Médicos Veterinários e do Código Deontológico do Médico Veterinário, foi motivo de grande preocupação do Conselho Profissional e Deontológico.

Com efeito, quer a limitação no sentido de angariação de clientes, que os honorários impõe, através de tabelas reconhecidas de preços mínimos, quer a forma como é exigido o exercício da actividade, quer ainda as regras éticas a que estão obrigados, transformam o prestador de serviços que é o médico veterinário, no profissional liberal no sentido legal e restrito da designação."

2.1.30. Na Revista da Ordem dos Médicos Veterinários n.º 30, de Out/Nov/Dez 2002 foi publicada uma decisão do Conselho Profissional e Deontológico da ordem dos Médicos Veterinários, no âmbito de processo disciplinar instaurado a uma associada por violação do disposto nos arts. 18.º n.º 1, al. j) do Estatuto da Ordem dos Médicos Veterinários, 16.º n.º 1, 28.º, n.º 2, al. a) e 45.º n.º1 do Código Deontológico Médico Veterinário, no qual a mesma foi absolvida por não prova da acusação.

2.1.31. Na Revista da Ordem dos Médicos Veterinários n.º 30, de Out/Nov/Dez 2002 foi publicada uma decisão do Conselho Profissional e Deontológico da ordem dos Médicos Veterinários, no âmbito de processo disciplinar instaurado a um associado por violação do disposto nos arts. 18.º n.º 1, al. j) do Estatuto da Ordem dos Médicos Veterinários, 16.º n.º 1 e 28.º, n.º 1, do Código Deontológico Médico Veterinário, no qual o mesmo foi condenado numa pena de multa de montante igual a um salário mínimo nacional, não tendo porém, ficado demonstrada "…nenhuma das situações passíveis de consubstanciarem actos de concorrência desleal elencadas a título exemplificativo no n.º 2 do art. 28.º do Código Deontológico, em particular o disposto na alínea a) que se estabelece ao estabelecimento de honorários ou avenças inferiores ao que é uso na região, ou recomendadas pelo Sindicato Nacional dos Médicos Veterinários, por não ter ficado provado o valor apurado em resultado do desconto".

2.1.32. Na Revista da Ordem dos Médicos Veterinários n.º 30, de Out/Nov/Dez 2002 foi publicada uma decisão do Conselho Profissional e Deontológico da ordem dos Médicos Veterinários, no âmbito de processo disciplinar instaurado a um associado por violação do disposto nos arts. 18.º n.º 1, al. j) do Estatuto da Ordem dos Médicos Veterinários, 16.º e 28.º, n.º 1, do Código Deontológico Médico Veterinário, no qual o mesmo foi condenado numa pena de advertência, constando da mesma "O comportamento do arguido viola ainda as normas deontológicas relativas à proibição de concorrência. O n.º 2 do art. 28.º elenca, a título exemplificativo, situações passíveis de consubstanciarem actos de concorrência desleal, relevando, para o processo em análise a alínea a) do preceito que se refere ao "estabelecimento de honorários ou avenças inferiores ao que é uso na região, ou recomendadas pelo Sindicato Nacional dos Médicos Veterinários"como acto de concorrência desleal. Esta proibição é reforçada pelo disposto na alínea b) do art. 44.º, e o n.º 1 do art. 45.º do Código Deontológico Médico Veterinário. Sendo certo que a oferta de um desconto sobre o preço de tabela – a qual deverá respeitar a tabela de honorários em vigor na região – por potenciar, com fundamento nos preços praticados, o desvio de clientela com os inerentes prejuízos para outros médicos-veterinários, se traduzirá quase sempre em situações de concorrência desleal, a verdade, porém, é que, no presente processo não ficou provado o valor apurado em resultado do desconto, pelo que não se pode ter demonstrada a violação da alínea a) do n.º2 do art. 28.º nem no n.º 1 do art. 45.º, ambos do Código Deontológico Médico Veterinário.".

2.1.33. Na Revista da Ordem dos Médicos Veterinários n.º 31, de Jan/Fev/Mar 2003 foi publicada uma decisão do Conselho Profissional e Deontológico da ordem dos Médicos Veterinários, no âmbito de processo disciplinar instaurado a um associado por violação do disposto nos arts. 18.º n.º 1, al. j) do Estatuto da Ordem dos Médicos Veterinários, 16.º e 28.º, n.º 1, do Código Deontológico Médico Veterinário, no qual o mesmo foi condenado numa pena de advertência, constando da mesma "O comportamento do arguido viola ainda as normas deontológicas relativas à proibição de concorrência. O n.º 2 do art. 28.º elenca, a título exemplificativo, situações passíveis de consubstanciarem actos de concorrência desleal, relevando, para o processo em análise a alínea a) do preceito que se refere ao "estabelecimento de honorários ou avenças inferiores ao que é uso na região, ou recomendadas pelo Sindicato Nacional dos Médicos Veterinários"como acto de concorrência desleal. Esta proibição é reforçada pelo disposto na alínea b) do art. 44.º, e o n.º 1 do art. 45.º do Código Deontológico Médico Veterinário. Sendo certo que a oferta de um desconto sobre o preço de tabela – a qual deverá respeitar a tabela de honorários em vigor na região – por potenciar, com fundamento nos preços praticados, o desvio de clientela com os inerentes prejuízos para outros médicos-veterinários, se traduzirá quase sempre em situações de concorrência desleal, a verdade, porém, é que, no presente processo não ficou provado o valor apurado em resultado do desconto, pelo que não se pode ter demonstrada a violação da alínea a) do n.º 2 do art. 28.º nem no n.º 1 do art. 45.º, ambos do Código Deontológico Médico Veterinário.".

2.1.34. Na Revista da Ordem dos Médicos Veterinários n.º 31, de Jan/Fev/Mar 2003 foi publicada uma decisão do Conselho Profissional e Deontológico da ordem dos Médicos Veterinários, no âmbito de processo disciplinar instaurado a um associado por violação do disposto nos arts. 18.º n.º 1, al. j) do Estatuto da Ordem dos Médicos Veterinários, 16.º e 28.º, n.º 1, do Código Deontológico Médico Veterinário, no qual o mesmo foi condenado numa pena de um salário mínimo nacional, constando da mesma "O comportamento do arguido viola ainda as normas deontológicas relativas à proibição de concorrência desleal. Se bem que o arguido, ao carrear para o processo a tabela de honorários praticado na sua clínica tenha conseguido demonstrar que mesmo com o desconto os honorários estariam acima da tabela aconselhada pelo Sindicato Nacional dos Médicos Veterinários, conseguindo assim afastar a eventual infracção do disposto na alínea a) do n.º 2 do art. 28.º do Código Deontológico, na alínea b) do art. 44.º, o n.º 1 do art. 45.º do Código Deontológico Médico Veterinário que tipificam como situações passíveis de consubstanciarem actos de concorrência desleal, o estabelecimento de honorários ou avenças inferiores ao que é uso na região, ou recomendadas pelo Sindicato Nacional dos Médicos Veterinários, não conseguiu ainda assim afastar a violação do princípio geral de não concorrência previsto no n.º 1 do art. 28.º do Código Deontológico Médico Veterinário (…)".

2.1.35. Na Revista da Ordem dos Médicos Veterinários n.º 31, de Jan/Fev/Mar 2003 foi publicada uma decisão do Conselho Profissional e Deontológico da ordem dos Médicos Veterinários, no âmbito de processo disciplinar instaurado a um associado por violação do disposto nos arts. 18.º n.º 1, al. j) do Estatuto da Ordem dos Médicos Veterinários, 16.º e 28.º, n.º 1, do Código Deontológico Médico Veterinário e art. 3.º n.º 1 e n.º 2 e art. 4.º n.º 1 do regulamento de Exercício de Clínica Médico Veterinária dos Animais de Companhia em Centros de Atendimento Médico-Veterinários, no qual o mesmo foi condenado numa pena de dois salários mínimos nacionais em vigor no ano de 2002, constando da mesma "O comportamento do arguido viola ainda as normas deontológicas relativas à proibição de concorrência. Não tendo ficado provado o valor que resultaria da prática do desconto acordado pelo Protocolo, não se pode ter provada violação da alínea a) do n.º2 do art. 28.º do Código Deontológico que elenca, a título exemplificativo, como situação passível de consubstanciar acto de concorrência desleal, o "estabelecimento de honorários ou avenças inferiores ao que é uso na região, ou recomendadas pelo Sindicato Nacional dos Médicos Veterinários."

2.1.36. Na Revista da Ordem dos Médicos Veterinários n.º 31, de Jan/Fev/Mar 2003 foi publicada uma decisão do Conselho Profissional e Deontológico da ordem dos Médicos Veterinários, no âmbito de processo disciplinar instaurado a um associado por violação do disposto nos arts. 18.º n.º 1, al. j) do Estatuto da Ordem dos Médicos Veterinários, 16.º e 28.º, n.º 1, do Código Deontológico Médico Veterinário, no qual o mesmo foi condenado numa pena de um salário mínimo nacional em vigor no ano de 2002, constando da mesma "O comportamento do arguido viola ainda as normas deontológicas relativas à proibição de concorrência. Se não ficou provado o preenchimento de qualquer uma das situações passíveis de consubstanciarem actos de concorrência desleal elencadas, a título exemplificativo, no n.º 2 do art. 28.º do Código Deontológico, a verdade é que o comportamento do arguido violou, ainda assim, o princípio geral que proíbe a concorrência desleal previsto no n.º 1 do art. 28.º do Código Deontológico Médico Veterinário (…)."

(factos provados… cont.)

# DIREITO DA CONCORRÊNCIA

2.1.37. No ano de 2003 o rendimento declarado para efeitos fiscais como resultante da actividade, a título independente, de médico veterinário por 1303 sujeitos passivos de IRS foi de € 15 112 000,00 e o rendimento declarado para efeitos fiscais como resultante de actividades veterinárias por 25 sujeitos passivos de IRC abrangidos pelo regime de transparência fiscal foi de € 75 000,00.

2.1.38. A Comissão Europeia publicou, em Fevereiro de 2004 um Relatório sobre a concorrência nos serviços das profissões liberais, com o teor constante de fls. 445 a 466 dos autos (excepto as notas do mesmo, que aí não constam), que aqui se dá por reproduzido.

2.1.39. A Autoridade da Concorrência não alertou a arguida para o referido relatório nem o divulgou junto dela.

2.1.40. A tabela referida em 2.1.24. foi aprovada pelo Conselho Directivo da Ordem dos Médicos Veterinários em reunião de 27/04/04, tendo estado presentes sete membros daquele órgão.

2.1.41. A tabela referida em 2.1.24. não chegou a ser aplicada.

2.1.42. A não satisfação de pedidos de informação solicitados pela AdC à arguida no âmbito do presente processo foi sancionada com coima em processo autónomo, tendo a arguida impugnado judicialmente a decisão, que foi confirmada, por sentença proferida no Proc. n.º 769/05.6TYLSB deste tribunal e juízo, ainda não transitada em julgado.

2.1.43. A arguida quis aprovar e manter em vigor o Código Deontológico Médico Veterinário.

2.1.44. Visando, com a sua conduta, e em especial ao prever como exemplo típico de concorrência desleal o estabelecimento pelos seus membros de honorários ou avenças inferiores ao que é uso na região, ou recomendadas pelo Sindicato Nacional dos Médicos Veterinários, evitar práticas de desvio de clientela entre os seus membros.

2.1.45. E representando como possível que tal pudesses provocar restrições na concorrência e conformando-se com essa consequência.

2.1.46. Bem sabendo serem as práticas restritivas da concorrência punidas por lei.

2.1.47. Não são conhecidos antecedentes contra-ordenacionais à arguida.

★

## 2.2. *Matéria de facto não provada*

Com relevância para a decisão da causa não se provaram os seguintes factos:

2.2.1. Que o Código deontológico tenha sido aprovado em assembleia geral da Ordem realizada em 6 de Dezembro de 1996.

2.2.2. Que, para os efeitos previstos no art. 44.º do Código Deontológico não exista qualquer regulamentação em vigor.

2.2.3. Que, para os efeitos previstos no art. 44.º do Código Deontológico não existam tabelas regionais.

2.2.4. Que o Código Deontológico tenha sido aprovado por número de veterinários que não excede 5% do total.

★

**Fundamentação da matéria factual.**

## 2.3. *Motivação da decisão de facto*

A convicção do tribunal relativamente à matéria de facto dada como provada, fundou-se na análise crítica do teor dos documentos juntos aos autos e prova por declarações prestadas pelas testemunhas em sede de audiência de julgamento, nomeadamente.

Quanto aos factos constantes de 2.1.1. a 2.1.7., 2.1.11. a 2.1.15. e 2.1.27. a 2.1.28., a convicção do tribunal assentou nas disposições do Estatuto da Ordem dos Médicos Veterinários, anexo I aos autos entre fls. 43 e 44. Valoraram-se, quanto ao facto constante de 2.1.16., as actas constantes de fls. 431 a 441 dos autos, as respectivas datas e ordens de trabalhos.

O facto constante de 2.1.8. baseou-se na informação desse teor prestada pela OMV a fls. 146 dos autos.

Os factos constantes em 2.1.9. e 2.1.10. foram dados como provados com base nos documentos de fls. 174 a 193 (declaração mod. 22 e contas do exercício de 2003) e de fls. 376 a 430 (revistas da OMV das quais constam as contas dos exercícios de 2003 e 2004).

Relativamente aos factos constantes de 2.1.16. a 2.1.21. e 2.1.25. e 2.1.26., a convicção do tribunal assentou nas disposições do Código Deontológico Médico-Veterinário, anexo II aos autos entre fls. 43 e 44.

Os factos constantes de 2.1.22. e 2.1.23. foram tidos como provados face ao teor dos documentos de fls. 61 a 123 dos autos (conjugado com o teor de fls. 49 e 50, em especial o ponto 6).

O facto constante em 2.1.24. foi dado como provado com base no documento de fls. 165 e 166 e no depoimento das testemunhas Guilhermino Carvalho, ao tempo Presidente da Direcção da Sanicobe (Associação de Defesa sanitária da Cova da Beira), que declarou ter a comunicação em causa sido enviada a todos os veterinários, incluindo os que para si prestavam serviços e os das brigadas fixas e municipais, facto confirmado por Hugo Brancal, médico veterinário, delegado distrital da OMV para a área de Castelo Branco desde 2003, e profissional liberal que declarou tê-la recebido, tal como a testemunha António Campos, veterinário, exercendo como profissional liberal (e municipal para a CM Belmonte).

Quanto ao facto dado como provado sob 2.1.29. a convicção do tribunal assentou no teor de fls. 402 a 430 (em especial fls. 409).

Os factos constantes de 2.1.30. a 2.1.36. resultam do teor de fls. 207 a 220 dos autos.

O facto referido em 2.1.37. foi dado como provado com fundamento na informação da DGI de fls. 141 dos autos.

O teor de 2.1.38. resulta do documento ali proferido, cuja correspondência foi verificada.

O facto constante de 2.1.39. foi confirmado pela testemunha Mariana Tavares, jurista da AdC.

O facto referido em 2.1.40. resulta do teor da acta junta a fls. 442 a 444 dos autos, em especial a passagem inicial de fls. 444, a qual conjugada com a denúncia de fls. 5 e ss. dos autos e os depoimentos das testemunhas Guilhermino Carvalho, Lourenço Proença, respectivamente ex-presidente e presidente da Sanicobe, Hugo Brancal e António Campos, ambos veterinários da região, todos tendo prestado esclarecimentos quanto à situação e génese das circunstâncias de surgimento da referida tabela, permitiu a conclusão de que a tabela aprovada naquela reunião é a referida em 2.1.24.

As mesmas testemunhas, Guilhermino Carvalho, Lourenço Proença, Hugo Brancal e António Campos, confirmaram a não aplicação da mesma tabela – facto 2.1.41.

Quanto ao facto referido em 2.1.42., ele é do conhecimento deste tribunal em virtude das funções que exerce, por ter sido neste mesmo juízo processado, julgado e decidido o processo referido.

A matéria constante de 2.1.43. a 2.1.46. resultou do globo da prova produzida, tendo sido especialmente ponderados: a redacção dos preceitos citados ao longo da decisão, o relatório de actividade de 2003 referido em 2.1.29. e o texto das decisões referidas em 2.1.30. a 2.1.36. Destes se extrai que a preocupação da arguida, quer na aprovação dos preceitos, quer na aplicação que deles fez, foi sempre a de evitar a concorrência desleal estrita entre os seus membros, nomeada e exclusivamente o desvio de clientela através da prática de preços abaixo dos previstos nas tabelas, e não directamente entorpecer a concorrência.

O tribunal manteve presente a distinção, normativa, aliás, entre concorrência e concorrência desleal, bem como a diversidade de bens jurídicos protegidos: a previsão e puni-

# DIREITO DA CONCORRÊNCIA

ção da concorrência desleal protege o património (comercial) de um determinado comerciante face às atitudes lesivas de outro comerciante e, directamente os concorrentes, enquanto que as normas que punem as práticas restritivas da concorrência protegem o livre funcionamento do mercado e, apenas mediatamente os consumidores e os concorrentes.

Ponderou-se ainda que a concorrência é um conceito simultaneamente normativo e de facto, susceptível de ser utilizado em vários sentidos, nomeadamente nos dois referidos supra, mas regra geral reconduzido, pelo público não especializado (no qual sem qualquer assombro podemos incluir a Ordem dos Médicos Veterinários) à concorrência desleal.

Com estes considerandos em mente analisaram-se os elementos já referidos e concluiu--se que, efectivamente era a estrita concorrência desleal que a Ordem queria prevenir e procurou punir (embora sem sucesso nas decisões referidas, por falta de prova).

Finalmente, e porque concorrência é, como dissemos um conceito simultaneamente normativo e de facto e, na sua acepção fáctica pura, despido de qualquer consideração ética ou normativa tem um significado imediato e perceptível por todos, o tribunal não pode deixar de concluir que a Ordem representou como possível a existência de restrições na concorrência, embora configurando o fenómeno de forma limitada e se conformou com esse facto.

★

O erro na indicação de vários números de artigos do Código Deontológico e dos Estatutos da OMV verificado na decisão da AdC e no próprio recurso de impugnação da arguida, face às versões dos Estatutos e Código juntos aos autos foi considerado erro de escrita relevando do próprio contexto, já que os preceitos foram transcritos e o seu teor se encontrava correcto, tendo assim sido corrigido nos termos do disposto no art. 249.º do Código Civil.

★<br>★ ★

Quanto à matéria de facto dada como não provada, a convicção do tribunal fundou-se na prova produzida em sentido contrário quanto a um dos factos e total ausência de qualquer elemento de prova produzido quanto à demais.

O facto dado como não provado sob 2.2.1. foi-no com base no teor das actas de fls. 431 a 441 dos autos, nomeadamente da primeira constando claramente ter o Código Deontológico sido aprovado em assembleia geral da Ordem de 03/12/94 e não em 06/12/96, e ter sido alterado em 06/12/97.

Nomeadamente não foi produzida qualquer prova quanto aos factos referidos em 2.2.2. e 2.2.3., não bastando, quanto ao segundo, as declarações da testemunha Hugo Brancal de que nunca viu ou aplicou qualquer tabela (senão a tabela "Sanicobe") para contrariar nomeadamente a prova produzida quanto à existência de tabelas do Sindicato.

Quanto ao facto referido em 2.2.4., a arguida juntou para sua prova, duas actas acompanhadas das respectivas listas de presenças, uma datada de 3/12/94 e outra de 06/12/97. Sucede que em ambas, embora junta a lista de presenças, não se sabendo qual o n.º de associados em cada uma das datas, tal não prova qual a percentagem de membros presentes.

O facto foi, assim, dado por não provado por total ausência de prova.

★

**Enquadramento jurídico.**

## 2.4. *Enquadramento jurídico*

Sendo estes os factos apurados com relevo para a decisão do presente recurso, há que proceder ora ao seu enquadramento jurídico.

À arguida vem imputada a prática, de uma contra-ordenação prevista e punida pelos arts. 4.º n.º 1 da Lei n.º 18/03 de 11/06, 81.º n.º 1 do Tratado CE e 43.º n.º 1, al. a) da referida Lei n.º 18/03, sinteticamente por ter aprovado e mantido em vigor desde Dezembro de 1996 o Código Deontológico contendo este, nos seus arts. 28.º, 43.º e 44.º, regras que obrigam os seus membros à prática de honorários mínimos, o que, para a AdC, constitui uma limitação à concorrência entre os seus membros, afectando o mercado nacional e o comércio entre os Estados membros.

★

A defesa da concorrência, nas palavras de Alberto Xavier (*in* Subsídios para uma Lei de Defesa da Concorrência, Cadernos de Ciência e Técnica Fiscal, n.º 136, pg. 87) é, conjuntamente com a propriedade privada e a livre iniciativa, uma das instituições em que assenta o sistema de livre economia de mercado, seu pressuposto e condição de funcionamento. Daí a sua consagração ao nível de Lei Fundamental, quer na Constituição da República Portuguesa [arts. 80.º a) e 81.º e)] quer no Tratado que instituiu a Comunidade Europeia (arts. 3.º n.º 1, al. g) e 4.º n.º 1), que encara a concorrência como um instrumento da própria construção europeia.

O direito de defesa da concorrência tem como função a preservação das estruturas concorrenciais do mercado contra o comportamento dos agentes económicos nesse mesmo mercado – José Mariano Pego *in* A Posição Dominante Relativa no Direito da Concorrência, pg. 11). Surge como uma garantia de igualdade de oportunidades que a todo o homem assiste e de um sistema equilibrado de desconcentração de poderes, em que os particulares não possam, indevidamente, constranger, e o Estado permaneça imune ao domínio e influência de grupos de particulares – loc. e autor citados, pg. 12.

> **O direito de defesa da concorrência tem como função a preservação das estruturas concorrenciais do mercado contra o comportamento dos agentes económicos nesse mesmo mercado.**

Arranca do próprio texto constitucional, resultando a necessidade de defesa da concorrência da protecção de um dos direitos fundamentais económicos, previsto no art. 61.º n.º 1 da Constituição da República Portuguesa[1].

A defesa da concorrência surge consagrada em Portugal através do necessário instrumento legislativo logo após a adesão de Portugal à Comunidade Económica Europeia, com a publicação e entrada em vigor do Decreto Lei n.º 422/83 de 03/12, que veio a ser revogado pelo Decreto Lei n.º 371/93 de 29/10, o qual visou adaptar a ordem jurídica portuguesa aos desenvolvimentos entretanto verificados na economia nacional e internacional e ainda prosseguir mais de perto o objectivo constitucional do melhor equilíbrio da concorrência (preâmbulo do Decreto Lei n.º 371/93) e aproximar a ordem jurídica portuguesa aos grandes princípios comunitários do direito da concorrência – Adalberto Costa *in* Regime Geral da Concorrência, Legis Editora, 1996, pg. 27.

A Lei n.º 18/03 de 11/06, actualmente em vigor, veio, por sua vez, revogar o Decreto Lei n.º 371/93, no quadro de uma reforma global do direito da concorrência, quer nacional, quer a nível comunitário, no qual se criou a Autoridade da Concorrência (Decreto Lei n.º 10/03 de 18/01) e se teve em conta o denominado pacote de modernização e o Regulamento (CE) n.º 1/2003 de 16/12/02.

Pedra de toque do regime de defesa da concorrência é, na esteira do art. 85.º do Tratado (actual art. 81.º), a proibição das práticas restritivas da concorrência, previstas no art. 4.º da Lei n.º 18/03.

Prescreve o citado art. 4.º:

*«1. São proibidos os acordos entre empresas, as decisões de associações de empresas e as práticas concertadas entre empresas, qualquer que seja a forma que revistam, que tenham por objecto ou como efeito impedir, falsear ou restringir de forma sensível a concorrência no todo ou em parte do mercado nacional, nomeadamente os que se traduzam em:*

---

[1] A iniciativa económica privada exerce-se livremente nos quadros definidos pela Constituição e pela lei e tendo em conta o interesse geral.

# DIREITO DA CONCORRÊNCIA

*a) Fixar, de forma directa ou indirecta, os preços de compra ou de venda ou interferir na sua determinação pelo livre jogo do mercado, induzindo, artificialmente, quer a sua alta quer a sua baixa. (…).»*

O art. 81.º do Tratado, por sua vez prescreve:

*«1. São incompatíveis com o mercado comum e proibidos todos os acordos entre empresas, todas as decisões de associações de empresas e todas as práticas concertadas que sejam susceptíveis de afectar o comércio entre Estados-Membros e que tenham por objecto ou efeito impedir, restringir ou falsear a concorrência no mercado comum, designadamente as que consistam em:*

*a) Fixar, de forma directa ou indirecta, os preços de compra ou de venda, ou quaisquer outras condições de transacção;*
*(…).»*

O bem jurídico protegido por estas normas é, como já deixámos entrevisto na introdução, o livre jogo do mercado.

**Art. 4.º da Lei n.º 18/03: norma penal (no caso contra-ordenacional) em branco.**

O legislador optou por não especificar e concretizar o que sejam acordos, práticas concertadas ou decisões de associações que tenham por objecto ou efeito impedir, falsear ou restringir a concorrência, criando o que se denomina uma norma penal (no caso contra-ordenacional) em branco.

Há apenas aqui que recordar que, nos termos do disposto no art. 32.º do Decreto Lei n.º 433/82 de 27/10, actualizado pelo Decreto Lei n.º 244/95 de 14/09, se aplicam subsidiariamente à fixação do regime substantivo das contra-ordenações, as normas do direito penal.

A norma penal em branco será aquela que tem a particularidade de descrever de forma incompleta os pressupostos de punição de um crime remetendo parte da sua concretização para outras fontes normativas, denominado-se a primeira norma sancionadora e as segundas normas complementares ou integradoras.

**A norma penal em branco: a sua descrição é incompleta, sendo integrada por outros instrumentos que podem ou não ter natureza normativa, sendo que a integração pode ser feita por fontes normativas inferiores à lei penal.**

Teresa Beleza e Frederico Costa Pinto (*in* O Regime Penal do Erro e as Normas Penais em Branco, Almedina, 1999, pg. 31 e ss.) advertem que a norma penal em branco tem uma característica específica – a sua descrição é incompleta, sendo integrada por outros instrumentos que podem ou não ter natureza normativa, sendo que a integração pode ser feita por fontes normativas inferiores à lei penal, dando o exemplo das fontes de direito comunitário.

Há ainda que prevenir tratar-se de uma infracção de perigo concreto – não se exige a verificação do resultado (impedir, falsear ou restringir a concorrência), patente na expressão legal "que tenha por objecto **ou** por efeito", mas é exigível a adequação a produzir tal resultado.

Discordamos, assim de Eduardo Paz Ferreira (*in* Direito da Economia, AAFDL, 2001, pg. 495), que, talvez numa outra perspectiva, reduz a proibição às infracções que resultem em falsificação ou restrição da concorrência.

O legislador optou por consagrar a norma em branco e concretizá-la com alguns exemplos – as alíneas do n.º 1. Trata-se de uma opção legislativa frequentemente usada mas de contornos não isentos de crítica, como nos dão notícia Teresa Beleza e Frederico Costa Pinto na obra citada, e como podemos verificar no caso concreto.

A fonte deste preceito é, claramente e de forma quase repetitiva o já citado art. 85.º (actual art. 81.º) do Tratado, que tem sido objecto de intenso labor por parte da Comissão do TPI e do TJC, o qual terá, evidentemente, que ser tido em conta na interpretação e aplicação do art. 2.º. Pode afirmar-se com segurança que, com as devidas adaptações, é, no caso, às orientações da Comissão e decisões desta e dos Tribunais Comunitários que deve ir buscar-se a integração da norma. Os conceitos são os mesmos e têm sido intensamente trabalhados e estudados e valem para o nosso direito interno como para o direito comunitário.

# A RELEVÂNCIA JUS-CONCORRENCIAL DA EXISTÊNCIA DE TABELAS DE PREÇOS

Há porém que ter em conta que no direito interno temos que considerar também princípios tão basilares como o *in dubio pro reo* e todas as suas consequências, processuais e substantivas, quando, como no caso, ponderamos a aplicação de uma coima a arguida a quem é imputada a prática de factos subsumíveis a esta previsão e puníveis nos termos do art. 43.° n.° 1 al. a) da Lei n.° 18/03.

Feitas estas advertências passemos à análise do tipo contra-ordenacional.

Há que analisar, sucessivamente, e para preenchimento do tipo objectivo:

– se a arguida configura uma associação de empresas tal como prevista no preceito, estando sujeita ao regime do direito da concorrência;
– se a aprovação do Código Deontológico configura uma decisão de associação de empresas;
– qual o mercado relevante;
– se a decisão tomada tem por objecto ou como efeito impedir, falsear ou restringir a concorrência no todo ou em parte do mercado definido e se tal sucede de forma sensível.

★

### 2.4.1. <u>*Aplicabilidade do regime jurídico da concorrência*</u>

O art. 1.° n.° 1 da lei 18/03 prescreve que «*A presente lei é aplicável a todas as actividades económicas exercidas, com carácter permanente ou ocasional, nos sectores privado, público e cooperativo.*»

O art. 2.° n.° 1 define como empresa para efeitos do regime da concorrência «*… qualquer entidade que exerça uma actividade económica que consista na oferta de bens ou serviços num determinado mercado, independentemente do seu estatuto jurídico e do modo de funcionamento.*»

Finalmente, terminando a caracterização geral do âmbito subjectivo de aplicabilidade do regime da concorrência para os efeitos aqui relevantes, o art. 3.° n.° 1 estabelece que «*As empresas a quem o Estado tenha concedido direitos especiais ou exclusivos encontram-se abrangidas pelo disposto na presente lei, (…)*».

**O regime jurídico da concorrência é aplicável a uma ordem profissional, entidade criada com o objectivo de controlar o acesso e o exercício de uma determinada profissão com o objectivo de representar os interesses profissionais dos seus associados.**

A Ordem dos Médicos Veterinários (doravante OMV) é uma associação pública, independente dos órgãos do Estado, livre e autónoma no âmbito das suas atribuições que representa os licenciados em medicina veterinária ou equiparados legais que exercem actividades veterinárias, nos termos do seu estatuto e demais disposições legais aplicáveis.

O seu Estatuto foi aprovado pelo Decreto Lei n.° 386/91 de 04/10, sendo, nos termos deste, o objectivo essencial da Ordem dos Médicos Veterinários é a defesa do exercício da profissão veterinária, contribuindo para a sua melhoria e progresso nos domínios científico, técnico e profissional e apoio aos interesses profissionais dos seus membros e salvaguarda dos princípios deontológicos que se impõem em toda a actividade veterinária.

Para tanto estão previstas as seguintes atribuições:

– intervir na defesa da saúde pública através da salvaguarda e promoção da saúde animal e da higiene alimentar;
– zelar pela função social, dignidade e prestígio da profissão de médico veterinário e promover o respeito pelos princípios deontológicos;
– representar os médicos veterinários perante quaisquer entidades públicas ou privadas;
– emitir a cédula profissional de médico veterinário;
– exercer a jurisdição disciplinar em relação aos médicos veterinários por actos de natureza médico-veterinária, praticados no exercício da profissão nos termos do estatuto.

Apenas os médicos veterinários com a inscrição em vigor na OMV podem exercer, no território nacional, a título profissional, a actividade médica veterinária.

Os portugueses e os nacionais de Estados membros das Comunidades Europeias que legalmente exerçam actividade nesses Estados, podem prestar em Portugal serviços

# DIREITO DA CONCORRÊNCIA

médico-veterinários individualizados, considerando-se os médicos veterinários em causa, independentemente de qualquer formalismo, inscritos na Ordem para efeitos de deontologia e de responsabilidade disciplinar.

Podem inscrever-se na Ordem como membros os médicos veterinários que preencham as condições previstas no art. 10.º dos Estatutos.

Os médicos veterinários exercem a sua actividade por conta própria ou de outrem e têm o dever de observar as regras estatutárias, deontológicas e demais legislação aplicável.

Face a este quadro conclui-se que os médicos veterinários inscritos na OMV são operadores económicos que prestam serviços veterinários, de forma dependente ou independente, percebendo pela mesma uma remuneração.

Assim sendo, os médicos veterinários que exercem de forma independente a sua actividade económica são profissionais liberais, cabendo, pois, na definição de empresa prevista no art. 2.º n.º 1 da Lei n.º 18/03 – cfr. pontos 46 e 47 do Ac. TJCE de 19/02/02, Wouters, C-309/99 e decisões ali citadas, no qual se apreciou e concluiu que os advogados constituem empresas na acepção dos então arts. 85.º e 86.º do Tratado

Por sua vez a OMV é uma ordem profissional, uma entidade criada com o objectivo de controlar o acesso e o exercício de uma determinada profissão (médico veterinário) com o objectivo de representar os interesses profissionais dos seus associados. Para exercer a referida profissão é obrigatória a inscrição na Ordem, tendo esta por missão, entre outras, velar pelo cumprimento das regras reguladoras da profissão e sancionar os comportamentos que as violarem.

A OMV é uma pessoa colectiva de direito público, criada para assegurar a prossecução de certos interesses públicos, que se apresenta como uma associação de empresas e a quem, por força dos citados arts. 2.º e 3.º, é aplicável o regime jurídico da concorrência – cfr. ainda o Ac. Wouters, pontos 64 a 66 quanto à qualificação no caso da Ordem dos Advogados neerlandesa como associação de empresas e a irrelevância do respectivo estatuto de direito público e decisões ali citadas.

★

### 2.4.2. *Decisão de associação de empresas*

> Uma decisão de associação de empresas é todo e qualquer comportamento que traduza uma orientação seja qual for a forma exterior que reveste.

A acepção de decisão de associação de empresa usada pelo art. 4.º n.º 1 tem em vista todo e qualquer comportamento que traduza uma orientação emitida por, no caso, uma associação, seja qual for a forma exterior que reveste.

Neste sentido pode ver-se o comentário à decisão do Tribunal de Justiça das Comunidades, no caso Société Technique Minière contra Maschinenbau Ulm GmbH, (Acórdão de 30/06/66 – C-56/65) em 1966, onde se refere que uma recomendação de uma associação de empresas, mesmo desprovida de força obrigatória, não escapa à previsão do então art. 85.º n.º 1 do Tratado de Roma (ora art. 81.º n.º 1 e preceito fonte do art. 4.º da Lei n.º 18/03), posto que a aceitação da recomendação pelas empresas destinatárias exerça uma influência sensível sobre o jogo da concorrência no mercado em causa (*in* Grands arrêts de la cour de justice des communautés européennes, Tome 2, 2 e édition, J. Boulouis e R.M. Chevalier).

Significa isto que todas as decisões de todas as associações de empresas que tenham por objecto ou por efeito impedir, falsear ou restringir, de forma sensível a concorrência no todo ou em parte do mercado nacional são proibidas. Logo, estão aqui abrangidas as decisões das associações profissionais.

A aprovação pela assembleia geral da OMV de um Código Deontológico bem como a aprovação pelo respectivo Conselho Directivo de uma tabela (a tabela "Cova da Beira"), são claramente decisões de uma associação de empresas.

## A RELEVÂNCIA JUS-CONCORRENCIAL DA EXISTÊNCIA DE TABELAS DE PREÇOS

Trata-se, em ambos os casos, de resoluções aprovadas por órgãos sociais da OMV, órgãos que a representam e vinculam, destinadas a todos os seus associados e tomadas no âmbito da defesa dos seus interesses. Logo, são decisões de uma associação de empresas.

Refira-se, aliás, que é a circunstância de as resoluções terem sido tomadas pelos órgãos sociais da OMV, no âmbito das suas funções que nos termos do art. 7.º n.º 2 do RJCOC leva à responsabilização da pessoa colectiva OMV.

★

### 2.4.3. *Mercado relevante*

O mercado a considerar é o da prestação de serviços médicos veterinários, prestado pelos médicos veterinários que exercem a sua actividade no território nacional enquanto profissionais liberais, inscritos obrigatoriamente na OMV, e todos aqueles que procuram esses mesmos serviços.

Em termos geográficos o mercado a considerar é o território nacional na medida em que a OMV exerce as suas atribuições e competências em todo o território nacional e que qualquer médico veterinário, português ou estrangeiro, para poder exercer a sua profissão em Portugal tem de estar inscrito na Ordem.

★

### 2.4.4. *Decisão tendo por objecto ou como efeito impedir, falsear ou restringir, de forma sensível a concorrência*

Em causa nestes autos está a prática pela arguida da contra-ordenação prevista no art. 4.º n.º 1 al. a) da Lei n.º 18/03, contra-ordenação essa consubstanciada em duas decisões, a aprovação do Código Deontológico que remete para determinadas tabelas e uma tabela aprovada directamente pela OMV, através do seu Conselho Directivo.

Pode uma associação profissional fazer valer tabelas de honorários?

Uma vez que já concluímos pela plena aplicação dos arts. 4.º da lei 18/03 e 81.º do Tratado a associações profissionais, a resposta é imediata.

A conduta em causa preenche uma das concretizações da proibição geral exemplificativamente enumeradas.

Uma Ordem, tal como qualquer outra associação não pode fixar os preços a praticar pelos seus associados na prestação dos respectivos serviços. Ao determinar a fixação de preços por referência a uma tabela, indicando, aliás que a prática de preços abaixo desta constitui presunção de concorrência desleal, passível de procedimento disciplinar, está-se obviamente a interferir com o regular funcionamento do mercado, influenciando a formação da oferta e da procura, (sendo que o factor "preço" é decisivo neste binómio oferta/procura), ou seja, está-se a adoptar um comportamento que provoca distorções no mercado.

> **Nenhuma associação pode fixar os preços a praticar pelos seus associados na prestação dos respectivos serviços.**

A fixação dos preços faz parte da liberdade contratual do prestador do serviço e do respectivo cliente, não havendo qualquer justificativo para que seja imposto (por uma entidade terceira que não está inserida no circuito prestador/comprador) ao primeiro e, consequentemente, também ao segundo. A fixação do preço deve resultar apenas e tão só do livre jogo do mercado, tendo embora que respeitar certas regras e princípios, regras essas que visam regular o funcionamento do mercado e não colocar-lhe entraves e introduzir-lhe distorções.

> **A fixação dos preços faz parte da liberdade contratual do prestador do serviço e do respectivo cliente e deve resultar apenas e tão só do livre jogo do mercado.**

A arguida defende que o preceito relativo à fixação de honorários prevê uma plêiade de critérios para efeitos de fixação de honorários, razão pela qual é absurdo sustentar que foram fixadas tabelas mínimas.

# DIREITO DA CONCORRÊNCIA

O art. 44.° do Código Deontológico prevê:

"Os honorários do Médico Veterinário devem ser determinados com moderação, tendo em conta:

*a)* A regulamentação em vigor;
*b)* Tabelas praticadas na região, nomeadamente as recomendadas pelo Sindicato Nacional dos Médicos Veterinários;
*c)* Proporcionalidade ao tempo, natureza e grau de dificuldade do serviço prestado, bem como à distância da deslocação;
*d)* Congruência com a qualificação científica e especialização do médico veterinário."

Olhado apenas este preceito, isoladamente, temos efectivamente uma multiplicidade de critérios entre os quais concorrem as tabelas praticadas na região, nomeadamente as recomendadas pelo Sindicato Nacional dos Médicos Veterinários.

Deste preceito não decorre, pois a fixação de honorários mínimos, pois as referidas tabelas são apenas um dos factores a ter em conta (se bem que, para efeitos concorrenciais a mera existência de uma tabela de preços recomendados, que se não é fixada pela Ordem é por ela, através deste preceito, tornada uma referência, interfere nos mecanismos do mercado e na formação do binómio oferta/procura).

Mas a obrigatoriedade da prática de honorários mínimos resulta, com toda a clareza, da conjugação do disposto no art. 28.°, n.° 2, al. a) e do art. 45.° do Código Deontológico que, recorde-se, prevêem:

Art. 28.° do Código Deontológico:

"1. O desvio ou a tentativa de desvio de clientela é interdito a todos os Médicos Veterinários devendo estes abster-se da prática de qualquer acto de concorrência desleal com prejuízo para os colegas.
2. Constituem atitudes reprováveis, nos termos do número anterior, as seguintes:

*a)* Estabelecimento de honorários ou avenças inferiores ao que é uso na região, ou recomendadas pelo Sindicato Nacional dos Médicos Veterinários;
(…)"

Art. 45.° do Código Deontológico:

"1. A prestação de serviços gratuitos ou a cobrança de honorários manifestamente inferiores aos previstos pelas tabelas, usos ou regras aplicáveis, constitui presunção de concorrência desleal.
2. Exceptuam-se do número anterior os casos em que tal se justifique face à notória incapacidade financeira do utente, à existência de laços íntimos de amizade ou de parentesco com o utente, ou ao facto de o utente ser colega."

Destes preceitos resulta claramente que as tabelas são uma referência mínima, ou seja, o limiar abaixo do qual o preço não pode ser fixado, sob pena de presunção de ilícito disciplinar e respectivo procedimento e sanção.

Ou seja, da conjugação dos preceitos resulta que as referidas tabelas são o limite mínimo dos honorários que, daí para cima, serão fixados em função dos demais critérios.

Não existe, não foi alegada e não resulta da análise dos elementos dos autos qualquer causa que justifique a existência de tabelas atendíveis, quer em termos do objecto da Ordem – defesa dos profissionais que representa – quer em termos concorrenciais.

Nesta parte resta frisar que o facto de as tabelas a atender serem emitidas por terceiro – o Sindicato Nacional dos Médicos Veterinários – em nada interfere com a infracção constatada:

O Sindicato emite tabelas de preços recomendados para os seus próprios fins e efeitos que aqui não estão sob análise.

# A RELEVÂNCIA JUS-CONCORRENCIAL DA EXISTÊNCIA DE TABELAS DE PREÇOS

É a Ordem que, através dos preceitos do Código Deontológico em questão os transforma em honorários mínimos a serem observados pelos profissionais liberais que prestam serviços médicos veterinários.

No que toca à sensibilidade da restrição, basta atentar que as disposições em causa são aplicáveis aos médicos veterinários profissionais liberais de todo o território nacional, pois apenas podem exercer se inscritos na Ordem, sendo que, mesmo na prática esporádica se consideram, para efeitos deontológicos, inscritos na Ordem e, logo, sujeitos a estes deveres, para se concluir que a restrição afecta todo o mercado relevante da forma já assinalada.

Há ainda que prevenir que a mera previsão de tabelas preenche também o ilícito em causa. Fixar preços obrigando a atender a tabelas (mesmo elaboradas por outrem) distorce e impede a concorrência interferindo na livre fixação de preços. A sua simples previsão tem este objecto de restrição da concorrência – recordando-se que lidamos com uma norma de perigo como supra referido.

**A mera previsão de tabelas de preços tem o objctivo de restrição da concorrência.**

Ou seja, e concluindo: Ao aprovar e manter em vigor normas do seu Código Deontológico que prevêem a obrigatoriedade de seguir uma tabela de honorários e vinculam os seus membros à sua observância a OMV tomou uma decisão que tem por objecto impedir de forma sensível a concorrência no mercado nacional.

Esta infracção manteve-se e mantém-se enquanto as normas citadas vigorarem pois a arguida tomou uma resolução e manteve-a. Este é, aliás, um ilícito de natureza permanente, pois a sua execução e a consumação perduram no tempo, compreendendo, numa primeira fase, toda a conduta do agente até ao evento, seguindo-se uma segunda fase que perdura no tempo até que o agente cumpra o dever de fazer cessar o estado antijurídico causado. A violação do bem jurídico prolonga-se no tempo enquanto perdura a resolução criminosa isto é, a execução persiste no tempo porque o agente voluntariamente mantém a situação antijurídica.

Assim, no que respeita aos arts. 44.º, al. b), 28.º, n.º 2, al. a) e n.º 1 do art. 45.º do Código Deontológico, encontram-se preenchidos todos os elementos objectivos do tipo.

A aprovação e envio da tabela "Cova da Beira" insere-se na mesma resolução antijurídica, sendo os mesmos preceitos que a tornam vinculativa.

Como resulta de tudo o já exposto, e porque estamos face a um ilícito de perigo concreto, indiferente resulta que as tabelas tenham sido efectivamente aplicadas ou não. Quanto à tabela "Cova da Beira" apurou-se que não foi aplicada. Quanto às tabelas do Sindicato apurou-se apenas a existência de processos disciplinares por concorrência desleal com base no art. 28.º, n.º 2, al. a) do Código.

Estes processos – irrelevante sendo que tenham terminado com absolvição no tocante à infracção concreta – demonstram apenas que a OMV considera as tabelas vinculativas, tal como previsto no Código, e que as considera como fixando honorários mínimos. A tal ponto que instruiu processos disciplinares por esta violação que terminaram por não conduzir a condenação por falta de prova. No entanto não permitem concluir que os membros da Ordem na sua actividade tenham aplicado as referidas tabelas. Tal ponto, como dissemos e voltamos a dizer não afasta a verificação dos elementos objectivos da infracção, mas poderá e deverá ser relevado em sede de escolha e medida da sanção, caso se venha a concluir pela prática da infracção.

★

Tendo-se apurado que a arguida quis agir da forma por que o fez ao aprovar e manter em vigor as disposições referidas, representando como possível que tal pudesses provocar restrições na concorrência e conformando-se com essa consequência, conclui-se que agiu com dolo eventual – art. 8.º do RJCOC.

★

**sub judice / causas – 40**

2007

# DIREITO DA CONCORRÊNCIA

**A punibilidade dos ilícitos contra-ordenacionais encontra também fundamento e medida constitutiva na culpa.**

A punibilidade dos ilícitos contra-ordenacionais encontra também fundamento e medida constitutiva na culpa – *vide* desenvolvidamente Jorge de Figueiredo Dias, Breves Considerações sobre o Fundamento, Sentido e a Aplicação das Penas em Direito Penal Económico *in* Direito Penal Económico e Europeu: textos Doutrinários, Vol. I, Problemas Gerais, pg. 375 e ss – entendido como um princípio de imputação com finalidades preventivas (cfr. Costa Pinto *in* O ilícito de mera ordenação social e a erosão do princípio da subsidiariedade da intervenção penal, RPCC, Ano 7.º, fascículo 1.º, pgs. 19 e 20, nota 26)

Vamos agora passar a analisar especificamente os argumentos da arguida em ordem a concluir sobre a relevância do erro que invoca, abstractamente susceptível de afastar o dolo ou a consciência da ilicitude.

Os argumentos serão brevemente analisados *per se* e depois em globo, já que a arguida reporta o erro que invoca ao quadro global que descreve: existência na ordem jurídica de outras normas violadoras da concorrência, nova interpretação trazida pelo Relatório da Comissão de 2004 e conduta da Autoridade.

Começa a arguida por argumentar que o estatuto dos Revisores Oficiais de Contas, em vigor, contém normas que prevêem preços fixos.

Não vamos obviamente analisar do ponto de vista jusconcorrencial se as normas invocadas restringem ou não a concorrência[2]. Não é esse o objecto dos nossos autos e os argumentos valem o que valem. Não é o facto de, a jusante, uma outra entidade, por via legal ou convencional praticar factos semelhantes, reputados de ilícitos, sem sofrer, justificadamente ou não (idêntica) perseguição que exclui a responsabilidade da arguida.

O mesmo se diga da apontada incoerência do legislador. Não pode deixar de se notar que o que é apontado é uma incoerência entre disposições legais relativas a uma profissão liberal e uma decisão administrativa concreta dirigida à Ordem profissional de outra profissão liberal, esta sindicável no seu mérito, precisamente pela presente via.

Não queremos com isto dizer que o Estatuto dos ROCs não mereça análise. Mas não a nossa nem, com todo o respeito, a da arguida, uma vez que dispomos de uma Autoridade legalmente competente para o fazer. Aliás, existem muitas outras profissões liberais em que inexistem tabelas e preços fixos, pelo que não se pode extrair apenas destas disposições um qualquer justificativo para a conduta da arguida.

O mesmo se dirá quanto ao sector das farmácias. É claramente um sector extremamente problemático em termos de concorrência, mas por razões longínquas da fixação de honorários para profissionais liberais. Na posição de quem faz uma análise abstracta e pessoal de uma problemática muito complexa que não tem a pretensão de dominar, dir-se-á que o farmacêutico é hoje ainda um profissional liberal mas só de nome. Era-o, de facto, no tempo em que os medicamentos eram feitos por ele na própria farmácia, constituindo o preço daqueles a remuneração dos seus serviços. Hoje em dia a farmácia é um retalhista, um agente económico situado na ponta final de uma cadeia que inclui fabricantes e distribuidores e que vende aos consumidores finais, sendo que muitos dos produtos que vende têm margens fixadas por lei. Enfim, é, com todo o respeito, um mundo à parte, sendo que a análise e discussão dos problemas de restrição e distorção de concorrência no sector das farmácias não tem qualquer paralelo com o quadro em que a arguida exerce a sua actividade e em nada adianta para os presentes autos – veja-se, disponível no sítio da AdC o estudo por esta encomendado sobre a situação concorrencial no sector das farmácias, elaborado pelo Centro de Estudos de Gestão e Economia Aplicada.

Temos, pois, que concluir a total irrelevância do facto de o legislador manter em vigor as regras referidas pela arguida quanto aos ROCs e às farmácias para efeitos de verificação da contra-ordenação em causa nos autos.

---

[2] Como ficou patente pelo excurso supra, não basta a mera análise das regras para se concluir pela existência de violação. Há que analisar a natureza da decisão, a sua fonte, o mercado, etc., tudo elementos em falta para que se possa sequer perfunctoriamente fazer uma análise intelectual honesta.

# A RELEVÂNCIA JUS-CONCORRENCIAL DA EXISTÊNCIA DE TABELAS DE PREÇOS

A arguida esgrime ainda um acervo de argumentos, relacionados com os anteriores extraídos do Relatório publicado em Fevereiro de 2004 pela Comissão Europeia sobre a concorrência nos serviços das profissões liberais.

Entende a arguida que, se este relatório foi elaborado e publicado é porque se sentiu a necessidade de clarificar vários aspectos, nomeadamente quanto aos honorários mínimos e indicativos das profissões liberais e contribuir para alterar as regras profissionais que violem a concorrência.

Depois alega que não tendo a AdC alertado as várias entidades para as recomendações da Comissão, aplicou "retroactivamente" a nova interpretação imputando à arguida a prática de uma infracção continuada desde Dezembro de 1996.

O tribunal discerne aqui dois argumentos, um explícito e outro implícito: o primeiro que só a partir de Fevereiro de 2004 a lei foi interpretada no sentido ora aplicado à arguida, punindo-a por uma conduta anterior; o segundo que a AdC deveria ter começado por alertar, nomeadamente a arguida para esta nova interpretação e não começar por aplicar uma coima como o fez.

Começando pelo primeiro argumento, basta a leitura do Relatório da Comissão para verificar que este não faz qualquer nova interpretação de regras que, recorde-se, se mantêm praticamente desde o Tratado de Roma (arts. 85.º e 86.º, depois 81.º e 82.º, fontes directas e transcritas dos preceitos correspondentes de direito nacional, quer do actual quer dos pregressos diplomas, o art. 2.º do Decreto Lei n.º 371/93 e art. 13.º do Decreto Lei n.º 422/83 e que, diga-se de passagem tem uma origem ainda mais remota, mais precisamente os arts. 65.º e 66.º to Tratado da Comunidade Europeia do Carvão e do Aço).

Este documento cristaliza e reporta, como relatório que é, a evolução da situação até ao presente. A problemática da fixação de honorários mínimos, quer no direito nacional, quer no direito comunitário e os seus efeitos anti-concorrenciais não é nova nem foi preocupação surgida apenas em Fevereiro de 2004 com a apresentação deste Relatório. Este consciencializa que a Comissão quer dinamizar o tratamento esta problemática, nomeadamente através da eliminação das regras de efeitos anti-concorrenciais não justificadas e convida todos os interessados (pontos 93 e 94 do Relatório), e; em primeiro lugar as <u>autoridades de regulamentação dos Estados Membros</u> (que não se pode aqui ler como Autoridade da Concorrência que não é uma autoridade de regulamentação no sentido aqui utilizado, pois a legislação específica de qualquer sector não se integra na sua esfera de competências, que é transversal a todos os sectores) a realizarem uma análise da legislação ou regulamentação que integra a sua esfera de competências e, igualmente convida <u>todos os organismos profissionais</u> a darem início a uma análise semelhante das suas regras e regulamentações.

**A problemática da fixação de honorários mínimos, quer no direito nacional, quer no direito comunitário e os seus efeitos anti-concorrenciais.**

O próprio relatório no seu considerando 20 refere: "Paralelamente, a Comissão prosseguiu os seus trabalhos de análise tradicional de casos. Dez anos após a sua primeira decisão que condenava a fixação de tarifas para os serviços das profissões liberais[3] – a Comissão lamenta verificar que continuam a persistir níveis de preços mínimos."

A nível nacional, como referido pela AdC, podem citar-se o Parecer 3/85 do Conselho da Concorrência de 11/12/85, relativo aos médicos radiologistas, a decisão do mesmo Conselho no processo 2/00 da Câmara dos Técnicos Oficiais de Contas e decisões judiciais no mesmo caso (sentença do 1.º Juízo do Tribunal de Comércio de Lisboa de 09/03/01 e Ac. TRL de 05/02/02, todos nos autos).

Nada, sequer uma interpretação, nas palavras da própria Comissão, surgiu de novo em Fevereiro de 2004.

Depois, mesmo que assim se não entendesse, a única interpretação retroactiva proibida é a da lei – art. 3.º do RJCOC – e o art. 4.º n.º 1 corresponde ao art. 2.º do Decreto Lei

---

[3] Decisão da Comissão de 30 de Junho de 1993.

# DIREITO DA CONCORRÊNCIA

n.º 371/93, que por sua vez já correspondia ao art. 13.º do Decreto Lei n.º 422/83 e todos ao actual art. 81.º do Tratado, que por sua vez corresponde integralmente ao art. 85.º n.º 1 do Tratado na sua versão anterior.

A questão é de se os factos apurados nestes casos se enquadram nestes dispositivos legais e não outra.

Concluindo-se por uma resposta positiva estamos claramente ante uma infracção de consumação permanente ou duradoura com início na data da aprovação do Código Deontológico e que perdura enquanto estas estiverem em vigor, punível pela lei ora em vigor.

Aqui temos porém que fazer uma precisão. Imputa-se à arguida a aprovação e manutenção em vigor, desde 06/12/96 do Código Deontológico contendo as disposições que vimos analisando.

No entanto a conduta apenas poderá ser considerada a partir de 06/12/97. E isto porque embora se tenha apurado que o Código foi aprovado em 3/12/94, apurou-se também que foi alterado em 06/12/97. Uma vez que não sabemos exactamente quais as alterações introduzidas (a instrução do processo foi claramente escassa neste ponto) mas sabemos qual o resultado final, só podemos com segurança imputar a conduta a partir de 06/12/97.

O segundo argumento levanta outra ordem de questões. Pode ser valorado num quadro de erro, o que constitui um dos fundamentos de defesa da arguida e será tratado adiante, e pode ser valorado enquanto conduta da AdC, assacando-se-lhe um vício que inquinaria a sua decisão.

Nesta última perspectiva, à míngua de argumentos invocados e não discernindo o tribunal outros, dir-se-á que, além dos preceitos citados pela arguida compete também à AdC, na vertente sancionatória da sua competência, aplicar coimas quando verifique uma conduta típica ilícita e culposa.

Estabelece o art. 7.º n.º 1 dos Estatutos da AdC, aprovados pelo Decreto Lei n.º 10/03 de 18/01, para o desempenho das suas atribuições a Autoridade dispõe de poderes sancionatórios, de supervisão e de regulamentação. Nos termos do n.º 2, al. a) do mesmo preceito, no exercício dos seus poderes sancionatórios à AdC cumpre identificar e investigar as práticas susceptíveis de infringir a legislação nacional e comunitária, proceder à instrução e decidir sobre os respectivos processos, aplicando, se for o caso, as sanções previstas por lei.

**Não existe, por parte da AdC qualquer dever de advertir os agentes económicos, ao constatar uma infracção, para cessar tal conduta sem o sancionar.**

A verdade é que não existe, por parte da AdC qualquer dever de advertir os agentes económicos, ao constatar uma infracção, para cessar tal conduta sem o sancionar. Pode fazê-lo – cfr. art. 28.º n.º 1, als. b) e c) – mas não tem o dever de o fazer.

Leia-se, aliás, nesta parte o considerando 81 do mesmo Relatório da Comissão. As ANCs podem, tal como a Comissão, exigir que a associação ponha termo à infracção ou impor coimas, constatada uma infracção ao art. 81.º

No máximo o que vislumbramos aqui é um argumento de natureza ética. Também concordamos que, aliás no quadro da proposta da Comissão, uma advertência prévia, um alertar, um chamar a atenção seria correcto. Mas constatou-se uma infracção e aplicou-se a lei, inexistindo qualquer vício que inquine a decisão nesta perspectiva.

★

2.4.5. *Erro*

Alega a arguida que todo o quadro legislativo, comportamentos e omissões a induziram em erro sobre a ilicitude, razão pela qual considera excluído o carácter culposo da sua conduta.

Invoca assim o erro sobre a ilicitude ou sobre a proibição que exclui o dolo – art. 8.º n.º 2 do RJCOC.

Prevêem-se neste preceito três tipos de erro: o erro sobre elementos do tipo, o erro sobre a proibição e o erro de tipo permissivo.

O alegado reconduz-se ao erro sobre a proibição, ou seja o erro sobre a ilicitude ou sobre a punibilidade que ocorre quando o agente, embora tenha conhecimento do tipo objectivo não o tem quanto ao seu desvalor jurídico por falta de conhecimento ou consciência da proibição.

Refere-se, muito brevemente que o erro previsto na última parte do preceito, o erro de tipo permissivo não é um erro sobre o "estado de coisas", mas sim sobre a própria lei e a falsa suposição de uma causa de exclusão da ilicitude ou culpa que a lei não admite, não sendo, pois o nosso caso – cfr. António Mendes e José Cabral *in* Notas ao Regime Geral das Contra-Ordenações e Coimas, 2ª edição, pgs. 43 e 44.

No direito penal, fonte desta disposição, o erro sobre a proibição não tem, por regra, relevância senão quando se reporte a condutas axiologicamente neutras.

No caso das contra-ordenações foi já defendido, face à indiferença ética e neutralidade axiológica da acção, a relevância geral do erro sobre a proibição (cfr. Figueiredo Dias *in* O Problema da Consciência da Ilicitude em Direito Penal, pg. 384).

No entanto, como refere Costa Pinto (O Ilícito de Mera Ordenação Social e a Erosão do Princípio da Subsidiariedade da Intervenção Penal, *in* RPCC, Ano 7.º, fasc. 1, pg. 76) e reconhece, aliás, Figueiredo Dias, é possível encontrar contra-ordenações em que as condutas não são axiologicamente neutras, sendo que, quanto a estas, a simples ignorância da proibição não pode excluir o dolo e deve ser apreciada em sede de consciência da ilicitude, ou seja, nos quadros do art. 9.º do RJCOC.

Ora, precisamente, estamos ante uma contra-ordenação em que se não pode clamar por qualquer neutralidade axiológica. Protege-se a concorrência e o livre funcionamento do mercado, que se reflecte em todos os seus intervenientes, consumidores incluídos, sendo aliás a protecção da concorrência instrumental ao bem comum.

> **Nas contra-ordenações da concorrência não se pode clamar por qualquer neutralidade axiológica.**

Trata-se de um valor constitucionalmente protegido – arts. 80.º a) e 81.º e) da Constituição da República Portuguesa e arts. 3.º n.º1, al. g) e 4.º n.º 1 do Tratado que instituiu a Comunidade Europeia.

Ou seja, mesmo que tratássemos de um caso de erro puro sobre a proibição, não podemos considerar excluído o dolo.

Mas o caso parece-nos integrar antes o denominado erro suposição – aquele em que o agente não ignora a existência da norma mas lhe dá uma interpretação mais adequada aos seus interesses. Ora, este erro, como refere Costa Pinto (loc. cit., pg. 77) nunca é relevante pois o agente conhece a proibição ou parte dele, apenas configurando erradamente a sua extensão ou âmbito.

> **O denominado "erro suposição" – o agente não ignora a existência da norma mas dá-lhe uma interpretação mais adequada aos seus interesses.**

Afastado, pois, o erro sobre a ilicitude, teremos que analisar o problema sob a vertente da consciência da ilicitude – art. 9.º do RJCOC e 17.º n.º 1 do Código Penal.

Este preceito, prevê uma forma de erro que recai directamente sobre a lei, e não sobre o facto ou um estado de coisas – o agente age com uma consciência errónea da licitude do facto. Trata-se de um erro moral, que apenas releva se o erro não for censurável. Movemo-nos, distintamente, na área da culpa e do seu elemento consciência da ilicitude.

A questão passa a colocar-se, assim, na censurabilidade do erro cometido – se este lhe é censurável ao agente, deverá ser punido, nos termos do n.º 2 do art. 9.º – se, pelo contrário, o erro não for censurável, terá, necessariamente, que ser absolvido.

# DIREITO DA CONCORRÊNCIA

**Há que analisar o conteúdo ético e axiológico da norma proibitiva para que possamos então avaliar da culpa, que neste domínio se traduz antes numa imputação do facto à responsabilidade social do autor.**

Para tanto há que analisar o conteúdo ético e axiológico da norma proibitiva em causa, para que possamos então avaliar da culpa, que neste domínio se não traduz numa censura ética dirigida à pessoa do agente e à sua atitude interna, antes numa imputação do facto à responsabilidade social do autor ou, nas palavras de Figueiredo Dias a "adscrição social de uma responsabilidade que se reconhece exercer ainda uma função positiva e adjuvante das finalidades admonitórias da coima". Avalia-se, pois, a capacidade e esfera de competências do agente, o quadro em que exerce a sua actividade, a essencialidade da norma atingida e a razoabilidade do seu atendimento. Este percurso traça-se em dois momentos distintos: a avaliação da essencialidade axiológica da norma atingida e, em função desta, a avaliação da censurabilidade do agente.

Relativamente à valoração axiológica da norma já nos pronunciámos supra. De entre as condutas tipificadas como contra-ordenações esta não tem certamente neutralidade axiológica. Basta pensar que noutros ordenamentos jurídicos de grande responsabilidade na criação e desenvolvimento do direito da concorrência, como é o caso do sistema norte-americano, este tipo de condutas são criminalmente punidas, sendo a sua tipificação como ilícitos não penais uma opção europeia.

A arguida baseia-se no quadro composto pela existência de normas jurídicas violadoras da concorrência no ordenamento nacional, pelo facto de lhe ter sido aplicada uma interpretação nova destas disposições e no não ter sido alertada pela AdC para esta nova interpretação. Teria assim agido em erro sobre a lei. Ou seja, não alega o desconhecimento da lei, alega, de forma indirecta, o desconhecimento da sua interpretação. Recorde-se que se apurou, porém, que a arguida tinha era a intenção de evitar a concorrência desleal entre os seus membros.

Em primeiro lugar à arguida competia informar-se, ao aprovar e manter em vigor as normas, sobre a sua licitude, numa atitude proactiva, nomeadamente junto da AdC ou, antes, do Conselho da Concorrência.

Depois, nunca a existência de outras regras que entende serem violadoras da concorrência poderia justificar a existência destas regras.

Remetemos enfim para tudo o que deixamos dito ao apreciar de *per se* cada um dos argumentos da arguida para concluir que o erro lhe é censurável.

Não estando excluída a culpa pode ter lugar a atenuação especial da coima nos termos do disposto no art. 9.° n.° 2 do RJCOC.

**A atenuação especial só se justifica se haver uma diminuição acentuada da ilicitude do facto ou da culpa.**

Sucede, porém, que a atenuação especial só se justifica se houver uma diminuição acentuada da ilicitude do facto ou da culpa. Neste sentido Robalo Cordeiro refere que "Não obstante o novo Código não o exigir expressamente, flúi da lógica do sistema que nos casos de atenuação especial facultativa o uso pelo juiz dos poderes modificativos da pena esteja condicionado pela diminuição acentuada da ilicitude do facto ou da culpa do agente, nos termos do n.° 1, *in fine* do art. 73.°" (correspondente ao actual art. 72.° – *in* Jornadas de Direito Criminal, pg. 249).

No caso presente a errada interpretação da norma incriminadora feita pela arguida não diminui de forma acentuada nem a ilicitude do facto nem a sua culpa já que não se verifica que quer uma quer outra não assumam a gravidade pressuposta pelo legislador no tipo legal.

Assim, o erro aqui em causa vai operar não como circunstância atenuante modificativa mas sim como circunstância de natureza atenuante geral, isso é, não vai operar ao nível da moldura abstracta da coima mas sim ao nível da medida concreta da coima.

★

Tendo-se concluído que a conduta da arguida viola o disposto no art. 4.°, n.° 1, al. a), da Lei n.° 18/03 há agora que apurar se a mesma também é violadora do art. 81.° do Tratado CE.

## A RELEVÂNCIA JUS-CONCORRENCIAL DA EXISTÊNCIA DE TABELAS DE PREÇOS

Conforme resulta directamente da norma em causa, supra transcrita, pressuposto da sua aplicação é que a decisão violadora das regras da concorrência afecte o comércio entre os Estados membros. Para ajudar a definir e a uniformizar a interpretação e o alcance que deve ser dado a esta noção, a Comissão emitiu uma comunicação com a epígrafe "Orientações sobre o conceito de afectação do comércio entre Estados-Membros previstos nos artigos 81.° e 82.° do Tratado" (JO n.° C 101, de 27 de Abril de 2004). Por esta comunicação ser bastante clara passa a transcrever-se parte do seu conteúdo.

"O critério de afectação do comércio circunscreve o âmbito de aplicação dos arts. 81.° e 82.° a acordos e práticas abusivas susceptíveis de ter um nível mínimo de efeitos transfronteiriços na Comunidade. Segundo o Tribunal de Justiça, a possibilidade de o acordo ou prática afectar o comércio entre os Estados-membros deve ser "sensível". (…) Decorre da formulação dos arts. 81.° e 82.° e da jurisprudência dos tribunais europeus que, na aplicação do critério de afectação do comércio, deve ser prestada especial atenção a três elementos: a) O conceito de "comércio entre os Estados-Membros", b) A noção de "susceptível de afectar" e c) O conceito de "carácter sensível"."

> **O critério de afectação do comércio circunscreve o âmbito de aplicação dos arts. 81.° e 82.° a acordos e práticas abusivas susceptíveis de ter um nível mínimo de efeitos transfronteiriços na Comunidade.**

A propósito do primeiro dos referidos conceitos (comércio entre os Estados-Membros), a comunicação refere que "o conceito de "comércio" não se limita às tradicionais trocas transfronteiriças de bens e serviços. Trata-se de um conceito mais amplo, que cobre toda a actividade económica transfronteiriça. (…) O requisito de afectação (…) implica que deve haver um impacto nas actividades económicas transfronteiriças que envolva, no mínimo, dois Estados-Membros. (…) A aplicação do critério da afectação do comércio é independente da definição dos mercados geográficos relevantes. (…)".

Sobre o segundo conceito (susceptível de afectar), diz-se que com o mesmo se pretende "definir a natureza do impacto necessário no comércio entre os Estados-membros. De acordo com o critério de base desenvolvido pelo Tribunal de Justiça, a noção de "susceptível de afectar" implica que deve ser possível prever, com um grau de probabilidade suficiente com base num conjunto de factores objectivos de direito ou de facto, que o acordo ou a prática pode ter uma influência, directa ou indirecta, efectiva ou potencial, na estrutura do comércio entre os Estados-Membros. (…) Nos casos em que o acordo ou a prática é susceptível de afectar a estrutura concorrencial no interior da comunidade, a aplicabilidade do direito comunitário fica estabelecida. (…) A avaliação da afectação do comércio baseia-se em factores objectivos. Não é necessária uma intenção subjectiva por parte das empresas em causa…".

Do exposto resulta que para se poder concluir que uma determinada prática afecta o comércio entre os Estados Membros teremos de dar como assente que a mesma tem um impacto nas actividades económicas de pelo menos dois Estados-Membros, impacto esse que interfere na estrutura concorrencial desses Estados. Demonstrados estes requisitos haverá ainda que analisar se tal impacto afecta de forma sensível essas mesmas actividades económicas.

> **Para se poder concluir que uma determinada prática afecta o comércio entre os Estados Membros a mesma tem que ter um impacto nas actividades económicas de pelo menos dois Estados-Membros, que interfere na estrutura concorrencial desses Estados.**

Ora como resulta da própria comunicação, a conclusão de que estamos perante uma actividade que afecta de forma sensível o comércio entre os Estados Membros é casuística e tem se ser extraída de factores objectivos que demonstrem o "impacto nas actividades económicas transfronteiriças" e que permitam "prever, com um grau de probabilidade suficiente com base num conjunto de factores objectivos de direito ou de facto, que o acordo ou a prática pode ter uma influência, directa ou indirecta, efectiva ou potencial, na estrutura do comércio entre os Estados-Membros".

Entendeu a AdC que a OMV ao prever nos seus estatutos a existência de uma tabela de honorários e ao ter uma tabela de honorários está a adoptar uma prática que afecta o comércio entre os Estados—membros. Justifica este seu entendimento com os seguintes argumentos:

– A decisão aplica-se a todo o território nacional e, por conseguinte, tem, pela sua própria natureza, por efeito consolidar barreiras de carácter nacional, como já decidido em vários acórdãos e conforme Comunicação da Comissão sobre profissões liberais;
– A decisão é aplicável a todos os médicos veterinários inscritos na Ordem, portugueses e estrangeiros, que exerçam a sua actividade de forma independente;

# DIREITO DA CONCORRÊNCIA

– O exercício da profissão de médico veterinário está regulado a nível comunitário e a fixação de honorário mínimos é uma circunstância determinante para a avaliação da produção de efeitos intracomunitários, como foi já decidido a propósito da Ordem dos Arquitectos Belgas.

Considerando o quadro factual em causa nos presentes autos, entende o Tribunal que assiste razão à AdC. Que está em causa uma decisão, de uma associação de empresas, susceptível de impedir de modo sensível a concorrência ficou já assente. Resta então definir se essa decisão é susceptível de afectar o comércio entre os Estados Membros.

A decisão aqui em causa estende-se a todo o território nacional e é aplicável a todos os médicos veterinários, nacionais ou estrangeiros, que exerçam a sua actividade económica de modo independente em Portugal (uma vez que para o fazerem têm obrigatoriamente de estar inscritos na Ordem).

O exercício da actividade de médico veterinário está regulado a nível comunitário (Directiva 78/1026/CEE do Conselho). Pretende-se com essa regulação criar um quadro normativo que facilite e permita o livre exercício desta profissão, dando assim concretização, neste domínio, à livre circulação de pessoas e de prestação de serviços pretendidas a nível comunitário, eliminando quaisquer entraves que possam existir a nível dos vários Estados-Membros.

Ora ao nível das profissões liberais, a existência de regulamentações nacionais restritivas, sendo evidentemente restritiva, como se concluiu *supra*, a existência e previsão de tabelas de honorários, podem eliminar ou "limitar a concorrência entre os prestadores de serviços, reduzindo assim os incentivos para que os profissionais trabalhem segundo uma boa relação custo-eficácia, diminuam os preços, aumentem a qualidade ou ofereçam serviços inovadores. (...) Estas restrições (...) podem por exemplo permitir que os preços se mantenham acima dos níveis concorrenciais. (...) Os preços fixos ou os preços mínimos são os instrumentos de regulação que poderão ter efeitos mais prejudiciais para a concorrência, eliminando ou reduzindo de forma significativa os benefícios que os mercados concorrenciais proporcionam aos consumidores." (Relatório sobre a concorrência nos serviços das profissões liberais, de 9 de Fevereiro de 2004, que embora não abranja as profissões médicas tem inteira aplicação no caso).

É precisamente esta a situação dos autos: a previsão da existência e obrigatoriedade de preços mínimos por parte da arguida coloca em causa, pela sua própria natureza, a interpenetração económica pretendida pelo tratado, i.e, estabelece barreiras de carácter nacional e, consequentemente, afecta, efectiva ou pelo menos potencialmente, medida suficiente como tem sido decidido na jurisprudência comunitária, de forma sensível, o comércio entre os Estados Membros, sendo certo que não ficou demonstrada que essa fixação de preços seja necessária para a boa prossecução dos interesses dos médicos veterinários ou ao bom exercício da sua profissão (cfr., neste sentido, Ac. Wouters do Tribunal de Justiça das Comunidades Europeias, já citado, e decisão da Comissão de 24 de Junho de 2004, proc. COMP/38.549 – PO).

Face a todo o exposto, entende o tribunal que a conduta da arguida é também violadora do art. 81.º, n.º 1, al. a), do Tratado CE.

★

Verificadas a tipicidade e ilicitude da conduta da arguido, temos que cometeu uma contra-ordenação prevista pelos arts. 4.º n.º 1 da Lei n.º 18/03 de 11/06 e 81.º n.º 1 do Tratado CE.

★

**Escolha e medida de sanção.**

2.5. *Da escolha e medida da sanção a aplicar*

Determinada a prática da contra-ordenação há que apurar a sanção a aplicar.

*«A determinação da medida da coima faz-se em função da gravidade da contra-ordenação, da culpa,*

*da situação económica do agente e do benefício económico que este retirou da prática da contra-orde-nação.»* (art. 18.º n.º 1 do Decreto Lei n.º 433/82 de 27/10).

Há também que atender aos critérios fixados no art. 44.º da Lei n.º 18/03, ou seja, a gravidade da infracção para a manutenção de uma concorrência efectiva no mercado nacional, as vantagens retiradas pelas infractoras em consequência da infracção, o carácter reiterado ou ocasional da mesma, o grau de participação, a colaboração prestada à AdC até ao termo do processo administrativo e o comportamento do infractor na eliminação das práticas proibidas e reparação dos prejuízos causados à concorrência.

Nos termos do disposto no art. 43 n.º 1 al. a), a violação do art. 4.º *«Constitui contra-orde-nação punível com coima que não pode exceder, para cada uma das empresas parte na infracção, 10% do volume de negócios do último ano».*

Por seu turno, o n.º 2 do mesmo artigo dispõe que *«No caso de associações de empresas, a coima prevista no número anterior não excederá 10% do volume de negócios agregado anual das empresas associadas que hajam participado no comportamento proibido.»*

A primeira questão que aqui se coloca é a de saber qual o volume de negócios a atender. A AdC baseou o cálculo do montante máximo nas informações obtidas junto da Direcção Geral dos Impostos relativas aos rendimentos auferidos no ano de 2003 por todas as entidades que praticam actos veterinários.

A arguida defende que apenas os rendimentos dos médicos veterinários que aprovaram o Código e os rendimentos dos médicos veterinários que aprovaram a tabela "Cova da Beira" devem ser tidos em conta.

A AdC funda a sua posição no facto de entender que o escopo da norma quando refere a participação não se relaciona com a infracção, antes se pretendendo calibrar a coima em função da abrangência da decisão de associação.

Não partilhamos desta visão, desde já se adianta, mas, no caso, acaba por ser irrelevante.

É que temos uma pessoa colectiva que, através dos seus órgãos competentes tomou uma decisão que é vinculativa para os seus membros que representa.

Essa pessoa colectiva é juridicamente distinta dos seus membros e uma coisa é valorar a sua função representativa de determinados agentes económicos para efeitos de concluir pela aplicabilidade do regime da concorrência e pela qualificação como associação de empresas e outra muito distinta é desconsiderar essa personalidade jurídica ficcionando a participação de todos os representados na decisão da representante.

E falamos em ficcionar participação, conscientes de que o termo participação tem demasiados "pergaminhos" na dogmática penal para ser levemente afastado, mais a mais num quadro legal contra-ordenacional que se apoia fortemente (e cada vez mais, dada a reforma de 1995) no direito penal – cfr. sobre o assunto Costa Pinto, loc. cit., pgs. 15 e 16.

É certo que o regime das contra-ordenações relativas à concorrência tem muitas especificidades. No entanto é ainda no quadro geral do RJCOC que temos que buscar as soluções, já que na Lei n.º 18/03 não encontramos quaisquer regras gerais quanto, por exemplo a participação, formas da infracção, aplicação da lei no tempo, etc.

Quem participou, quem cometeu a infracção, foi a OMV, porque tomou uma decisão através dos seus órgãos competentes nos termos do art. 7.º n.º 2.

Essa é aliás o fundamento jurídico da sua punição e não <u>apenas</u> das pessoas singulares que, no seio dos órgãos tomaram a decisão.

É também por essa razão que não podemos concordar com a arguida que considera só o volume de negócios dessas pessoas físicas pode ser considerado para efeitos de determinação da moldura abstracta aplicável. Essas pessoas só participaram fisicamente na con-

**O volume de negócios a atender para a fixação da medida abstracta da pena é o do volume de negócios da arguida e não dos seus associados.**

# DIREITO DA CONCORRÊNCIA

duta porque uma pessoa colectiva não tem expressão própria ou vontade autónoma. Fizeram-no numa qualidade específica a de membros da assembleia geral ou do conselho directivo e vincularam a pessoa que representam a qual, por essa via é a única que participou na conduta.

Considerar o volume de negócios de todos os obrigados (aliás, não o volume de negócios mas os rendimentos…!) pela decisão é, neste caso concreto, desligar completamente a medida da coima da infracção, o que nos parece ser precisamente o inverso da finalidade pretendida pelo legislador.

Ou seja, e concluindo, o volume de negócios a atender para a fixação da medida abstracta da pena é o do volume de negócios da arguida no ano de 2003, o que significa que a coima terá que ser fixada até 10% de € 410 248,80 (isto é € 41 024,88).

★

A contra-ordenação praticada é grave dado estar em causa a protecção de valores fundamentais para a estrutura e funcionamento da economia, designadamente os valores da liberdade de formação da oferta e da procura e de acesso ao mercado, por um lado, e de salvaguarda dos interesses dos consumidores, por outro, sendo certo que os profissionais liberais têm um papel fundamental na economia e na actividade empresarial.

A gravidade da conduta é ainda acentuada pelo facto de se ter prolongado desde Dezembro de 1997, havendo ainda que ponderar a aprovação, em 2004, da tabela relativa à Cova da Beira.

Mais apurou-se a afectação de todo o mercado nacional e a adequação à afectação do comércio entre os estados membros.

No que concerne às vantagens retiradas da prática da infracção, nada ficou demonstrado nos autos. As vantagens a ter em conta têm que ser concretas e apuradas, não sendo de considerar como tal o nível de rendimento mínimo dos associados.

O desvalor da acção é elevado (acção entendida como toda a conduta susceptível de ser praticada pelos agentes idóneos), como resultado do que fica supra exposto.

Já o desvalor do resultado, não se tendo apurado a aplicação efectiva das tabelas, e ponderando tratarmos de uma infracção de perigo concreto, não releva.

A arguida agiu com dolo eventual, num limite muito próximo da negligência consciente.

A arguida, vem ainda pôr em causa a valoração da falta de colaboração da arguida que a decisão terá feito, invocando que a coima que lhe foi autonomamente aplicada foi objecto de recurso jurisdicional.

A arguida tem razão, pois a sua conduta não colaborante não pode aqui ser valorada por constituir, em si, um ilícito contra-ordenacional, tendo-lhe por tanto sido aplicada uma coima, objecto de recurso, que foi já decidido, mas cuja decisão não transitou ainda em julgado.

E tanto tem razão que a AdC se limitou a dizer isso mesmo na sua decisão (n.º 148 da decisão), ou seja que estes factos não foram valorados na decisão, tal como o não vão ser agora, na presente sede.

Não se apurou a existência de antecedentes contra-ordenacionais, não relevando, por não transitada em julgada, a condenação referida em 2.1.42.

No que toca à situação económico-financeira da arguida ficou demonstrado que a arguida apresentou, no exercício de 2003, um total de proveitos de € 452 868,80, sendo o total de vendas e prestações de serviços de € 410 248,80, e um total de custos e perdas de € 432 052,21 e no exercício de 2004, um total de proveitos de € 549 132,93,

# A RELEVÂNCIA JUS-CONCORRENCIAL DA EXISTÊNCIA DE TABELAS DE PREÇOS

sendo o total de vendas e prestação de serviços de € 526 453,84, e um total de custos e perdas de € 495 022,45.

São elevadas as necessidades de prevenção geral, importando fazer sentir a todos os organismos profissionais a gravidade e efeitos nefastos deste tipo de condutas, tal como aliás as necessidades de prevenção especial, urgindo motivar a arguida a não voltar a ponderar sequer a fixação de tabelas dados os seus efeitos anti-concorrenciais, que em nada beneficiam os seus associados ou os consumidores dos seus serviços.

Pondera-se ainda o grau da culpa, atenuada, como supra ficou explicitado, embora como circunstância geral e não especial.

Tudo visto e ponderado, numa moldura abstracta aplicável até € 41 024,88 o Tribunal entende adequado fixar a medida da coima concreta em € 18 000.

★

A decisão recorrida aplicou ainda à arguida as seguintes prescrições:

– ordenou que cessasse de imediato a aplicação do art. 28.º, n.º 2, al. a), 43.º, al. b) e 44.º do Código Deontológico e todas e quaisquer tabelas de honorários relativas à actividade médico veterinária;
– ordenou que revogasse, no prazo de 15 dias, as disposições do Código Deontológico e quaisquer tabelas de honorários aplicáveis à actividade dos médicos veterinários em regime liberal que por si tenham sido elaboradas, nomeadamente as relativas à execução de acções sanitárias pelas OPPs da Cova da Beira;
– ordenou que publicitasse, no prazo de 15 dias, nomeadamente na sua página de Internet e no primeiro número da revista da Ordem publicado após 30 de Junho, junto de todos os seus associados a adopção das medidas referidas;
– ordenou, a título de sanção acessória, a publicação, no prazo de 20 dias, da versão integral da decisão na IIIª série do Diário da República e da parte decisória num jornal nacional de expansão nacional.

A primeira medida é de manter, mas apenas quanto à aplicação de tabelas, pois a arguida aplica tabelas elaboradas por outrem, sendo de suma importância a cessação imediata da conduta.

Quanto à segunda medida aplicada, deixou de fazer qualquer sentido, na presente fase processual, impor à arguida a obrigação de revogar disposições do seu Código Deontológico.

Aplicando o disposto nos arts. 4.º n.º 2 da Lei n.º 18/03 e 81.º n.º 2 do Tratado, há que declarar nulas as disposições do Código violadoras, as quais perdem imediatamente a sua eficácia.

> **Aplicando o disposto nos arts. 4.º, n.º 2 da Lei n.º 18/03 e 81.º, n.º 2 do Tratado, há que declarar nulas as disposições violadoras, as quais perdem imediatamente a sua eficácia.**

Não pode aliás, deixar de se referir que fixar um prazo de 15 dias para revogar disposições do Código Deontológico que se sabe terem que passar por uma deliberação da assembleia geral é manifestamente insuficiente. Principalmente quando se encontra junto aos autos o Estatuto, no qual se prevê (art. 41.º n.º 1), que a assembleia geral é convocada por anúncios publicados em dois jornais diários com a antecedência mínima de 30 dias em relação à data designada para a reunião. Tal questão fica porém, ultrapassada com a declaração de nulidade.

No que toca à tabela "Cova da Beira" (designação que, evidentemente adoptámos por comodidade) ela vai ser também objecto de declaração de nulidade, não se tendo apurado a existência de qualquer outra tabela elaborada pela OMV.

Esta declaração de nulidade deve ser publicitada junto dos associados da arguida, quer no seu "site" quer no Revista da Ordem dos Médicos Veterinários. Com efeito, tal é essencial para que os médicos se consciencializem que os artigos em causa já não estão em vigor, que já não estão sujeitos a qualquer processo disciplinar por violação dos mesmos e que não se devem orientar pelas tabelas aprovadas pelo Sindicato.

# DIREITO DA CONCORRÊNCIA

Por último no que respeita à condenação da arguida na publicação da decisão, estribou-se a AdC no art. 45.º que prevê essa publicação como sanção acessória. Quanto à publicação de uma súmula da decisão num jornal de grande circulação, entende o tribunal estar plenamente justificada a condenação já que o mercado geográfico relevante é o nacional e pode afirmar-se que é do interesse público levar esta decisão ao conhecimento de todos os que procuram os serviços dos médicos veterinários.

Já a publicação integral da decisão no DR surge injustificada. O que interessa é levar ao conhecimento geral uma súmula da decisão e não a decisão no seu todo. Por outro lado tal publicação, face à extensão da decisão, iria acarretar um custo injustificado à arguida, satisfazendo, a sua extractação as finalidades de publicitação.

★

### 3. Decisão

Nestes termos e pelos fundamentos expostos, dando parcial provimento ao recurso interposto o tribunal decide:

a) Condenar a arguida **Ordem dos Médicos Veterinários**, pela prática de uma contra-ordenação prevista e punida pelos arts. 4.º n.º1 da Lei 18/03, 81.º n.º 1 do Tratado e 43.º, n.º 1, al. a) da Lei n.º 18/03 de 11/06, na coima de € 18 000 (dezoito mil euros);

b) Ordenar à arguida **Ordem dos Médicos Veterinários** que cesse de imediato a aplicação de todas e quaisquer tabelas de honorários relativas à actividade médico veterinária;

c) Nos termos do disposto nos arts. 4.º n.º 2 da Lei n.º 18/2003 de 11 de Junho e 81.º n.º 2 do Tratado CE declarar nulas e de nenhum efeito as disposições do Código Deontológico Médico Veterinário com o seguinte teor:

1. Art. 28.º n.º 2, al. a):

"2. Constituem atitudes reprováveis, nos termos do número anterior, as seguintes:

a) Estabelecimento de honorários ou avenças inferiores ao que é uso na região, ou recomendadas pelo Sindicato Nacional dos Médicos Veterinários;"

2. Art. 44.º, al. b)

"Os honorários do Médico Veterinário devem ser determinados com moderação, tendo em conta:

(…)

b) Tabelas praticadas na região, nomeadamente as recomendadas pelo Sindicato Nacional dos Médicos Veterinários;"

3. Art. 45.º n.º 1:

"1. A prestação de serviços gratuitos ou a cobrança de honorários manifestamente inferiores aos previstos pelas tabelas, usos ou regras aplicáveis, constitui presunção de concorrência desleal."

d) Nos termos do disposto nos arts. 4.º n.º 2 da Lei n.º 18/2003 de 11 de Junho e 81.º n.º 2 do Tratado CE declarar nula e de nenhum efeito a tabela enviada aos veterinários da zona da Cova da Beira por circular datada de 07/05/04, aprovada pelo Conselho Directivo da Ordem dos Médicos Veterinários em reunião de 27/04/04;

e) Determinar a publicação, a expensas da arguida, da presente decisão, por extracto, na IIIª série do Diário da República, e num jornal diário de circulação nacional, no prazo de 30 dias contados do trânsito;

f) Determinar a publicitação pela arguida, de extracto da presente decisão na sua página da Internet, após trânsito e no número imediatamente subsequente ao trânsito em julgado na Revista da Ordem dos Médicos Veterinários;

g) Condenar a arguida nas custas do processo, fixando-se a taxa de justiça em 8 Ucs (arts. 93.º n.º 3 e n.º 4, do Decreto Lei n.º 433/82 de 27 de Outubro, na redacção do art. 9.º do Decreto Lei n.º 323/01 de 17/12 e 87.º n.º 1, al. c) do Código das Custas Judiciais).

\*

Notifique.

\*

Proceda-se ao depósito desta sentença.

\*

Remeta de imediato cópia da presente decisão ao GRIEC nos termos e para os efeitos previstos no art. 15.º n.º 2 do Regulamento (CE) n.º 1/2003 do Conselho de 16 de Dezembro de 2002.

\*

Comunique à autoridade administrativa, nos termos do disposto no art. 70.º n.º4 do Decreto Lei n.º 433/82 de 17/10, na redacção dada pelo Decreto Lei n.º 244/95 de 14/09 e 51.º n.º6 da Lei n.º 18/03 de 11/06.

\*

Lisboa, 12 de Janeiro de 2006
(elaborei e revi a presente decisão)

# Cartel: Acordo entre empresas que tem por objecto restringir ou falsear a concorrência

*Sentença do 2.º Juízo do Tribunal de Comércio de Lisboa de 2 de Maio de 2007, Proc. 965/06.9TYLSB*

## SENTENÇA[1]

### 1. Relatório

#### 1.1. *As arguidas*:

– "**Vatel** – (…);
– "**Salexpor** – (…);
– "**Sociedade de Higienização de Sal, Lda**." (…), interpuseram recurso de impugnação judicial de uma decisão da Autoridade da Concorrência (AdC) que as condenou, no âmbito do processo de contra-ordenação n.º PCR 25/05, pela prática, em co-autoria, de uma contra-ordenação p.p. pelos arts. 4.º, n.º 1 e 44.º, ambos da Lei 18/03 de 11 de Junho[2] e 81.º, n.º 1, do Tratado CE, juntamente com a arguida "**Salmex – Sociedade Refinadora de Sal, Lda**.", nas seguintes sanções e obrigações:

**Decisão da Autoridade da Concorrência.**

a) pagamento de uma coima de € 544.672,00; € 225.347,00, € 109.149,00 e € 31.560,00, respectivamente;

b) publicação integral da decisão no Diário da República e da parte decisória num jornal nacional de grande expansão.

Funda-se a referida decisão no facto de as arguidas terem celebrado, no ano de 1997, um acordo de fixação e manutenção das suas quotas no mercado da comercialização por grosso de Sal para fins industriais e alimentares, procedendo anualmente à compensação dos desvios face às quotas de mercado acordadas. Na sequência do referido acordo a arguida Vatel pagou às restantes arguidas, entre 1997 e 2004, o montante global de € 502.827,03.

A condenação funda-se ainda no facto de as arguidas trocarem entre si outro tipo de informação comercial, designadamente relativa aos volumes de venda para a grande distribuição, preços, clientes e concorrentes, tendo também acordado na fixação directa dos preços, na repartição de clientela e na definição conjunta de condições comerciais.

Conclui a decisão recorrida que o acordo celebrado pelas arguidas tem por objecto e por efeito impedir, restringir ou falsear de forma sensível a concorrência. Entende ainda a AdC que, considerando que as arguidas representam entre 75% a 90% das vendas em território nacional de Sal por grosso para fins industriais e alimentares e que o mercado nacional constitui uma parte substancial do mercado comunitário, o acordo em causa afecta o comércio intracomunitário pelo que foi também violado o art. 81.º do Tratado CE.

Entende a AdC que a actuação das arguidas foi dolosa e ilícita uma vez que estas agiram de forma livre, consciente e voluntária, tendo representado e querido praticar a infracção, com consciência perfeita e clara de que os seus comportamentos violavam as regras da concorrência.

#### 1.2. *Fundamentos dos recursos*

Inconformadas com a decisão três das arguidas interpuseram o presente recurso alegando em suma:

**Fundamentos do Recurso.**

• VATEL – Companhia de Produtos Alimentares, S.A (Vatel)

– A Vatel nunca foi constituída arguida no processo de contra-ordenação, o que equivale à falta de inquérito em processo penal, facto que constitui uma nulidade insanável e determina a nulidade de todos os actos subsequentes ou, pelo menos, nulidade dependente de arguição, tendo a arguida suscitado a mesma no processo;

---

[1] A Juíza que subscreveu a presente decisão é a autora do artigo publicado na presente revista sob o título "As Buscas e Apreensões nos Processos de Natureza Contra-ordenacional. Estando essa matéria tratada em artigo autónomo, por razões editoriais suprimiram-se na sentença as partes relacionadas com tal matéria, estando devidamente identificadas através de "(…)".

[2] Código a que pertencem todas as disposições infra citadas sem qualquer outra indicação.

# DIREITO DA CONCORRÊNCIA

- a sede das pessoas colectivas é equiparada ao domicílio para efeitos da Lei Fundamental pelo que a autorização das buscas e os respectivos mandados deveriam ter sido emitidos pelo Tribunal de Comércio de Lisboa ou, caso assim se não entenda, pelo juiz de instrução, o que não sucedeu, razão pela qual as buscas e apreensões efectuadas no processo estão feridas de inexistência jurídica, ou, caso assim se não entenda de nulidade insanável;
- as apreensões de correspondência deveriam ter sido ordenadas e autorizadas por um juiz, o que não sucedeu, pelo que padecem de inexistência jurídica ou, se assim não se entender, de nulidade insanável, gerando nulidade das provas obtidas;
- no momento da realização das buscas a arguida não foi informada dos direitos que lhe assistiam, designadamente do direito de recurso, o que constitui violação do direito de defesa e consubstancia uma situação de coacção que inquina de nulidade as provas obtidas por essa via;
- caso se entenda que se trata de uma irregularidade e se interprete a art. 123.º do Cod. Proc. Penal no sentido de que a mesma tinha que ser suscitada no acto, desde já se invoca que interpretação é inconstitucional por violação do art. 32.º da CRP;
- no dia da realização das buscas não foi entregue à arguida cópia do despacho que as determinou, o que constitui nulidade insanável e determina a nulidade das provas obtidas;
- a Vatel não impugnou substancialmente os factos vertidos na nota de ilicitude pelo que a AdC não podia valorar negativamente a sua conduta, como fez, tendo assim violado o seu direito de defesa e os princípios do contraditório, da presunção de inocência e da igualdade;
- a Vatel reconhece ter sido celebrado um acordo para fixação das quotas relativas de mercado, acordo celebrado para combater a situação de dependência económica em relação aos grandes distribuidores;
- tal acordo não teve efeito significativo no preço para o consumidor final, tendo o mercado continuado a ser competitivo, nem produziu efeitos de consolidação de barreiras à entrada, de restrições ao nível da extracção do sal ou do fornecimento de sal aos concorrentes das arguidas;
- a Vatel pôs fim ao acordo na segunda metade de 2004, não tendo pago quaisquer compensações referentes ao ano de 2004;
- a AdC violou o art. 32.º da CRP ao dar como provados vários factos relativos ao acordo aqui em causa sem que tivesse sido feita prova dos mesmos no processo;
- a valoração das declarações das co-arguidas feita pela AdC viola o art. 133.º do Cod. Proc. Penal;
- a decisão recorrida padece do vício da falta de fundamentação e viola o art. 32.º n.º 10 da CRP por não explicar a estimativa dos valores do benefício económico nem o respectivo método de cálculo, violando ainda o art. 13.º da CRP dado que aplica à Vatel uma fórmula de cálculo do benefício económico diferente do que aplica às restantes arguidas;
- na nota de ilicitude não foi feita qualquer referência aos pagamentos concretos das penalizações, matéria que só foi incluída na decisão recorria, o que viola o direito ao contraditório e determina a nulidade da decisão recorrida;
- a Vatel não foi a arguida que mais benefício retirou do acordo sendo certo que não se pode considerar o montante de penalizações pagas como se de benefício directo se tratasse;
- a decisão recorrida viola o art. 44.º, al. a), da Lei 18/2003, o art. 50.º do RGCOC e os arts. 13.º e 32.º da CRP ao discriminar as coimas aplicadas às várias arguidas; ao usar fórmulas diferentes para calcular o benefício económico; ao considerar pagamentos feitos pela Vatel que não tiveram lugar; ao considerar o montante das penalizações pagas pela Vatel como circunstância agravante na medida da coima e ao sobrestimar o benefício económico da Vatel; ao não considerar que o seu grau de participação foi inferior ao da Salexpor; ao não considerar a admissão do acordo na resposta à nota de ilicitude como relevante para efeitos de colaboração, ao contrário do que sucedeu relativamente às arguidas Salexpor e SAHS; ao valorar como circunstância agravante as diferentes interpretações da Vatel relativas às questões de direito e o exercício do seu direito de defesa;
- a decisão é nula por ter considerado que a arguida se mostrou insensível relativamente aos bens jurídicos tutelados pela lei da concorrência dado que tal não constava da nota de ilicitude;

## ACORDO ENTRE EMPRESAS QUE TEM POR OBJECTO RESTRINGIR OU FALSEAR A CONCORRÊNCIA

– a AdC não provou que o acordo afectou de forma sensível o comércio entre os estados membros;

– a AdC não pode aplicar coimas pela violação do art. 81.º do Tratado CE pelo que, ao fazê-lo, violou o princípio da legalidade e da tipicidade;

Conclui requerendo a revogação da decisão recorrida e o consequente arquivamento dos autos ou, caso assim se não entenda, a redução da coima aplicada e a revogação da sanção acessória.

★

• <u>SALEXPOR Companhia Portuguesa de Sal Higienizado, S.A." (Salexpor)</u>

– reconhece ter sido celebrado um acordo para fixação das quotas relativas de mercado:
– tal acordo não viola o art. 81.º do Tratado CE;
– a AdC não indica qual ou quais das alíneas dos arts. 4.º da Lei 18/2003 e 81.º do Tratado UE foram infringidas, o que viola o direito de defesa da arguida e fere de nulidade insanável a decisão recorrida;
– o acordo em questão surgiu como medida defensiva para combater a pressão das grandes superfícies e das centrais de compras cuja actuação configura uma situação de abuso de posição dominante, tendo as arguidas agido em legítima defesa;
– o valor das compensações pagas no âmbito do acordo não equivale a uma margem de lucro transferida, sendo certo que mesmo recebendo compensações as arguidas ficavam prejudicadas pois perdiam quota de mercado e os seus custos fixos aumentavam;
– a coima que lhe foi aplicada é excessiva, tendo a AdC considerado o seu volume total de negócios quando só deveria ter considerado o seu volume de negócios relativo ao sal;

Conclui requerendo a revogação da decisão recorrida e a sua consequente absolvição ou, caso assim se não entenda, a redução da coima aplicada e a revogação da sanção acessória dado que a decisão já foi implementada nos vários meios de comunicação social.

★

• <u>Sociedade Aveirense de Higienização do Sal, Lda. (SAHS)</u>

– a arguida e a sociedade Vitasal – Indústria e Comércio de Sal não constituem uma empresa para efeitos da aplicação das regras da concorrência, não tendo a Vitasal qualquer intervenção no mercado do sal;
– a AdC não remeteu à arguida, juntamente com a Nota de Ilicitude, os documentos nela referidos nem a arguida foi informada no decurso do processo de que podia consultar os autos, o que viola os seus direitos de defesa e acarreta a invalidade da decisão;
– o acordo celebrado entre as partes pretendia apenas fixar as quotas relativas das empresas participantes e visava criar um meio de defesa contra as práticas abusivas praticadas pelas empresas de grande distribuição, tendo as arguidas procurado garantir um nível mínimo de preços que permitisse aos industriais do sal sobreviver;
– relativamente aos preços as arguidas apenas pretenderam que não fossem ultrapassados os preços mínimos;
– durante o acordo continuou a existir concorrência efectiva no mercado por parte das empresas nacionais e estrangeiras e continuaram a ser feitas promoções;
– a arguida não beneficiou, ao longo de todo o acordo, de qualquer cedência das outras empresas, tendo feito, durante os anos de 2002 e 2003, frequentes promoções a preços inferiores aos do "acordo", para tentar recuperar a sua quota de mercado, o que significa que para si o acordo terminou nesta altura;
– as arguidas não representam entre 75% e 90% das vendas de sal para fins alimentares e industriais no território nacional;
– a área geográfica relevante não se restringe ao território nacional dada a livre circulação da mercadoria no espaço ibérico;
– como resultado do acordo não houve qualquer restrição da concorrência no mercado do sal nem alterações nos preços do sal;
– o montante das compensações que recebeu na sequência do acordo foi muito inferior

# DIREITO DA CONCORRÊNCIA

**Alegações da Autoridade da Concorrência.**

aos prejuízos efectivos por si sofridos resultantes da perda continuada da sua quota relativa, o que significa que não retirou qualquer benefício directo do acordo.

Conclui requerendo a revogação da decisão recorrida.

★

### 1.3. *Alegações da Autoridade da Concorrência*

Nas suas alegações a AdC mantém que as quatro arguidas celebraram um acordo que consubstancia uma restrição horizontal de tipo cartel de repartição de quitas de mercado, de fixação de preços e de repartição de clientela e reafirma que o tipo legal, quer o nacional quer o comunitário, se considera preenchido desde que a conduta tenha um objecto anticoncorrencial, mesmo não sendo seguido de um efeito anticoncorrencial, o que afasta a argumentação das arguidas quanto à ausência de uma restrição significativa da concorrência em resultado do acordo. Acrescenta que, de todo modo, tais efeitos anticoncorrenciais se verificaram dado serem as arguidas responsáveis por cerca de 75% a 90% das vendas em território nacional de Sal por grosso para fins industriais e alimentares.

Seja como for, uma alegada crise económica ou social não consubstancia um facto justificativo do acordo sendo certo que, no caso, não se verificam as condições do balanço económico positivo que poderiam isentar o mesmo da proibição.

Sobre as nulidades arguidas, a AdC, para além de repetir a argumentação constante da decisão recorrida, onde conheceu as nulidades que tinham sido invocadas nas respostas à nota de ilicitude, alega que, tendo-se as arguidas pronunciado sobre o objecto do recurso tais nulidades apenas podem ser analisadas na medida em que tenham reflexos na decisão final, rebatendo a existência de qualquer nulidade processual.

Argumenta a AdC que foi produzida prova sobre todos os factos constantes da decisão e que a mesma não aplicou qualquer coima por violação do art. 81.º do Tratado UE.

Quanto ao facto de não indicar na decisão recorrida qual ou quais as alíneas dos arts. 4.º da Lei 18/2003 e 81.º do Tratado CE que foram violadas, entende que não tem que o fazer dado o tipo legal constar do corpo do artigo e não das suas alíneas que não passam de exemplos da conduta tipificada.

Por último, relativamente à sociedade Vitasal, mantém que a mesma se deve considerar devidamente notificada uma vez que constitui, juntamente com a SAHS uma única empresa para efeitos de aplicação da lei nacional e comunitária da concorrência.

★<br>★ ★

Uma vez que é imputada às arguidas a prática da contra-ordenação em regime de comparticipação e não se fundando o recurso em motivos estritamente pessoais, por força do disposto no art. 402.º, n.º 2, al. a), do CPP, aplicável *ex vi* art. 41.º, n.º 1, do Dec.lei 433/82 de 27 de Outubro (RGCOC) e 22.º., n.º 1, da Lei 18/2003, o recurso interposto pelas recorrentes aproveita à arguida não recorrente Salmex – Sociedade Refinadora de Sal, Lda.

★<br>★ ★

Realizou-se audiência de discussão e julgamento com observância do formalismo legal.

★<br>★ ★

# ACORDO ENTRE EMPRESAS QUE TEM POR OBJECTO RESTRINGIR OU FALSEAR A CONCORRÊNCIA

## 2. Saneamento

O Tribunal é competente.

★

### 2.1. *Questão prévia – a sociedade Vitasal – Indústria e Comércio de Sal, Lda.*

A arguida SAHS vem invocar uma questão prévia relacionada com a sociedade Vitasal – Indústria e Comércio de Sal, Lda. Esta sociedade não tem nem nunca teve actividade no sector do sal, logo, não pode ser considerada arguida neste processo nem, por conseguinte, pode considerar-se que as duas sociedades (a arguida e a Vitasal) constituem, para efeitos de aplicação da lei da concorrência, uma única empresa.

Responde a AdC que é irrelevante que a sociedade Vitasal nunca tenha desenvolvido actividade relacionada com os factos em apreciação nos autos e que a SAHS e a Vitasal constituem uma empresa para efeitos da aplicação do art. 4.º da Lei 18/2003 e do art. 81.º do Tratado UE dadas as relações existentes entre elas.

Do que se julga compreender da posição da AdC, esta considera que, por força do art. 2.º, a Vitasal, por ser detida pela SAHS, é considerada, juntamente com esta, uma única empresa e, por conseguinte, também ela é arguida no processo. Fica por se compreender se a AdC entende que também esta sociedade cometeu algum ilícito contra-ordenacional e se também ela é responsável pelo pagamento da coima aplicada à SAHS.

O art. 2.º, n.º 2, estabelece que se considera *Como uma única empresa o conjunto de empresas que, embora juridicamente distintas, constituem uma unidade económica ou que mantêm entre si laços de interdependência ou subordinação decorrentes dos direitos ou poderes enumerados no n.º 1 do art. 10.º.*

Este preceito não tem, nem poderia nunca ter, o âmbito e extensão que a AdC lhe parece pretender atribuir no domínio das infracções de natureza contra-ordenacional, designadamente, não permite que se considerem arguidas sociedades que não praticaram qualquer acto ilícito (nem permite, consequentemente, que se lhes aplique uma qualquer sanção).

O direito contra-ordenacional, sendo um direito com um conteúdo diverso do direito penal, é também ele um direito sancionatório do qual está, por conseguinte, afastado qualquer critério de responsabilidade objectiva.

De acordo com o disposto no art. 22.º, n.º 1, da Lei 18/2003, aos processos de contra-ordenação instaurados no âmbito da mesma lei por processos relativos a práticas proibidas aplicam-se as disposições dela constantes e, subsidiariamente, o regime geral das contra-ordenações.

O regime geral das contra-ordenações, por sua vez, dispõe que são subsidiariamente aplicáveis, no que respeita à fixação do regime substantivo das contra-ordenações, as normas do Cod. Penal, e no que toca ao regime processual das contra-ordenações, os preceitos reguladores do processo criminal, com as necessárias adaptações (arts. 32.º e 41.º do RGCOC).

No art. 7.º do RGCOC prevê-se a responsabilidade das pessoas colectivas, concretizando o seu n.º 2 que as pessoas colectivas são responsáveis pelas contra-ordenações praticadas pelos seus órgãos no exercício das suas funções.

Já o art. 8.º do mesmo diploma diz que *Só é punível o facto praticado com dolo ou, nos casos especialmente previstos na lei, com negligência.*

Está aqui expressamente consagrado o princípio da responsabilidade subjectiva, isto é, para se concluir que uma pessoa, singular ou colectiva, é autora da prática de uma contra-ordenação tem que se concluir que se mostram preenchidos todos os elementos do tipo, quer os objectivos quer os subjectivos.

---

*Marginalia:*

**Saneamento do proceso.**

**Questão prévia do objecto social de uma das arguidas.**

**O direito contra-ordenacional é também ele um direito sancionatório do qual está, por conseguinte, afastado quaquer critério de responsabilidade objectiva.**

---

**sub judice / causas — 40**

2007

# DIREITO DA CONCORRÊNCIA

Ora o dolo ou a negligência constituem necessariamente elementos subjectivos e pessoais pelo que se determinam, obviamente, em relação a cada pessoa concreta, seja ela singular ou colectiva, sendo certo que neste caso, os elementos que integram o tipo subjectivo são aferidos face às pessoas singulares que compõem os respectivos órgãos sociais em exercício.

Daqui resulta, como consequência lógica, que a culpa não se transmite. Relativamente a cada pessoa a quem se impute a prática de uma contra-ordenação é preciso determinar, primeiro, se praticou o acto ilícito e, de seguida, se agiu com dolo ou negligência.

Com estas ideias em presença é manifesto que não se pode aceitar a tese da AdC de que, em sede de processos contra-ordenacionais e para efeitos de imputação da prática de factos ilícitos, se consideram uma única empresa a sociedade que praticou a infracção e todas aquelas que com ela tenham uma das relações previstas no art. 10.º, n.º 1, independentemente da sua intervenção nos factos. A aceitar-se tal entendimento teríamos de concluir que todas as empresas incluídas em tal relação seriam arguidas no processo instaurado pela infracção cometida pela primeira, o que implicaria que as mesmas fossem consideradas responsáveis por tal infracção e que, a final, fossem condenadas em conformidade, o que viola frontalmente o princípio da responsabilidade subjectiva vigente nesta ramo do direito.

Aliás, deve dizer-se que a própria AdC parece não ter sabido muito bem tratar esta questão e mais precisamente definir com exactidão a sua posição. No cabeçalho da decisão recorrida a AdC começa por identificar como arguidas no processo a Vatel, a Salexpor, a Salmex, e, em conjunto, as sociedades SAHS e Vitasal – Indústria e Comércio de Sal, Lda.. Ao longo da decisão imputam-se as condutas alegadamente ilícitas directamente às arguidas recorrentes e à Salmex, não sendo feitas referências à sociedade Vitasal (quando se alude a Vitasal na decisão está-se a aludir à SAHS que usa esse sinal na sua actividade comercial). Na parte dispositiva da decisão são condenadas as arguidas recorrentes e a Salmex, não sendo aí feita qualquer menção à sociedade Vitasal que, por conseguinte, não foi objecto de qualquer condenação.

O que resulta do exposto é que a própria AdC acabou por não retirar nenhuma consequência do facto de considerar que a Vitasal e a SAHS são uma única empresa para efeitos de lei da concorrência, designadamente, não a condenou nem a responsabilizou de qualquer modo pelo pagamento da coima aplicada à SAHS.

A questão acaba por ser irrelevante dado que, não tendo a referida sociedade sido objecto de qualquer condenação, nem lhe tendo sido imputados quaisquer factos, a mesma não pode ser considerada, no presente recurso de impugnação de uma decisão sancionatória, arguida.

Pelo exposto, o tribunal não considera a sociedade Vitasal – Indústria e Comércio de Sal, Lda., co-arguida nestes autos.

★

As três arguidas recorrentes invocam a existência de vários vícios, quer do processo contra-ordenacional quer da decisão recorrida, vícios esses que, em sua opinião, nuns casos acarretam a inexistência jurídica dos actos praticados, noutros a sua nulidade e noutros, ainda, a sua irregularidade.

Impõe-se, pois, nesta sede, conhecer dos alegados vícios.

★

### 2.2. *Da não constituição formal das arguidas no processo*

**A constituição das arguidas enquanto tais.**

Alega a arguida Vatel que nunca foi constituída arguida no processo, formalidade obrigatória e que é sempre acompanhada da indicação e explicitação dos direitos e deveres processuais do arguido. A falta de constituição de arguido equivale à falta de inquérito, a qual constitui uma nulidade insanável ou, se assim não se entender, uma nulidade dependente

# ACORDO ENTRE EMPRESAS QUE TEM POR OBJECTO RESTRINGIR OU FALSEAR A CONCORRÊNCIA

de arguição, sendo certo que a arguida, na resposta à nota de ilicitude, arguiu a referida nulidade. Deve, pois, ser anulado todo o processado subsequente ao auto de notícia.

Nas suas alegações a AdC, para além de invocar que a arguida não pode invocar as nulidades que invoca e que não existem nulidades insanáveis no direito contra-ordenacional, defendeu que, no processo de contra-ordenação, não é obrigatória a constituição de arguido.

Em primeiro lugar convém clarificar que pode haver nulidades insanáveis no processo contra-ordenacional. A AdC invoca, para sustentar a sua posição em contrário, o Assento 1/2003 de 25 de Janeiro de 2003. Não podemos esquecer que a jurisprudência obrigatória firmada pelo Assento é a que consta do dispositivo do mesmo e não a que consta da respectiva fundamentação. Ora no dispositivo não se consagra a inexistência de nulidades insanáveis no domínio das contra-ordenações. Aliás, nem na respectiva fundamentação tal é afirmado, não fazendo o aresto mais do que citar autores que defendem que pode haver tais nulidades e autores que defendem o contrário.

**Pode haver nulidades insanáveis no processo contra-ordenacional.**

Em segundo lugar há que esclarecer que o Assento 1/2003 também não uniformiza jurisprudência no sentido de que se o arguido se defender de facto e de direito contra a acusação que lhe é dirigida, já não pode arguir nulidades (tal não consta do dispositivo do Assento). No caso sobre que versou o Assento estava a ser tratada apenas a questão da nulidade decorrente da incompletude ou insuficiência da notificação operada ao abrigo do art. 50.º do RGCOC, nada mais. Não é, pois, lícito, fazer quaisquer extrapolações do que é dito no Assento e pretender que o mesmo consagra a impossibilidade de arguição de nulidades quando simultaneamente é exercida a defesa de facto e de direito.

**O Assento 1/2003 não consagra a impossibilidade de arguição de nulidades quando simultaneamente é exercida a defesa de facto e de direito.**

Finalmente importa esclarecer qual o regime de arguição de nulidades. A AdC goza dos mesmos direitos, faculdades e deveres dos órgãos de polícia criminal e, no exercício dos seus poderes sancionatórios, tem competência para instruir processos de contra-ordenação por violação das regras da concorrência e aplicar as respectivas coimas e sanções acessórias (arts. 17.º, 22.º a 28.º da Lei 18/2003 e 7.º, n.º 2, al. a), dos seus Estatutos, aprovados pelo Dec.lei 10/2003 de 18 de Janeiro).

Quando no exercício destas suas funções a Autoridade pratica actos, actos esses que afectam ou são susceptíveis de afectar direitos, como é que o arguido pode reagir?

A regra geral em qualquer ramo do direito é a de que só os despachos (que não de mero expediente) e as sentenças podem ser objecto de recurso. Tal faz todo o sentido uma vez que só estes configuram actos decisórios e, por conseguinte, só estes podem afectar direitos das partes.

**A regra geral em qualquer ramo do direito é a de que só os despachos (que são de mero expediente) e as sentenças podem ser objecto de recurso.**

Querendo um arguido questionar a validade de actos praticados pela Autoridade, terá que começar por o fazer perante a própria Autoridade, i.e., a Autoridade é a primeira entidade que vai conhecer dos vícios suscitados. E tal faz todo o sentido dado que a autora do acto é quem está mais bem posicionada para apreciar, num primeiro momento, da sua validade, podendo considerar assistir razão à parte e, consequentemente, diligenciar de imediato pela sanação do vício que estiver em causa. Assim se procedendo, não só a reposição da legalidade do acto é mais eficaz e célere, como se evita o recurso desnecessário a Tribunal.

Neste sentido se pronunciou o Ac. RL de 16-01-07 nos seguintes termos: "Acrescentar-se-á que a regra geral em matéria de nulidades, incluindo em processo penal, é a de que elas são sempre suscitadas perante a entidade que as cometeu e por esta conhecidas e reparadas, se reconhecida a sua existência. Só da decisão que as não reconhece é que o interessado pode recorrer para outra entidade ou tribunal, pois até aí não há decisão recorrível sobre essa matéria. Só as nulidades da sentença é que deverão ser arguidas em recurso, nos termos do art. 379.º, n.º 2, do CCP." (Proc. 5807/2006-5). Note-se que o próprio Assento 1/2003 o referia expressamente no parágrafo IV do ponto 13 da respectiva fundamentação.

Temos, pois, um requerimento dirigido à Autoridade e um despacho desta a conhecer o ou os vícios que tiverem sido suscitados. Se o despacho da Autoridade julgar improce-

# DIREITO DA CONCORRÊNCIA

dentes os vícios invocados, caberá então, e só então, recorrer judicialmente desta decisão, ao abrigo do disposto no art. 55.° do RGCOC. No caso das contra-ordenações da concorrência, a possibilidade de recurso deste despacho está prevista no art. 50.°, n.° 2, da Lei 18/2003, que atribui competência para conhecer do mesmo ao Tribunal de Comércio de Lisboa.

No caso dos autos constata-se que, com excepção dos vícios suscitados a propósito da decisão condenatória, a Vatel já havia arguido os vícios que em seu entender inquinam o processo na resposta à nota de ilicitude.

A AdC optou por não conhecer em despacho autónomo dos vícios suscitados e fê-lo na decisão final. Consequentemente, a única decisão recorrível da AdC no que toca aos vícios suscitados pelas arguidas na resposta à nota de ilicitude é a própria decisão final.

Assente que as arguidas podiam recorrer do despacho que conheceu das invalidades suscitadas na resposta à nota de ilicitude, que esse despacho está inserido na decisão final e que as arguidas interpuseram recurso de impugnação da decisão final, afigura-se-nos claro que o momento próprio para a arguida requerer a apreciação do tribunal é o do recurso de impugnação.

Não se trata de alargar o prazo de arguição de nulidades face ao direito penal, como refere a AdC. Trata-se de harmonizar o sistema e de dar uma resposta adequada ao próprio procedimento da Autoridade que conhece das nulidades e do objecto do processo numa mesma decisão. Para além de não fazer qualquer sentido obrigar a arguida a interpor dois recursos paralelos de uma mesma decisão, um relativo à parte que julgou improcedentes as invalidades suscitadas e outro relativo à parte que a condenou pela prática de uma infracção, não é legalmente admissível interpor dois recursos de uma mesma decisão, e é indiscutível que no caso estamos perante uma decisão una. Recorde-se que a propósito da oportunidade de arguição da nulidade por violação do art. 50.° do RGCOC, o Assento 1/2003 determina como jurisprudência obrigatória, que a mesma pode ser arguida "pelo interessado/notificado, no prazo de 10 dias após a notificação, perante a própria administração, ou, judicialmente, no acto de impugnação da subsequente decisão/acusação administrativa". Por paralelismo de situações, entende-se que qualquer outra nulidade que a AdC só conheça na decisão final pode ser suscitada no recurso de impugnação.
(…)

★

### 2.3. *Das buscas*

#### 2.3.1. *Da natureza das buscas e da autoridade judiciária competente para as ordenar*

A propósito da natureza das buscas ordenadas e efectuadas no processo, começa a arguida por alegar que as mesmas devem ser consideradas buscas domiciliárias dado que a sede das pessoas colectivas é o seu domicílio. Em consequência, as buscas deveriam ter sido ordenadas por um juiz do Tribunal de Comércio de Lisboa ou, caso assim se não entenda, um juiz de instrução criminal. Invoca a este respeito o art. 8.° da Convenção Europeia dos Direitos Humanos (CEDH) e a interpretação que do mesmo tem sido feita pelo Tribunal Europeu dos Direitos Humanos (TEDH). Ora uma vez que as buscas foram ordenadas por um Magistrado do Ministério Público, os respectivos mandados e os actos praticados a coberto dos mesmos estão feridos de inexistência jurídica, ou, caso assim se não entenda, de nulidade insanável.

Respondeu a AdC que a arguição da nulidade foi intempestiva, que não há qualquer suporte legal para a construção da arguida de que as buscas deveriam ser autorizadas e os mandados ser emitidos por um juiz, seja do Tribunal de Comércio de Lisboa seja de instrução criminal, e que a sede das pessoas colectivas não é equiparada ao conceito constitucional de domicílio pelo que as buscas realizadas não são buscas domiciliárias.
(…)

★

## 2.3.2. *Da nulidade do despacho que autorizou as buscas*

Ainda a propósito das buscas invoca a Vatel outro vício. Alega a arguida que as medidas ordenadas no despacho do Ministério Público e as provas obtidas a coberto do mesmo são nulas por violarem o disposto nos arts. 17.°, n.° 1, al. c), da Lei 18/2003, 32.°, n.° 8 e 34.°, n.° 1 a 4 da Const. Rep. Portuguesa, 126.°, n.° 3, do Cod. Proc. Penal e 42.° do RGCOC na medida em que extravasam em muito as diligências previstas no citado art. 17.° já que abrangeram correspondência e documentação que não respeita à escrita da arguida e que, como tal, não se subsume no conceito de "cópias ou extractos da escrita e demais documentação" (arts. 104.° a 114.° da impugnação).

Dado que a propósito do concreto objecto das buscas e dos documentos obtidos através delas a arguida invoca em momento subsequente vários vícios, entre os quais precisamente o de se terem apreendidos elementos que não podiam ser apreendidos (arts. 115.° e segs. da impugnação), afigura-se ao tribunal que em concreto nesta parte a arguida suscita a nulidade do próprio despacho do Ministério Público e dos mandados emitidos na sequência do mesmo.

A arguida limita-se a invocar uma nulidade, sem a qualificar, e a remeter para os arts. 126.°, n.° 3, do Cod. Proc. Penal e 32.°, n.° 8, da Const. Rep. Portuguesa (já que as restantes normas citadas não se referem a nulidades).

Ora ambos os preceitos referidos respeitam à nulidade das provas obtidas o que significa só têm relevância numa fase subsequente. O problema da nulidade das provas só se coloca a jusante. A questão aqui em apreciação é prévia: estamos neste momento a analisar o despacho que ordenou as buscas e os mandados que foram emitidos na sequência de tal despacho, i.e., não estamos a analisar a validade das provas obtidas através das buscas (nulidade que também foi suscitada e que será apreciada a seu tempo) mas sim a validade intrínseca do despacho que as ordenou e dos mandados emitidos.

Recorrendo às regras do Cod. Proc. Penal (dada a inexistência de qualquer norma que verse sobre esta questão quer na Lei 18/2003 quer no RGCOC), temos como ponto de partida o princípio básico *supra* referido de que a violação ou inobservância das disposições da lei de processo *só determina a nulidade do acto quando esta for expressamente cominada na lei*, sendo certo que *Nos casos em que a lei não cominar a nulidade, o acto ilegal é irregular* (art. 118.°, n.° 1 e 2 do Cod. Proc. Penal).

A decisão do Ministério Público que ordena/autoriza as buscas é, indiscutivelmente, um acto decisório do Ministério Público, ou seja, um despacho que reveste os requisitos formais dos actos escritos e é sempre fundamentado de facto e de direito (cfr. art. 97.°, n.° 2 a 4, do Cod. Proc. Penal). Assim, o despacho, no caso concreto, tem que especificar quais as diligências ordenadas e porque é que as mesmas se justificam, sendo estes elementos parte integrante da sua fundamentação, e tem ainda, por força do disposto no art. 176.°, n.° 1, que conter as advertências referidas neste preceito.

> **A decisão do Ministério Público que ordena/autoriza as buscas é um acto decisório do Ministério Público, ou seja, um despacho que reveste os requisitos formais dos actos escritos e é sempre fundamentado de facto e de direito.**

Relativamente ao âmbito das buscas ordenadas, não há nenhum preceito que comine com a nulidade o despacho do Ministério Público que determine a realização de buscas (quer porque não possam ser efectuadas quer porque só possam ser ordenadas pelo juiz). Os preceitos vigentes e indicados pela arguida cominam com a nulidade as provas obtidas na sequência das buscas ilegais (assim se podendo considerar as buscas efectuadas por despacho do Ministério Público quando a lei impõe que sejam autorizadas pelo juiz ou as buscas realizadas fora do quadro legal existente), mas não os despachos que as ordenam ou os mandados emitidos na sequência de tais despachos.

Logo, vigorando em processo penal o princípio da tipicidade das causas de nulidade (citado art. 118.°), é forçoso concluir que a existir algum vício no despacho do Ministério Público o mesmo assumiria a feição de uma mera irregularidade (neste sentido Ac. RL de 26.09.06, Proc. 6008/2006.5 e Ac. da RP de 30-03-05, Proc. 0444597 proferido no âmbito de um processo em que estava em causa um despacho do Ministério Público que ordenou uma perícia).

# DIREITO DA CONCORRÊNCIA

Ora a irregularidade *só determina a invalidade do acto a que se refere e dos termos subsequentes que possa afectar quando tiver sido arguida pelos interessados no próprio acto ou, se a este não tiverem assistido, nos três dias seguintes a contar daquele em que tiverem sido notificados para qualquer termo do processo ou intervindo em algum acto nele praticado* (art. 123.º, n.º 1, do Cod. Proc. Penal).

No caso dos autos as buscas tiveram lugar no dia 16 de Fevereiro de 2006, constando dos autos que foram entregues cópias dos mandados (dos quais constava exactamente qual a extensão e âmbito das buscas – cfr. fls. 114/115 e 703/704).

A arguida não suscita a questão da representatividade/qualidade das pessoas que se encontravam na sua sede e no seu estabelecimento pelo que se tem de concluir que tal representatividade/qualidade não é posta em causa.

**O objectivo do art. 123.º, n.º 1, do CPP é a reacção imediata do interessado a qualquer irregularidade a que assista; estando em causa uma reacção jurídica ela só pode ter lugar se estiver presente alguém com os necessários conhecimentos técnico-jurídicos, isto é, o advogado.**

Não constando dos elementos juntos aos autos que se encontrassem presentes, no momento da realização das buscas, os advogados da arguida (e não obstante tal presença não ser obrigatória), entende o tribunal que deve a arguida beneficiar do prazo de 3 dias previsto no citado art. 123.º, n.º 1 (dado que o objectivo desta norma é a reacção imediata do interessado a qualquer irregularidade a que assista, sendo certo que estando em causa uma reacção jurídica ela só pode ter lugar se estiver presente alguém com os necessários conhecimentos técnico-jurídicos, isto é, o advogado – neste sentido Ac. da RL de 18-05-06, Proc. 54/2006-9).

Significa isto que a eventual irregularidade do despacho do Ministério Público ou dos mandados teria que ter sido suscitada pela arguida até 20 de Fevereiro de 2006 (dado que 19 de Fevereiro foi um domingo – arts. 279.º do Cod. Proc. Civil e 104.º do Cod. Proc. Penal).

Ora uma vez que a arguida só veio suscitar o vício aqui em apreciação na resposta à nota de ilicitude, que apresentou em 24 de Maio de 2006 (fls. 2157), é por demais evidente que tal arguição sempre seria extemporânea pelo que a irregularidade, a existir, nunca determinaria a invalidade do acto a que se refere nem, consequentemente, dos termos subsequentes que pudesse afectar (art. 123.º, n.º 1, do Cod. Proc. Penal).

Refira-se aqui que o prazo para arguição de irregularidades não está dependente da constituição formal como arguida no processo. Com efeito, a lei não faz depender a arguição nem limita a legitimidade ao arguido como decorre directamente do art. 123.º que confere legitimidade para arguir irregularidades aos "interessados" e não aos arguidos. Não tem, pois, razão a arguida quando refere que nunca poderia ter suscitado qualquer irregularidade por não ter sido formalmente constituída arguida.

Em suma, a existir algum vício o mesmo constituiria uma mera irregularidade que, por não ter sido arguida no prazo legal, se considera sanada.

★

### 2.3.3. *Do objecto das buscas*

Alega a arguida que no decurso das buscas foi recolhida e apreendida correspondência, incluindo mensagens de correio electrónico, e documentação diversa de teor não contabilístico, que se encontrava nas suas sede e instalações. Tais buscas e apreensões não são permitidas pelos arts. 32.º, n.º 8 e 34.º, n.º 1 e 4 da Const. Rep. Portuguesa, 17.º, n.º 1, al. c), da Lei 18/2003, 126.º, n.º 3, do Cod. Proc. Penal e 42.º do RGCOC, por força dos quais em processos de contra-ordenação não pode ser apreendida correspondência nem há lugar à intercepção de comunicações. Por outro lado estando em causa a apreensão de correspondência, deveriam as buscas ter sido ordenadas e autorizadas por um juiz (arts. 179.º, 268.º, n.º 1, al. d) e 269.º, n.º 1, al. b), todos do Cod. Proc. Penal).

Por conseguinte estamos perante uma situação de inexistência jurídica ou, no limite, nulidade insanável. Simultaneamente a violação das referidas normas gera a nulidade das provas obtidas.

# ACORDO ENTRE EMPRESAS QUE TEM POR OBJECTO RESTRINGIR OU FALSEAR A CONCORRÊNCIA

Em resposta a AdC argumenta, por um lado, que não faz sentido falar-se de reserva da intimidade da vida privada de uma empresa e, por outro lado, que não foi apreendida qualquer correspondência dado que, nesta noção, não cabem cartas abertas nem mensagens de correio electrónico já abertas/lidas.
(...)

*

### 2.4. *Da violação dos direitos de defesa*

Antes de entrar na apreciação de cada um dos concretos vícios invocados pelas arguidas a propósito do seu direito de defesa, há que delimitar o conteúdo do direito de defesa da arguida em processo contra-ordenacional.

O art. 50.º do RGCOC dispõe que *Não é permitida a aplicação de uma coima ou de uma sanção acessória sem antes se ter assegurado ao arguido a possibilidade de, num prazo razoável, se pronunciar sobre a contra-ordenação que lhe é imputada e sobre a sanção ou sanções em que incorre.*

Este artigo visa garantir ao arguido no processo de contra-ordenação que é ouvido sobre os factos que lhe são imputados, permitindo-lhe assim organizar a sua defesa. Trata-se, pois, de um direito que decorre do princípio geral do contraditório, exigência fundamental de um Estado de Direito Democrático e que está hoje consagrado de forma expressa na Lei Fundamental nos seguintes termos *Nos processos de contra-ordenação (...) são assegurados ao arguido os direitos de audiência e defesa* (art. 32.º, n.º 10).

Em anotação a este preceito Jorge Miranda afirma que "O n.º 10 garante aos arguidos em quaisquer processos de natureza sancionatória os direitos de audiência e defesa. Significa ser inconstitucional a aplicação de qualquer tipo de sanção (...) sem que o arguido seja previamente ouvido e possa defender-se das imputações que lhe são feitas. A defesa pressupõe a prévia acusação, pois que só há defesa perante uma acusação. A Constituição proíbe absolutamente a aplicação de qualquer tipo de sanção sem que ao arguido seja garantida a possibilidade de se defender." (in Constituição Portuguesa Anotada, Coimbra Editora, Tomo I, 2005, p. 363).

> A Constituição proíbe absolutamente a aplicação de qualquer tipo de sanção sem que ao arguido seja garantida a possibilidade de se defender.

A propósito da extensão e conteúdo deste direito, e da sua diferenciação face ao direito do arguido em processo penal, já o Tribunal Constitucional se pronunciou por diversas vezes, sempre concluindo que a diferente natureza dos ilícitos e a menor ressonância ética do ilícito de mera ordenação social fazem com que as garantias em ambos os regimes não tenham que ser iguais (cfr. Ac. TC 659/06 de 28.11.06 e demais jurisprudência aí citada), sem prejuízo de haver um núcleo essencial e intocável de respeito pelo princípio do contraditório.

Expressivo sobre o ponto de vista do Tribunal Constitucional é o Ac. 278/99 de 5 de Maio de 1999, posteriormente citado em abundância noutros arestos do mesmo tribunal, onde se refere: "... A preservação das garantias de defesa do arguido passa, nos parâmetros do Estado de Direito democrático, além do mais, pela observância do contraditório, de modo a que sempre possa ser dado conhecimento ao arguido da acusação que lhe é feita e se lhe dê oportunidade para se defender. A intangibilidade deste núcleo essencial compadece-se, no entanto, com a liberdade de conformação do legislador ordinário que, designadamente na estruturação das fases processuais anteriores ao julgamento, detém margem de liberdade suficiente para plasticizar o contraditório, sem prejuízo de a ele subordinar estritamente a audiência: aqui tem o princípio a sua máxima expressão (como decorre do n.º 5 do artigo 32.º citado), nessa fase podendo (e devendo) o arguido expor o seu ponto de vista quanto às imputações que lhe são feitas pela acusação, contraditar as provas contra si apresentadas, apresentar novas provas e pedir a realização de outras diligências e debater a questão de direito. (...)

Ou seja, ressalvado esse núcleo essencial – que impede a prolação da decisão sem ter sido dada ao arguido a oportunidade de "discutir, contestar e valorar" (parecer n.º 18/81 da Comissão Constitucional, in Pareceres da Comissão Constitucional, 16.º vol., pág. 154) – não existe um espartilho constitucional formal que não tolere certa maleabilização do exercício do contraditório...".

# DIREITO DA CONCORRÊNCIA

Tendo em mente este enquadramento há que analisar se a AdC violou este núcleo essencial e intocável do direito de defesa das arguidas.

★

2.4.1. *Da falta de informação, no momento das buscas, dos direitos que assistiam à arguida e da obtenção de prova através de coacção*

Entende a arguida que a AdC violou os seus direitos de defesa por, no momento da realização das buscas, não a ter constituído arguida nem a ter informado, ou aos seus trabalhadores presentes na diligência, dos direitos que lhe assistiam, designadamente do direito de recorrer. Ao não a informar dos direitos que lhe assistem violou a AdC o seu direito de defesa e ao contraditório, consagrados no art. 32.°, n.° 10 da Const. Rep. Portuguesa.

Acrescenta que, essa omissão, e o facto de na notificação que foi feita constar a advertência de que a não colaboração com a Autoridade ou a obstrução ao exercício dos seus poderes de inspecção constitui contra-ordenação punível, é passível de consubstanciar uma situação de coacção que, nos termos dos arts. 32.°, n.° 8, da Const. Rep. Portuguesa e 126.°, n.° 1, do Cod. Proc. Penal, inquina de nulidade as provas obtidas por essa via.

Nas suas alegações defende a AdC que não está obrigada a prestar aconselhamento jurídico às arguidas e que a arguida podia, no momento das buscas, ter garantido a presença de um advogado. A AdC apenas está obrigada a garantir às arguidas o direito ao contraditório, i.e., os direitos de audiência e defesa, e foi isso que fez.

Impugna também que do facto de ter feito referência sobre a não colaboração constituir uma contra-ordenação resulte qualquer forma de coacção já que tal mais não foi do que uma advertência dos termos da lei, sendo certo que se não a tivesse feito, a arguida teria, provavelmente, alegado uma qualquer ilegalidade.
(…)

★

O segundo argumento aqui invocado pela arguida prende-se com a obtenção das provas mediante coacção.

O art. 126.°, n.° 1, do Cod. Proc. Penal, sob a epígrafe "Métodos Proibidos de Prova", prescreve que *São nulas, não podendo ser utilizadas, as provas obtidas mediante tortura, coacção ou, em geral, ofensa da integridade física ou moral das pessoas.* Idêntico preceito tem assento no art. 32.°, n.° 8, da Const. Rep. Portuguesa.

**Subjacente ao regime das proibições de prova está a crença na existência de limites intransponíveis à prossecução da verdade em processo penal.**

Costa Andrade refere que subjacente ao regime das proibições de prova está a "crença na existência de limites intransponíveis à prossecução da verdade em processo penal" (*in* Sobre as Proibições e Prova em Processo Penal, p. 117). Por sua vez, Jorge Miranda refere que "A eficácia da Justiça é também um valor que deve ser perseguido, mas, porque numa sociedade livre os fins nunca justificam os meios, só é aceitável quando alcançada lealmente, pelo engenho e arte, nunca pela força bruta, pelo artifício ou pela mentira, que degradam quem os sofre, mas não menos quem os usa. … A realização da justiça do caso é um valor constitucional, mas não é um valor absoluto, que possa ser perseguido por qualquer forma. Quando os meios utilizados para a obtenção das provas forem proibidos ou condicionados pela Constituição para salvaguarda de outros valores, os elementos probatórios por essa forma obtidos não podem ser utilizados em circunstância alguma; ficam radicalmente inquinados do vício de inconstitucionalidade e o sistema não pode tolerar que a Justiça seja prosseguida por meios inconstitucionais." (op. cit., p. 361-362).

Tendo em mente estes ensinamentos pode afirmar-se que as provas obtidas na sequência das buscas em causa nestes autos são ilícitas porque obtidas mediante coacção? A resposta não pode deixar de ser negativa.

A arguida sustenta a sua argumentação no facto de não ter sido informada dos direitos que lhe assistiam, nomeadamente do direito de recorrer, e de a AdC a ter advertido de

## ACORDO ENTRE EMPRESAS QUE TEM POR OBJECTO RESTRINGIR OU FALSEAR A CONCORRÊNCIA

que a não colaboração ou a obstrução ao exercício dos seus poderes de inspecção constitui contra-ordenação punível.

No que ao primeiro argumento respeita, vimos já que a AdC deu cumprimento ao preceituado no art. 176.° do Cod. Proc. Penal no que concerne às informações que têm que ser transmitidas à arguida. Não existindo nesta sede qualquer omissão, falece desde logo um dos argumentos em que a arguida sustenta a sua alegação.

Passemos então ao segundo argumento. Poderá considerar-se que informar a arguida de quais as sanções em que incorre se não colaborar com a Autoridade é uma forma de coacção?

A informação prestada aos representantes da arguida presentes no acto das buscas não passou de uma advertência sobre as sanções em que a mesma incorreria se não prestasse a colaboração necessária e, do facto de a mesma ter sido feita, não se podem extrair quaisquer consequências ao nível da validade da prova obtida através das buscas.

A coacção a que o legislador aqui se refere é necessariamente a coacção tal como definida no âmbito do direito penal (art. 154.° do Cod. Penal), ou seja, a "violência" ou a "ameaça com mal importante" destinada a "constranger outra pessoa a uma acção ou omissão, ou a suportar uma actividade". A violência pode ser física ou moral, abrangendo-se nesta a intimidação. Por sua vez a ameaça relevante é a que se prende com um mal importante, "um mal que tenha um acentuado relevo, um mal que a comunidade repele e censura pelo dano relevante que causa ou pode causar" (Maia Gonçalves, *in* Cod. Penal Português, anotação ao art. 154.°). É ainda considerado como requisito que o anúncio em causa provoque receio ou que prejudique a liberdade de determinação do visado.

Ora informar a arguida das consequências legais da não colaboração (consequências essas que estão expressamente previstas na lei – art. 43.°, n.° 3, al. c) não pode entender-se nem como intimidação nem muito menos como ameaça de um mal relevante, tal como definido *supra*, sendo de igual modo inaceitável considerar que os representantes da arguida a quem tal informação foi prestada se sentiram de algum modo receosos ou constrangidos na sua liberdade de determinação.

> **Informar a arguida de quais as sanções em que incorre se não colaborar com a Autoridade não é uma forma de coacção.**

Acresce que é a própria lei que, em várias situações, impõe ao autor da prática de um acto a obrigação de informar da sanção aplicável em caso de incumprimento. Especificamente na lei da concorrência, a AdC, quando solicita a empresas documentos e/ou informações, tem que indicar as sanções a aplicar na hipótese de incumprimento do requerido [art. 18.°, n.° 1, al. c)]. Ora se é o próprio legislador quem impõe a comunicação das sanções aplicáveis em caso de incumprimento é porque, como é evidente, tal nunca pode ser visto como uma intimidação ou ameaça.

Não estando a AdC obrigada a fazer tal advertência, o certo é que, ao fazê-lo, está a informar a arguida da existência de sanções que ela pode, inclusive, desconhecer e, nessa medida, está a protegê-la (até porque a arguida não poderia vir depois invocar o desconhecimento da lei no âmbito de eventual processo de contra-ordenação que lhe fosse levantado por falta de colaboração).

Aliás, é de referir que a defesa da arguida nesta parte é incoerente e até contraditória. Com efeito, não se compreende que, depois de arguir várias nulidades decorrentes de não ter sido informada dos seus direitos, venha arguir um vício decorrente de ter sido informada das sanções em que incorria se não prestasse colaboração (razão pela qual não podemos deixar de concordar com a Autoridade quando esta defende que se a advertência não tivesse sido feita a arguida provavelmente teria vindo arguir qualquer ilegalidade resultante de tal omissão).

Face ao exposto, por a informação prestada pela Autoridade não consubstanciar uma intimação nem tão pouco uma ameaça de mal relevante, a argumentação da arguida de que as provas obtidas através das buscas são nulas por terem sido obtidas através de um método proibido de prova é totalmente improcedente.

★

# DIREITO DA CONCORRÊNCIA

2.4.2. *Da não entrega de cópia do despacho que determinou as buscas*

A arguida Vatel vem ainda invocar uma outra nulidade insanável, por violação dos arts. 32.º, n.º 10 da Const. Rep. Portuguesa e 119.º, n.º 1, al. d), do Cod. Proc. Penal, resultante do facto de não lhe ter sido entregue cópia do despacho que determinou as buscas. Suscita a este propósito a violação do direito ao contraditório e de defesa na medida em que ficou impedida de tomar conhecimento dos motivos de facto e de direito subjacentes às buscas.

Responde a AdC que cumpriu o preceituado no art. 176.º, n.º 1, do Cod. Proc. Penal dado que entregou, a quem estava no local, cópia do despacho que determinou as buscas uma vez que "com a entrega da cópia do mandado de busca e apreensão foi entregue, assim, a cópia do despacho que determinou a busca".

(…)

★

2.4.3. *Da valoração pela AdC da conduta da Vatel*

A arguida Vatel invocou ainda que a AdC violou o seu direito de defesa na medida em que valorou depreciativamente a defesa escrita por si apresentada. Alega que neste aspecto foi também violado o art. 13.º da Const. Rep. Portuguesa dado que a AdC não deu a mesma valoração negativa à defesa apresentada pelas outras arguidas, designadamente a SAHS.

Em resposta diz a AdC que o facto de ter considerado que a arguida contestou substancial da materialidade dos factos não a prejudicou no reconhecimento pela AdC da legitimidade do exercício do seu direito de defesa nem em qualquer outro aspecto.

A questão aqui colocada pela arguida nada tem a ver com o direito de audiência e defesa. Ao ser notificada da nota de ilicitude à arguida foi dado prazo para se pronunciar sobre os factos que lhe eram imputados. Com esta notificação a AdC deu cumprimento ao disposto no art. 50.º do RGCOC, ou seja, garantiu à arguida a possibilidade de se pronunciar, respeitando assim o direito de audiência e defesa da arguida.

Na sequência da notificação e no exercício do seu direito de audiência e defesa, a arguida apresentou resposta escrita na qual invoca vários vícios de natureza processual e substantiva e toma posição sobre os vários aspectos do acordo aqui em causa, sobre os elementos do tipo, sobre os cálculos do benefício económico, etc.

**A Autoridade não pode valorar negativamente o facto de a arguida invocar nulidades ou quaisquer outros vícios.**

Ora é por demais evidente que não pode em causa algum a Autoridade valorar negativamente o facto de a arguida arguir nulidades ou quaisquer outros vícios. Trata-se de um direito que lhe assiste e que não pode, por qualquer modo, ser coarctado. Aliás, nem em sede de julgamento pode o Tribunal fazer tal exercício de penalização do arguido, independentemente do teor e extensão da defesa por si apresentada, quanto mais em sede de decisão da autoridade administrativa.

Analisando a decisão recorrida constata-se que, efectivamente, em vários trechos da mesma se nota uma crítica à arguida Vatel pela defesa que esta apresentou (cfr. arts. 22.º, 273.º 254.º). De igual modo é certo que a AdC considerou que a arguida contestou substancialmente a materialidade dos factos (art. 13.º) quando esta, na sua defesa, assumiu que tinha celebrado um acordo com as outras empresas destinado à fixação de quotas de mercado relativas. É, pois, claro que esta parte da acusação não foi contestada pela arguida pelo que não é correcto afirmar que a Vatel contestou substancialmente a materialidade dos factos.

Sucede, porém, que nesta fase e quanto a esta valoração da AdC, não está já em causa o direito de defesa da arguida. Neste ponto estamos num momento subsequente: o da valoração feita na decisão recorrida dos elementos carreados para os autos pelas arguidas e o da valoração de vários factores em sede de determinação da medida da coima. Significa isto que aqui a questão releva em sede de eventual erro de julgamento por parte da autoridade e/ou erro na apreciação da prova.

# ACORDO ENTRE EMPRESAS QUE TEM POR OBJECTO RESTRINGIR OU FALSEAR A CONCORRÊNCIA

Ora quaisquer interpretações, valorações ou consequências extraídas pela Autoridade da defesa apresentada pelas arguidas são passíveis de ser sindicadas pelo Tribunal, e, estando em causa um recurso de impugnação, vão seguramente sê-lo, i.e., o tribunal vai verificar se a AdC fez o correcto enquadramento fáctico e jurídico da conduta imputada às arguidas. Vai também analisar todos os factores que a AdC considerou relevantes em sede de medida da coima, quer como agravantes quer como atenuantes e vai, obviamente, considerar a defesa das arguidas na sua totalidade. Por outras palavras, o tribunal vai sindicar se houve ou não por parte da AdC erros de julgamento e de apreciação da prova e decidir em conformidade com as conclusões a que chegar.

Havendo esta fase de recurso jurisdicional as garantias processuais das arguidas não ficam minimamente beliscadas com quaisquer interpretações e/ou valorações que a Autoridade faça na decisão recorrida. Garantida que foi à arguida a possibilidade de se pronunciar, deu-se cumprimento ao art. 50.º.

★

A propósito desta questão invoca ainda a Vatel a violação do princípio da igualdade consagrado no art. 13.º. Uma vez que neste momento estamos apenas a apreciar a questão da violação do direito de audiência e defesa, relegamos para momento subsequente a apreciação deste vício.

★

2.4.4. *Da não entrega, juntamente com a nota de ilicitude, de cópias dos documentos nela referidos*

A arguida SAHS veio invocar a violação dos direitos de audiência e defesa por a AdC não lhe ter remetido, juntamente com a nota de ilicitude, cópia dos documentos nela referidos, sendo certo que os mesmos não foram transcritos na decisão. Acrescenta que lhe foi várias vezes mencionado o carácter secreto do processo e a eventual confidencialidade dos documentos, sendo certo que na nota de ilicitude não foi informada de que poderia consultar o processo.

A AdC respondeu no sentido de ser julgada improcedente a arguida violação dos direitos de defesa por não haver obrigatoriedade de envio dos documentos, por um lado, e por a arguida ter tido os autos à sua disposição para consulta e nunca ter pretendido fazê-lo.

Tendo presente o conteúdo do direito de audiência e defesa do arguido em processo de contra-ordenação impõe-se a conclusão de que o mesmo não foi violado.

Não há qualquer preceito legal que imponha que, com a notificação da nota de ilicitude tenham que ser enviados aos arguidos cópia dos documentos nela referenciados (assim como não há qualquer norma que preveja, no processo penal, que com a notificação da acusação tenham que ser enviadas cópia dos documentos nela referidos), nem que imponha a obrigatoriedade de transcrição integral dos documentos que são referenciados na decisão incriminatória.

De igual modo não há nenhuma norma (nem no RGCOC nem no Cod. Proc. Penal) que obrigue a que da nota de ilicitude ou da acusação consta que o processo está disponível para consulta.

A possibilidade de consultar o processo resulta directamente da lei que define quando é que o processo pode ser consultado, por quem, quando é que podem ser pedidas cópias e que cópias podem ser pedidas. Nos termos do disposto no art. 89.º, n.º 1, do Cod. Proc. Penal *o arguido, o assistente e as partes civis podem ter acesso a auto, para consulta, na secretaria ou noutro local onde estiver a ser realizada qualquer diligência, bem como obter cópias, extractos e certidões autorizados por despacho, ou independentemente dele para efeito de prepararem a acusação e a defesa dentro dos prazos para tal estipulados pela lei. O n.º 2* deste preceito acrescenta: *se, porém, o Ministério Público não houver ainda deduzido acusação, o arguido, o assistente ... só podem ter acesso a auto na parte respeitante a declarações prestadas e a requerimentos e memoriais*

> **Com a notificação da nota de ilicitude não têm de ser enviados aos arguidos cópia dos documentos nela referenciados nem os mesmos têm que ser transcritos.**

# DIREITO DA CONCORRÊNCIA

*por eles apresentados, bem como a diligências de prova a que pudessem assistir ou a questões incidentais em que devessem intervir, sem prejuízo do disposto no artigo 86.º, n.º 5.*

Não sendo o processo de contra-ordenação um processo-crime, é manifesto que, quando é necessário recorrer à aplicação subsidiária do direito penal e processual penal, se impõe a adaptação destas normas à realidade subjacente às contra-ordenações. Qual é a peça processual no direito contra-ordenacional equivalente à acusação no processo-crime?

A acusação tem como objectivo levar a julgamento um arguido que é suspeito da prática de um crime. Só com a notificação da acusação o arguido tem pleno conhecimento dos factos que lhe são imputados e do seu enquadramento jurídico e, só então, pode verdadeiramente exercer o seu direito de defesa, através do requerimento de abertura de instrução (fase processual que não existe no regime contra-ordenacional).

Qual é a peça processual que, nos processos de contra-ordenação, exerce tal função? É a nota de ilicitude. Com efeito, com a notificação da nota de ilicitude é dado conhecimento ao arguido dos factos que lhe são imputados e do respectivo enquadramento jurídico, tendo o arguido, a partir desse momento, o direito efectivo de apresentar a sua defesa, através do requerimento de resposta à nota de ilicitude (no sentido de que a nota de ilicitude equivale à acusação cfr. Ac. RL de 3/5/2001, consultado em www.dgsi.pt/jtrl).

Ora daqui resulta que o facto de a AdC poder ter referido à arguida que o processo era secreto e que podia haver partes confidenciais mais não é do que a aplicação do art. 89.º ao processo contra-ordenacional. Até ser proferida a nota de ilicitude a arguida não podia consultar livremente o processo. Já depois de a nota ter sido proferida à arguida passou a assistir o direito de consultar o processo para preparar a sua defesa e de obter cópias. Não pode, pois, a arguida defender que o facto de a AdC lhe ter falado em segredo do processo a fez presumir que não o poderia consultar.

**A arguida não tem de ser "avisada" de que pode consultar o processo.**

Quanto à obrigatoriedade de ser a arguida informada de que podia consultar o processo, tal obrigação pura e simplesmente inexiste. Trata-se de um direito da arguida que resulta directamente da lei e que nem em processo penal tem que ser comunicado ao arguido, quer no momento do recebimento de qualquer despacho quer no momento em que é constituído arguido (cfr. art. 61.º do Cod. Proc. Penal).

O facto de a lei não impor o envio dos documentos com a nota de ilicitude (que aliás resulta desde logo do direito conferido ao arguido de consultar o processo e de obter cópias – se estas tivessem que ser remetidas com a acusação não faria sentido consagrar tal direito) nem impor que seja feita a advertência de que o processo está disponível para consulta, leva a que se conclua que não há qualquer violação do direito de audiência e defesa.

Tal violação poderia existir se a arguida, uma vez notificada da nota de ilicitude, pretendesse consultar o processo e/ou solicitar cópias, e a AdC lhe recusasse tais pedidos. Aí, sim, a AdC estaria a violar os direitos de defesa da arguida uma vez que a estaria a impedir de exercer o contraditório relativamente a tais elementos.

Não sendo essa a situação dos autos, conclui o tribunal não haver qualquer violação dos direitos de audiência e defesa da arguida.

★

2.4.5. *Da não indicação da ou das alíneas dos arts. 4.º da Lei 18/2003 e 81.º, n.º 1, do Tratado CE*

A arguida Salexpor veio invocar a nulidade insanável da decisão recorrida por não estar indicada qual a concreta alínea dos arts. 4.º, n.º 1, da Lei 18/2003 e 81.º, n.º 1, do Tratado UE que terá sido violada pela arguida, constituindo tal omissão uma violação do seu direito de defesa.

# ACORDO ENTRE EMPRESAS QUE TEM POR OBJECTO RESTRINGIR OU FALSEAR A CONCORRÊNCIA

Nas suas alegações a AdC confirma que efectivamente não indicou qual ou quais as concretas alíneas que foram violadas, mas acrescenta que não estava obrigada a fazê-lo dado que o tipo da infracção está gizado no corpo do artigo, sendo a violação da norma aferida em função do preenchimento dos elementos do tipo ali previsto e não em função da subsunção em algum das alíneas elencadas.

A questão suscitada pela arguida nada tem a ver com o direito de audiência e defesa consagrado no art. 50.° do RGCOC. Como já se repetiu várias vezes, deste direito resulta tão só que a ninguém pode ser aplicada uma sanção sem que, previamente, lhe tenha sido dada possibilidade de se pronunciar sobre os factos que lhe são imputados e sobre o respectivo enquadramento jurídico.

A arguida não vem invocar que na nota de ilicitude não constava a alínea dos dois referidos preceitos que a AdC a acusa de ter violado nem que os preceitos mencionados na decisão recorrida não constavam da nota de ilicitude. De igual modo a Salexpor não invoca que os factos integradores da infracção não constassem da nota de ilicitude. Aí, sim, teríamos um caso de violação do direito de defesa (*cfr*. Assento n.° 1/2003). Não invocando a arguida que, ao conceder-lhe prazo para se pronunciar sobre a nota de ilicitude, a AdC não lhe forneceu todos os elementos, de facto e de direito, necessários para que ficasse a conhecer todos os aspectos relevantes para a decisão da causa, nem que, o conteúdo da decisão final seja díspar do da nota de ilicitude, fica excluída a possibilidade de, a propósito da decisão recorrida, vir invocar tal vício.

Neste momento, a haver algum vício da decisão recorrida, face ao alegado pela arguida, será o de falta de fundamentação, nos termos do art. 58.°, que a arguida também invoca (embora subsumindo a outro normativo), e não o de violação do direito de defesa previsto no art. 50.°.

Por conseguinte, julgo improcedente a arguida nulidade.

★

2.4.6. *Da não inclusão na nota de ilicitude dos montantes concretos pagos pela Vatel a título de compensações*

Sustenta a arguida Vatel que a AdC não se referiu, na nota de ilicitude, à questão dos pagamentos concretos das penalizações, tendo incluído esta matéria pela primeira vez na decisão final. Invocando o Assento 1/2003 diz a arguida que foi violado o art. 50.° do RGCOC, sendo, consequentemente, a decisão final nula.

A jurisprudência obrigatória emanada do Assento 1/2003 é a seguinte: "Quando, em cumprimento do disposto no artigo 50.° do regime geral das contra-ordenações, o órgão instrutor optar, no termo da instrução contra-ordenacional, pela audiência escrita do arguido, mas, na correspondente notificação, não lhe fornecer todos os elementos necessários para que este fique a conhecer a totalidade dos aspectos relevantes para a decisão, nas matérias de facto e de direito, o processo ficará doravante afectado de nulidade, dependente de arguição, pelo interessado/notificado, no prazo de 10 dias após a notificação, perante a própria administração, ou, judicialmente, no acto de impugnação da subsequente decisão/acusação administrativa.".

Nem do art. 50.°, nem desta jurisprudência nem tão pouco da abundante jurisprudência do Tribunal Constitucional relativa a esta matéria, resulta que todos os factos constantes da decisão têm que estar já enunciados na nota de ilicitude. O que se extrai da jurisprudência firmada sobre o direito de audiência e defesa é que a nota de ilicitude tem de fornecer ao arguido a *totalidade dos aspectos relevantes*, tanto no que toca ao enquadramento fáctico como no que toca ao enquadramento jurídico, ou seja, o que tem que constar são os elementos essenciais relativos ao cometimento da infracção e aos seus autores, acrescidos do respectivo enquadramento jurídico.

Ora serão os factos relativos aos concretos pagamentos efectuados pela Vatel factos relevantes no que toca ao enquadramento de facto da conduta imputada à arguida?

> **A nota de ilicitude tem de fornecer ao arguido a *totalidade dos aspectos relevantes*, tanto no que toca ao enquadramento fáctico como no que toca ao enquadramento jurídico.**

# DIREITO DA CONCORRÊNCIA

A AdC concluiu que a Vatel cometeu o ilícito previsto nos arts. 4.º da Lei 18/2003 e 81.º do Tratado da UE por ter celebrado, com as restantes arguidas, um acordo de fixação de quotas, de fixação de preços, de repartição de clientela e de fixação de condições comerciais no mercado do sal, tendo as partes instituído um regime de compensações a pagar pela empresa que excedesse a quota fixada. Desde logo há que referir que para efeitos de imputação do ilícito, i.e., de preenchimento dos elementos do tipo, é irrelevante que tenha havido pagamento efectivo de compensações. O simples facto de elas terem sido estabelecidas basta para proceder à imputação objectiva da conduta à arguida.

Na nota de ilicitude a AdC refere, abundantemente, a natureza do acordo celebrado e o respectivo conteúdo. Especificamente quanto ao pagamento de compensações, os arts. 27.º, 28.º, 31.º a 36.º, 45.º, 48.º, 49.º, 52.º, 53.º, 111.º, 112.º e 137.º a 141.º da nota de ilicitude contêm todos factos relativos ao acordo sobre o sistema de compensações, aos montantes fixados e ás alterações que foram sendo introduzidas pelas arguidas.

Quanto às concretas compensações efectuadas pela Vatel, a decisão remete, em vários artigos, para os documentos que especificam quais foram as compensações pagas, e que serviram de suporte para que, na decisão final, fossem dados como provados os respectivos montantes.

Se atentarmos na decisão final verificamos que é no seu art. 103.º que a AdC refere quais as compensações pagas pela Vatel às restantes arguidas. No citado artigo a Autoridade refere expressamente que os números que indica foram retirados "dos próprios mapas com os cálculos das indemnizações e compensações elaborados pelas próprias arguidas", e indica como meios de prova os doc. fls. 1658, 883 e 876/877.

Ora na nota de ilicitude a AdC faz referência directa a todos estes documentos. Assim, no art. 32.º a AdC remete para o doc. fls. 1658; nos arts. 34.º e 35.º para o doc. fls. 883; no art. 36.º para o doc. fls. 876 e no art. 141.º para o doc. fls. 883.

A arguida Vatel foi notificada da nota de ilicitude e, na sequência dessa notificação, requereu à AdC, em 15 de Maio de 2206, "a consulta dos autos para preparação da resposta à nota de ilicitude, consultando todos os volumes" (cfr. fls. 2068), resultando de fls. 2069 que efectivamente procedeu a tal consulta nesse mesmo dia. Ainda no mesmo dia a arguida solicitou à Autoridade cópia de várias folhas do processo, tendo o seu pedido sido deferido (cfr. fls. 2070).

Em 24 de Maio a Vatel voltou a solicitar "a consulta dos autos para preparação da resposta à nota de ilicitude, consultando todos os volumes" (cfr. fls. 2154), consulta que foi realizada no mesmo dia (cfr. fls. 2155).

Na resposta à nota de ilicitude a Vatel assume que pagava compensações às outras arguidas (arts. 95.º e 100.º a 102.º, 105.º), nega que tenha sido aceite o aumento de 15% na percentagem das compensações (art. 97.º), refere que não pagou compensações em 2004 (art. 109.º) e que, ao recusar pagar as compensações, tomou a iniciativa de terminar o acordo (art. 110.º).

Do exposto é por demais evidente não só que a inclusão do montante das compensações na decisão final não é um elemento surpresa, isto é, não é um dado novo que não estivesse já incluído na nota de ilicitude, como que a arguida teve conhecimento de todos os montantes que constam da decisão final já que os mesmos resultam de documentos inseridos no processo e que a requerida consultou. É também perfeitamente claro que a arguida teve oportunidade de apresentar a sua defesa sobre esta matéria, o que efectivamente fez na resposta à nota de ilicitude. Por último não pode deixar de se ter em conta que no recurso de impugnação a arguida aceita ter feito os pagamentos referidos pela AdC, com excepção dos relativos ao ano de 2004, o que já tinha dito na sua resposta à nota de ilicitude (art. 109.º).

Em suma, ao ser notificada da nota de ilicitude a arguida ficou "a conhecer a totalidade dos aspectos relevantes para a decisão, nas matérias de facto e de direito", pelo que inexiste a alegada violação do direito de defesa.

★

## ACORDO ENTRE EMPRESAS QUE TEM POR OBJECTO RESTRINGIR OU FALSEAR A CONCORRÊNCIA

2.4.7. *Da falta de explicação e descriminação na nota de ilicitude e na decisão final dos valores e método de cálculo do benefício económico*

Entende a Vatel que na nota de ilicitude não são explicados os valores e método de cálculo do benefício económico, o que a impediu de se pronunciar sobre elementos com peso decisivo na determinação da sanção, razão pela qual foi violado o seu direito de defesa. A este propósito invoca ainda a arguida a falta de fundamentação da decisão recorrida.

Por não se poder conhecer separadamente os dois vícios suscitados a este propósito, já que a violação do direito de defesa resultará, neste caso, da falta de fundamentação da decisão recorrida, relega-se o conhecimento deste vício para momento posterior.

★

2.4.8. *Da consideração na decisão final de circunstâncias agravantes que não constavam da nota de ilicitude*

A Vatel refere que o art. 50.º do RGCOC foi violado na medida em que a AdC graduou a sua coima considerando a sua insensibilidade aos bens jurídicos tutelados pelas regras da concorrência e as exigências de prevenção negativa, elementos não incluídos na nota de ilicitude e que por conseguinte sobre eles não se pôde defender.

Relativamente a este vício concreto a Autoridade nada disse nas suas alegações.

A argumentação da arguida neste ponto é totalmente desprovida de sentido. Como a arguida muito bem sabe, porque se defendeu e contestou o facto de a Autoridade ter valorado como agravante essas circunstâncias, as conclusões da AdC são extraídas essencialmente da forma como a Vatel apresentou a sua defesa na resposta à nota de ilicitude.

Saber se a Autoridade podia valorar negativamente a sua defesa, é questão que nesta sede não releva e que será apreciada oportunamente (já que se tratará de um erro de julgamento). O que aqui interessa é que as circunstâncias a que a Autoridade atendeu e que aqui são questionadas pela arguida resultaram essencialmente da sua atitude subsequente à notificação da nota de ilicitude. Logo, é absolutamente evidente que essas circunstâncias não podiam ter sido incluídas na nota de ilicitude.

Ora uma vez que é o próprio legislador quem, no art. 44.º, al. e), determina que na fixação da coima deve ser atendida a colaboração prestada à Autoridade até ao termo do procedimento administrativo (incluindo, pois, a sua postura após a notificação da nota de ilicitude), e sendo certo que a valoração feita pela AdC que aqui consideramos derivou precisamente da alegada falta de colaboração da arguida no decurso de todo o processo, é manifesto que não se trata aqui da inclusão de factos na decisão que não foram comunicados à arguida na nota de ilicitude (já que tal pressuporia que os factos já existiam à data da elaboração da nota de ilicitude). Os factos em questão são posteriores à nota de ilicitude pelo que nunca podiam ser incluídos nesta.

Não se verifica, pois, nesta sede, qualquer violação dos seus direitos de defesa.

★

### 2.5. *Da falta de fundamentação da decisão recorrida*

A arguida SAHS alega que a decisão recorrida, ao não conter qual a concreta alínea dos arts. 4.º, n.º 1, da Lei 18/2003 e 81.º, n.º 1, do Tratado CE que terá sido violada, infringe o disposto no art. 58.º, n.º 1, do RGCOC que preceitua que a decisão que aplica uma coima tem que indicar as normas segundo as quais se pune e a fundamentação da decisão, sendo, consequentemente, nula.

Em resposta, veio a AdC dizer que não tem que indicar a concreta alínea violada dado o tipo legal constar do corpo do artigo e não das suas alíneas que não passam de exemplos da conduta tipificada.

# DIREITO DA CONCORRÊNCIA

O art. 58.º do RGCOC, ao elencar o núcleo essencial dos elementos que a decisão da autoridade administrativa deve conter, enuncia na al. c), do seu n.º 1, *A indicação das normas segundo as quais se pune e a fundamentação da decisão*.

"Os requisitos previstos neste artigo visam assegurar ao arguido a possibilidade de exercício efectivo dos seus direitos de defesa, que só poderá existir com um conhecimento perfeito dos factos que lhe são imputados, das normas legais em que se enquadram e condições em que pode impugnar judicialmente aquela decisão.

**As exigências feitas pelo art. 58.º do RGCOC deverão considerar-se satisfeitas quando as indicações contidas na decisão forem suficientes para permitir ao arguido o exercício do seu direito de defesa.**

Por isso as exigências aqui feitas deverão considerar-se satisfeitas quando as indicações contidas na decisão sejam suficientes para permitir ao arguido o exercício desses direitos" (Simas Santos e Lopes de Sousa, "Contra-Ordenações, Anotações ao Regime Geral", 2ª ed., Vislis, em anotação ao art. 58.º).

A propósito da necessidade de fundamentação das decisões da Comissão é também este o entendimento do Tribunal de 1ª instância: "a fundamentação exigida pelo art. 253.º CE deve ser adaptada à natureza do acto em causa e deixar transparecer, de forma clara e inequívoca, o raciocínio da instituição comunitária, autora do acto impugnado, de forma a permitir aos interessados conhecerem as razões da medida adoptada, de modo a defenderem os seus direitos, e ao órgão jurisdicional comunitário exercer a sua fiscalização. A exigência da fundamentação deve ser apreciada em função das circunstâncias do caso em preço, nomeadamente, do conteúdo do acto, da natureza dos fundamentos invocados e do interesse que os destinatários ou outras pessoas a quem o acto diga directa e individualmente respeito possam ter em receber explicações." (Proc. T-155/04 de 12-2-06).

Não se preceitua nessa norma, nem em nenhuma outra do regime das contra-ordenações, qual a consequência para a inobservância da disposição legal que delimita o conteúdo da decisão.

Para alguns autores, designadamente Beça Pereira, a inobservância do art. 58.º não é sancionada com nulidade. Alega o citado autor que a haver um regime de nulidades, teria de ser um só, o que não é possível com as decisões das autoridades administrativas que podem ou não converter-se em acusação, consoante seja ou não interposto recurso. Acrescenta ainda que nos termos do disposto no art. 118.º, n.º 1, do Cod. Proc. Penal, só existem as nulidades que como tal estiverem expressamente previstas (*in* Regime Geral das Contra-Ordenações e Coimas, 2ª ed., 1996, p. 99).

Assim, para este autor, a omissão na decisão da Autoridade da Concorrência no que respeita à fundamentação de direito traduz uma mera irregularidade que, enquanto tal, se considera sanada dado não ter sido arguida pela interessada no prazo estabelecido no art. 123.º, n.º 1, do Cod. Proc. Penal.-

**A decisão que não contiver, designadamente, a respectiva fundamentação, padece de nulidade sanável.**

Para outros autores, nomeadamente Simas Santos e Lopes de Sousa (*op. cit*, p.334) cuja opinião perfilhamos, aplicam-se aqui as regras processuais penais referentes à sentença, *ex vi* do art. 41.º, n.º 1, do RGCOC designadamente os arts. 379.º e 380.º. Assim, é nula a decisão que não contiver, designadamente, a respectiva fundamentação (neste sentido Ac. RL de 28.04.04, Proc. 1947/2004-3).

Trata-se de uma nulidade dependente de arguição dado não estar enunciada nas nulidades insanáveis nem o art. 379.º do Cod. Proc. Penal a classificar como tal. As nulidades dependentes de arguição têm de ser suscitadas, nos termos do art. 120.º, n.º 3. No caso de arguição de nulidade de sentença tem-se entendido que o interessado a pode invocar, caso interponha recurso, no prazo para a respectiva motivação (Ac. STJ 21 de Junho de 1989, Proc. 10023/3ª; Ac. STJ de 5 de Junho de 1989, Proc. 40094/3ª e Assento n.º 1/2003).

Adaptando esta regra às contra-ordenações, concluímos que o interessado pode invocar a nulidade da decisão no prazo de interposição de recurso, isto é, actualmente, no prazo de 20 dias a contar do conhecimento da decisão por parte do arguido, o que foi feito neste caso.

# ACORDO ENTRE EMPRESAS QUE TEM POR OBJECTO RESTRINGIR OU FALSEAR A CONCORRÊNCIA

Uma vez que a arguida suscitou a nulidade da decisão, cabe então apreciar a decisão recorrida e verificar se a mesma padece, efectivamente, de falta de fundamentação, caso em que deverá ser declarada nula.

O art. 4.º da Lei 18/2003 tipifica como facto integrador de um ilícito contra-ordenacional *os acordos entre empresas, as decisões de associações de empresas e as práticas concertadas entre empresas, qualquer que seja a forma que revistam, que tenham por objecto ou como efeito impedir, falsear ou restringir de forma sensível a concorrência no todo ou em parte do mercado nacional.*

Face ao corpo deste preceito, para se poder concluir pela prática da contra-ordenação há que apurar, no que concerne ao elemento objectivo:

– se a arguida é uma empresa tal como definida na lei da concorrência e se, por conseguinte, está sujeita ao regime da concorrência;
– se os contratos que a arguida celebra com os seus clientes são acordos de empresas;
– qual o mercado relevante;
– se os referidos contratos têm por objecto ou como efeito impedir, falsear ou restringir de forma sensível a concorrência no todo ou em parte do mercado relevante.

São estes os elementos que fazem parte do tipo legal em apreciação, ou seja, é no corpo do preceito que está tipificada a infracção. A enumeração feita nas várias alíneas do artigo mais não é do que a enumeração exemplificativa de uma série de situações que consubstanciam concretizações do tipo. Daqui resulta que a decisão recorrida, ao indicar como norma infringida o art. 4.º, n.º 1, procedeu à indicação da norma segundo a qual se pune. Por outro lado ao descrever toda a conduta imputada às arguidas e concluir que as mesmas celebraram um acordo que tinha como objecto repartir quotas de mercado, fixar preços, repartir clientela e outras condições comerciais, a AdC fundamentou devidamente a decisão, designadamente no que concerne à subsunção da factualidade ao tipo em causa.

O que vai dito a propósito do art. 4.º tem inteira aplicação no que respeita ao art. 81.º, n.º 1, do Tratado UE já que a técnica legislativa usada em ambos os preceitos é idêntica.

Assim, verifica-se que a decisão que aplicou a coima descreve os factos imputados à arguida, bem como as provas que sustentam a imputação; indica ainda quais as normas infringidas e que punem as condutas, bem como qual a coima aplicada. Ou seja, "a indicação dos factos e da fundamentação de facto e de direito é suficiente e idónea a garantir que a arguida tenha tido acesso aos meios essenciais à sua defesa, por forma a tornar suficientemente compreensível quais os factos que lhe eram imputados e as razões de direito para a sua condenação na coima aplicada." (Ac. RL de 14.12.04, Proc. 7344/2004-5).

Não há, pois, nulidade da decisão por falta de fundamentação.

★

A arguida Vatel invocou a falta de fundamentação da decisão recorrida na medida em que não especifica os fundamentos de facto da alegada insensibilidade da arguida relativamente aos bens jurídicos tutelados pela concorrência nem tão pouco os fundamentos da alegada necessidade acrescida de prevenção que em relação a si se fazem sentir. Invoca ainda a falta de fundamentação da decisão no que concerne ao cálculo do benefício económico, não sendo possível a partir da decisão compreender os cálculos efectuados pela AdC nem tão pouco verificar se a mesma aplicou o raciocínio que descreve nesses cálculos.

Recorre, para suportar esta argumentação, ao art. 97.º, n.º 4, do Cod. Proc. Penal.

**O art. 97.º, n.º 4, do CPP não é aplicável à decisão da AdC.**

A primeira ideia que importa aqui clarificar é a de que o art. 97.º não é aplicável a esta situação. Como decorre do já exposto, os requisitos da decisão que aplica uma coima são os que estão vertidos no art. 58.º do RGCOC, artigo onde já se inclui expressamente a necessidade de fundamentação da decisão. Não, há, pois, a este propósito, que recorrer a quaisquer outros preceitos.

# DIREITO DA CONCORRÊNCIA

Quanto à questão de fundo há que distinguir a falta de fundamentação respeitante à insensibilidade da arguida e à necessidade acrescida de prevenção da falta de fundamentação relativa ao cálculo do benefício económico.

No que às duas primeiras respeita, e não obstante se tratar de matéria relativa à fundamentação da medida concreta da coima, pode desde já afirmar-se que não assiste razão à arguida. A arguida pode discordar da valoração que a AdC fez ou das conclusões que extraiu na sequência da apresentação da sua resposta à nota de ilicitude. E tal valoração irá ser apreciada na sua sede própria. Mas não pode a arguida alegar que a Autoridade não fundamentou estas suas conclusões.

Ao longo dos arts. 270 a 280.º a Autoridade explica a razão pela qual entende que a Vatel não teve uma atitude colaborante ao longo do processo administrativo, sendo perfeitamente claro que é a partir dessa falta de colaboração que a AdC conclui que a Vatel demonstra uma insensibilidade perante os bens jurídicos tutelados pelo direito da concorrência e que, por conseguinte, as necessidades de prevenção em relação a ela são maiores.

A fundamentação está lá. A arguida pode discordar dela, o que será a seu tempo apreciado, o que não pode é invocar que a decisão carece de fundamentação neste ponto. "A este respeito, há que recordar que a falta ou insuficiência de fundamentação constitui um fundamento baseado na violação de formalidade essenciais, distinto, enquanto tal, do fundamento baseado na incorrecção dos fundamentos da referida decisão, cuja fiscalização se insere na análise da procedência da decisão impugnada." (citado Ac. do Tribunal de 1ª instância – proc. T-177/04).

É, pois, improcedente a arguida falta de fundamentação da decisão recorrida nesta parte.

Quanto ao outro argumento (falta de fundamentação do cálculo do benefício económico), entende o Tribunal que o momento próprio para a conhecer é quando se apreciar o benefício económico resultante do acordo. Por um lado, mesmo a considerar-se procedente a argumentação da arguida, tratando-se da fundamentação relativa a uma circunstância relevante para a graduação da coima, a sua eventual procedência não leva à invalidade da decisão recorrida mas sim à desconsideração do benefício económico na graduação a fazer a final. Por outro lado, a apreciação deste vício depende da matéria de facto que se considerar provada.

Assim, relega-se a apreciação da falta de fundamentação suscitada a propósito do cálculo do benefício económico para final.

★

### 2.6. *Da violação dos princípios da presunção de inocência e in dubio pro reo*

A arguida Vatel invocou que a AdC violou os princípios da presunção de inocência e do *in dubio pro reo* consagrados no art. 32.º, n.º 2, da Const. Rep. Portuguesa. Diz a arguida que a violação do primeiro resulta do facto de a AdC ter qualificado indevidamente a sua defesa como contestação substancial da materialidade dos factos que lhe são imputados e a violação do segundo de ter sido condenada pela prática de determinados factos sem que tenham sido feita prova bastante.

A Autoridade não rebateu esta argumentação.

**Direito do arguido: enquanto não for demonstrada a culpabilidade do arguido, não é admissível a sua condenação.**

O princípio da presunção da inocência é um princípio com assento constitucional: *Todo o arguido se presume inocente até ao trânsito em julgado da sentença de condenação, devendo ser julgado no mais curto prazo compatível com as garantias de defesa*, (art. 32.º da Const. Rep. Portuguesa) – sendo aliás um dos direitos fundamentais dos cidadãos (cf. art. 18.º, n.º 1, da Constituição da República Portuguesa; 11.º, da Declaração Universal dos Direitos do Homem; 6.º, n.º 2, da CEDH, e 14.º, n.º 2, do Pacto Internacional de Direitos Civis e Políticos).

# ACORDO ENTRE EMPRESAS QUE TEM POR OBJECTO RESTRINGIR OU FALSEAR A CONCORRÊNCIA

Dele decorre que, até ser definitivamente dado como provado que uma pessoa cometeu um crime, se presume que não o cometeu, presunção que não corresponde a uma presunção propriamente dita mas antes a um verdadeiro direito do arguido: enquanto não for demonstrada a culpabilidade do arguido, não é admissível a sua condenação.

Corolário deste princípio é o *princípio in dubio pro reo*, princípio probatório de acordo com o qual a dúvida em relação à matéria de facto é sempre valorada em sentido favorável ao arguido. Assim, perante factos incertos que criam no julgador uma dúvida razoável e irremovível ou "patentemente insuperável" (Ac. STJ de 16-06-00), o julgador terá de favorecer o arguido, não dando tais factos como provados, e, consequentemente, absolvendo-o da infracção que lhe é imputada. Em suma, só a prova de todos os elementos constitutivos de uma infracção permite a sua punição.

> **A dúvida em relação à matéria de facto é sempre valorada em sentido favorável ao arguido.**

A arguida esgrime estes princípios fora do seu respectivo contexto. A questão de a AdC ter, no entender da arguida, qualificado indevidamente como contestação substancial da materialidade dos factos a impugnação por si efectuada de vários factos na resposta à nota de ilicitude e, consequentemente, valorado erradamente a sua defesa, não contende minimamente com o princípio da presunção de inocência, não se alcançando sequer a que propósito é o mesmo invocado nesta sede.

Quanto ao facto de inexistir prova bastante, a arguida quer conferir ao princípio *in dubio pro reo* um alcance que este não tem. A Autoridade, com base num conjunto de factos que considerou provados face à prova constante do processo, imputou às arguidas a prática de uma determinada infracção. A arguida, por sua vez, entende que os elementos em que a autoridade se baseou não são suficientes e/ou idóneos a servir de meio de prova e que, por conseguinte, tais factos não deveriam ter sido dados como provados.

Do exposto decorre, pois, que o que a arguida entende é que deveria ter sido outro o quadro factual provado, ou seja, a arguida discorda da valoração da prova feita pela Autoridade. Ora isto nada tem a ver com o *in dubio pro reo*. Não foi sequer alegado pela arguida que a AdC, face à prova em causa, tenha tido dúvidas sérias e que, não obstante, tenha dado os factos como assentes. De igual modo da simples leitura da decisão, e mesmo recorrendo às regras de experiência comum, não se evidencia que a AdC tenha violado quaisquer regras na apreciação da prova, designadamente que, tendo tido uma qualquer dúvida, optou por decidir em sentido desfavorável à arguida.

O que a arguida pretende é pôr em causa a forma como a Autoridade formou a sua convicção, designadamente dando como provada determinada factualidade. E estando nós em sede de recurso de impugnação judicial, a arguida pode perfeitamente fazê-lo, o que não pode é pretender, com esse fundamento, enquadrar a questão em sede de violação do *in dubio pro reo*.

Não se verifica, pois, qualquer violação do princípio da presunção de inocência nem do *in dubio pro reo*.

★

## 2.7. *Da violação do princípio da igualdade*

Entende a arguida Vatel que o princípio constitucional da igualdade não foi respeitado pela AdC na apreciação da conduta das arguidas, do cálculo do benefício económico e na correspondente graduação da coima.

O princípio da igualdade está consagrado na Const. Rep. Portuguesa nos seguintes termos: *Todos os cidadãos têm a mesma dignidade social e são iguais perante a lei* (art. 13.°, n.° 1, concretizando o n.° 2 do preceito este princípio geral).

A protecção conferida por este direito abrange a proibição do arbítrio (proíbe diferenciações de tratamento sem justificação objectiva razoável ou identidade de tratamento em situações objectivamente desiguais) e da discriminação (não permite diferenciações baseadas em categorias subjectivas ou em razão dessas categorias).

# DIREITO DA CONCORRÊNCIA

Dado que a eventual violação do princípio da igualdade nesta sede pressupõe o prévio apuramento da responsabilidade das arguidas, relega-se o seu conhecimento para momento posterior.

★

### 2.8. Da violação do princípio da tipicidade / nulla poena sine lege

Sustenta a arguida Vatel que a AdC considerou na medida da coima que havia sido violado o art. 81.º do Tratado, com o que violou o princípio da tipicidade em matéria penal. Deve, pois, em seu entender, ser a coima reduzida na parte respeitante à violação do art. 81.º.

Acrescenta ainda que, por a Lei da Concorrência não contemplar qualquer sanção para a violação do art. 81.º, não lhe pode ser aplicada uma coima por infracção à citada norma.

O princípio da tipicidade aparece consagrado no art. 2.º do RGCOC que dispõe que *Só será punido como contra-ordenação o facto descrito e declarado passível de coima por lei anterior ao momento da sua prática.*

Trata-se da transposição para o direito contra-ordenacional do princípio constitucional consagrado para o direito penal no art. 29.º, n.º 1, da Const. Rep. Portuguesa: *Ninguém pode ser sentenciado criminalmente senão em virtude de lei anterior que declare punível a acção ou a omissão.*

**A lei tem que especificar quais os actos que são considerados ilícitos (os factos que constituem o tipo legal de crime) bem como as respectivas penas.**

Deste princípio decorre que a lei não só tem que especificar quais os actos que são considerados ilícitos (*i.e.*, os factos que constituem o tipo legal de crime) como as respectivas penas. Não pode, pois, a lei, descrever os tipos com fórmulas vagas ou incertas assim como não pode estabelecer penas indefinidas. Fica também, por força deste princípio, vedada a analogia.

Analisando a Lei 18/2003 constata-se que, efectivamente, a mesma não define como contra-ordenação a violação do art. 81.º do Tratado da UE. Mas será que tal significa que a AdC não pode aplicar o referido artigo e aplicar uma coima pela sua violação?

Prevê o n.º 2 do citado art. 29.º da Const. Rep. Portuguesa que *O disposto no número anterior não impede a punição, nos limites da lei interna, por acção ou omissão que no momento da sua prática seja considerada criminosa segundo os princípios gerais de direito internacional comummente reconhecidos.*

Este artigo, redigido para o direito penal, tem, obviamente, aplicação ao direito contra-ordenacional dada a sua natureza sancionatória.

Comentando este preceito dizem Gomes Canotilho e Vital Moreira que os crimes contra o direito internacional "originam a responsabilidade imediata em face do direito internacional. E, como se trata de direito internacional comum, ele faz parte integrante do direito interno (cfr. art. 8.º-1). Não há, portanto, aqui qualquer excepção ao princípio da legalidade penal e de não retroactividade da lei penal. De resto, a punição só pode ter lugar «nos limites da lei interna», o que quer dizer, entre outras coisas, de acordo com os limites penais e as regras processuais do direito interno. Entretanto os crimes de direito internacional comum têm sido objecto de positivação por via de convenções internacionais … as quais fazem parte integrante da ordem jurídica interna, nos termos do art. 8.º-2." (op. cit., p. 497).

**Art. 8.º, n.º 4, da Const. Rep. Portuguesa: princípio do primado do direito da União Europeia.**

Ora, o art. 8.º, n.º 4, da Const. Rep. Portuguesa consagra o princípio do primado do direito da União Europeia. Este princípio dá azo a grandes controvérsias, sobretudo ao nível da resolução de problemas de conflitos entre normas comunitárias e normas constitucionais nacionais, mas desses problemas não se vai aqui tratar por não ser a questão dos autos.

# ACORDO ENTRE EMPRESAS QUE TEM POR OBJECTO RESTRINGIR OU FALSEAR A CONCORRÊNCIA

O que para aqui importa é que se prevê no art. 8.º, n.º 4, da Const. Rep. Portuguesa que *As disposições dos tratados que regem a União Europeia e as normas emanadas das suas instituições, no exercício das respectivas competências, são aplicáveis na ordem interna, nos termos definidos pelo direito da União, com respeito pelos princípios fundamentais do Estado de direito democrático.*.

O regulamento CE n.º 1/2003 do Conselho, de 16 de Dezembro de 2002 é, sem sombra de dúvida, uma norma emanada de uma instituição da União Europeia (o Conselho – cfr. art. 7.º do Tratado), no exercício das respectivas competências (art. 83.º do Tratado), e encontra-se em vigor (art. 45.º do Reg.) Consequentemente, o Regulamento 1/2003, fazendo parte da ordem jurídica da União Europeia e sendo exequível por si mesmo, é directamente aplicável na ordem interna.

Este regulamento estabelece um sistema de aplicação dos arts. 81.º e segs. do Tratado algo peculiar. Por um lado atribui às autoridades dos Estados-Membros responsáveis em matéria de concorrência, e também aos tribunais nacionais, competência para aplicar, em processos individuais, os arts. 81.º e 82.º do Tratado, sendo que esta aplicação configura um verdadeiro poder-dever: *Sempre que as autoridades dos Estados-Membros responsáveis em matéria de concorrência ou os tribunais nacionais apliquem a legislação nacional em matéria de concorrência a acordos, decisões de associações ou práticas concertadas na acepção do n.º 1 do artigo 81.º do tratado, susceptíveis de afectar o comércio entre os Estados-Membros, na acepção desta disposição, devem igualmente aplicar o art. 81.º do Tratado a tais acordos, decisões ou práticas concertadas.* (art. 3.º, n.º 1, do Reg.).

Mas, ao mesmo tempo que confere competência às autoridades nacionais para aplicar os referidos preceitos, o Regulamento reserva à Comissão competência para os aplicar em determinadas situações (arts. 7.º e segs. do Reg.).

Quanto às sanções passíveis de ser aplicadas na sequência de uma violação ao art. 81.º ou 82.º, o Regulamento limita-se a tipificar as que são aplicáveis pela Comissão: Coimas e Sanções pecuniárias compulsórias (arts. 23.º e 24.º). E quanto às autoridades nacionais? Quanto a estas a questão está resolvida pelo art. 5.º, nos termos do qual as autoridades nacionais têm competência para *aplicar coimas, sanções pecuniárias compulsórias ou qualquer outra sanção prevista pelo respectivo direito nacional.* (Aliás a competência da AdC nesta matéria decorre directamente do art. 6.º, n.º 1, al. g), dos seus Estatutos).

> **O legislador comunitário remeteu para as legislações nacionais a punição das infracções aos arts. 81.º e 82.º.**

Significa isto que o legislador comunitário remeteu para as legislações nacionais, e bem, a punição das infracções aos arts. 81.º e 82.º, ou seja, as autoridades nacionais, concluindo pela existência de uma violação do art. 81.º ou 82.º do Tratado, podem aplicar uma coima, uma sanção pecuniária compulsória ou qualquer outra sanção prevista pelo respectivo direito nacional. É manifestamente esta a intenção do legislador comunitário que não fez depender a aplicabilidade do regulamento a qualquer acto legislativo interno, como aliás é referido no seu último parágrafo: *O presente regulamento é obrigatório em todos os seus elementos e directamente aplicável em todos os Estados-Membros.*

> **Quando é cometida uma infracção ao art. 81.º é também, sempre e necessariamente, infringido o art. 4.º da Lei 18/2003.**

Daqui não resulta que a AdC, quando conclui que foi cometida uma infracção ao art. 81.º do Tratado, vá aplicar à arguida uma coima directamente por essa violação. É que quando é cometida uma infracção ao art. 81.º é também, sempre e necessariamente, infringido o art. 4.º da Lei 18/2003. Com efeito, a infracção é a mesma e uma só, o que se passa é que não afecta apenas a concorrência a nível nacional, afectando também o comércio entre os Estados-membros. Daí que nestes casos se considerem violadas as duas normas, a nacional e a comunitária, mas não se considere que o arguido infractor cometeu duas contra-ordenações. A contra-ordenação é só uma e, o facto de ter consequências a nível intra-comunitário é considerado apenas como elemento agravante na determinação da medida concreta da coima.

No caso dos autos a AdC condenou as arguidas pela prática de uma única infracção e aplicou-lhes uma coima única. O facto de a AdC ter entendido que também o art. 81.º do Tratado tinha sido violado foi valorado apenas e só na medida concreta da coima.

Por conseguinte, não tendo a AdC aplicado directamente uma coima pela prática da infracção prevista no art. 81.º do Tratado, estando especificados de forma clara e objec-

# DIREITO DA CONCORRÊNCIA

tiva os actos que constituem o tipo legal (art. 81.º) e estando especificada a respectiva sanção (art. 5.º do Reg. 1/2003 e 43.º da lei 18/2003), é forçoso concluir que não houve violação do princípio da tipicidade.

★

Inexistem quaisquer outras questões prévias ou incidentais de que cumpra conhecer.

★<br>★ ★

### 3. Fundamentação

Factos provados.

### 3.1. *Matéria de Facto provada*

Encontra-se assente a seguinte factualidade:

1 – Vatel – Companhia de Produtos Alimentares, S.A., pessoa colectiva n.º 502664699, com sede no Sobralinho, Vila Franca de Xira, matriculada na Conservatória do Registo Comercial de Vila Franca de Xira, tem por objecto social a exploração de todo e qualquer ramo de indústria alimentar e particularmente representação, distribuição, importação, exportação, indústria e comércio de sal, alfarroba, embalagens e produtos de higiene, limpeza e conservação.

2 – Tem como actividades principais a refinação, higienização e distribuição de sal.

3 – A sociedade tem o capital social de € 500.000,00, inicialmente detido na totalidade pela sociedade Macedo & Coelho – Indústrias Alimentares e Comércio, S.A., após 1999 pela Solvay Portugal – Participações (SGPS), Lda. e presentemente pela sociedade ESCO International GmbH.

4 – O grupo ESCO – European Salt Company GmbH & Coo KG, inicialmente constituído como uma joint venture dos grupos Solvay e K+S Aktiengesellschaft é, desde Junho de 2004, totalmente dominado por este último, tendo a Vatel, dessa forma, transitado do grupo Solvay para o grupo K+S.

5 – Salexpor – Companhia Portuguesa de Sal Higienizado, S.A., pessoa colectiva n.º 500238588, com sede no sítio de Brancanes, Quelfes, Olhão, matriculada na Conservatória do Registo Comercial de Olhão, tem por objecto social a exploração da indústria de purificação e refinação de sal e a exploração de salinas.

6 – A sociedade tem o capital social de € 5.489,00.

7 – E detém a maioria do capital social da Sinexpral – Sociedade Industrial de Exportação das Praínhas, Lda., sendo os seus administradores os gerentes desta última.

8 – Sociedade Aveirense de Higienização de Sal, Lda. pessoa colectiva n.º 500254338, com sede na Estrada Nova do Canal, Vera-Cruz, Aveiro, matriculada na Conservatória do Registo Comercial de Aveiro, tem por objecto social a preparação industrial do expurgo e higienização do sal marinho comum.

9 – Dedicando-se à refinação, higienização e distribuição de Sal.

10 – Detém a maioria do capital social da Vitasal – Indústria e Comércio de Sal, Lda., sendo Amândio Ferreira Canha Júnior gerente de ambas as sociedades.

11 – A Sociedade Aveirense de Higienização de Sal, Lda. é conhecida no mercado pelo nome "Vitasal".

12 – Salmex – Sociedade Refinadora de Sal, Lda. pessoa colectiva n.º 500238782 com sede no sítio de Santa Catarina, em Setúbal, matriculada na Conservatória do Registo Comercial de Setúbal, tem por objecto social a indústria e comércio de higienização e refinação de sal.

13 – Tem o capital social de € 75.000,00.

14 – E foi declarada insolvente por sentença datada de 22 de Janeiro de 2007, proferida no proc. n.º 285/06.9TYLSB do 3.º Juízo do Tribunal de Comércio de Lisboa. –

15 – As arguidas Vatel, Salexpor, SAHS e Salmex celebraram, em data não apurada do ano de 1997, mas anterior a 1 de Outubro, um acordo em que fixaram as quotas de mercado relativas de cada uma no mercado da comercialização de Sal para fins industriais e alimentares.

16 – A reunião tendente à celebração de tal acordo decorreu nas instalações da Salexpor e nela participaram António Madeira, Amândio Ferreira Canha Júnior, Manuel António Pereira, Eng. Lobo e Ana Cristina Monteiro Santos Claudino Graça.

## ACORDO ENTRE EMPRESAS QUE TEM POR OBJECTO RESTRINGIR OU FALSEAR A CONCORRÊNCIA

17 – Que à data eram:

– António Madeira: Presidente do Conselho de Administração da Salexpor;
– Amândio Ferreira Canha Júnior: sócio-gerente da SAHS;
– Manuel António Pereira: administrador da Vatel;
– Eng. Lobo: pertencia à sociedade Macedo e Coelho;
– Ana Cristina Monteiro Santos Claudino Graça: sócia-gerente da Salmex.

18 – Actualmente Manuel António Pereira é director comercial da Vatel.

19 – Numa reunião preparatória do referido acordo Amândio Dinis Ferreira Canha, sócio gerente da arguida SAHS, alertou os representantes das restantes arguidas para a desconformidade do acordo com as regras que regulam a concorrência.

20 – A acordada atribuição das quotas entre as arguidas foi feita com base no histórico das vendas relativas aos três últimos anos de cada uma das empresas.

21 – As arguidas acordaram ainda na fixação de um nível mínimo de preços do sal higienizado.

22 – E instituíram um sistema de compensações para o caso de alguns dos intervenientes ganhar quota de mercado relativamente aos outros: quando alguma das empresas ficasse com uma quota de mercado maior do que a inicial estabelecida no acordo, essa empresa teria de compensar as demais.

**(factos provados… cont.)**

23 – Compensação a efectuar em dinheiro ou através de encomendas feitas à empresa que estivesse a vender menos, tendo as arguidas acordado sobre o respectivo montante.

24 – Ficou ainda acordado que, em cada mês, cada uma das empresas informava a Salexpor sobre o seu volume de vendas e esta elaborava e remetia os mapas com os volumes de vendas, as diferenças de quotas e respectivas penalizações, sendo o respeito pelas quotas avaliado anualmente.

25 – A repartição de quotas de mercado acordada entre as arguidas obedecia a uma distinção entre:

– Sal, no mercado por grosso, destinado a consumo industrial (indústria), por elas designado por "família 1";
– Sal destinado à distribuição e comércio alimentar, incluindo grandes superfícies e comércio tradicional, por elas designado por "família 2".

26 – Tendo sido acordada a seguinte repartição e manutenção de quotas de mercado:

Família 1
– Vatel– 30,18%
– Salexpor – 41,13%
– Vitasal – 25,19%
– Salmex – 3,50%
Família 2
– Vatel– 44,53%
– Salexpor – 31,52%
– Vitasal– 18,15%
– Salmex – 5,80%.

27 – O sistema de informação referido em 24) permitia às arguidas monitorizar constantemente o cumprimento recíproco do acordo e eventuais desvios ao mesmo.

28 – As arguidas trocavam entre si a informação relativa aos volumes de vendas mensais e a Salexpor informava as restantes arguidas, através de mapas, da evolução do volume total das vendas das arguidas (nas famílias 1 e 2) e suas concretas repartições pelas empresas participantes no acordo.

29 – As arguidas procediam anualmente à compensação dos desvios face às quotas de mercado acordadas, sendo que, aquela(s) cujas vendas totais houvessem excedido a(s) sua(s) quota(s) estipulada(s) no acordo compensava(m) as restantes.

30 – Recorrendo ou à emissão e envio de notas de débito àquela(s) que excedeu(eram) a(s) sua(s) quota(s) pelo valor das compensações ou à colocação, por aquela(s) que excedeu(eram) a(s) sua(s) quota(s) nas restantes, de encomendas de Sal no valor da(s) compensação (ões).

31 – De acordo com os cálculos elaborados pelas arguidas a Vatel teria de pagar, às restantes arguidas, as seguinte compensações:

a) relativas ao período entre 31 de Dezembro de 1998 e 28 de Fevereiro de 2002 o montante global de Esc. 57.946.299$50, repartido do seguinte modo:
– à Salexpor – Esc. 26.077.580$00;
– à SAHS – Esc. 28.153.860$00;

## DIREITO DA CONCORRÊNCIA

– à Salmex – Esc. 3.714.862$00;

b) relativas ao período entre 1 de Janeiro e 31 de Dezembro de 2003:

– à Salexpor – € 39.299,80;

– à SAHS – € 63.324,38;

– à Salmex – € 10.986,76;

c) relativas ao período entre 1 de Janeiro e 31 de Dezembro de 2004, o montante global de cerca de € 115.000,00.

32 – A arguida Vatel pagou às restantes arguidas as compensações referentes aos anos de 1997 a 2003.

33 – No âmbito do acordo representantes das arguidas encontravam-se regularmente e trocavam entre si informação relativa aos volumes de vendas para a grande distribuição.

34 – Com a instituição do sistema de compensações as arguidas quiseram assegurar um nível mínimo de proveitos, entre si, assumindo que esses proveitos seriam suportados por aquela que mais conseguisse vender.

35 – O grupo das empresas participantes no acordo denominava-se "grupo Salpor" ou "G4".

36 – Manuel António Pereira era o representante da arguida Vatel nas reuniões celebradas entre as quatro empresas.

37 – Entre Maio de 2000 e Janeiro de 2005 verificaram-se, pelo menos, 15 reuniões entre os representantes das quatro arguidas.

38 – Nessas reuniões as arguidas discutiam e acordavam sobre os preços por elas a praticar do Sal destinado a consumo industrial ("família 1") e do Sal destinado à distribuição e comércio alimentar, incluindo grandes superfícies ("família 2").

39 – As arguidas reuniam-se com o propósito específico de acompanhar e verificar o cumprimento mútuo do acordado, designadamente quanto à repartição e fixação das suas quotas de mercado, e com o propósito de verificar se as compensações e penalizações entre elas acordadas eram suficientes.

40 – Bem como de acordar sobre preços mínimos e respectivas alterações.

41 – Nessas reuniões as arguidas discutiam sobre as posições dos seus concorrentes e respectivos clientes, sobre promoções e apresentações de produto.

42 – E discutam e acordavam sobre quem apresentava propostas de fornecimento a clientes da grande distribuição e respectivos preços.

43 – No dia 20 de Março de 2003 as arguidas acordaram na exclusão, daí em diante, do âmbito de aplicação das penalizações ao sal em saco na família 1.

44 – No dia 13 de Dezembro de 2003 as arguidas acordaram na exclusão do sector de "discount" do âmbito do acordo, na exclusão do âmbito de aplicação das penalizações ao sal em saco na família 1 e a sua manutenção para efeitos do acordo de preços.

45 – No ano de 2004 as arguidas reuniram-se, discutiram o funcionamento do acordo para vigorar nesse ano e mantiveram o acordo para vigorar no ano de 2004.

46 – No dia 27 de Janeiro de 2005 as arguidas reuniram-se, discutiram os acertos relativos ao ano de 2004 e acordaram no fim do acordo.

47 – O acordo celebrado entre as arguidas foi sendo objecto de alterações ao longo da sua execução.

48 – O acordo celebrado entre as arguidas tinha por objecto o sal refinado, higienizado e distribuído para fins industriais e alimentares.

49 – A penalização acordada para a família 1 era de Esc. 2$50 por Kg.

50 – E na família 2, inicialmente era de Esc. 3$00 por Kg. e a partir de 1999 de Esc. 3$50 por Kg.

51 – Não existem quaisquer barreiras que impeçam as arguidas de actuar em todo o território nacional.

52 – O custo do transporte assume algum relevo na comercialização do Sal.

53 – No ano de 2003 a arguida Vatel realizou parte das suas vendas nas famílias 1 a distribuidores e concorrentes:

– 1.424 toneladas de sal para consumo humano a distribuidores, representando 6% das suas vendas anuais neste segmento;

– 94 toneladas de sal para consumo humano a concorrentes, representando 0,37% das suas vendas anuais neste segmento;

54 – No ano de 2003 a arguida Vatel realizou parte das suas vendas nas famílias 2 a concorrentes ou revendedores:

– 29.377 toneladas de sal para consumo industrial a revendedores, representando 53% das suas vendas anuais neste segmento;

# ACORDO ENTRE EMPRESAS QUE TEM POR OBJECTO RESTRINGIR OU FALSEAR A CONCORRÊNCIA

– 2.236 toneladas de sal para consumo industrial a concorrentes, representando 4% das suas vendas anuais neste segmento;

55 – As quatro arguidas quiseram, de forma deliberada, livre e voluntária, celebrar e manter ao longo do tempo o acordo *supra* referido de repartição e manutenção de quotas relativas de mercado, fixação de preços mínimos e repartição de clientela.

56 – As quatro arguidas sabiam que um acordo celebrado entre empresas concorrentes, destinado a repartir quotas de mercado, fixar preços mínimos e repartir clientela, falseia a concorrência e é proibido por lei.

57 – Mesmo assim quiseram celebrar o acordo nos termos em que o fizeram.

58 – No exercício de 2004 a arguida SAHS apresentou os seguintes resultados:

*a)* imobilizado incorpóreo líquido: € 5.105,20;

*b)* imobilizado corpóreo líquido: € 445.007,02;

*c)* investimentos financeiros: € 2.133.902,49;

*d)* existências (líquido): € 428.852,65;

*e)* dívidas de terceiros: € 962.930,77;

*f)* depósitos e caixa: € 7.768,70

*g)*vcapital próprio: €1.067.111,56;

*h)* total do passivo: € 2.919.699,61;

*i)* proveitos e ganhos operacionais: 3.033.034,93, dos quais € 3.017.725,85 correspondem ao seu volume de negócios;

*i)* custos e perdas operacionais: € 3.052.845,36;

*k)* resultado líquido de exercício negativo: € 75.140,66.

59 – No exercício de 2004 a arguida Salexpor apresentou os seguintes resultados:

*a)* imobilizado incorpóreo líquido: € 5.004.540,29;

*b)* imobilizado corpóreo líquido: € 2.590.732,99;

*c)* investimentos financeiros: € 7.030.721,08;

*d)* existências (líquido): € 1.705.580,88;

*e)* dívidas de terceiros: € 21.536.934,31;

*f)* depósitos e caixa: € 1.259.196,53;

*g)* capital próprio: €14.670.661,16;

*h)* total do passivo: € 24.476.502,99;

*i)* proveitos e ganhos operacionais: 45.159.168,79, dos quais € 45.069.497,64 correspondem ao seu volume de negócios;

*i)* custos e perdas operacionais: € 44.357.071,58;

*k)* resultado líquido de exercício: € 103.627,42.

60 – No exercício de 2004 a arguida Vatel apresentou os seguintes resultados:

*a)* imobilizado corpóreo líquido: € 1.528.786,14;

*b)* existências (líquido): € 504.855,80;

*c)* dívidas de terceiros: € 2.912.291,35;

*d)* depósitos e caixa: € 430.705,99;

*e)* capital próprio: € 1.531.840,37;

*f)* total do passivo: € 3.869.749,61;

*g)* proveitos e ganhos operacionais: 10.603.718,35, dos quais € 10.893.442,53 correspondem ao seu volume de negócios;

*i)* custos e perdas operacionais: € 9.852.398,20;

*j)* resultado líquido de exercício: € 423.608,64.

61 – Não são conhecidos antecedentes contra-ordenacionais às arguidas.

62 – A iniciativa de celebrar o acordo pertenceu à arguida Salexpor, tendo as reuniões realizadas entre as arguidas tido lugar nas suas instalações.

63 – Um dos objectivos das arguidas ao celebrar o acordo era o de unir forças contra os grandes distribuidores que impõem as suas próprias condições.

64 – O acordo celebrado entre as arguidas terminou por iniciativa da Vatel.

65 – A Vatel foi a arguida que suportou o encargo de pagar as mais elevadas compensações na família 2.

66 – Durante o período em que vigorou o acordo havia no mercado agentes nacionais e estrangeiros para além das arguidas.

67 – Designadamente uma empresa designada Maricéu que era a fornecedora exclusiva da marca branca do Modelo Continente.

68 – E os revendedores de sal continuaram a realizar importações.

69 – No acordo celebrado entre as arguidas não foi estabelecido qualquer mecanismo de compensação para manter os preços estipulados.

(factos provados... cont.)

# DIREITO DA CONCORRÊNCIA

70 – A Vatel não efectuou qualquer pagamento de compensações às outras arguidas referentes ao ano de 2004.

71 – Na sequência do acordo, as arguidas não concorriam entre si no segmento da grande distribuição.

72 – Durante a vigência do acordo realizaram-se importações de sal de Israel e Espanha.

73 – Há países onde o preço do sal é mais baixo do que em Portugal.

74 – A importação de sal implica elevados custos de transporte, com excepção do caso de Israel e Espanha.

75 – Em Israel o sal é tratado quase como um resíduo, razão pela qual o custo de importação do sal oriundo de Israel resume-se praticamente ao preço do transporte.

76 – Ao longo dos últimos anos houve um aumento de importação de sal de Israel.

77 – No dia em que se realizaram as buscas na sede e no estabelecimento da arguida Vatel, não se encontrava presente nos referidos locais nenhum dos seus administradores.

78 – A AdC não notificou os legais representantes da Vatel para prestar declarações na fase administrativa do processo.

79 – No exercício de 2004 o volume de negócios da Salexpor relativo ao negócio do sal foi de € 5.436.188,74.

80 – Correspondendo o restante ao volume de negócios do arroz, azeite, outros óleos alimentares, águas e detergentes e produtos de terceiros.

81 – Desde há alguns anos que as mercearias e minimercados estão agrupados em centrais de compras.

82 – Há pelo menos uma empresa espanhola, a Salmar, a intervir no mercado nacional do sal a preços competitivos.

83 – A SAHS teve, no exercício de 2005, um volume de negócios inferior a € 2.000.000,00.

★<br>★ ★

### 3.2. *Matéria de facto não provada*

Abstraindo de todas as considerações jurídicas e conclusivas constantes quer da decisão recorrida quer das várias alegações de recurso, não ficou provada a seguinte factualidade:

1 – A sociedade Sinexpral dedica-se à extracção de sal.

2 – "Vitasal" é uma marca propriedade da arguida Sociedade Aveirense de Higienização de Sal, Lda.

3 – A Vatel pagou compensações às restantes arguidas na ordem dos cerca de € 115.000 (cento e quinze mil euros), relativamente ao período entre 01.01.2004 e 31.12.2004.

4 – As arguidas são responsáveis por cerca de 75% a 90% das vendas em território nacional de Sal por grosso para fins industriais e alimentares.

5 – Portugal é quase auto-suficiente em termos de produção de sal.

6 – Não existe grande necessidade de importação de sal em Portugal.

7 – O acordo celebrado entre as arguidas produziu efeitos no sector da extracção do sal, limitando a aquisição de sal nesse sector.

8 – E provocou restrições ao nível do fornecimento de sal aos concorrentes da arguida.

9 – As arguidas celebraram um acordo de definição conjunta de condições comerciais.

10 – Por força do acordo o poder de negociação das arguidas para com os seus clientes passou a ser, para cada uma, de 75% a 90% do mercado do sal.

11 – O principal objectivo das partes era o de unir forças contra os grandes distribuidores que impunham e continuam a impor as suas próprias condições, unilateralmente, fixando tectos de preços e a fixação das compensações visava apenas dissuadir as empresas participantes no acordo de exceder a sua quota.

12 – As arguidas eram devedoras de grandes quantias na banca.

13 – O acordo cessou todos os seus efeitos na segunda metade de 2004.

14 – Durante a vigência do acordo a quota real de mercado da Vatel foi diminuindo.

15 – Na família 2 a Vatel apenas ganhou quota de mercado dentro do acordo.

16 – Alguns dos revendedores de sal que importavam sal eram clientes da Vatel.

17 – Quando a Vatel deixou de pagar as compensações anuais às restantes arguidas a situação financeira destas agravou-se.

18 – Na segunda metade de 2004 a Vatel recusou-se a pagar as compensações às outras empresas.

19 – As concorrentes das arguidas Maricéu e Salmar aumentaram, durante a vigência do acordo, as suas quotas de mercado.

20 – Durante a vigência do acordo as arguidas viram as suas quotas totais de mercado diminuir progressivamente.

21 – A margem de lucro obtida pela venda era inferior ao valor da compensação para desmotivar as empresas de excederem as suas quotas de mercado.

22 – As empresas que recebiam as compensações ficavam prejudicadas porque perdiam quota de mercado e os custos fixos da empresa, em função da quantidade vendida, aumentavam.

23 – As mercearias e os minimercados só compram com autorização das Centrais de compras e a quem com elas negociou, sob pena de exclusão.

24 – Durante o período de vigência do acordo o preço do sal subiu 7,6%.

25 – Só relativo ao arroz comercializado sob o sinal "Cigala" o volume de negócios da Salexpor foi de € 28.908.353,99.

26 – A Salexpor deixou de comercializar o arroz "Cigala" em 31 de Maio de 2006.

27 – As empresas de "grande distribuição" levam as suas fornecedoras a praticar preços de venda com prejuízos.

28 – A fixação de preços mínimos teve como único objectivo evitar as vendas com prejuízos.

29 – O acordo de preços dizia apenas respeito aos produtos da "família 2".

30 – O acordo terminou para a SAHS durante os anos de 2002/2003.

31 – O acordo trouxe graves prejuízos para a SAHS resultantes da sua perda de quota de mercado.

32 – Prejuízos esses que foram superiores ao valor das compensações que recebeu.

33 – Grande parte do volume de negócios da SAHS diz respeito a sal em bruto, vendido a granel.

34 – Em alguns exercícios o volume de vendas do sal em bruto comercializado pela SAHS é superior ao volume de vendas do sal alimentar e industrial.

35 – Os preços praticados em Portugal são inferiores aos praticados nos restantes países europeus.

★

### 3.3. *Fundamentação da matéria de facto*

Antes de passar à análise dos meios de prova, há que tecer umas breves considerações sobre a prova e sobre a sua valoração.

**Fundamentação da matéria de facto.**

Desde logo convém ter em mente a natureza destes autos. Como recurso de impugnação judicial que é, o processo distingue-se do processo-crime. Neste, o julgamento é feito a partir de uma acusação (ou decisão instrutória), onde nada está à partida provado e tudo tem de ser objecto de prova em julgamento. As provas que podem ser valoradas na sentença são todas as que se produzirem no julgamento e aquelas que tenham sido produzidas anteriormente nos casos devidamente especificados na lei. Considera-se para todos os efeitos como prova produzida em audiência os documentos que se encontrarem juntos ao processo, mesmo que não tenham sido lidos em audiência (neste sentido Ac. Da RC de 29-03-06 já citado).

Já em processo contra-ordenacional a situação não é exactamente esta dado que está em causa um <u>recurso</u>. Significa isto que o objecto do processo é fixado em função do conteúdo do articulado de impugnação. Daqui resulta que não há que produzir prova sobre os factos aceites pelo arguido. Não se trata aqui de prova por confissão no sentido que esta pode ter no direito civil, isto é, não se consideram os factos provados por o arguido não os ter especificadamente impugnado. Aqui vale o princípio da presunção de inocência e o consequente ónus de prova pela acusação. O que se passa é que só tem que ser produzida prova e apreciada a factualidade posta em causa pelo arguido. Os factos constantes da decisão recorrida que o arguido não questiona ficam fora do objecto do recurso.

**O objecto do processo é fixado em função de conteúdo do articulado de impugnação.**

# DIREITO DA CONCORRÊNCIA

**As declarações do co-arguido são meio admissível de prova e, como tal, podem ser valoradas pelo Tribunal para fundar a sua convicção acerca dos factos que dá como provados desde que sejam "minimamente corroboradas" por algum facto, dado ou circunstância externa, susceptível de lhes conferir credibilidade.**

A segunda consideração prévia a fazer nesta sede respeita à questão suscitada pela arguida sobre a valoração dada pela Autoridade às declarações dos co-arguidos. Citando vária doutrina e jurisprudência, defende a Vatel que a AdC usou, para lhe imputar a conduta assacada na decisão recorrida, as declarações dos legais representantes das co-arguidas sem atentar no facto de ser esse um meio de prova de grande fragilidade. Não podia, pois, ter sido dado como provado que a Vatel foi a arguida que mais beneficiou com o acordo ou que utilizou o acordo em seu benefício uma vez que não há quaisquer outros meios de prova que o corroborem.

A este propósito cabe apenas realçar duas ideias. Em primeiro lugar nada impede que as declarações dos co-arguidos sejam usadas como meio de prova. Podem sê-lo, conforme tem sido repetidamente decidido pelo STJ: "as declarações do co-arguido são meio admissível de prova e, como tal, podem ser valoradas pelo Tribunal para fundar a sua convicção acerca dos factos que dá como provados" (Ac. de 20-06-01, CJ, T. II, p. 230).

Em segundo lugar, é perfeitamente pacífico o entendimento sufragado pela arguida. Como se refere no Ac. RL de 10-05-06 "especiais cuidados devem sempre rodear a valorização das declarações incriminatórias do co-arguido, por razões consabidas: o arguido não se encontra adstrito a um dever de verdade e – visando frequentemente obter, com uma atitude de colaboração, apenas um tratamento processual privilegiado – não pode considerar-se, à partida, um sujeito processual isento e desinteressado.

Assim, entre outros requisitos – espontaneidade, univocidade, coerência lógica e reiteração das declarações, ausência de inimizade, ressentimento ou qualquer finalidade espúria ou perversa e conformidade com as regras de experiência comum – as suas declarações têm, sobretudo, de revelar-se "minimamente corroboradas" por algum facto, dado ou circunstância externa, susceptível de lhes conferir credibilidade." (Proc. 3616/2006-3).

Significa isto que as declarações dos co-arguidos são um meio de prova admissível conquanto que, na parte em que delas resultem factos incriminatórios, sejam corroboradas com qualquer outro facto ou circunstância.

★

### 3.3.1. *Matéria de facto provada*

No que concerne à matéria de facto considerada provada e que foi questionada pelas arguidas nos seus recursos de impugnação, o Tribunal formou a sua convicção a partir da análise crítica da prova produzida em audiência, designadamente dos documentos juntos aos autos, do depoimento do legal representante da arguida e do depoimento das testemunhas inquiridas.

O legal representante da Vatel foi claro no seu depoimento, sendo que do mesmo pouco se pôde extrair dado que referiu apenas ter tido conhecimento do acordo em finais de 2003.

Por parte da acusação foram inquiridos dois instrutores do processo que estiveram presentes nas diligências de buscas, um econometrista que efectuou os cálculos relativos ao benefício económico e uma economista que desempenha funções na Autoridade recorrida. Todas as referidas testemunhas depuseram com alguma paixão, demonstrando a sua pré-convicção de que as arguidas cometeram a infracção que lhes é imputada. Este seu evidente pré-convencimento retirou aos respectivos depoimentos o necessário distanciamento e objectividade.

De qualquer modo, nenhuma das testemunhas (com excepção das duas primeiras no que concerne aos factos relacionados com as buscas e da primeira em relação a alguns aspectos relacionados com a importação do sal) tinha conhecimento directo dos factos relativos à prática do acordo imputado às arguidas.

A arguida Vatel arrolou três testemunhas, as duas primeiras seus funcionários, e a terceira um economista que elaborou um estudo sobre o benefício económico.

# ACORDO ENTRE EMPRESAS QUE TEM POR OBJECTO RESTRINGIR OU FALSEAR A CONCORRÊNCIA

Relativamente à testemunha Manuel Pereira, actualmente director comercial da Vatel, o seu depoimento foi importante dado que o mesmo participou, em representação desta arguida, nas reuniões realizadas pelas arguidas ao longo da vigência do acordo. Foi, porém contraditório em vários aspectos e apresentou justificações pouco plausíveis para algumas dúvidas que lhe foram colocadas, impedindo que o seu depoimento fosse valorado na totalidade.

A testemunha José Coelho, director financeiro da Vatel, tinha conhecimento directo apenas dos factos posteriores a 2003, dado que só desde essa altura exerça funções na sociedade, tendo sido o seu depoimento claro e objectivo.

A testemunha Rui Silva não tinha conhecimento directo dos factos imputados à arguida, tendo-se limitado a prestar esclarecimentos relativos ao cálculo do benefício económico.

As testemunhas arroladas pela Salexpor, ambos prestadores de serviços para a sociedade, pouco acrescentaram. Não tinham conhecimento directo dos factos objecto do presente processo, tendo-se limitado a prestar esclarecimentos vagos e genéricos sobre o eventual benefício que a arguida retirou do acordo. Depuseram ainda sobre a actividade a que a arguida se dedica e sobre determinados elementos relativos à sua situação económica.

Concretizando:

– Para prova dos factos relativos à identificação e natureza das arguidas, à sua actividade, funcionários, legais representantes e volumes de negócios (factos 1 a 13, 17, 18, 53, 54, 58 a 60, 79, 80 e 83) o Tribunal teve em consideração os doc. fls. 32, 83, 90, 102, 146, 714 a 718, 724, 734, 750, 797, 878, 1055, 1500, 1724, 1876, 2145, 3550, as declarações do legal representante da Vatel, da testemunha Manuel Pereira e das testemunhas Manuel Filipe e Henrique Gonçalves. Para prova do facto relativo à insolvência da arguida Salmex (facto 14) foi considerado o doc. fls. 3478.
– Para prova dos factos relativos ao acordo celebrado entre as arguidas (sua natureza, âmbito, início e fim, dolo e ilicitude – factos 15, 16, 19 a 50, 55 a 57, 62 a 65, 69, 70, 71), parte é dada como provada por não ter sido posta em causa por nenhuma das arguidas e quanto à restante foram considerados os documentos juntos aos autos a fls. 237, 883 a 890, 1030 a 1034, 1154 a 1181, 1658 a 1665, 1737 a 1742, o depoimento do legal representante da Vatel, o depoimento das testemunhas Manuel Pereira, José Coelho, Manuel Filipe e Henrique Gonçalves.

Analisada criticamente esta prova resultou perfeitamente demonstrado terem as arguidas celebrado um acordo para repartição e manutenção das suas quotas de mercado (quotas de mercado relativas), fixação de preços mínimos e repartição de clientela. O acordo relativo à repartição de quotas de mercado relativas e à instituição de um sistema de compensações não é posto em causa por nenhuma das arguidas e resulta expressamente demonstrado dos documentos juntos aos autos.

Quanto à fixação de preços e de repartição de clientela, as arguidas Vatel e Salexpor negam que o acordo incidisse sobre estes aspectos, enquanto a arguida SAHS o admite ao referir que as empresas procuravam garantir "um nível mínimo de preços" (cfr. art. 21.º do recurso), que a "apresentação de propostas" dizia respeito apenas à grande distribuição, que ela é que ficava prejudicada porque era sempre a Vatel quem apresentava as propostas e a quem era cedidas as vendas (cfr. art. 45.º, als. g) e i) do recurso).

A única testemunha com conhecimento directo destes factos, o director comercial da Vatel, negou que o acordo tivesse este âmbito. Sucede, porém, que o seu testemunho em julgamento é contrariado não só pela defesa das próprias arguidas no que concerne ao objecto do acordo, como pelos documentos juntos ao processo, designadamente os de fls. 1155 a 1181 que constituem notas que essa mesma testemunha tirava nas reuniões das arguidas. Analisando as notas de várias das reuniões que as arguidas tiveram, verifica-se que das mesmas consta:

– 18 de Maio de 2000: Preços Sal família 1 / Não aumentar preço / Preços Sal família 2 / Aumentar preços a partir de 1 de Junho (fls. 1155);

# DIREITO DA CONCORRÊNCIA

– 7 de Novembro de 2001: Sal para indústria têxtil / Preços / sal seco (granel 19.50, Big Bag e Sc 25 Kg 18.50) / sal centrifugado ( Big Bag e Sc 25 Kg 17.50) / alteração / 1 Janeiro de 2002 (doc. fls. 1157);

– 3 de Dezembro de 2001: "Recebeu pedido da Soporcel para apresentar proposta/ Preço combinado / Sameca 21.000,00 7 Vatel 19.500,00 / Preço na Póvoa / Disponível para negociar preços marginais, onde puder aprestar preços mais altos e nós estejamos de acordo e interesse em que seja a Sameca a apresentar proposta mais baixa que a Vatel" (doc. fls. 1158);

– 26 de Abril de 2002: "Vitasal / produtos vs preços / Lactogal – Vatel" (doc. fls. 1162);

– 1 de Julho de 2002: "Fima – preços / sal seco gr / vitasal 3,75=3,57 / Vatel 3,75=3,66 / sal seco sc / vitasal 108,50 / Vatel 118,00 / sal tal qual 1ª gr. / vitasal 59,85 / Vatel 70,00 / sal tal qual 1ª sc. / vitasal 64,84 / Vatel 80,00" (doc. fls. 1163);

– 3 de Outubro de 2002: Salmar – Lidl 0,10 Tangelman – 0,13 (doc. fls. 1165);

– 25 de Outubro de 2002: Preços € 140,00 TON Lidl – grupo português/ € 125.000 ton – salmar (doc. fls. 1167);

– 1 de Junho de 2004: "ver \ rever preços €\ton: sal centrifugado (BB. 75,00, SC 85,00/ saco (gr. 70,00, BB 80,00; sc 90,00) (doc. fls. 1169);

– 12 de Fevereiro de 2004: "Acordo p\ 2004 : aumento do preço p\ Família 1 a partir de 1 de Abril de 2004 / cedência da marca CNR (mesa 1.99, cristal 1.70)/ alteração de preço marca própria a partir de 1 de Maio de 2004 7 a salexpor\ Madeira só dá o OK até 2004 e só continua se as coisas se inverterem" (doc. fls. 1170);

– 13 de Dezembro de 2003: "Acordo – Penalização 2002: Discount não entra no acordo/ indústria não conta para efeitos de penalização mas mantém acordo do preço / cedência de venda do M.P. "Auchan" (doc. fls. 1171);

– 13 de Janeiro de 2004: "Acordo para 2004: s\ penalizações monetárias; conter vendas para respeitar quota \ excedente a produzir\embalar num parceiro / preços novos 1 de Março de 2004 / compensações p\ produção / indústria acordo s\ compensação / preços textil seco gr 97,25 €\ton, BB 95,00 €\ton, sc 95,00 €\ton, centrifugado gr –, BB 90,00 €\ton, sc 90,00 €\ton" (doc. fls. 1172);

– 14 de Maio de 2003: !Contacto c\ Maria Céu / alteração de preços data 16 de Junho de 2003 / marca própria continente – salexpor, carrefour – vitasal – não vai apresentar / vatel apresenta preços nova tabela (doc. fls. 1174);

– 24 de Junho de 2003: Alteração de preços 1 de Julho de 2003 / Minipreço sul – salexpor, norte – M Céu (doc. fls. 1175);

– 12 de Agosto de 2003: "Portucel\Soporcel – proposta de preço € 90,00\ton / centrifugado sc 25 Kg – preço p\ Vitasal a levantar na Póvoa / pagamento – facturas Vatel / salmar – Lidl, Minipreço, carrefour (doc. fls. 1176);

– 18 de Setembro de 2003: Alteração de preços: 1 de Novembro" (doc. fls. 1177);

– 19 de Janeiro de 2002: "apresentar proposta para fornecer sal centrif. preço 18.00 Kg?/ preços p\ 2003 – GD Industria" (doc. fls. 1179);

– 20 de Março de 2003: "Preços – aumento", indicando-se de seguida vários preços (doc. fls. 1181).

Confrontada a testemunha sobre o teor das suas notas e sobre elas referirem preços, clientes, propostas de fornecimento e de cedência de clientes, não foi capaz de dar uma explicação cabal, limitando-se a dizer que as notas não são actas e que durante as reuniões pensava em muitos outros assuntos de que tomava notas. Ora estas explicações são absolutamente inaceitáveis, irrazoáveis e insusceptíveis de ser levadas a sério. Não é crível que em pelo menos 15 reuniões efectuadas em função do acordo celebrado entre as arguidas, a testemunha tenha dedicado parte do tempo a pensar em questões que só à Vatel respeitavam e que nada tinham a ver com a reunião e com o que nela se estava a tratar e que fizesse apontamentos desses seus pensamentos intercaladamente com os apontamentos que tirava das reuniões.

De igual modo não faz sentido e é contraditório com a própria argumentação das arguidas que o acordo não incluísse preços. Com efeito, todas as arguidas afirmaram (embora não tenham demonstrado) que o principal objectivo do acordo era defender-se contra as grandes superfícies, dando a entender que estas é que lhes impunham os preços de compra ao invés de serem elas a impor os preços de venda. Ora como é que se compreende que as arguidas pretendam lutar contra estas imposições celebrando um acordo que apenas prevê a repartição relativa de quotas se esta repartição, só por si, não lhes dá

# ACORDO ENTRE EMPRESAS QUE TEM POR OBJECTO RESTRINGIR OU FALSEAR A CONCORRÊNCIA

qualquer argumento suplementar para negociar com as grandes superfícies? Como é evidente, este objectivo só se alcançaria se as arguidas acordassem em praticar os mesmos preços mínimos e se repartissem entre si as grandes superfícies, o que é aliás reconhecido implicitamente pela Vatel que alegou e provou que as arguidas, na sequência do acordo, não concorriam entre si na grande distribuição. De todo o modo, no que toca ao objectivo da celebração do acordo, apenas se provou que um dos objectivos do acordo foi o de unir esforços contra os grandes distribuidores que impõem as suas próprias condições, ficando por demonstrar que esse era o único objectivo ou que as grandes distribuidores impõem tectos de preços.

Relativamente às datas de início e fim do acordo, quanto à primeira, não é posta em causa por nenhuma das arguidas. Quanto à segunda, não obstante a argumentação das arguidas de que o acordo terminou em 2004, ou ainda antes segundo a SAHS, dos documentos resulta o contrário. Assim, para além de as arguidas terem celebrado várias reuniões em 2003 e pelo menos três reuniões em 2004, nas quais se referem expressamente ao acordo, penalizações e a preços (fls. 1169, 1170 e 1172), reuniram-se em 27 de Janeiro de 2005 constando das notas dessa reunião que se referiram ao diferencial relativo a 2004 para as arguidas Salexpor, Vitasal e Salmex, indicando os respectivos montantes. Consta igualmente que as partes expressaram a sua posição quanto ao fim do acordo. Há ainda que considerar aqui o doc. fls. 876 que demonstra que havia compensações a pagar relativas ao ano de 2004 e que a Vatel ainda ponderou a possibilidade de fazer tais pagamentos. Daqui resulta que em 2004 o acordo ainda vigorou, ou seja, neste ano o acordo de repartição de quotas, fixação de preços e repartição de clientela manteve-se em funcionamento. O que não ficou provado foi que tivessem sido pagas as compensações relativas a 2004 e que só deveriam ser liquidadas em Janeiro de 2005. Mas o facto de as compensações não serem pagas não quer dizer que o acordo não vigorasse, quer dizer apenas que a Vatel, em 2004, incumpriu o acordo nesta parte.

**Fundamentação de facto... cont.**

Por outro lado, se é certo que o legal representante da Vatel disse que deu ordens para que o acordo terminasse em finais de 2003, o certo é que a Vatel continuou a fazer-se representar nas reuniões do grupo em 2004, não tendo, o seu representante, posto os parceiros ao corrente de qualquer cessação do acordo. Ora não se aceita a argumentação da Vatel até porque não é crível que o Director Comercial da arguida desobedeça a ordens expressas do seu conselho de administração, sem sofrer qualquer sanção disciplinar, isto é, não se aceita que a Vatel tenha saído do acordo em 2004 ou que tenha posto termo ao acordo nessa data. Não foi dada qualquer explicação cabal para o facto de o legal representante da Vatel não ter diligenciado junto do seu funcionário para confirmar que este tinha cumprido as suas ordens ou de ter diligenciado para confirmar que o acordo tinha cessado.

De igual modo não foi dada qualquer explicação lógica para o facto de o director comercial enviar ao director financeiro em 7 de Janeiro de 2005 um fax dizendo que o valor de 2004 poderia ir aos € 115.000, que este lhe respondesse que era complicado porque tinha ficado combinado que não se pagava mais e era um montante muito grande pelo que teria de ter impacto nas contas de 2005 e que aquele lhe respondesse que quando se refere ao valor não está a dizer que é para pagar em dinheiro porque o combinado era pagar em produto e, como não tinham pago nem entregue produto em 2004, estava a perguntar se queria provisionar (doc. fls. 876). Face ao teor deste documento, fica excluída qualquer possibilidade de se defender que o director comercial da Vatel tenha mantido a empresa no acordo por sua única iniciativa e contra ordens expressas do conselho de administração.

Fica, pois, evidente, que o acordo ainda vigorou em 2004, embora a Vatel não o tenha cumprido na íntegra nessa ano já que não pagou as compensações. Esse não pagamento, porém, não era ainda líquido para as outras arguidas na reunião de 27 de Janeiro de 2005 (como resulta do facto de na reunião ocorrida nesse dia terem feito referência aos montantes que eram devidos pela Vatel relativos ao ano de 2004), data em que foi formalizado o fim do acordo, ou seja, o acordo deixou de vigorar no início do ano de 2005 o que, tendo em consideração o modo como as arguidas monitorizavam o acordo e como liquidavam as compensações, significa que o mesmo se pode considerar findo no final de Dezembro de 2004.

**sub judice / causas — 40**

# DIREITO DA CONCORRÊNCIA

Conjugando toda esta matéria com o facto de ter ficado provado que Amândio Dinis Ferreira Canha, sócio gerente da arguida SAHS, alertou os representantes das restantes arguidas para a desconformidade do acordo com as regras que regulam a concorrência, facto que foi confirmado pela testemunha Manuel Pereira, resulta provado que as arguidas agiram com dolo directo.

– Sobre os factos relacionados com o mercado do Sal (factos 51, 52, 66 a 68, 72 a 76, 81, 82) foram tidos em consideração os doc. fls. 8, 2206 a 2213 e o depoimento das testemunhas Nuno Marques, Manuel António Pereira, José Coelho, Manuel Filipe e Henrique Gonçalves.

– Quanto aos factos relacionados com o processo de contra-ordenação (factos 77, 78) foram relevantes os depoimentos das testemunhas Nuno Marques e José Coelho.

★

### 3.3.2. *Matéria de facto não provada*

Quanto à matéria de facto dada como não provado, a convicção do Tribunal assentou quer na ausência de prova quer na inconsistência da prova quer na produção de prova em contrário. Assim:

– Os factos 1 e 2 só podem ser provados por documento autêntico e tal doc não foi junto.

– Quanto ao pagamento das compensações (facto 3) não foi feita qualquer prova de que os pagamentos calculados relativos ao ano de 2004 tenham efectivamente sido pagos. Do depoimento das testemunhas Pereira e Coelho resultou que foram pagas as compensações liquidadas até ao ano de 2004, mas quanto a pagamentos relativos ao ano de 2004 foram ambos peremptórios ao afirmar que não foram pagas quaisquer compensações, compensações essas que, a serem pagas, só o seriam no ano de 2005 já que era no princípio de cada ano que se fazia o acerto relativo ao ano anterior. Não tendo sido produzida qualquer outra prova pela AdC ou pelo Ministério Público, o facto ficou por demonstrar.

– Relativamente às quotas de mercado absolutas das arguidas (75% a 90%) não foi produzida qualquer prova (facto 4). As arguidas negaram as percentagens referidas, nenhuma das testemunhas as confirmou e os documentos em que a AdC alicerça o facto, apreendido à arguida Vatel, não o confirma. Com efeito, tal documento, para além de não ter qualquer sinal identificativo da sua origem, não refere as percentagens das arguidas no mercado das vendas para fins industriais. A fls. 710 consta um gráfico relativo às vendas no mercado alimentar no ano de 2003, do qual resulta terem as arguidas uma percentagem global de 78%. A fls. 711 consta um gráfico com as percentagens das arguidas no mercado "mesa e cozinha" relativo ao ano de 2003, do qual resulta terem as arguidas uma percentagem global de 77%. Não se mostra junto qualquer gráfico relativo às percentagens no mercado da indústria. Com base nestes elementos não se pode dar por provado que as arguidas tenham presentemente, ou que tenham tido quer em 1997, data do início do contrato, quer em 2003, uma quota de mercado situada entre os 75% e os 90%.

– Sobre os factos 5 e 6 não foi feita qualquer prova directa, sendo os mesmos infirmados pela informação prestada pela DGPA junta a fls. 8, da qual consta, designadamente, que em 2003 as compras de sal no exterior suplantaram em mais de 50% a oferta nacional; que nem o diferencial do custo de transporte do produto importado tem conseguido proteger a produção de muitas salinas nacionais, tendo como resultado a paralisação da sua actividade e que o recurso à importação de sal marinho destinado a fins alimentares, em termos tão expressivos evidencia uma vulnerabilidade do nosso país no que diz respeito ao co-aprovisionamento alimentar.

– Sobre os efeitos do acordo no sector da extracção do sal, ao nível do fornecimento de sal aos concorrentes da arguida e do poder de negociação dele resultante para as arguidas (factos 7, 8 e 10) não foi feita qualquer prova. A AdC sustentou as suas conclusões essencialmente no facto de as arguidas repartirem entre si entre 75% a 90% do mercado nacional. Com esse peso no mercado, poder-se-ia dizer que as arguidas dominavam o mesmo e, por conseguinte, qualquer acordo do género do aqui em causa, tinha efeitos directos e quase que necessários quer a montante quer a jusante do mercado da comercialização do sal. Sucede que tais percentagens não ficaram demonstradas. Logo,

## ACORDO ENTRE EMPRESAS QUE TEM POR OBJECTO RESTRINGIR OU FALSEAR A CONCORRÊNCIA

e por ter sido esse o pilar em que assentaram as conclusões da Autoridade, não tendo este facto ficado provado, os factos e conclusões dele decorrentes ficaram também por demonstrar.

– Quanto ao acordo sobre as condições comerciais (facto 9) o que resulta da prova documental e testemunhal produzida é que as arguidas celebraram um acordo com vista à fixação e repartição das respectivas quotas de mercado no mercado do sal, de fixação directa de preços e repartição de clientela. Para além disto apenas se provou que em diversas reuniões se debateram questões relacionadas com as posições e clientes dos concorrentes das arguidas, promoções e apresentações de produto, o que não basta para se dar como provado que o acordo incidia sobre condições comerciais.

Dizer que o acordo incidia sobre a definição conjunta de condições de mercado é vago e conclusivo. Ora não consta sequer da acusação que as arguidas tenham acordado sobre fretes, preços de transporte, transporte conjunto, celebração conjunta e/ou simultânea de promoções; etc., ou seja, não constam da decisão os factos que, a provar-se, permitiram ao tribunal concluir que o acordo incidiu sobre as condições de mercado. Do facto de as arguidas terem debatido questões relacionadas com promoções (sendo que não consta da decisão que tenham acordado na realização de acções de promoção conjuntas, em simultâneo e nas mesmas condições), com a apresentação dos produtos (sendo que não consta da decisão que tenham decidido e acordado entre si como é que cada uma passaria a apresentar o seu produto) e com os seus concorrentes (sendo que apenas consta da decisão que discutiram as posições e os clientes das concorrentes e não que tomaram qualquer tipo de decisão para interferir nessas mesmas posições e clientes) não se pode concluir que tenham celebrado um acordo sobre as condições de mercado.

– Quanto ao principal ou único objectivo das partes na celebração do acordo (facto 10 e 28) não foi feita prova. Provou-se que um dos objectivos das arguidas era defender-se contra os grandes distribuidores, mas não que fosse esse o principal objectivo. E não se provou desde logo porque o acordo não visava apenas a grande distribuição. Para além de na mesma família (alimentar) estar também incluído o comércio tradicional (e quanto a este não ter ficado provado o paralelismo de comportamentos com a grande distribuição) o acordo abrangia também a comercialização de sal para indústria e, quanto a este, se é certo que a partir de dado momento deixaram de estar previstas compensações, não é menos certo que se manteve sempre o acordo de preços (doc. fls. 1155 e 1171). Este facto, por si só, infirma que fosse aquele o principal objectivo do acordo já que o sal para indústria não tem qualquer ligação com as grandes superfícies.

Acresce que a única testemunha com conhecimento directo dos factos foi o director comercial da Vatel que, face às contradições e explicações pouco plausíveis que deu sobre o teor das suas próprias notas, não foi credível.

Quanto à alegação de que o único objectivo do acordo era evitar as vendas com prejuízo, para além do que se disse, não ficou provado que as empresas estivessem a vender a preços inferiores aos preços de custo, pelo que nunca tal facto poderia ser dado como provado.

– Sobre os factos alegados pelas arguidas relativas às respectivas sociedades e actividade comercial, aos seus concorrentes e mercado (factos 12, 16, 19, 23 a 27, 33 a 35) não foi feita qualquer prova.
– Sobre a data em que o acordo cessou (factos 13 e 30), ficou a mesma infirmada com a prova do facto 46.
– Os factos invocados pelas arguidas relativos aos efeitos nefastos que o acordo teve para cada uma delas e às consequências do mesmo (facto 14, 15, 17, 20 21, 22, 31, 32), não foram objecto de qualquer prova objectiva e circunstanciada, e são contrariados pelas mais elementares regras de experiência comum: não é credível que as empresas mantivessem em vigor um acordo desde 1997 até 2004, inclusive, se o mesmo só lhes trouxesse prejuízos.
– Relativamente à data em que a Vatel se recusou a pagar as compensações (facto 18), o facto é infirmado pelo doc. fls. 876 e relativamente ao acordo de preços respeitar apenas à família 2 (facto 29) pela prova em contrário produzida de onde resultou que o acordo visava fixar preços nas duas famílias.

# DIREITO DA CONCORRÊNCIA

★<br>★ ★

**Fundamentação fáctico-jurídica.**

### 3.4. *Fundamentação fáctico-jurídica e conclusiva*

A Lei 18/2003 consagra o actual Regime Jurídico da Concorrência, anteriormente regulado no Dec.lei 371/93 de 29 de Outubro que por sua vez havia substituído o Dec.lei 422/83 de 3 de Dezembro. Todos estes diplomas pretendem dar concretização ao disposto no art. 81.º, al. f), da Constituição da República Portuguesa que determina que incumbe prioritariamente ao Estado, no âmbito económico e social, *Assegurar o funcionamento eficiente dos mercados, de modo a garantir a equilibrada concorrência entre as empresas, a contrariar as formas de organização monopolistas e a reprimir os abusos de posição dominante e outras práticas lesivas do interesse geral.*

Porquê esta consagração a nível constitucional? Porque a defesa e promoção da Concorrência são fundamentais para assegurar o saudável funcionamento do mercado. Na realidade em que vivemos a concorrência perfeita (sistema em que grande números de pequenos fornecedores abasteça o mercado com o mesmo tipo de produtos ou serviços, a preços idênticos, e sem qualquer tipo de colusão entre si) não existe. Vivemos num sistema em que se torna necessário organizar de modo eficiente a actividade económica, preservando sempre um certo grau de concorrência (i.e., uma dinâmica competitiva saudável), disciplinando a actividade dos vários agentes económicos, garantindo os direitos dos consumidores e em última ratio promovendo a convergência dos esforços na busca de melhor realização do interesse geral.

**Qualquer agente económico, pelo mero exercício do seu direito de liberdade contratual, corolário do princípio da autonomia privada, pode interferir com o regular funcionamento do mercado.**

Tendo em mente estes princípios e orientações e sendo evidente que qualquer agente económico, pelo mero exercício do seu direito de liberdade contratual, corolário do princípio da autonomia privada, pode interferir com o regular funcionamento do mercado, impedindo ou dificultando a entrada/permanência de empresas concorrentes no mercado, influenciando a formação da oferta e da procura, ou seja, impedindo a livre circulação de mercadorias e de prestação de serviços, surge a nível nacional a regulação da concorrência, em moldes aliás muito semelhantes aos previstos no direito comunitário.

Feita esta exposição introdutória sobre a natureza e justificação do direito da concorrência, passemos a análise da conduta das arguidas.

★

Vêm as arguidas acusadas da prática, em co-autoria, da contra-ordenação prevista no art. 4.º da Lei 18/2003 de 11 de Junho que dispõe: *São proibidos os acordos entre empresas, as decisões de associações de empresas e as práticas concertadas entre empresas, qualquer que seja a forma que revistam, que tenham por objecto ou como efeito impedir, falsear ou restringir de forma sensível a concorrência no todo ou em parte do mercado nacional ...*

A contra-ordenação aqui prevista apresenta-se como um ilícito não de natureza instantânea mas sim de natureza permanente: a sua execução e a consumação perduram no tempo: a uma primeira fase, que compreende toda a conduta do agente ate ao aparecimento do evento, segue-se uma segunda fase que perdura no tempo ate que o agente cumpra o dever de fazer cessar o estado antijurídico causado. A violação do bem jurídico prolonga-se no tempo enquanto perdura a resolução criminosa isto é, a execução persiste no tempo porque o agente voluntariamente mantém a situação antijurídica.

Face a esta configuração do tipo de ilícito, a questão suscitada pela Vatel a propósito da aplicação *in casu* da Lei 18/2003 ou do Dec.lei 371/93 de 29 de Outubro não tem pertinência.

Como já se frisou, a Lei 18/2003 veio revogar a anterior legislação da concorrência consagrada no Dec.lei 370/93, no qual o ilícito ora previsto no art. 4.º era caracterizado do seguinte modo *São proibidos os acordos e práticas concertadas entre empresas e as decisões de associações de empresas, qualquer que seja a forma que revistam, que tenham por objecto ou como efeito impedir, falsear ou restringir a concorrência no todo ou em parte do mercado nacional ...*

# ACORDO ENTRE EMPRESAS QUE TEM POR OBJECTO RESTRINGIR OU FALSEAR A CONCORRÊNCIA

Na sua essência o tipo de ilícito é o mesmo já que a proibição é idêntica (a única diferença resulta de um *plus* exigido pela nova lei: que o acordo/prática impeça, falseie ou restrinja de *forma sensível* a concorrência). Ora as arguidas são acusadas de ter cometido uma infracção que teve o seu início em 1997, isto é, numa altura em que estava em vigor o Dec.lei 371/93, e que teve o seu fim em Janeiro de 2005, data em que estava em vigor a Lei 18/2003 (que entrou em vigor no dia 16 de Junho de 2003). A infracção teve pois início quando vigorava um diploma e teve o seu fim já na vigência do outro diploma.

De acordo com a acusação, uma vez que a conduta das arguidas se prolongou durante a vigência da lei nova (18/2003), tendo, as arguidas, no seu domínio continuado a praticar todos os actos integradores do tipo, a consumação do ilícito foi-se dando ao longo de todo o tempo até à data da cessação. Assim, uma vez que a actual lei da concorrência entrou em vigor "antes de esgotada a última possibilidade de intervenção juridico-penalmente adequada" (Taipa de Carvalho, in Sucessão de Leis Penais, Cª Editora, 1990, p. 62) é esta que se aplica e é relativamente a esta que a conduta das arguidas se tem de subsumir.

Para que se possa concluir que uma determinada prática viola o art. 4.°, e tendo em consideração a acusação imputada às arguidas, há que apurar:

— se foi encetada por uma empresa tal como definida na lei da concorrência e se, por conseguinte, está sujeita ao regime da concorrência;
— se foi celebrado um acordo entre duas ou mais empresas;
— qual o mercado relevante;
— se o acordo em questão tem por objecto ou como efeito impedir, falsear ou restringir, de forma sensível, a concorrência no todo ou em parte do mercado relevante.

Passemos então à análise de cada um destes elementos do tipo.

★

a) *Da aplicabilidade do regime da concorrência à arguida*

De harmonia com o disposto no art. 1.°, n.° 1, o regime legal da concorrência *é aplicável a todas as actividades económicas exercidas, com carácter permanente ou ocasional, nos sectores privado, público e cooperativo*. A noção de <u>empresa</u> é-nos dada pelo art. 2.°: *qualquer entidade que exerça uma actividade económica que consista na oferta de bens ou serviços num determinado mercado, independentemente do seu estatuto jurídico e do modo de funcionamento*. Trata-se de um conceito muito amplo de empresa que abrange qualquer agente económico empresarial, independentemente da forma jurídica que reveste ou do seu modo de financiamento (cfr. Ac. TJ de 21-09-99, Proc. C-67/96 e Ac. TJ de 23-04-91, Proc. 41/90).

As quatro arguidas são sociedades comerciais, umas sob a forma de sociedade anónima, outras sob a forma de sociedade por quotas, todas elas exercendo a sua actividade no âmbito da extracção e comercialização do sal, actividade que perseguem com fins lucrativos. São, pois, todas elas, empresas para efeitos da lei da concorrência, não ficando a Salnex excluída dado que, tendo embora sido declarada insolvente mas não resultando dos autos que se encontra encerrada a fase de liquidação, mantém a sua personalidade jurídica (só com o encerramento da liquidação e o subsequente registo a pessoa jurídica se extingue — arts. 146.°, n.° 2 e 160.°, n.° 2, ambos do Cod. Soc. Comerciais).

Assim, as quatro arguidas são empresas para efeitos do art. 4.° e, por conseguinte, é-lhes aplicável o regime da concorrência.

★

b) *Da existência de um acordo entre empresas*

A noção de <u>acordo</u> não resulta expressamente da Lei da Concorrência mas quer a doutrina quer a jurisprudência, nacional e comunitária, são unânimes no conteúdo a dar a este conceito: está em causa uma noção muito ampla que abrange todos os contratos de que derivem obrigações juridicamente vinculativas para as partes bem como os simples

---

**Dec.-Lei 370/93 e Lei 18/2003:** na sua essência o tipo de ilícito é o mesmo já que a proibição é idêntica, a única diferença resulta de um *plus* exigido pela nova lei: que o acordo/prática impeça, falsie ou restrinja de *forma sensível* a concorrência.

**Empresa:** qualquer agente económico empresarial, independentemente da forma jurídica que reveste ou do seu modo de financiamento.

**Acordo:** qualquer comportamento coordenado de empresas, sob qualquer forma jurídica, em que pelo menos uma se obriga a uma determinada prática ou em que se elimina a incerteza do comportamento da outra; seja ele expresso ou tácito, simétrico ou assimétrico.

# DIREITO DA CONCORRÊNCIA

acordos, independentemente da forma que revistam, quer sejam celebrados entre empresas concorrentes, ou seja, situadas no mesmo estádio de produção ou da cadeia de distribuição (acordos horizontais) quer sejam celebrados entre empresas situadas em diferentes estádios da produção ou da cadeia de distribuição (acordos verticais).

Um acordo relevante para efeitos da lei da concorrência é, pois, qualquer comportamento coordenado de empresas, sob qualquer forma jurídica, em que pelo menos uma se obriga a uma determinada prática ou em que se elimina a incerteza do comportamento da outra; seja ele expresso ou tácito, simétrico ou assimétrico.

No caso dos autos ficou provado que as quatro arguidas, em data não apurada do ano de 1997, anterior a Outubro, decidiram estabelecer entre si um acordo no mercado de distribuição de sal refinado, higienizado e distribuído para fins industriais e alimentares. Esse acordo passava pela repartição e manutenção das respectivas quotas de mercados relativas, que foram fixadas, com base no histórico das vendas relativas aos três últimos anos, nas proporções identificadas no facto dado como provado sob o n.º 26, e pela instituição de um sistema de compensações para o caso de alguma delas ganhar quota de mercado relativamente às outras. Tal compensação era efectuada através de dinheiro ou encomendas feitas à empresa que estivesse a vender menos. Tal como sucedeu com as quotas, também o valor da compensação a pagar por Kg. foi definido pelas quatro empresas (nos termos dos factos dados como provados sob os n.ºs 49 e 50).

Ficou ainda provado que, pelo mesmo acordo, as arguidas combinaram um sistema de fixação de preços mínimos de venda do sal, sem que tenham fixado qualquer sistema de compensações para o caso de alguma das empresas não respeitar os preços, bem como um sistema de repartição de clientela que as levava a decidir entre si qual ou quais apresentariam propostas de fornecimento a determinados clientes.

A partir da referida altura as arguidas começaram a reunir-se periodicamente, trocando entre si a informação relativa aos volumes de vendas mensais e a Salexpor informava as restantes arguidas, através de mapas, da evolução do volume total das vendas das arguidas e suas concretas repartições entre si. Trocavam ainda entre si informação relativa aos volumes de vendas para a grande distribuição, a preços, clientes e concorrentes, promoções e apresentações de produto.

Nessas reuniões as arguidas discutiam e acordavam sobre os preços por elas a praticar do Sal destinado a consumo industria! ("família 1") e do Sal destinado à distribuição e comércio alimentar, incluindo grandes superfícies ("família 2")

As reuniões visavam ainda acompanhar e verificar o cumprimento mútuo do acordado, designadamente quanto à repartição e fixação das suas quotas de mercado, e com o propósito de verificarem se as compensações e penalizações entre elas acordadas eram suficientes.

As arguidas procediam anualmente à compensação dos desvios face às quotas de mercado acordadas, sendo que, aquela(s) cujas vendas totais houvessem excedido a(s) sua(s) quota(s) estipulada(s) no acordo compensava(m) as restantes, recorrendo ou à emissão e envio de notas de débito àquela(s) que excedeu(eram) a(s) sua(s) quota(s) pelo valor das compensações ou à colocação, por aquela(s) que excedeu(eram) a(s) sua(s) quota(s) nas restantes, de encomendas de Sal no valor da(s) compensação (ões), tendo as arguidas apurado o valor de compensações referido no facto dado como provado sob o n.º 31).

Desde 1997 e até ao final do ano de 2004 as arguidas foram revendo os preços e a praticar bem como o valor das compensações, tendo a partir de 2003 deixado de atribuir compensações no sal em saco da família 1.

Face a esta factualidade é forçoso concluir que as quatro arguidas celebraram um acordo, que vigorou entre pelo menos Outubro de 1997 e Dezembro de 2004, que tinha por objecto fixar e manter as suas quotas de mercado relativas no âmbito da comercialização de sal refinado, higienizado e distribuído para fins industriais e alimentares, fixar preços mínimos a praticar pelas quatro e repartir entre si clientela, deixando de concorrer directamente nas grandes superfícies.

## ACORDO ENTRE EMPRESAS QUE TEM POR OBJECTO RESTRINGIR OU FALSEAR A CONCORRÊNCIA

Celebraram, pois, as arguidas, um acordo (horizontal dado encontrarem-se as quatro empresas no mesmo estádio da cadeia de produção/distribuição) relevante para efeitos de aplicação da Lei da Concorrência, dado que se obrigaram a uma determinada prática e em simultâneo eliminaram a incerteza do comportamento umas das outras, acordo esse que foi sendo objecto de alterações ao longo da sua execução.

★

c) *Do mercado a considerar*

A definição do <u>mercado</u> é um passo essencial para determinação da infracção dado que ela existe sempre por referência a um dado mercado. A este propósito diz Lopes Rodrigues que "O principal objecto da definição de mercado consiste em identificar de uma forma sistemática os condicionalismos concorrenciais que as empresas em causa têm de enfrentar. O objectivo de definir um mercado tanto em função do seu produto como em função da sua dimensão geográfica é o de identificar os concorrentes efectivos das empresas em causa, susceptíveis de restringir o seu comportamento e de impedi-las de actuar independentemente de uma pressão concorrencial efectiva. É nesta óptica que a definição de mercado permite subsequentemente calcular as quotas de mercado, o que representa uma informação essencial em relação ao poder de mercado para apreciar a existência de uma posição dominante (art. 82.º) ou para efeitos de aplicação do art. 81.º às estratégias cooperativas/colusivas." (*in* O Essencial da Política de Concorrência, INA, 2005, p. 95-96).

> **O objectivo de definir um mercado é o de identificar os concorrentes efectivos das empresas em causa, susceptíveis de restringir o seu comportamente e de impedi-las de actuar independentemente de uma pressão concorrencial efectiva.**

O mercado de produto identifica o bem ou serviço em causa e é constituído pelo conjunto de produtos intersubstituíveis tanto na óptica da procura como da oferta.

No caso dos autos não há qualquer dúvida que estamos perante o mercado do sal refinado, higienizado e distribuído para fins industriais e alimentares.

O mercado geográfico apura-se tendo em consideração a zona territorial em que os produtores ou os vendedores de um dado bem ou serviço concorrem em condições homogéneas.

Em termos geográficos o mercado a considerar é o território nacional dado ter ficado provado que não existe qualquer tipo de barreiras que impeça as arguidas de actuar em todo o território nacional, sendo certo que a tal não obsta, dada a dimensão do território nacional continental, o custo do transporte do sal.

★

d) *Da existência de uma decisão que tenha por objecto ou como efeito impedir, falsear ou restringir, de forma sensível a concorrência*

Quando é que um acordo ou uma decisão têm por objecto ou por efeito <u>impedir, falsear ou restringir a concorrência?</u>

O preceito em análise refere que a infracção se considera cometida desde que o acordo, a decisão ou a prática tenha por objecto *ou* por efeito restringir a concorrência de forma sensível. A introdução da disjuntiva "ou" é perfeitamente clara e unívoca: não é necessário que o acordo/decisão/prática tenha por efeito restringir a concorrência, basta que tenha por objecto essa restrição. Assim, são considerados violadores da concorrência quaisquer acordos, decisões ou práticas que, por elas mesmas ou pelos seus efeitos, sejam limitativas da liberdade dos agentes económicos.

Significa isto que não está em causa uma infracção de dano mas sim de perigo: basta que o bem jurídico seja posto em perigo, ou seja, basta a possibilidade de lesão para que a infracção se considere cometida.

<u>Impedir</u> a concorrência implica a supressão absoluta da mesma, *i.e.*, a concorrência pura e simplesmente deixa de existir. <u>Restringir</u> a concorrência significa que a mesma continua a existir mas em moldes diversos dos normais, *i.e.*, a concorrência diminui. <u>Falsear</u> a

**sub judice / causas — 40**

# DIREITO DA CONCORRÊNCIA

**Impedir** a concorrência implica a supressão absoluta da mesma; **Restringir** a concorrência significa que a mesma continua a existir mas em moldes diversos dos normais; **Falsear** a concorrência implica uma alteração das condições normais do mercado.

concorrência implica uma alteração das condições normais do mercado, *maxime* das condições de troca próprias das estruturas de mercado.

Assim, são consideradas violadoras da concorrência quaisquer acordos, decisões ou práticas que, por elas mesmas ou pelos seus efeitos, sejam limitativas da liberdade dos agentes económicos.

Mas não podemos deixar de considerar que o legislador consagrou a regra *de minimis*: o acordo só é proibido se a limitação introduzida às regras da concorrência for significativa, ou seja, os acordos de menor importância beneficiam de uma isenção genérica – é este o significado da expressão *restringir de forma sensível* inserta no art. 4.°.

No caso *sub iudice* está em causa um acordo pelo qual as arguidas não só fixaram as suas quotas relativas no mercado relevante, estabelecendo um sistema de compensações para o caso de alguma ultrapassar a sua quota, como fixaram preços mínimos a praticar pelas quatro no mesmo mercado e acordaram na repartição entre si de clientela.

**Ao repartirem entre si o mercado, ao fixarem os preços mínimos a praticar e ao repartir clientela, as arguidas interferem com o regular funcionamento do mercado.**

Ao repartirem entre si o mercado, mesmo que considerando apenas as suas posições relativas, ao fixarem os preços mínimos a praticar e ao repartir clientela, as arguidas estão, obviamente, a interferir com o regular funcionamento do mercado.

A fixação dos preços faz parte da liberdade contratual do prestador do serviço e do respectivo cliente, não havendo qualquer justificativo para que seja imposto (por uma entidade terceira que não está inserida no circuito prestador/comprador) ao primeiro e, consequentemente, também ao segundo. A fixação do preço deve resultar apenas e tão só do livre jogo do mercado, tendo embora que respeitar certas regras e princípios, regras essas que visam regular o funcionamento do mercado e não colocar-lhe entraves e introduzir-lhe distorções. Ora o acordo celebrado pelas arguidas, pelo seu próprio objecto, interfere com o regular funcionamento do mercado na medida em que influencia necessariamente a formação da oferta e da procura (sendo o factor "preço" decisivo neste binómio oferta/procura) e que elimina a incerteza do comportamento de empresas concorrentes.

Por seu turno fixar quotas de mercado relativas, fixar compensações para o caso de se excederem as mesmas e repartir clientes é limitar a liberdade negocial de cada um, interferir nas políticas comerciais de cada um, o que se reflecte necessariamente no mercado globalmente considerado, diminuindo a concorrência, atribuindo às empresas posições relativas artificiais e estabelecendo preços artificiais não ditados em função dos custos.

Significa isto que o acordo celebrado entre as arguidas é um acordo que tem por objecto restringir e falsear de forma sensível a concorrência. E será esta restrição sensível? É certo que sim. Mesmo não se tendo apurado a posição das arguidas no mercado, analisando os seus volumes de vendas constata-se que, em conjunto, têm seguramente peso no mercado nacional e que, ao unirem-se as quatro num acordo deste tipo, produziram necessariamente distorções no mercado pelo menos ao nível da oferta.

Defendem-se as arguidas dizendo que os preços do sal não aumentaram em função do acordo e que continuou a haver concorrência no mercado. é certo que quanto aos preços não se provou que tenha havido aumento. Mas tal não é relevante dado que para apurar e concluir que um acordo tem por objecto restringir e falsear a concorrência não temos que atender aos efeitos concretos do acordo.

Por outro lado, é certo que se provou que continuou a haver concorrência (continuou a haver importações de sal e havia pelo menos dois outros agentes no mercado da comercialização e distribuição de sal), mas tal é irrelevante. Para além de não se cuidar aqui de apurar os efeitos do acordo, não é imputada às arguidas a celebração de um acordo que teve por objecto impedir a concorrência, mas sim de um acordo que a restringiu e falseou.

Pretendem as arguidas que celebraram o acordo com o objectivo de se defender contra as práticas comerciais das grandes superfícies, estando em causa uma verdadeira situação de abuso de dependência económica.

# ACORDO ENTRE EMPRESAS QUE TEM POR OBJECTO RESTRINGIR OU FALSEAR A CONCORRÊNCIA

O abuso de dependência económica é, em si mesmo, uma violação das regras da concorrência, que se encontra enunciada no art. 7.°: *É proibida, na medida em que seja susceptível de afectar o funcionamento do mercado ou a estrutura da concorrência, a exploração abusiva, por uma ou mais empresas, do estado de dependência económica em que se encontre relativamente a elas qualquer empresa fornecedora ou cliente, por não dispor de alternativa equivalente.*

A este propósito apenas se provou que as arguidas, ao celebrar o acordo, tinham como objectivo, entre outros, unir forças contra os grandes distribuidores que impõe as suas próprias condições, incluindo tectos de preços.

Sucede que, para além do acordo ser muito mais abrangente do que a venda às grandes superfícies, este facto só por si é insuficiente para que se possa concluir que havia por parte das grandes superfícies abuso de dependência económica. Como não se provou qualquer outro facto relativo a esta matéria, que aliás também não foi concretamente alegado, a argumentação das arguidas é improcedente no que toca à invocação deste abuso como causa justificativa do acordo.

Aliás, o acordo só se poderia considera justificado ao abrigo do art. 5.° que prevê os casos em que podem ser consideradas justificadas as práticas restritivas. Porém, não tendo ficado demonstrado que este acordo contribuiu para melhorar a produção ou distribuição de bens ou serviços ou para promover o desenvolvimento técnico ou económico, o mesmo não está abrangido pelo art. 5.°. Logo, o acordo em apreço não pode considerar-se justificado. Independentemente de qual foi o objectivo que presidiu à celebração do acordo e de quais os interesses que as arguidas visavam prosseguir, o certo é que nunca se pode considerar serem esses interesses legítimos já que, a partir do momento em que se violam disposições legais, no caso as regras da concorrência, os interesses prosseguidos deixam de ser legítimos.

> O abuso de dependência económica é, em sim mesmo, uma violação das regras da concorrência.

\*

e) *Forma de comparticipação*

Nos termos do disposto no art. 16.° do RGCOC *Se vários agentes comparticipam no facto, qualquer deles incorre em responsabilidade por contra-ordenação mesmo que a ilicitude ou o grau de ilicitude do facto dependam de certas qualidades ou relações especiais do agente e estas só existam num dos comparticipantes.*

Uma das formas de comparticipação possível é a co-autoria. Esta existe quando mais do que um agente toma parte directa na execução de um facto ilícito, "por acordo ou juntamente com outro ou outros". Para que exista comparticipação na forma de co-autoria é essencial haver tanto uma decisão (acordo que tanto pode ser expresso como tácito) como uma execução conjuntas (art. 26.° do Cod. Penal e 16.° do RGCOC).

> Para que exista comparticipação na forma de co-autoria é essencial haver tanto uma decisão como uma execução conjuntas.

Nas palavras de Eduardo Correia, estaremos perante a figura da co-autoria quando o agente "por acordo e conjuntamente com outro ou outros, tome parte imediata na execução de um crime (...) O elemento novo e mais importante aqui é precisamente o do acordo – ao menos na forma mínima de uma «consciência e vontade de colaboração» de várias pessoas na realização de um crime." (in Direito Criminal II, 1988, p. 253). Neste sentido Ac. STJ de 18 de Julho de 1984, BMJ 339, p. 276.

No caso dos autos ficou provado que a iniciativa do acordo pertenceu à Salexpor, e que na sequência dessa iniciativa as quatro arguidas se reuniram, e conjuntamente, decidiram celebrá-lo: todas elas participaram nas várias reuniões, acordaram na repartição de clientes, na fixação e manutenção das quotas, na fixação dos preços e nos montantes da compensações a pagar; monitorizaram ao longo do tempo o seu funcionamento e foram-lhe introduzindo alterações.

É, pois, indiscutível que todas as arguidas participaram quer na decisão quer na execução do acordo. Agiram, pois, em co-autoria.

\*

# DIREITO DA CONCORRÊNCIA

f) *Do elemento subjectivo do tipo*

As arguidas vêm acusadas de ter actuado livre, consciente e voluntariamente, conhecendo a norma infringida e tendo representado e querido a prática da infracção. Ou seja, embora não o qualifique juridicamente, entende a AdC que as arguidas agiram com dolo directo e que tiveram consciência da ilicitude.

No caso de comparticipação, *Cada comparticipante é punido segundo a sua culpa, independentemente da punição ou do grau de culpa dos outros comparticipantes* (art. 16.º, n.º 2, do RGCOC).

Às arguidas vem imputada a prática do ilícito a título de dolo directo. *Age como dolo quem, representando um facto que preenche um tipo de crime, actua com intenção de o realizar* (art. 14.º Cod. Penal).

**O dolo directo traduz-se no conhecimento e vontade de realização de um tipo legal (elemento cognitivo e volitivo), a que acresce a intenção de o realizar (elemento emocional).**

Na sua essência o dolo directo traduz-se no conhecimento e vontade de realização de um tipo legal (elemento cognitivo e volitivo), a que acresce a intenção de o realizar (elemento emocional).

Ficou provado que as arguidas, todas elas, quiseram celebrar o acordo que celebraram. Que todas elas sabiam que um acordo de fixação de preços, repartição de quotas de mercado e de clientela, é um acordo que restringe a concorrência e que, enquanto tal, é proibido por lei. Que mesmo conhecendo a proibição as arguidas quiseram celebrar o acordo.

Está, pois, demonstrado que todas as arguidas agiram com dolo directo.

★

A Salexpor vem alegar que não lhe pode ser imputada a prática da contra-ordenação por a sua conduta não ser censurável dado ter actuado em estado de necessidade. Invoca a este propósito o disposto nos arts. 34.º e 35.º do Cod. Penal.

**O estado de necessidade desculpante, previsto no art. 35.º do CP, exclui a culpa; o direito de necessidade previsto no art. 34.º do CP exclui a ilicitude.**

Há que referir que, não obstante a arguida apelar quer ao art. 34.º quer ao 35.º, do Cod. Penal, a situação tal como a apresenta só no art. 35.º se poderia enquadrar. O que diz a arguida é que o acto não lhe é censurável. Ora é o estado de necessidade desculpante, previsto no art. 35.º, que exclui a culpa. No artigo 34.º está consagrada uma realidade diversa: trata-se do direito de necessidade que exclui a ilicitude. Face à argumentação da arguida parece claro que se está a referir ao estado de necessidade desculpante e não ao direito de necessidade.

Ora o estado de necessidade desculpante só exclui a culpa se o acto ilícito for praticado para afastar um perigo que ameace direitos da pessoa humana (à vida, à integridade física, à honra ou à liberdade). Se os bens jurídicos ameaçados forem outros, não há exclusão da culpa, o que pode é a pena ser especialmente atenuada ou, excepcionalmente o agente ser dela isento (cfr. art. 35.º, n.º 1 e 2).

Significa isto que no caso, estando em causa, na perspectiva da arguida, a subsistência económica das sociedades, é manifesto que os bens supostamente ameaçados são bens patrimoniais pelo que nunca se poderia considerar que as arguidas agiram sem culpa. Apenas poderia ter lugar a atenuação especial da coima.

Sucede que a argumentação da arguida não é procedente. O único argumento invocado para sustentar esta defesa foi o de que a celebração do acordo terá sido ditada unicamente por uma atitude defensiva com "vista a parar a hemorragia dos resultados negativos que vinham sendo sentidos, pelas empresas do sector", empresas que "estavam à beira do abismo, em vias de soçobrar economicamente".

Ora dificilmente poderemos considerar que nestes suas expressões está alegado um qualquer facto concreto e muito menos que tenha ficado provado algum facto que se pudesse considerar ínsito nesta argumentação. O único facto provado que aqui podia ter algum

# ACORDO ENTRE EMPRESAS QUE TEM POR OBJECTO RESTRINGIR OU FALSEAR A CONCORRÊNCIA

relevo é o que se prende com a circunstância de um dos objectivos do acordo ter sido o de unir forças contra as grandes superfícies que impunham aos fornecedores determinadas condições.

Mas, este facto, por si só, não basta para considerar que havia um qualquer perigo actual e não removível de outro modo, que afectasse de tal modo a subsistência das arguidas que não se poderia esperar destas uma actuação diversa. A possibilidade de actuação diversa é evidente e resulta desde logo do facto de as arguidas não serem as únicas a actuar no mercado em questão. Havia e há outras empresas, suas concorrentes, que não fizeram parte do acordo e que não consta que tenham sido declaradas falidas ou insolventes. Ou seja, a celebração de um acordo ilícito não está minimamente justificada pelo facto de as arguidas sofrerem pressões por parte da grande distribuição.

Não há, pois, qualquer situação de estado de necessidade desculpante.

★

g) *Da violação do art. 81.º do Tratado*

Tendo-se concluído que a conduta das arguidas viola o disposto no art. 4.º, n.º 1, da Lei 18/03 há agora que apurar se a mesma também é violadora do art. 81.º do Tratado UE.

Dispõe o citado art. 81.º, n.º 1, que *São incompatíveis com o mercado comum e proibidos todos os acordos entre empresas, todas as decisões de associações de empresas e todas as práticas concertadas que sejam susceptíveis de afectar o comércio entre o Estados membros e que tenham por objecto ou efeito impedir, restringir ou falsear a concorrência no mercado comum.*

Conforme resulta directamente da norma em análise, pressuposto da sua aplicação é que a decisão violadora das regras da concorrência afecte o comércio entre os Estados membros, ou seja, que tenha ou possa ter um impacto nas actividades económicas de pelo menos dois Estados-Membros, interferindo na sua estrutura concorrencial. Demonstrados estes requisitos haverá ainda que analisar se tal impacto afecta de forma sensível essas mesmas actividades económicas.

**Pressuposto da aplicação do art. 81.º é que a decisão violadora das regras da concorrência tenha ou possa ter um impacto nas actividades económicas de pelo menos dois Estados-Membros, interferindo na sua estrutura concorrencial.**

Para ajudar a definir e a uniformizar a interpretação e o alcance que deve ser dada a esta noção, a Comissão emitiu uma comunicação com a epígrafe "Orientações sobre o conceito de afectação do comércio entre Estados-Membros previstos nos artigos 81.º e 82.º do Tratado" (JO n.º C 101, de 27 de Abril de 2004). Por esta comunicação ser bastante clara passa a transcrever-se parte do seu conteúdo.

"O critério de afectação do comércio circunscreve o âmbito de aplicação dos arts. 81.º e 82.º a acordos e práticas abusivas susceptíveis de ter um nível mínimo de efeitos transfronteiriços na Comunidade. Segundo o Tribunal de Justiça, a possibilidade de o acordo ou prática afectar o comércio entre os Estados-membros deve ser "sensível". (…) Decorre da formulação dos arts. 81.º e 82.º e da jurisprudência dos tribunais europeus que, na aplicação do critério de afectação do comércio, deve ser prestada especial atenção a três elementos: a) O conceito de "comércio entre os Estados-Membros", b) A noção de "susceptível de afectar" e c) O conceito de "carácter sensível"."

A propósito do primeiro dos referidos conceitos (comércio entre os Estados-Membros), a comunicação refere que "o conceito de "comércio" não se limita às tradicionais trocas transfronteiriças de bens e serviços. Trata-se de um conceito mais amplo, que cobre toda a actividade económica transfronteiriça. (…) O requisito de afectação (…) implica que deve haver um impacto nas actividades económicas transfronteiriças que envolva, no mínimo, dois Estados-Membros. (…) A aplicação do critério da afectação do comércio é independente da definição dos mercados geográficos relevantes. (…)".

Sobre o segundo conceito (susceptível de afectar), diz-se que com o mesmo se pretende "definir a natureza do impacto necessário no comércio entre os Estados-membros. De acordo com o critério de base desenvolvido pelo Tribunal de Justiça, a noção de "susceptível de afectar" implica que deve ser possível prever, com um grau de probabilidade

**sub judice / causas — 40**

2007

**257**

# DIREITO DA CONCORRÊNCIA

suficiente com base num conjunto de factores objectivos de direito ou de facto, que o acordo ou a prática pode ter uma influência, directa ou indirecta, efectiva ou potencial, na estrutura do comércio entre os Estados-Membros. (…) Nos casos em que o acordo ou a prática é susceptível de afectar a estrutura concorrencial no interior da comunidade, a aplicabilidade do direito comunitário fica estabelecida. (…) A avaliação da afectação do comércio baseia-se em factores objectivos. Não é necessária uma intenção subjectiva por parte das empresas em causa…. Não há qualquer obrigação ou necessidade de calcular o volume efectivo de comércio entre os Estados-Membros afectados pelo acordo ou prática".

Relativamente ao terceiro elemento – de forma sensível – é o elemento que introduz a exigência de o acordo assumir alguma magnitude, ficando excluídos "os acordos e práticas que, devido à fraca posição das empresas envolvidas no mercado dos produtos em causa, afectam o mercado de forma não significativa. O carácter sensível pode ser apreciado, nomeadamente, por referência à posição e à importância das empresas envolvidas no mercado dos produtos em causa.".

**A conclusão de que estamos perante uma actividade que afecta de forma sensível o comércio entre os Estados-Membros é casuística e tem de ser extraída de factores objectivos.**

Ora como resulta da própria comunicação, a conclusão de que estamos perante uma actividade que afecta de forma sensível o comércio entre os Estados Membros é casuística e tem se ser extraída de factores objectivos que demonstrem o "impacto nas actividades económicas transfronteiriças" e que permitam "prever, com um grau de probabilidade suficiente com base num conjunto de factores objectivos de direito ou de facto, que o acordo ou a prática pode ter uma influência, directa ou indirecta, efectiva ou potencial, na estrutura do comércio entre os Estados-Membros".

Entendeu a Autoridade que actuando as arguidas em todo o território nacional, constituindo este uma parte substancial do mercado comum, representando em conjunto entre 75% a 90% das vendas, o acordo, pela sua própria natureza, tem por efeito criar rigidez do mercado nacional ao nível da oferta, consolidar barreiras de carácter nacional e possibilitar ou reforçar a segmentação dos mercados numa base nacional, dificultando a integração económica pretendida pelo Tratado, ou seja, afecta o comércio intracomunitário.

Como se referiu a conclusão de que o acordo afecta o comércio entre Estados Membros tem que se extrair de factos objectivos e, acrescente-se, devidamente descritos e provados. Sucede que não ficaram provados os necessários dados objectivos que permitam concluir que o acordo é susceptível de afectar, de forma sensível, o comércio entre Estados-membros. A acusação teria que ter demonstrado, factualmente, que o acordo celebrado pelas arguidas tem por efeito consolidar barreiras de carácter nacional e possibilitar ou reforçar a segmentação dos mercados numa base nacional, o que não fez.

Nas orientações da Comissão sobre o conceito de afectação refere-se que ao critério de afectação depende essencialmente da consideração de três factores: natureza do acordo, natureza dos produtos e posição e importância das empresas em causa, relacionando-se este último com a apreciação do carácter sensível.

**Um acordo celebrado entre empresas nacionais não é um acordo que, pela sua própria natureza, seja susceptível de afectar o comércio entre os Estados-Membros.**

Sendo um acordo celebrado entre empresas nacionais, o mesmo não é um acordo que, pela sua própria natureza, seja susceptível de afectar o comércio entre os Estados-Membros (dado que as empresas envolvidas pertencem todas ao mesmo Estado e o acordo não incide sobre importações e exportações). O produto em causa é o Sal, não tendo ficado demonstrado que o sal, pela sua própria natureza, seja um produto adequado ao comércio transfronteiriço ou importante para qualquer empresa que pretenda expandir para Portugal a sua actividade. Significa isto que o peso das empresas no mercado tinha aqui uma importância crucial.

Este requisito pode ser determinado em função das quotas de mercado das empresas ou do seu volume de negócios. O único facto concreto em que a AdC sustenta a sua argumentação é o de as arguidas representarem 75% a 90% das vendas no território nacional (ou seja, a AdC afere da afectação a partir das posições de mercado). Olvidou porém a AdC que era a si (e ao Ministério Público), enquanto entidade acusadora, que incumbia fazer essa prova, prova que, diga-se aliás, não é de difícil produção (sobre o modo como este elemento pode ser obtido cfr. Comunicação da Comissão relativa à definição de mercado relevante para efeitos do direito comunitário da concorrência – 97/C 372/03,

**258**     2007     **40 — causas / sub judice**

# ACORDO ENTRE EMPRESAS QUE TEM POR OBJECTO RESTRINGIR OU FALSEAR A CONCORRÊNCIA

pontos 53 a 55 e Comunicação da Comissão relativa aos acordos de pequena importância que não restringem sensivelmente a concorrência nos termos do n.º 1 do Tratado que institui a Comunidade Europeia – 2001/C 368/07, ponto 10). A AdC, com base num documento não identificado nem minimamente certificado que apreendeu nas buscas que realizou na sede da Vatel (doc. fls. 710), e que nem sequer incluía quaisquer percentagens das arguidas relativas ao mercado da indústria, entendeu que não necessitaria de realizar qualquer diligência suplementar destinada a confirmar os dados que dele constavam relativos ao sector alimentar e a apurar os dados relativos ao sector indústria, isto é, destinada a apurar as quotas reais de mercado das arguidas.

Mal andou a AdC já que o elemento em causa, porque essencial para subsunção da actuação das arguidas ao tipo (art. 81.º do Tratado), não poderia de ânimo leve ser dado como assente. Ao não diligenciar pela realização de um qualquer tipo de estudo ou investigação para apurar o peso de cada uma das arguidas no mercado, sendo certo que foi esse o único facto objectivo em que baseou a imputação da afectação do comércio intracomunitário, a AdC ditou o destino desta acusação: improcedência. É que se para apurar da afectação da concorrência a nível nacional, no caso concreto, atender ao volume de negócios das arguidas é um elemento com peso significativo, dado o concreto mercado em questão e a realidade económica nacional, já para apurar a afectação da concorrência a nível intracomunitário os montantes em causa não são, por si só, suficientes e relevantes, são meramente indicativos e nada mais do que isso.

Aliás, quanto ao volume de negócios, a própria Comissão fixou como montante de referência a considerar para este efeito € 40 milhões (volume de negócios relativo aos produtos objecto do acordo): se as empresas tiverem um volume de negócios igual ou superior a esse montante, há uma presunção ilidível de que os efeitos no comércio são sensíveis (ponto 53 da Comunicação sobre o conceito de afectação do comércio). Não se sabendo qual a posição no mercado das empresas envolvidas, e ascendendo o total do seu volume de negócios relativo ao mercado do sal a um montante inferior aos referidos € 40 milhões (já que se provou que do volume total de negócios da Salexpor só uma percentagem de cerca de 10% diz respeito ao produto objecto do acordo), o acordo em causa não se pode considerar à partida como um acordo que afecta de forma sensível o comércio intracomunitário, nem o Tribunal tem elementos que lhe permitam concluir que há grande probabilidade de o acordo vir a afectar o comércio entre mais do que um estado.

Face a todo o exposto, entende o tribunal que não ficou provado que o acordo celebrado pelas arguidas seja susceptível de afectar o comércio entre os Estados-membros pelo que não podem as arguidas ser condenadas por violação do art. 81.º do Tratado.

★

### 3.5. *Da escolha e medida da sanção a aplicar*

Nos termos do disposto no art. 43, n.º 1 al. a), a violação do disposto no art. 4.º, *Constitui contra-ordenação punível com coima que não pode exceder, para cada uma das empresas parte na infracção, 10% do volume de negócios do último ano.*

A arguida Salexpor veio suscitar a questão de a Autoridade ter estabelecido a moldura abstracta da coima tendo em atenção o seu volume total de negócios quando deveria ter atendido apenas ao seu volume de negócios relativo à comercialização de sal. Acrescenta que se assim não se entender, a sua postura colaborante será "completamente postergada".

Não lhe assiste, porém, razão. O art. 43.º, n.º 1, al. a), faz depender o montante máximo da moldura abstracta aplicável do "volume de negócios do último ano". O legislador não introduziu qualquer elemento que permita restringir o volume de negócios a atender nem do artigo no seu todo se pode retirar qualquer indício de que o legislador quis restringir, para efeitos de conformação da moldura penal abstracta, o volume de negócios ao que esteja directamente relacionado com a prática ilícita. Consequentemente, e porque nada permite concluir que o legislador se expressou incorrectamente ou que quis consagrar algo diferente do que consagrou, não pode o intérprete presumir que o legis-

> O art. 43.º, n.º 1, al. a) não se refere a volume de negócios do produto que estiver em causa na concreta infracção.

# DIREITO DA CONCORRÊNCIA

lador foi mais além do que pretendia e fazer uma interpretação correctiva desta norma. Ou seja, não pode interpretar-se o art. 43.º, n.º 1, al. a) no sentido de que o mesmo se refere ao volume de negócios do produto que estiver em causa na concreta infracção.

Diz a arguida que a ser assim a sua postura colaborante ficará "completamente postergada". Sucede que não há qualquer relação entre estas duas realidades. De um lado temos o volume de negócios que é determinante para fixar a moldura abstracta aplicável. De outro lado temos a alegada conduta colaborante que é considerada como circunstância atenuante na fixação da moldura concreta da coima. Em suma, as circunstâncias atenuantes só surgem quando se ultrapassou o primeiro momento (de fixação da moldura abstracta), e não podem, nesta primeira fase interferir ou relevar. Assim, oportunamente, será considerado, como atenuante, a sua postura colaborante, assim como será também devidamente considerado o facto de o seu volume de negócios relativo ao mercado do sal ser outro que não o seu volume total de negócios.

No exercício de 2004 o volume de negócios das arguidas foi de:

- Vatel: € 10.893.442,53;
- Salexpor: € 45.069.497,64;
- SAHS: 3.017.725,85;
- Salmex: desconhecido.

Relativamente à arguida Salmex, sendo desconhecido o seu volume de negócios temos de recorrer à regra geral prevista no art. 17.º, n.º 3, do RGCOC, nos termos do qual as coimas aplicáveis às pessoas colectivas podem elevar-se, em caso de dolo, até ao montante máximo de € 44.891,81.
Significa isto que a moldura abstracta aplicável às arguidas estas arguidas tem os seguintes limites máximos (10% do volume de negócios):

- Vatel: € 1.089.344,25;
- Salexpor: € 4.506.949,76;
- SAHS: 301.772,58;
- Salmex: 44.891,81.

Quanto ao limite mínimo nada é dito, pelo que, nos termos do art. 17.º, n.º 1, do RGCOC, o mínimo abstracto aplicável é de € 3,74 .

Com base nesta moldura abstracta (excepto no que concerne à Salmex que não resulta da decisão qual o máximo que foi considerado abstractamente) a AdC aplicou às arguidas as seguintes coimas:

- Vatel: € 544.672,00;
- Salexpor: € 225.347,00;
- SAHS: 109.149,00;
- Salmex: 31.560,00

Cabe agora apurar se, face aos elementos a considerar na fixação da moldura concreta da pena, devem as coimas aplicadas pela AdC ser mantidas ou se, pelo contrário, há circunstâncias a considerar que levem a uma diminuição desses montantes.

De referir que, vigorando aqui o princípio da proibição da *reformatio in pejus* (art. 72.ºA, n.º 1, do RGCOC), o Tribunal não pode condenar as arguidas em coima superior à que foi aplicada na decisão recorrida. Tal não significa, porém, que na concreta ponderação dos factores relevantes para a determinação da coima, o Tribunal não possa valorar determinados factos como circunstâncias agravantes, mesmo que como tal não tenham sido valorados na decisão recorrida. O que o Tribunal não pode é, a final, condenar em coima superior à aplicada pela Autoridade.

Passemos então à determinação da medida concreta da coima, tendo em consideração que *Cada comparticipante é punido segundo a sua culpa, independentemente da punição ou do grau de culpa dos outros comparticipantes*, (art. 16.º, n.º 2, do RGCOC).

# ACORDO ENTRE EMPRESAS QUE TEM POR OBJECTO RESTRINGIR OU FALSEAR A CONCORRÊNCIA

Dispõe o art. 44.º que as coimas são fixadas tendo em consideração, entre outras, as seguintes circunstâncias:

– a gravidade da infracção para a manutenção de uma concorrência efectiva no mercado nacional;
– as vantagens de que hajam beneficiado as empresas infractoras em consequência da infracção;
– o carácter reiterado ou ocasional da infracção;
– o grau de participação na infracção;
– a colaboração prestada à autoridade, até ao termo do procedimento administrativo;
– o comportamento do infractor na eliminação das práticas proibidas e na reparação dos prejuízos causados à concorrência.

Por seu turno o art. 18.º do RGCOC (aplicável face à remissão do art. 22.º do e porque o próprio art. 44.º esclarece que as circunstâncias nele previstas deverão ser, <u>entre outras</u>, consideradas, de onde resulta que nele não estão incluídos todos os elementos a considerar na determinação da medida concreta da coima) acrescenta que na determinação da coima há que considerar ainda:

– *a culpa;*
– *a situação económica do agente;*

★

Todas as arguidas nas respectivas alegações de recurso, pugnam pela alteração da coima concreta aplicada, demonstrando o seu desacordo face aos critérios a que a autoridade atendeu e às valorações que fez de determinados factos.

Dada a extensão das impugnações nesta matéria, especialmente da arguida Vatel, ir-se-á analisar cada um dos factores relevantes e determinar, em relação a cada um, se funcionam como circunstância atenuante ou agravante.

• <u>Da gravidade da infracção</u>

Sobre a gravidade da infracção diz a AdC que consistindo o acordo celebrado pelas arguidas numa restrição horizontal de tipo cartel de repartição de quotas de mercados, de fixação de preços e de repartição de clientela, o mesmo afecta o bom funcionamento do mercado, dele resulta um dano para os consumidores na medida em que há uma redução da concorrência no mercado e uma estabilização faseada dos preços do sal. Conclui, pois, que está em causa uma infracção de elevado grau de gravidade.

> **Gravidade da infracção resultante de a mesma pôr em causa os valores da liberdade de formação da oferta/procura, de acesso ao mercado e de salvaguarda dos interesses dos consumidores.**

Discorda a Vatel argumentando que o acordo não teve qualquer efeito sensível no mercado da distribuição de sal. Reconhece que o acordo, pelo seu objecto, abstracto, é grave mas já não o é quanto ao seu efeito. Do acordo não resultou qualquer grave e real dano para a concorrência por comparação com a situação que existira na ausência de acordo, sendo certo que não houve um aumento significativo de preços como resultado do acordo.

Da defesa da arguida Vatel parece resultar que a mesma entende que uma infracção só é de grau elevado de gravidade se tiver por efeito restringir, impedir ou falsear a concorrência, mas que se tiver por objecto essa mesma restrição já não poderá revestir-se de elevada gravidade. Não tem razão. Qualquer infracção ao art. 4.º pode ser pouco grave, grave ou muito grave, quer seja uma infracção que tenha por objecto restringir, impedir ou falsear a concorrência quer seja uma infracção que tenha por efeito restringir, impedir ou falsear a concorrência. A apreciação da gravidade é casuística: perante uma qualquer infracção há que verificar em concreto o seu grau de gravidade.

A infracção cometida pelas arguidas tem por objecto restringir e falsear a concorrência. Do simples facto de quatro empresas concorrentes celebrarem um acordo com o âmbito do que o que as arguidas celebraram, interferindo necessariamente na oferta e influenciando a formação de preços, e de manterem esse mesmo acordo durante sete anos, decorre necessariamente a afectação do bom funcionamento do mercado: interferência no sistema de fixação de preços e na liberdade negocial em geral e redução da concor-

# DIREITO DA CONCORRÊNCIA

rência no mercado. A existência de distorções graves no mercado é, pois, um facto.

Considerando a natureza do acordo celebrado entre as arguidas, é manifesto que o mesmo produziu efeitos nefastos no mercado. A partir do momento em que as arguidas fixam preços mínimos estão a induzir os preços a níveis artificiais que não são ditados pelo binómio procura/oferta, como deverão ser num mercado a funcionar em condições normais de concorrência. Ao repartir clientes e não concorrer entre si, pelo menos no sector da grande distribuição, as arguidas induzem a rigidez do mercado, reduzem necessariamente a oferta no mercado, limitando a liberdade contratual do lado da procura.

Assiste, pois, razão, à AdC. A contra-ordenação praticada é muito grave dado terem as arguidas, empresas com alguma dimensão no mercado nacional, posto em causa valores fundamentais para a estrutura e funcionamento da economia, designadamente os valores da liberdade de formação da oferta e da procura e de acesso ao mercado, por um lado, e de salvaguarda dos interesses dos consumidores, por outro, e de o terem feito por um período relativamente prolongado. É certo que não se provou que o acordo tenha tido efeitos ao nível dos preços nem no mercado de extracção do sal. Mas tal não retira a apontada gravidade à contra-ordenação.

Já a circunstância de não ter ficado provada a violação do art. 81.º do Tratado terá de ser atendido em sentido favorável às arguidas, dado que a coima aplicada pela Autoridade tinha essa violação como pressuposto.

- Do benefício económico e do dano económico

A este propósito diz a AdC que um acordo como o que as arguidas celebraram provoca sempre danos na medida em que causam uma redução da oferta no mercado e mantêm níveis de preços supra competitivos e/ou artificiais. A quantificação destes danos requer a comparação entre o que as empresas terão usufruído no período de vigência do acordo e o que teriam obtido, durante esse mesmo período, caso o acordo não tivesse existido.

**Um acordo de fixação de preços e de repartição de quotas de mercado provoca sempre danos na medida em que causa uma redução da oferta no mercado e mantêm níveis de preços supra competitivos e/ou artificiais.**

No caso em apreço, as arguidas instituíram um sistema de compensações donde resulta que a margem adicional unitária decorrente do acordo compensa, pelo menos, o montante unitário de indemnização que cada empresa se assegura a pagar no âmbito do sistema de compensações, ou seja, o benefício económico unitário equivale, no mínimo, ao montante de indemnização unitária previsto no acordo.

Entende a Autoridade que a lógica destas compensações visava expropriar e partilhar no seio do cartel o benefício acrescido resultante da venda acima de cada quota acordada, ou seja, numa remuneração equitativa pelos membros do cartel do ganho tornado custo de oportunidade de participação no mesmo e resultante de vendas acima das quotas acordadas. Assim, e sem entrar em linha de conta com outros danos económicos decorrentes do acordo, tais como a maior rigidez do mercado ou os prémios de risco e de incerteza não incorridos pelas arguidas, entende a Autoridade que o benefício económico mínimo obtido pela empresa que suporta as compensações equivale ao resultado da multiplicação do montante equivalente às indemnizações unitárias (por tonelada de sal) pelo seu volume de vendas, subtraindo as compensações. Quanto ao benefício económico mínimo das empresas que recebem as compensações, o mesmo equivale ao montante que lhe é devido pelas compensações.

Após expor o seu método de cálculo a AdC apresenta um gráfico (art. 245.º) no qual conclui que as arguidas tiveram o seguinte benefício económico mínimo Vatel: € 2.251.165,00; Salexpor: € 1.861.147,00; SAHS: € 1.268.919,00 e Salmex: € 267.134,00.

Todas as arguidas contestam estes valores. A Salexpor diz que a Autoridade faz corresponder a margem de lucro transferida ao montante das compensações quando esse montante era muito inferior para desmotivar as empresas a excederem as suas quotas de vendas e que mesmo quando recebiam as compensações as empresas ficavam prejudicadas pois perdiam quotas de mercado e os seus custos fixos aumentavam. Não indica a arguida qualquer método alternativo de cálculo de benefício económico.

## ACORDO ENTRE EMPRESAS QUE TEM POR OBJECTO RESTRINGIR OU FALSEAR A CONCORRÊNCIA

A SAHS alega não ter tirado qualquer benefício do acordo mas antes grandes prejuízos resultantes da perda de quota de mercado. Não estava previsto qualquer acréscimo de lucros mas apenas a manutenção do nível de resultados das empresas em terreno positivo. As compensações justificavam-se pelo acréscimo de lucros resultante do excesso verificado nas quantidades vendidas comparativamente às quotas relativas inicialmente determinadas, pois, nesse caso, uma das empresas estaria a beneficiar em prejuízo de outra ou outras. As compensações limitaram-se a compensar, no interior do grupo, Aqueles que vendiam menos do que a sua quota relativa. Não indica a arguida qualquer método alternativo de cálculo de benefício económico

A Vatel começa por invocar a existência de uma discriminação no cálculo do benefício económico dado a Autoridade ter usado formas de cálculo diferentes para as arguidas que pagaram compensações e para as que receberam compensações, de onde decorre uma violação do princípio da igualdade. Continua invocando a falta de fundamentação da decisão recorrida no que a este ponto respeita uma vez que não é possível compreender os cálculos realizados nem verificar se foram efectivamente usadas na obtenção do benefício económico as fórmulas indicadas.

Quanto às fórmulas propriamente ditas, diz a Vatel que não se pode afirmar que o benefício económico equivale forçosamente ao valor da penalização estipulada já que tal penalização tinha unicamente um efeito dissuasor. Apenas é lícito pressupor que nenhuma das empresas teve benefícios económicos negativos por efeito da vigência do acordo. Consequentemente, e remetendo para um estudo que junta com as suas alegações, a arguida calcula o seu benefício económico mínimo em €315.489,00, dizendo que o mesmo é muito inferior ao das arguidas Salexpor e SAHS, não concretizando no seu articulado qual seja esse montante, remetendo de novo para o estudo que apresentou. Ainda sobre o cálculo da AdC refere que não pagou quaisquer compensações relativas ao ano de 2004 pelo que as quantias referentes a tal ano não podem ser consideradas para cálculo do benefício económico mínimo.

Por último diz a arguida que atento o mecanismo das compensações, a empresa que excede a quota não é a que mais beneficia. Ao exceder a quota o benefício económico pode ser totalmente consumido pela penalização paga.

Nas suas alegações a Autoridade defende a posição assumida na decisão recorrida e refuta a argumentação das arguidas nos termos que já constavam daquela decisão.

Apreciemos.

No que respeita à argumentação apresentada pela Salexpor e pela SAHS, a mesma é manifestamente improcedente. Quanto à Salexpor, desde logo não ficou provado que o objectivo da fixação das compensações era desmotivar as empresas de exceder as suas quotas relativas, nem tão pouco que os custos fixos das empresas aumentassem. Não podemos deixar aqui de ter em conta que para apurar o cálculo do benefício económico do acordo não há que considerar os custos de exercício das arguidas, ou seja, não há que atender designadamente, aos custos operacionais.

Quanto à defesa da SAHS não se pode dar credibilidade à alegação de que o acordo só lhe trouxe prejuízos. É por demais evidente e incontestável que nenhuma empresa se mantém durante sete anos num acordo se o mesmo não lhe trouxer qualquer benefício. Tal argumento é contrariado pela lógica, pelo bom sendo, enfim, pelas mais elementares regras de experiência. Por outro lado a arguida entra em contradição quando refere, primeiro, que não estava previsto qualquer acréscimo de lucros mas apenas a manutenção do nível de resultados das empresas em terreno positivo, e acrescenta, depois, que as compensações justificavam-se pelo acréscimo de lucros resultante do excesso verificado nas quantidades vendidas comparativamente às quotas relativas inicialmente determinadas e que as compensações se limitaram a compensar no interior do grupo aqueles que vendiam menos do que a sua quota relativa. Daqui resulta que a própria arguida admite a existência de ganhos decorrentes do acordo.

Aliás a defesa destas duas arguidas peca pelo seu extremismo: ambas pretendem que se

**sub judice / causas — 40**      2007      **263**

# DIREITO DA CONCORRÊNCIA

aceite que do acordo não resultou qualquer benefício económico, o que é obviamente insustentável.

Passemos então à argumentação da Vatel.

A Vatel começa por invocar a existência de uma discriminação no cálculo do benefício económico e a falta de fundamentação da decisão recorrida no que a este ponto respeita uma vez que não é possível compreender os cálculos realizados nem verificar se foram efectivamente usadas na obtenção do benefício económico as fórmulas indicadas.

Como se escreveu *supra* a decisão considera-se devidamente fundamentada quando permite ao arguido um conhecimento perfeito dos factos que lhe são imputados e das normas legais em que se enquadram. A fundamentação terá que ser tanto mais exaustiva quanto mais complexa for a questão em apreciação e, por isso mesmo, exigir explicações mais aprofundadas.

**A questão do cálculo do benefício económico é de natureza económica.**

A questão do cálculo do benefício económico é de natureza económica. A AdC parte de duas premissas evidentes: a quantificação dos danos requer a comparação entre o que as empresas terão usufruído no período de vigência do acordo e o que teriam obtido, durante esse mesmo período, caso o acordo não tivesse existido, por um lado, de um acordo tipo cartel resultam sempre benefícios económicos, por outro.

Partindo destes princípios a AdC explica com mediana clareza o método que utilizou: tendo no acordo sido fixado um sistema de compensações, o benefício económico mínimo obtido pela empresa que suporta as compensações equivale ao resultado da multiplicação do montante equivalente às indemnizações unitárias (por tonelada de sal) pelo seu volume de vendas, subtraindo as compensações. Já o benefício económico mínimo das empresas que recebem as compensações corresponderá ao montante que lhes é devido pelas compensações.

Sendo esta a fórmula base há que analisar se constam da decisão os factos que permitem efectuar os respectivos cálculos. No que concerne às arguidas que não excederam as suas quotas, a AdC alegou e provou o único elemento que considerou relevante: o montante das compensações que auferiram. Diversa é a situação no que respeita à arguida que pagou as compensações, ou seja, a Vatel.

Relativamente a esta, a primeira parte do cálculo da Autoridade consiste em multiplicar o montante equivalente às indemnizações unitárias pelo seu volume de vendas. Este exercício terá que ser efectuado ano a ano, ou seja, há que apurar o benefício económico que a arguida retirou do acordo durante cada ano em que o mesmo vigorou. Para tanto é necessário saber, em termos factuais, não só os sucessivos montantes fixados pelas arguidas a título de compensação unitária, montantes que constam dos autos, como também o volume de vendas da arguida em cada ano.

Podemos afirmar que os dois dados da equação constam da factualidade vertida na decisão recorrida? A resposta não pode deixar de ser negativa. Efectivamente, se a autoridade cuidou de especificar o montante de indemnização unitária acordado, não cuidou de especificar os volumes de vendas da arguida ao longo dos anos (com excepção do respeitante ao exercício de 2004). A Autoridade apresenta-nos um quadro com o valor do benefício anual das arguidas mas omitiu a inclusão de um outro quadro de onde constassem os seus valores de vendas anuais.

Ora os elementos relativos ao volume de vendas são matéria de facto que tinha que constar da decisão e que ser provada em audiência, caso fosse contestada pelas arguidas, pois só assim as mesmas poderiam defender os seus direitos e o Tribunal poderia exercer a sua fiscalização. Não constando esses dados da decisão, não só as arguidas ficam impedidas de exercer o seu direito de defesa, já que não sabem quais os números em que a AdC se baseou, como o Tribunal fica impedido de avaliar a correcção dos cálculos efectuados. Face ao conteúdo da decisão nesta matéria, é possível conhecer o método utilizado pela Autoridade mas não é possível aferir se os cálculos foram correctamente efectuados e, por conseguinte, se os valores apontados estão correctos, dado que se desconhece os

# ACORDO ENTRE EMPRESAS QUE TEM POR OBJECTO RESTRINGIR OU FALSEAR A CONCORRÊNCIA

números que sustentaram os cálculos e que terão sido utilizados para obter os resultados indicados.

Significa isto que, estando embora descrito o raciocínio da Autoridade, não estão descritos os dados factuais subjacentes a esse raciocínio e que são indispensáveis para apurar se os cálculos da AdC estão devidamente efectuados.

Assiste, pois, razão à arguida quando invoca que, nesta parte, a decisão recorrida não contém todos os elementos necessários.

Como se referiu supra, estando em causa uma falha respeitante à fundamentação de uma circunstância considerada agravante na determinação da medida da coima, a mesma não acarreta a invalidade da decisão recorrida mas apenas a desconsideração do concreto valor considerado pela AdC como benefício económico da arguida Vatel.

Daqui não resulta, porém, que não se possa considerar que a arguida retirou, do acordo, um benefício económico. Há que analisar os factos provados nos autos a fim de apurar se é possível quantificar, de outro modo, o seu benefício económico mínimo. Simultaneamente há que verificar se o cálculo do benefício económico mínimo relativo às outras arguidas está correcto.

Um acordo com as características do que as arguidas celebraram traz necessariamente benefícios para as empresas envolvidas. Desde logo as arguidas eliminaram a incerteza relativa aos seus concorrentes, que é característica do regular funcionamento do mercado, e o risco próprio da actuação no mercado em concorrência.

**Um acordo com as características do que as arguidas celebraram traz necessariamente benefícios para as empresas envolvidas.**

No caso concreto, as arguidas acordaram na fixação e manutenção das respectivas quotas relativas e estabeleceram um sistema de compensações a pagar por aquelas que excedessem a respectiva quota às que ficassem àquem da sua quota, compensação essa que passava pelo pagamento (não necessariamente em dinheiro) de um determinado montante por Kg. em excesso, montante esse que ficou estabelecido logo de início e que foi objecto de diversas alterações.

Pretender que este montante visava apenas dissuadir as empresas participantes no acordo de exceder a sua quota não é aceitável nem ficou provado. Aliás, se fosse esse o objectivo, então as partes teriam acordado valores substancialmente mais altos do que os que fixaram, pois resultou claro que estes não tinham qualquer efeito dissuasor já que a Vatel sistematicamente excedeu a sua quota (como resulta dos montantes que em anos sucessivos teve que pagar às outras arguidas a título de compensação). Ora a ser esse o objectivo, as arguidas Salexpor, SAHS e Salmex, apercebendo-se de que a Vatel excedia sistematicamente as suas quotas, teriam revisto o montante fixado para valores muito superiores ou teriam posto fim ao acordo, sendo certo que não fizeram nem uma coisa nem outra.

É, pois, evidente, que não foi esse o objectivo das arguidas. O que se pode concluir da factualidade apurada é que as arguidas quiseram assegurar um nível mínimo de proveitos, entre si, assumindo que esses proveitos seriam suportados por aquela que mais conseguisse vender. Para tanto fixaram o valor da compensação num patamar tal que permitisse a quem tivesse de pagar as compensações obter, ainda assim, um ganho (isto porque estamos a falar de empresas, sociedades comerciais que, pela sua própria natureza, têm fins lucrativos e não filantrópicos ou de solidariedade social).

É, pois, seguro afirmar que entre o benefício económico mínimo e o montante da indemnização unitária há uma relação directa de causa e efeito. Ao calcular o montante da indemnização unitária mínima as arguidas tiveram em linha de conta que quem tivesse que suportar as compensações ainda assim iria obter um ganho próprio. Logo, o benefício económico daquela que paga as compensações equivale, no mínimo, ao montante das compensações pagas.

Alega a Vatel que pode não ser assim, e que se é certo que, para quem recebe há uma correspondência directa entre o benefício e a compensação, já não é certo que assim seja para quem paga. Mesmo sem o acordo a arguida teria provavelmente aumentado a sua

# DIREITO DA CONCORRÊNCIA

quota relativa de mercado e não teria pago quaisquer penalizações. O benefício económico neste caso pode ser totalmente consumido pela penalização paga.

Ora se esta situação hipotética é, em abstracto, admissível, no caso concreto ela não se verifica nem foi provada. Pelos motivos referidos *supra*, se a arguida se manteve durante sete anos num acordo que a obrigava a pagar anualmente às outras arguidas compensações em virtude de, por sistema, exceder as suas quotas, é porque o que pagava lhe permitia, ainda assim, obter ganhos num mercado em que a incerteza que lhe é característica estava fortemente limitada, por força do acordo celebrado, sendo certo que essa limitação não foi alheia aos ganhos obtidos.

Está assim demonstrado que o benefício económico que a arguida Vatel retirou do acordo equivale, no mínimo, ao montante das compensações que pagou às restantes arguidas.

Já relativamente às arguidas Salexpor, SAHS e Salmex, face a tudo o que vem dito, é manifesto que o respectivo benefício económico é equivalente, no mínimo, ao montante das compensações que receberam.

**Pressuposto da violação do princípio da igualdade é que, injustificadamente, se tratem situações iguais de modo diferentes ou que se tratem do mesmo modo situações objectivamente diferentes.**

Diz a Vatel que ao calcular-se assim o benefício económico se está a efectuar uma discriminação ilegítima entre as arguidas e a violar o princípio da igualdade dado que se estão a usar fórmulas diferentes para calcular o benefício económico. Não lhe assiste, porém, razão. Pressuposto da violação do princípio da igualdade é que, injustificadamente, se tratem situações iguais de modo diferente ou que se tratem do mesmo modo situações objectivamente diferentes.

No caso de que nos ocupamos as situações não são iguais. Haveria violação do princípio da igualdade se relativamente a duas arguidas que tivesse recebido compensações ou a duas arguidas que tivessem pago compensações, se utilizassem fórmulas diferentes de cálculo do respectivo benefício económico, o que não se fez.

A tese que a arguida defende é que violaria o princípio da igualdade já que levaria a que se usasse a mesma fórmula de obtenção do benefício económico para as arguidas que pagaram compensações e para as arguidas que receberam, quando as situações são distintas.

Entende ainda a Vatel que não pode ser considerado qualquer montante relativo ao ano de 2004 dado que não chegou a pagar quaisquer compensações relativas a esse ano.

O que se apurou relativamente ao ano de 2004 foi que, de acordo com os cálculos das arguidas, as compensações que a Vatel deveria pagar relativas a esse ano ascendiam a cerca de € 115.000,00. Não se apurou, porém, qual a concreta repartição que deveria ser feita, ou seja, não se apurou de que forma é que esse montante seria repartido pelas restantes arguidas.

No que concerne à Vatel, o facto de não ter chegado a pagar o montante devido a título de compensações é irrelevante. Do que já se disse acerca do benefício económico decorre necessariamente que para a Vatel este existe independentemente de a arguida concretizar os pagamentos. Aliás, ao não efectuar os pagamentos a arguida tem um benefício acrescido: obtém as vantagens do acordo acrescidas do montante que devia pagar e que não paga.

Sucede, porém, que não se apurando de que modo essas compensações são repartidas pelas restantes arguidas, em relação a estas não é possível calcular o benefício económico. O seu benefício conjunto corresponde ao benefício unitário da Vatel, mas não se pode, sem qualquer suporte factual, fazer a imputação individual do benefício a cada uma das arguidas. Significa isto que, relativamente ao ano de 2004, não pode ser considerado, relativamente às arguidas Salexpor, SAHS, e Salmex, qualquer quantia a título de benefício económico mínimo.

Por conseguinte, não pode também ser considerado o valor do benefício económico da Vatel relativo ao exercício de 2004. Se o fizéssemos estaríamos a discriminar ilegitima-

# ACORDO ENTRE EMPRESAS QUE TEM POR OBJECTO RESTRINGIR OU FALSEAR A CONCORRÊNCIA

mente as arguidas já que a não quantificação do benefício das três outras arguidas deriva da ausência de prova que incumbia à acusação fazer. Ora cabia à Autoridade/Ministério Público fazer a prova do benefício de cada uma das arguidas relativamente a todos os anos em que vigorou o acordo. Se em relação a um dos anos só fez prova relativa a uma das arguidas, não pode esse ano ser contabilizado em relação a nenhuma, sob pena der, neste ponto concreto, a arguida Vatel ser penalizada face às restantes arguidas.

Por último importa aqui referir que se discorda da actualização dos montantes de compensações pagos e recebidos efectuada pela Autoridade. O que se pretende aqui obter é o benefício económico mínimo obtido pelas arguidas. Esse benefício é calculado ano a ano e reporta-se ao ano em relação ao qual é calculado. Por conseguinte, não se descortina (nem a Autoridade explica) a razão pela qual aos valores obtidos se vão aplicar os aumentos do índice de preços do consumidor. O benefício está a ser calculado em relação a cada ano em que foi obtido e não em relação à data de aplicação da sanção. Por conseguinte, entende o Tribunal não haver lugar à actualização dos montantes das compensações.

> **O benefício económico deve ser calculado em relação a cada ano em que foi obtido e não em relação à data de aplicação da sanção.**

Em suma, o benefício económico mínimo obtido pelas arguidas por força do acordo celebrado foi, em relação à Vatel, equivalente ao somatório das compensações que pagou às três outras arguidas, e em relação às restantes arguidas, equivalente às compensações recebidas. Assim, o benefício económico mínimo e cada uma das arguidas foi de:

– Vatel: € 402.645,87 (€ 169.374,22+203.755,24+29.516,41);
– Salexpor: € 169.374,22 (€ 130.074,42+39.299,80);
– SAHS: € 203.755,24 (€ 140.430,86+63.324,38);
– Salmex: € 29.516,41 (€ 18.529,65+10.986,76).

• Do carácter reiterado ou ocasional da infracção

A AdC sobre este elemento refere que as arguidas revelaram resoluções firmes na prática da infracção, não lhe sendo conhecidas outras infracções jusconcorrenciais.

Relativamente a este elemento, nada há a acrescentar dado que se provou que as arguidas cometeram uma contra-ordenação permanente e que não lhe são conhecidos antecedentes contra-ordenacionais.

• Grau de participação na infracção

Entende a AdC que as arguidas actuaram como autoras da infracção, sendo-lhes inteiramente aplicáveis os factos em apreço.

Ficou provado que as quatro arguidas praticaram a infracção em co-autoria. Sucede que o facto de ser esta a forma de compartipação, ou seja, o facto de todas elas terem participado na decisão e execução do acordo ilícito, não significa que todas elas tenham tido o mesmo grau de participação.

> **O facto de todas as arguidas terem participado na decisão e execução do acordo ilícito, não significa que todas elas tenham tido o mesmo grau de participação.**

A este propósito a arguida Vatel põe em causa a decisão recorrida invocando que a mesma desconsiderou o facto de o seu grau de participação no acordo ter sido muito inferior ao da Salexpor: foi esta quem teve a iniciativa do acordo, foi nas suas instalações que se realizaram as reuniões, era ela quem estava encarregue de recolher e tratar a informação fornecida pelas partes e que procedia ao cálculo das compensações. Acrescenta que a Vatel nunca cumpriu integralmente as quotas definidas no acordo e foi a empresa que mais compensações teve que pagar, facto que deve ser considerado como atenuante.

Conclui que a AdC, ao não considerar a apontada diferença ao nível do grau de participação, violou o princípio da igualdade pois tratou de forma igual situações desiguais.

No que respeita ao grau de participação da Salexpor é indiscutível que deve ser considerado, como agravante, o facto de ter sido sua a iniciativa do acordo. Em confronto com as outras três arguidas, a Salexpor surge como aquela que deu o impulso ao acordo, que teve a ideia e a apresentou às restantes arguidas, sendo certo que daqui não resulta neces-

# DIREITO DA CONCORRÊNCIA

sariamente que fosse a Salexpor a líder do cartel. O seu papel foi preponderante para fazer nascer o acordo pelo que tal circunstância tem que ser considerada agravante na medida da coima.

Já o facto de ser nas suas instalações que se realizavam as reuniões, entende o Tribunal que se trata de um dado irrelevante, assim como é irrelevante que fosse esta arguida quem tratava a informação e efectuava o cálculo das compensações. É que as compensações eram apenas uma parte do acordo, acordo esse que incidia também sobre a fixação de quotas, de preços e repartição de clientela. Ora sobre estes concretos aspectos do acordo nada permite concluir que a Salexpor tenha tido um grau de participação superior ou inferior ao das restantes arguidas. Não podem, pois, estas circunstâncias funcionar como agravante em relação à Salexpor.

Assim, e na medida em que a Autoridade considerou igual o grau de participação de todas as arguidas, quando na verdade não é igual, violou o princípio da igualdade na sua vertente de proibição de arbítrio: identidade de tratamento em situações objectivamente desiguais. Esta circunstância tem obviamente que se repercutir na medida concreta da coima, não em termos de servir de atenuante em relação às arguidas Vatel, SAHS e Salmex, mas em termos de servir de agravante em relação à Salexpor.

Relativamente ao argumento da Vatel de que deve ser considerado como circunstância atenuante o facto de ter incumprido as quotas definidas e de ter sido quem pagou mais compensações, o mesmo não colhe. Por um lado, repete-se, o acordo ia para além da fixação das quotas e das respectivas compensações. No que toca a preços e a repartição de clientela nada indicia que qualquer das arguidas tenha tido uma participação maior que as outras (sendo certo que é irrelevante para este efeito apurar quem em concreto apresentou mais propostas de fornecimento ou quem cedeu mais clientes, ficando assim afastada a defesa da SAHS nesta matéria, que se queixou de nunca ter "ganho" qualquer cliente ou apresentado qualquer proposta).

Por outro lado não se consegue sequer alcançar como é que o facto de a arguida exceder as suas quotas pode funcionar como circunstância atenuante, sobretudo porque, ultrapassando-as, pagava as respectivas compensações! E, mesmo que não as pagasses, como sucedeu em relação ao ano de 2004, continuou a participar no acordo na medida em que o mesmo era mais abrangente, por um lado, e na medida em que esse não pagamento não resultava do facto de ter saído do acordo (questão que se irá abordar mais à frente a propósito do seu comportamento na eliminação das práticas proibidas).

Não há, pois, aqui, qualquer circunstância atenuante a relevar na medida da coima da Vatel.

• Da colaboração prestada à Autoridade

Na sua decisão a AdC considerou que enquanto a Vatel e a Salmex não prestaram qualquer colaboração o mesmo não sucedeu com a Salexpor e a SAHS. Diz a AdC que a Vatel se limitou a actuar em conformidade com as normas aplicáveis, daí não podendo decorrer qualquer atenuante. Acrescenta que tal atenuante também não resulta do facto de na resposta à nota de ilicitude a arguida se ter dedicado "a um exercício de contestação e impugnação reiterada dos factos e correspondente qualificação jurídica constantes dessa mesma nota de ilicitude que, ademais, havia já sido antecedido de uma clara opção desta arguida de suscitar todo e qualquer incidente processual independentemente da existência, ou não, de fundamento que tanto sustentasse".

Contrapõe a atitude das arguidas Salexpor e SAHS dizendo que os seus legais representantes se dispuseram, logo no momento das buscas, a prestar declarações, onde assumiram a existência do acordo entre empresas e forneceram informação detalhada acerca do modo de funcionamento do cartel. De igual modo, nas suas respostas à nota de ilicitude, ambas as arguidas voltam a assumir a existência do acordo entre empresas, não tendo contestado a materialidade dos factos constantes da nota de ilicitude.

A este propósito argumenta a Vatel que a sua resposta à nota de ilicitude é, em si mesma

## ACORDO ENTRE EMPRESAS QUE TEM POR OBJECTO RESTRINGIR OU FALSEAR A CONCORRÊNCIA

uma forma de colaboração e como tal deve ser valorada, não havendo qualquer base legal para distinguir a colaboração prestada na fase de inquérito da prestada na fase de instrução. Acrescenta que no momento em que se realizaram as buscas não estava presente na sede nem nas instalações da Vatel o seu legal representante, razão pela qual não era possível colher nesse momento as suas declarações, sendo certo que nunca no decurso do processo a autoridade notificou os seus administradores para prestar declarações.

Alega ainda que as declarações prestadas no momento das buscas não podem ser consideradas como colaboração genuína mas antes como colaboração provocada, sendo certo que as declarações dos legais representantes da Salexpor e da SAHS se limitaram a fornecer informações genéricas sobre o acordo e o seu modo de funcionamento, pelo que as mesmas não tiveram utilidade para efeitos de descoberta da verdade material, como a própria AdC o admite.

Entende a Vatel que não pode dizer-se que a Salexpor e a SAHS não contestaram a materialidade dos factos e que a Vatel o fez, nem pode considerar-se que a invocação de quaisquer vícios traduza o exercício ilegítimo do direito de defesa. Por último alega que não pode considerar-se a sua colaboração igual à da Salmex que pura e simplesmente se remeteu ao silêncio.

Por tudo isto entende a Vatel que também neste capítulo a AdC violou o princípio da igualdade.

Neste capítulo não se pode efectivamente considerar a decisão recorrida exemplar, assistindo razão à Vatel em grande parte das críticas que tece.

Comparando as três respostas à nota de ilicitude (e as três alegações de recurso), verifica-se que as três arguidas aceitam sem quaisquer reservas ter celebrado um acordo tendente à fixação e manutenção das quotas relativas de mercado e à existência de um sistema de compensações aplicável quando as quotas não fossem respeitadas.

Verifica-se igualmente que as arguidas Vatel e Salexpor, ao contrário da SAHS, negam que o acordo tivesse qualquer relação com a fixação de preços ou com a repartição de clientela, enquanto a SAHS confirma que o acordo também abrangia estes aspectos. Assim, a diferença entre as defesas apresentadas, designadamente entre a da Vatel e a da Salexpor, não respeita propriamente à materialidade dos factos mas sim ao "tamanho" da defesa. A grande diferença está na quantidade de questões prévias e vícios que cada uma suscitou. Ora nenhum arguido pode ser penalizado em função do tipo de defesa que apresenta. Seja qual for o número de excepções invocadas, seja qual for o número de vícios suscitado, seja qual for o "tom" em que a defesa é apresentada, seja qual for a validade dos argumentos apresentados, nunca pode um articulado de defesa ser, nessa medida, valorado negativamente.

A Autoridade da Concorrência tem um papel crucial na defesa e promoção da concorrência, é através dela que o Estado realiza uma das suas incumbências prioritárias no âmbito económico e social. Por isso foi a Autoridade criada como uma pessoa colectiva de direito público (art. 1.º dos Estatutos), foi equiparada aos órgãos de polícia criminal e lhe foram atribuídos um conjunto de poderes de enorme relevo.

Por tudo isto recai sobre a Autoridade um dever acrescido de respeitar os direitos dos arguidos, de não se deixar influenciar por factores exógenos ao processo, de não deixar que quaisquer elementos subjectivos interfiram na sua convicção, seja para concluir pela prática da contra-ordenação seja para fixar a medida concreta da coima. Este dever acrescido de ser objectiva nas suas apreciações e decisões implica que não se deixe cair na tentação de tecer considerações supérfluas e de fazer juízos de valor.

**Sobre a Autoridade recai um dever acrescido de respeitar os direitos dos arguidos, de não se deixar influenciar por factores exógenos ao processo, de não deixar que quaisquer elementos subjectivos interfiram na sua convicção.**

A atitude que a AdC aqui demonstrou perante a resposta à nota de ilicitude apresentada pela Vatel é, pois, criticável. Gostando ou não a Autoridade, a Vatel, como qualquer outra arguida, pode suscitar as questões que entender na resposta à nota de ilicitude e à Autoridade cabe apenas conhecê-las, sem tecer qualquer tipo de consideração sobre o modo como o direito de defesa é exercido e, sobretudo, sem valorar negativamente essa defesa.

**sub judice / causas — 40**

# DIREITO DA CONCORRÊNCIA

Nas respostas à nota de ilicitude a Vatel e a Salexpor adoptaram exactamente a mesma postura face ao acordo: admitiram a sua existência no que toca à fixação e manutenção das quotas de mercado. Por conseguinte, a este propósito não pode ser feita qualquer distinção entre as duas. Por sua vez a SAHS aceitou a existência do acordo com o âmbito e extensão que ficou provado nos autos. Deve, pois, nesta medida, ser a sua postura valorada mais positivamente do que a das outras duas. A Salmex nada disse e, por conseguinte, não pode ser considerada qualquer atenuante neste ponto. Em suma, houve também aqui uma violação do princípio da igualdade já que perante respostas iguais no que concerne à contestação da materialidade dos factos a Autoridade fez diferentes valorações. Tal será, pois, considerado na medida das coimas.

Passemos ao argumento seguinte: a prestação de declarações dos legais representantes no momento das buscas.

A AdC pode considerar como factor positivo favorável à Salexpor e à SAHS o facto de no momento das buscas os seus legais representantes terem prestado declarações e desde logo assumido a existência do acordo. Esta postura dos legais representantes das duas arguidas é positiva e como tal deve ser valorada. Mas a Autoridade já não pode considerar que o facto de os legais representantes da Vatel não terem prestado declarações no momento das buscas revela uma qualquer falta de colaboração e nesse sentido imputar-lhe um comportamento mais gravoso. Tendo ficado provado que não se encontrava presente nenhum legal representante da Vatel no momento das buscas, ao contrário do que sucedeu com as outras duas arguidas, é manifesto que o mesmo não poderia prestar declarações. Trata-se, pois, de situações diferentes que, por conseguinte, não podem ser tratadas como se fossem iguais.

Por outro lado, não tendo a Autoridade convocado, após esse momento, nenhum dos legais representantes das arguidas, caso em que poderia valorar diferentemente os que tivessem correspondido ao pedido e os que não o tivessem feito, não lhe é lícito interpretar a falta de declarações do legal representante da arguida como agravante em contraposição com as arguidas Salexpor e SAHS.

É, porém, manifesto que a Salexpor e a SAHS contribuíram para o enquadramento do acordo entre todas celebrado e nessa medida não pode a Vatel pretender que a sua resposta à nota de ilicitude corresponde a uma idêntica colaboração. Independentemente da importância que as suas declarações tiveram, o certo é que as mesmas foram prestadas numa fase inicial do processo e, por conseguinte, tiveram necessariamente o seu peso na investigação encetada pela Autoridade, ao contrário do que sucedeu com a Vatel que veio confirmar a existência do acordo já depois da nota de ilicitude.

Nesta medida, deve efectivamente ser tido em consideração a colaboração da Salexpor e da SAHS como circunstância atenuante em relação às outras duas arguidas. O que não pode é ser considerado agravante em relação à Vatel o facto de o seu legal representante não ter prestado declarações.

- Do comportamento das arguidas na eliminação das práticas proibidas e na reparação dos prejuízos causados à Concorrência

Neste ponto entende a AdC que nenhuma das arguidas adoptou qualquer comportamento tendente à eliminação das práticas proibidas ou à reparação dos prejuízos causados à concorrência, refutando a tese da Vatel de que deve ser considerada atenuante a circunstância de esta ter deixado de cumprir as quotas acordadas. Acrescenta que é evidente que todas as arguidas retiraram benefício do acordo mas mesmo que não tivesse retirado tal nunca serviria como circunstância agravante.

A Vatel contesta esta argumentação invocando ter sido sua a iniciativa de pôr termo ao acordo, iniciativa essa que não foi determinada pela intervenção da AdC, pelo que deve relevar como circunstância atenuante. Ao não ter assim procedido a Autoridade violou o princípio da igualdade.

Não assiste razão à Vatel neste ponto, concordando o Tribunal com a apreciação feita pela

# ACORDO ENTRE EMPRESAS QUE TEM POR OBJECTO RESTRINGIR OU FALSEAR A CONCORRÊNCIA

Autoridade. É certo que ficou provado que o acordo terminou por iniciativa da Vatel, mas este facto por si só não basta para que seja dada a relevância atenuante pretendida pela arguida.

O comportamento tendente a pôr termo a uma prática ilícita pode e deve ser visto como uma circunstância atenuante, mas apenas e só, quando subjacente a esse comportamento estão razões válidas e meritórias. Ou seja, se a iniciativa da Vatel fosse motivada pelo facto de a mesma ter considerado que o acordo era ilegal, que violava as regras da concorrência e que por conseguinte não devia prosseguir na sua execução, estaríamos sem dúvida numa situação em que atenderíamos à iniciativa de pôr termo ao acordo como circunstância atenuante, dado que a mesma revelava uma preocupação com o sentido do dever ser.

> **O comportamento tendente a pôr termo a uma prática ilícita pode e deve ser visto como uma circunstância atenuante quando, subjacente a esse comportamento, estão razões válidas e meritórias.**

Já se a iniciativa resultar de factores de todo alheios ao respeito pelas regras da concorrência, tais como considerar que as penalizações são excessivas ou que suporta mais penalizações que as restantes arguidas, ou ainda que já não retira do acordo os benefícios esperados, então nenhum relevo tem a iniciativa de pôr termo ao acordo designadamente para efeitos de funcionar como circunstância atenuante.

Ora a Vatel não só não provou que tenha decidido pôr termo ao acordo por qualquer razão juridicamente válida, como resulta das suas alegações de recurso que a sua iniciativa surgiu por considerar que estava a pagar penalizações exageradas. Atente-se ao que a arguida diz nos seguintes artigos das suas alegações:

– 211.º: "A partir de certo momento, a Vatel deparou-se com uma situação em que era insustentável continuar a pertencer a um acordo que a forçava a pagar elevadas quantias às outras partes, ao mesmo tempo que a sua quota de mercado em termos reais ("extra-acordo") continuava a diminuir.";
– 216.º: "Em suma, a Vatel apercebeu-se de que era a única a suportar financeiramente as outras participantes no acordo, sem que o seu benefício se elevasse muito além das penalizações pagas.";
– 223.º: "A Vatel considerou que o acordo lhe era prejudicial, enquanto empresa eficiente que é sobre o ponto de vista económico-financeiro.";
– 560.º: "O descontentamento da Vatel em relação ao pagamento de avultadas compensações teve o seu culminar no ano de 2004, com esta empresa a decidir que não deveria pagar mais compensações aos outros membros do acordo, conduzindo ao fim do acordo".

Destas passagens das alegações de recurso da Vatel decorre, de modo inilidível, que a sua iniciativa de pôr fim ao acordo não resultou de quaisquer razões relacionadas com uma atitude de respeito ou conformação com as regras de funcionamento do mercado e com uma vontade de actuar em conformidade com essas regras, mas sim de razões de natureza oportunista: a iniciativa resultou do facto de considerar que o acordo já não lhe trazia quaisquer benefícios.

Por conseguinte, o facto de ter sido sua a iniciativa de pôr fim ao acordo não pode funcionar como circunstância atenuante.

- Da situação económica das arguidas

Ficou provado que no exercício de 2004 as arguidas Vatel, Salexpor e SAHS apresentaram os seguintes resultados de exercício constantes dos factos dados como provados sob os n.ºs 58) a 60). Quanto à arguida Salmex não se apurou qualquer dado relativamente ao exercício de 2004, sendo certo que ficou provado que a arguida foi declarada insolvente.

- Outras circunstâncias relevantes

– Todas as arguidas actuaram com dolo directo.
– Não são conhecidos antecedentes contra-ordenacionais às arguidas.
– O volume de negócios da Salexpor no mercado da comercialização do sal em 2004 foi de € 5.436.188,74.

# DIREITO DA CONCORRÊNCIA

**Razões de prevenção levam a que se dê grande relevância ao montante do benefício obtido com a infracção, sob pena de a prática em causa acabar por ser sempre vantajosa.**

*

Como nota final, refira-se que razões de prevenção ligadas à punição de factos ilícitos deste tipo determinam que na determinação da coima concreta se tenha em mente como elemento de grande relevância o montante do benefício deles retirados, sob pena de a prática em causa acabar por ser sempre vantajosa, impedindo assim a arguida de interiorizar o desvalor da sua acção.

A este propósito cita-se o Ac. do TPI de 27 de Setembro de 2006: "Ora, se a coima fosse fixada a um nível que se limitasse a anular o benefício do acordo, não teria um efeito dissuasor. Com efeito, pode razoavelmente presumir-se que as empresas têm racionalmente em conta, no âmbito do seu cálculo financeiro e da sua gestão, não apenas o nível das coimas que correm o risco de lhes ser aplicadas em caso de infracção, mas igualmente o nível de risco de detecção do acordo. Além disso, se se reduzisse a função da coima à simples anulação do lucro ou do benefício realizado, não se teria devidamente em conta o carácter ilícito do comportamento em causa à luz do artigo 81.°, n.° 12, CE. Com efeito, ao reduzir a coima a uma simples compensação do prejuízo causado, estaria a negligenciar-se, além do efeito dissuasor que só pode visar comportamentos futuros, o carácter repressivo de uma medida destas relativamente à infracção concreta efectivamente cometida. Assim, tanto o efeito dissuasor como o efeito repressivo da coima justificam que a Comissão possa aplicar uma coima que, em função das circunstâncias do caso concreto, permita mesmo ultrapassar substancialmente o montante do benefício auferido pela empresa em causa." (Proc. T-329/01).

Mesmo não indo tão longe como a jurisprudência comunitária, a coima aplicada tem sempre que dar particular relevo à circunstância agravante do benefício resultante da prática ilícita dado que de outro modo a punição não tem qualquer efeito dissuasor nem funciona em termos de prevenção.

*

Por último cabe ainda refutar a argumentação da Vatel no que concerne à alegada discriminação na aplicação das coimas. Para sustentar esta argumentação a Vatel faz um exercício de correspondência percentual entre o montante das coimas que foi aplicado pela Autoridade e os respectivos volumes de negócios das arguidas, concluindo que a coima que lhe foi aplicada corresponde a 5% do seu volume de negócios, enquanto que a coima que foi aplicada à Salexpor corresponde a 0,5% do seu volume de negócios e a que foi aplicada à SAHS corresponde a 3,6% do seu volume de negócios.

**A coima determina-se entre balizas mínimas e máximas, em função das circunstâncias que forem consideradas agravantes e atenuantes.**

Ora esta argumentação é de todo improcedente. A determinação da medida concreta da coima não é um exercício de matemática. A coima determina-se entre balizas mínimas e máximas, em função das circunstâncias que forem consideradas agravantes e atenuantes. É, pois, irrelevante apurar a quanto corresponde a coima aplicada face aos volumes de negócios das arguidas. Sempre se dirá, porém, que a Vatel atribui à Salexpor um volume de negócios que não é o aqui relevante. Se se considerar o volume de negócios desta arguida no que toca à comercialização de Sal (€ 5.436.188), verificamos que a coima aplicada pela autoridade corresponde a cerca de 5% desse volume de negócios. Assim, nunca o argumento da Vatel poderia ser considerado procedente.

*
*  *

Tudo visto, considerando a moldura abstracta aplicável e todas as circunstâncias agravantes e atenuantes *supra* referidas, entende o Tribunal condenar as arguidas Vatel, Salexpor, SAHS e Salmex, nas coimas de € 380.000,00; € 200.000,00; € 95.000,00 e € 29.500,00, respectivamente.

*
*  *

A AdC condenou ainda as arguidas, nos termos do art. 45.°, a título de sanção acessória, a publicar, no prazo de 20 dias úteis, a versão integral da decisão na II série do Diário da República e da sua parte decisória num jornal de expansão nacional.

A publicação de uma súmula da decisão, quer num jornal de grande circulação nacional quer no Diário da República, afigura-se plenamente justificada já que o mercado geográfico relevante é o nacional e pode afirmar-se que é do interesse público levar esta decisão ao conhecimento de todos, quer concorrentes, quer clientes, quer consumidores.

Já a publicação integral da decisão no Diário da República nos parece injustificada. O que interessa é levar ao conhecimento geral uma súmula da decisão, que permita dar a conhecer os motivos de facto e de direito que levaram à condenação, e não a decisão no seu todo. Por outro lado tal publicação, face à extensão da decisão, iria acarretar um custo injustificado às arguidas.

★
★  ★

## 4. Decisão

Face a todo o exposto, julgando parcialmente procedentes os recursos de impugnação interpostos pelas arguidas, "**Vatel – Companhia de Produtos Alimentares, S.A.**", "**Salexpor – Companhia Portuguesa de Sal Higienizado, S.A.**" e "**Sociedade Aveirense de Higienização de Sal, Lda.**", recursos esses que aproveitam também à arguida "**Salmex – Sociedade Refinadora de Sal, Lda.**", o Tribunal condena as quatro arguidas pela prática, em co-autoria material, de uma contra-ordenação p.p. pelos arts. 4.º, n.º 1 e 43.º, n.º 1, al. a), da Lei 18/2003 de 11 de Junho, nas seguintes coimas:

a)  "**Vatel – Companhia de Produtos Alimentares, S.A.**", na coima de € 380.000,00 (trezentos e oitenta mil euros);

b)  "**Salexpor – Companhia Portuguesa de Sal Higienizado, S.A.**" na coima de € 200.000,00 (duzentos mil euros);

c)  "**Sociedade Aveirense de Higienização de Sal, Lda.**" na coima de € 95.00,00 (noventa e cinco mil euros);

d)  "**Salmex – Sociedade Refinadora de Sal, Lda.**" na coima de € 29.500,00 (vinte e nove mil e quinhentos euros);

Mais vão as arguidas condenadas a proceder, a expensas suas, à publicação num jornal diário de circulação nacional e no Diário da República, II Série, de um extracto da presente decisão, do qual conste os fundamentos de facto e de direito que levaram à sua condenação e que o Tribunal delimitará após o trânsito em julgado da presente decisão.

Condeno ainda as arguidas recorrentes, individualmente, no pagamento de € 300,00 de taxa de justiça e, solidariamente, nas custas do processo, (arts. 92.º, n.º 3, 93.º, n.º 3 e 4 e 94.º, n.º 3, todos do RGCOC.). Notifique e Deposite.

★
★  ★

Oportunamente cumpra o disposto no art. 70.º, n.º 4, do Dec.lei 433/82 de 27 de Out.

★
★  ★

# Estatuto Editorial

**sub judice** justiça e sociedade é uma revista jurídica, informativa e crítica, que privilegia a discussão dos problemas dos tribunais de primeira instância e a divulgação da jurisprudência inovadora aí produzida, mas está atenta aos problemas da justiça em geral e à actualidade jurídica e judiciária nacional e europeia.

**sub judice** é independente dos poderes políticos e económicos e não está ao serviço de qualquer projecto ou orientação pública, jurídica ou doutrinária, constituindo antes um centro de informações e reflexão interdisciplinar aberto a todos os cidadãos que se preocupam com o exercício da justiça – e designadamente, magistrados, advogados, universitários e juristas em geral.

**sub judice** procurará publicar trabalhos que se enquadrem na sua temática geral e na temática específica de cada número, de acordo com um duplo critério de interesse informativo e de qualidade intrínseca, mas sempre independente das convicções doutrinárias, políticas, jurídicas ou sociais que os mesmos revelem.

**sub judice** está aberta à colaboração e intervenção dos seus leitores, pelo que solicita o envio de quaisquer documentos, estudos ou trabalhos jurisprudenciais, bem como sugestões sobre temas a tratar nas suas páginas.

**sub judice** inspira-se na tradição europeia da defesa e alargamento dos direitos cívicos e sociais, da liberdade de expressão e do espírito de tolerância.

**sub judice** considera que a existência de uma opinião pública esclarecida, consciente e crítica em questões jurídicas (e designadamente sobre a actividade dos tribunais e o conteúdo das suas decisões) é um instrumento indispensável para conseguir uma sociedade mais aberta, mais livre e mais justa.

# Estilo redactorial

1 – Os artigos e trabalhos assinados são da responsabilidade dos respectivos autores: a sua publicação apenas envolve, por parte da revista um juízo sobre o interesse informativo documental ou polémico dos mesmos, não significando necessariamente concordância com as opiniões neles expostas. Os sumários, notas marginais, anotações extra-texto e artigos não assinados são da responsabilidade da redacção.

2 – A reprodução total ou parcial dos originais carece de prévia autorização da direcção da revista.

3 – A revista é trimestral e inclui três cadernos: **ideias** (estudos e artigos de opinião), **index** (sinopses, recensões, comentários, anotações e bibliografia) e **causas** (jurisprudência de tribunais superiores e de primeira instância).

4 – Embora cada número da revista possa ser dedicado a um tema específico, isso não impedirá a publicação de quaisquer documentos de reconhecido interesse e qualidade, mesmo que não se enquadrem nesse tema.

5 – A redacção não faz comentários sobre a jurisprudência, artigos de opinião e outros trabalhos publicados (salvo quanto aos de origem estrangeira, para comparação com a realidade nacional).

6 – A revista aceita para publicação quaisquer estudos, artigos de opinião, trabalhos jurisprudenciais, recensões e anotações. Caso estes já tenham sido publicados, os autores deverão informar onde o foram.

7 – É conveniente que os textos venham subdivididos, com subtítulos e/ou números.

8 – A revista reserva-se o direito de publicar ou não os trabalhos recebidos e de sugerir qualquer alteração que se lhe afigure necessária, por razões de paginação. Depois de aprovados para publicação, os originais já não poderão ser substancialmente modificados.

EDITOR
EDIÇÕES ALMEDINA SA
Avenida Fernão de Magalhães, n.º 584, 5.º Andar
3000-174 Coimbra
Telef.: 239 851 904
Fax: 239 851 901
www.almedina.net
editora@almedina.net

EXECUÇÃO GRÁFICA
G.C. – GRÁFICA DE COIMBRA, LDA.
PALHEIRA – ASSAFARGE
3001-453 COIMBRA
producao@graficadecoimbra.pt

Dezembro 2006

DEPÓSITO LEGAL
63274/93

Tiragem: 750 exemplares
Reservados todos os direitos, de acordo
com a legislação em vigor.
A redacção não se identifica necessariamente
com as opiniões e discussões aqui publicadas.

Número de inscrição no ICS: 115285

Preço avulso desta revista: 15 €
Assinatura anual da revista (4 números): 50 €